新锐新闻传播学者论丛

三峡工程公共关系传播效果研究

李贞芳■著

The Research on the Public Relations Effectiveness of Three Gorges Project

華中科技大學出版社
http://www.hustp.com
中国·武汉

内 容 提 要

本书对三峡工程的公共关系传播效果进行实证考察，运用议程设置理论与框架效果理论，通过对在中国三峡工程这一由政府主导的巨型工程的建设过程中，政府形象和企业形象的建构的个案研究，拓展这两种媒介效果理论内涵在特定背景下的适用性。全书运用内容分析和受众调查等定量研究方法发现，三峡专属媒体的报道活动和其他公共关系传播活动设定了国内权威媒体的议程，而国内权威媒体则利用其强大的影响力设定了国内受众的认知议程和海外媒体的传播议程，以及对三峡工程认知的基本框架。同时，本书运用大量的受众深度访谈以及对网络舆论的内容分析和个案研究，揭示了公共关系传播活动中改善传播效果，促进受众认同度的传播技巧，如双面信息的提供、精神文化内容的丰富、积极设定网络舆论的议程等。

图书在版编目(CIP)数据

三峡工程公共关系传播效果研究/李贞芳著. —武汉：华中科技大学出版社，2017.9

ISBN 978-7-5680-1359-8

Ⅰ. ①三…　Ⅱ. ①李…　Ⅲ. ①三峡水利工程-公共关系学-传播学-研究　Ⅳ. ①G206

中国版本图书馆 CIP 数据核字(2015)第 263299 号

三峡工程公共关系传播效果研究　　李贞芳　著

Saixia Gongcheng Gonggongguanxi Chuanbo Xiaoguo Yanjiu

策划编辑：姜新祺　杨　玲

责任编辑：杨　玲

责任校对：祝　菲

封面设计：原色设计

责任监印：周治超

出版发行：华中科技大学出版社(中国·武汉)　　电话：(027)81321913

武汉市东湖新技术开发区华工科技园　　邮编：430223

录　　排：华中科技大学惠友文印中心

印　　刷：武汉华工鑫宏印务有限公司

开　　本：710mm×1000mm　1/16

印　　张：24.5　插页：2

字　　数：414 千字

版　　次：2017 年 9 月第 1 版第 1 次印刷

定　　价：88.00 元

总序

在人类传播史上，能够生活在今天的信息社会之中，是我们莫大的幸运。从人类出现到语言的使用，几百万年间，人类生活在十分单一的媒介环境中，面对面交流是我们祖先基本的交流方式。到了距今万年左右，由于文字的发明，手书文字成了社会沟通的主要手段。再往后几千年，印刷技术发明，近代报刊问世，随着工业革命的进展和报纸的大众化进程，人类进入了以报纸为主要介质的大众传播时代。20世纪初期以来，广播、电视相继问世并且迅速普及，大众传播的生态日趋多样化，与人类的社会生活的关系空前紧密，大众媒介在社会生活中扮演的角色也越来越重要。传播现象的复杂化，与此相关的一系列社会问题、传播问题、技术问题的重要性和紧迫性，促成了新闻学、传播学的产生，引发了学界对新闻传播现象的理性关注。到20世纪末21世纪初，以网络为代表的新兴媒体迅速崛起，新的传播手段层出不穷，传播形式花样翻新，传播模式全然变革，各种令人眼花缭乱的传播现象，对新闻传播学提出了拓展、创新、变革的要求，这种要求越来越强烈，终于成为当下推动新闻传播学发展的主要动力。

根据历史唯物主义的原理，人类社会的历史从来都不是匀速演进的。可能在一个相当长的时间段内，历史演进的速度相对比较缓慢，处于渐进的量变之中，令人浑然不觉；而在另一些特别的时间段内，似乎是长期积累的能量得以爆发，历史的演进突然加速，质变取代了量变，在短短的几天时间里，能够实现平时数十年，乃至数百年的进步。也就是说，在历史演进途中，关键时刻的一天、一年，其释放的能量可能相当于平和时期的几年、几十年甚至几百年，犹如火山喷发，其瞬间的能量爆炸性膨胀。由此观之，当今的媒介化时代，可以说是新闻传播史上最重要的关键时刻，历史上从来没有出现过像今天这样精彩的传播局面，百花齐放，万物竞生，人们比过去任何时代都耳聪目明，传播对社会生活渗透的深度与广度也超过了以往的任何时代。这种新的传播格局，对于今天的新闻传播学界，既是一种机遇，又是一种挑战。

新闻传播学正是在20世纪末21世纪初新媒体迅猛发展、媒介生态格局突变、媒介化社会及数字化生存等因素的牵引下，实现了突破性的发展。就中国而言，一些新的传播现象、一些与传播有关的社会问题、一些与传播直接相连的重大需求，不仅是学界、业界关注的焦点，而且成为执政党和政府机关在顶层设计时优先考虑的对象。新闻传播学科、新闻传播学各大研究领域、新闻传播教育界，从社会、业界、政府获得了越来越多的资源。相对于其他人文社会科学，新闻传播学展现出显学的姿态。在这一背景下，新闻传播学界人才辈出，研究成果汗牛充栋，新闻传播教育也蒸蒸日上。大部分"985"、"211"大学都开设了新闻传播学相关专业，进行本科、硕士甚至博士阶段的人才培养。所有这些，都表明新闻传播业、新闻传播学、新闻传播教育在21世纪初这个人类新闻传播史的关键节点上，焕发了空前的活力。

一个学科的发展，往往是与一批杰出学者的涌现分不开的。而这些学者的崛起，又得益于其所处的时代环境的滋养。20世纪中期以来传播学的勃兴，既是那个时代传播发展的产物，又是那个时代一批杰出学者贡献的结晶。政治学家哈罗德·拉斯韦尔的宣传分析、社会学家保尔·拉扎斯菲尔德的传播效果理论、社会心理学家库尔特·卢因的"把关人"理论、实验心理学家卡尔·霍夫兰的说服研究，以及威尔伯·施拉姆的集大成……没有他们的创造性贡献，就不会有今天蔚为大观的新闻传播学体系。

如今，世界新闻传播学的发展又来到了一个关键的历史节点。新的数字技术带来不胜枚举的新兴媒体，新媒体与传统媒体共生的格局面临着各种新的问题，传播手段、形式的变化带来的传播模式变化，媒体融合背景下专业人才需求的演变，媒体融合时代传统媒体的生存与发展战略，网络化时代的传播自由与社会责任，新的媒介格局决定的社会变迁，全球化语境下国家软实力建构与传播体系发展，等等，这些问题都不是传统意义上的新闻传播学所能完全解释的。传统意义上的新闻传播学本身需要突破，需要新视野、新方法、新理论，需要拓展新的思维空间。这种需要对于新闻传播学而言，是一种巨大的推力。在它的推动下，新闻传播学才有可能在现有的基础上实现新的超越。这一切都有赖于一批富有创造精神的杰出学者群体的崛起。而在科学探索方面，最富有创造精神的是新锐的青年学者。因为他们没有包袱、没有负担，视野开阔，思想解放，勇于进取。正是基于对学科责任的认识，华中科技大学新闻与信息传播学院决定与华中科技大学出版社联合推出这套“新锐新闻传播学者论丛”。

“新锐新闻传播学者论丛”第一批收入十二本专著。包括郭小平博士的《环境传播：话语变迁、风险议题建构与路径选择》，闫隽博士的《贸易政治的媒介镜像》，刘瑛博士的《互联网健康传播：理论建构与实证研究》，邓秀军博士的《纪录片叙述者的主体性研究》，牛静博士的《媒体权利的保障与约束研究》，鲍立泉博士的《技术视野下媒介融合的历史与未来》，周婷婷博士的《中国新闻教育的初曙——以北京大学新闻学研究会为中心的考察》，李华君博士的《政府公关传播：形象塑造、公众沟通与媒介框架》，徐明华博士的《全球化与中国电视文化安全》，刘锐博士的《信息监控与网络治理：社会化媒体实名制研究》，于婷婷博士的《网络购物行为研究——基于在线互动与感知价值的实证分析》，张梅兰博士的《隐喻：在历史与现实的双重叙事中完成》。“新锐新闻传播学者论丛”第二批将收入三本专著。包括张明新博士的《参与型政治的崛起——中国网民政治心理和行为的实证考察》，李贞芳博士的《三峡工程公共关系传播效果研究》，曾一帆博士的《企业家沟通策略研究》。这些著作既有对新闻传播历史和理论的探讨，又有对当下新闻传播实务变革的深入研究；既涉及传统媒体，又关注了网络新媒体带来的新变化；既有基于政治视角的分析，又有基于产业经济视角或文化视角的探究；既立足于国内新闻传播的历史与现实，又有全球视野的观照。这些著作无一例外，大多是以作者原来的博士论文为基础，经过一段时间的沉淀和再思考，在大幅修改、补充的基础上完成的。其作者大多是近年来从国内外著名高校引进（或选留）的博士生、博士后。他们虽然在学历背景、专业背景及从业经历上不尽相同，但是出于对新闻传播、新闻传播教育的共同兴趣和强烈的社会责任感，从不同的学校、不同的地方、不同的专业走到了一起，成为同一命运共同体的成员。

这套论丛的公开出版，一方面，对于上述青年学者来说具有重要的意义，他们过去虽然发表了不少论文，在学术界已小有名气，但是独立地出版专著大多还是第一次。这些著作不仅比较全面系统地表达了他们对复杂的新闻传播现象的独特理解，展现了他们不俗的才华和天才创意，还显示出他们广博的学科视野、扎实的理论基础和深厚的学术素养，更标志着他们学术生涯中一个新的阶段的开始。另一方面，对于华中科技大学新闻与信息传播学院来说，也是对学院青年新闻传播学者研究实力的一次集中展示。华中科技大学新闻与信息传播学院创建伊始，就坚持以人为本的办学理念，尤其将师资队伍建设作为学科建设的重中之重。近十年来，华中科技大学新闻与信息传播学院新补充的师资基本上来自校外，是业界的精英，是来自国内外其他知名高校的优秀博士、博士后。来自五湖四海的学者，怀抱着共同的理想、共同的兴趣，将不同的专业、学历、经历融汇于一炉，形成了华中科技大学新闻与信息传播学院包容多元、兼收并蓄、开拓进取、锐意创新的文化传统。这套论丛的公开出版，乃是华中科技大学新闻与信息传播学院办学理念的具体体现。

第一批“新锐新闻传播学者论丛”正式付梓时，正值华中科技大学新闻与信息传播学院创办三十周年的前夕，也是新闻与信息传播学院向华中科技大学奉献的一份厚礼。三十而立。这三十年的历程，实在是不平凡。三十年前，华中工学院（华中科技大学的前身）领国内工科院校风气之先创办新闻学系（专业）时，新闻学系（专业）在校内是唯一的文科专业，白手起家，只有单一新闻学本科专业；如今，在人才培养方面，本科层次有新闻学、广播电视学、广告学、传播学、播音与主持艺术五个专业，硕士研究生层次，学术硕士方面有新闻学、广播电视学、广告与公关、传播学四个硕士点，专业硕士方面有新闻与传播、出版两个专业硕士点，博士研究生层次有新闻学、传播学、广告与传媒经济、广播电视与数字媒体四个博士点。在此之外，还有两个国家级特色专业、一个国家级校外实践基地、一门国家精品视频公开课、一门国家级精品课、一门国家级精品资源共享课。科学研究方面，三十年前的华中工学院新闻学系（专业），教学是重中之重，科研仅仅体现在教材编写上；如今，华中科技大学新闻与信息传播学院是国内新闻传播的学术重镇，截至2012年年底，学院不到40人的学术团队仅在研的国家社会科学基金资助课题就有15项，其中，国家社会科学基金重大课题2项，还有2项教育部重大课题（马克思主义理论建设工程教材）。学科建设方面，三十年前，华中工学院新闻学系（专业）只有本科、只有教学，根本谈不上学科；如今，华中科技大学新闻与信息传播学院是国内较早拥有新闻传播学一级学科博士学位授予权的单位之一，还拥有一个新闻传播学一级学科博士后流动站，新闻传播学科还是湖北省一级学科重点学科。在学术研究、人才培养、社会服务等方面，华中科技大学新闻传播学科在学界、业界都得到了正面的评价。今天这套"新锐新闻传播学者论丛"的问世，更是彰显了华中科技大学新闻传播学科的活力。

梁启超的《少年中国说》曾感化教育了几代中国人。"故今日之责任，不在他人，而全在我少年。少年智则国智，少年富则国富，少年强则国强，少年独立则国独立，少年自由则国自由，少年进步则国进步，少年胜于欧洲则国胜于欧洲，少年雄于地球则国雄于地球。红日初升，其道大光；河出伏流，一泻汪洋。潜龙腾渊，鳞爪飞扬；乳虎啸谷，百兽震惶。鹰隼试翼，风尘吸张；奇花初胎，矞矞皇皇。干将发硎，有作其芒。天戴其苍，地履其黄。纵有千古，横有八荒。前途似海，来日方长。"每读及此，我都热血沸腾，不能自已。如果把这段话置于科学发展的语境，同样也是适用的。新闻传播学科是一个年轻的充满生机的学科领域，它的永续发展，也需要青年的朝气与活力。只有造就一支强大的青年学者队伍，充分激发青年学者的潜力，新闻传播学科的发展才会有源源不竭的动力。虽然我已经不再年轻，但作为过来人，我深知青年学者们正是需要社会支持、帮助的族群。我们应当想方设法为青年学者的成长创造各种必要的条件，要努力营造出宽松自由的环境，要尽量解除束缚他们想象力、创造力的物质和精神障碍。

"新锐新闻传播学者论丛"得以顺利出版，首先要感谢国家"985"工程建设项目的资助。由于学界同仁的鼓励及学校领导的支持，以华中科技大学新闻传播学科为主体的"新媒体与社会发展研究基地"得以在华中科技大学"985"三期建设工程中单独立项。其次，还要感谢华中科技大学出版社的关心和支持，特别是出版社总编辑姜新祺教授及相关责任编辑，他们为这套论丛的策划与出版费尽心力。当然，我们还要感谢这套论丛的各位作者，正是由于他们的努力耕耘，我们才得以享用这份精美的学术大餐。

我们期待着"新锐新闻传播学者论丛"的出版能够给中国新闻传播学科的建设和发展带来新的正能量；期待着这套论丛的问世，能够引起中外学界、业界的正面回应；期待着这批青年学者能够再接再厉，在科学思维和学术探索方面攀上新的台阶、进入新的境界。

张　昆

华中科技大学新闻与信息传播学院院长

国务院学位委员会学科评议组新闻传播学科组成员

2017 年 1 月 20 日

前言

2009年夏天当“三峡工程公共关系传播效果研究”项目启动并交由我负责时，我正在复旦大学的“中外新闻传播理论研究与方法2009年暑期学校”学习，适逢美国威斯康星大学传播艺术系的潘忠党教授在复旦大学访问研究。于是我在强化学习暑期班上各位资深传播学研究者如李金铨教授、陈韬文教授等系统推介的传播学前沿理论与研究方法的同时，得到了潘忠党教授对本项目整体研究设计的指导与建议。潘忠党教授向我推荐了美国最经典的以运用媒介效果理论为基础的研究报告“National Television Violence Study”(国家电视暴力研究)[①]，该报告研究了电视中的暴力内容对受众认知与态度的影响，这与我们将要研究的三峡专属媒体的公共关系传播活动对受众认知与态度影响的研究有着异曲同工之妙，即都是以媒介能够影响受众的认知这一假设为理论前提。

本研究旨在对三峡公司的专属媒体运用媒介与其他公共关系传播手段所做的关于三峡工程形象建构的传播活动的效果进行实证考察，它的理论贡献在于验证传播学的媒介效果理论，主要是议程设置理论与框架效果理论在中国三峡工程这一由政府主导的巨型工程的建设过程中，在政府形象、企业形象的建构中的作用过程，是这两种媒介效果理论内涵在特定背景下的适用性拓展。本研究运用内容分析和受众调查的定量研究方法验证了三峡专属媒体的报道活动和其他公共关系传播活动设定的国内权威媒介的议程，而国内权威媒介则利用其强大的影响力设定了国内受众的认知议程和海外媒体的传播议

① Santa Barbara, etc. National Television Violence Study[M]. New York: Sage Publications Inc, 1998.

程，以及对三峡工程认知的基本框架。同时运用大量的受众深度访谈以及对网络舆论的内容分析和个案研究揭示三峡专属媒体在下一步的公共关系传播活动中改善传播效果、促进受众认同度的传播技巧，如双面信息的提供、精神文化内容的丰富、积极设定网络舆论的议程等。

在研究设计与执行的过程中，我们还得到了香港城市大学媒介与传播学系的祝建华教授的指导。他对问卷设计的科学性提出了宝贵的建议，在整个研究过程中，他的无限耐心和永远的在场给了我非常大的激励，我知道只要有任何的疑惑和难题，他都会及时回复我的邮件，无论他在哪里，忙或不忙。

我要特别感谢张昆教授对我所主持的系列“传播学高级研究方法”学术沙龙活动的热情鼓励与支持。正是借助长时间的对社会科学研究方法的深入探讨和学习，我才有幸在项目启动时招募到我的研究团队成员，他们也是学术沙龙的长期固定会员，我们在学习和研讨中度过了无数充实而愉悦的时光。在研究过程中，我们确定在整体研究设计和问卷设计以及写作过程中，都完全按照规范的科学研究范式来进行。每一个细节都按“claim-evidence”（观点-证据）的模式展开，保证对支持观点的证据具备可靠性和有效性的六个特点[①]：准确性（accuracy），精确性（precision），充分（sufficiency），代表性（representativeness），权威性（authority），清楚明白（perspicuity）。小到每一个受众态度的问题都包括了观点和证据两个部分，如关于受众对三峡工程对环境影响的问题：“通过长江首次全面‘体检’，监控水质污染情况，为大江截流前后控制水质污染提供了依据”（意在请受众评价三峡项目的水质污染控制状况，理由是对水质污染提供了监控和检查措施）。每一个问题的设计都包含了大量的准备和资料收集，这样才能将证明观点的证据浓缩在一个句子中。大到每一章都成为一个独立的研究设计，遵循着严格的实证研究规范，以尽量保证研究结论的信度与效度。

研究是一门艺术，艺术活动的过程总是充满了创新的艰难和创造的欢乐。我在本项目的研究过程中得到的最大快乐来自与团队成员

---

① Booth W C. The Craft of Research[M]. Chicago & London: The University of Chicago Press, 2008: 98-102.

们共同学习讨论。我第一次发帖征集研究助手的志愿者时，正如我所期待的，梅珍、李晓娥、吴星、王琦马上给予了积极的回应。不知道是否巧合，当研究进入尾声时，她们全部获得了免试保送研究生的资格。研究生曾循、王利婷、胡光峻、刘猛，特优生方甜、司秀云，湖北日报社的记者陈会君，广告 2007 级的全体同学，都一起分享过这项研究过程的巨大乐趣，并做出了巨大的贡献。坚持到最后的同学，我要特别感谢他们长时间的辛勤劳动和坚持。他们的主要贡献分别体现在：第二章（曾循），第三、八章（王琦），第四章（吴星），第五章（李晓娥），第六章（梅珍、司秀云），第八章（方甜、王利婷、陈会君）。他们都经历了完整的研究的执行过程：研究设计，数据收集，数据处理与分析（内容分析中包含数万条媒体报道记录和数百条受众调查记录），访谈材料的整理与分析，研究结果的报告与理论讨论，等等。

在经过数年的修改，不断补充数据，深化理论分析之后，现在终于迎来了本书的出版。在这个八年磨一剑的漫长过程中，这本书稿经历过多次申请资助被拒，最后得到华中科技大学人文社会科学自主创新基金（2015AB015）的支持和新锐新闻传播学者论丛的接纳。终于进入印刷出版的阶段，真是百感交集。本书的责任编辑杨玲博士承受的劳动强度和压力之大，非极大的热情和奉献而不能至，相信翻开书的读者都能感同身受。在这八年工作中，新的团队成员方新子、刘练、吴婷婷、邓靓琪、游雨茜、刘雅珺加入，共同学习研究规范和出版规范，她们的学术热情和积极探索，让我看到这所大学、这所学院对科学精神和人文思考的包容和激励！是的，是这里，华中科技大学培育了我们对生活的热爱，对公共利益的关注。而这也正是公共关系这门学科推动更美好的公共社会生活的终极目标。

陈先红教授自始至终都指导着本项研究的基本方向，她的政府公共关系传播以及公共关系生态学的理论也是本研究的学理基础之一。华中科技大学管理学院的张鹏程博士为我们提供了研究方法和软件使用的指导。陈少华教授在研究过程中提供了数据技术支持平台和全面的后勤保障。本研究中出现的任何问题和责任则全部由我承担。

李贞芳

2017 年 8 月 15 日于紫菘公寓

目录

contents…

第一章 概　论

第一节　三峡工程公共关系传播的界定

公共关系传播(public relations communications)是一种有组织、有计划、有一定规模的信息沟通活动,它的目的是沟通传播者与公众之间的信息联系,使组织在公众中树立良好的形象。本研究将“三峡工程公共关系传播”界定如下:

三峡工程公共关系传播是中国长江三峡集团公司及其新闻宣传中心组织的、为使三峡工程在公众中树立良好形象而与内外部公众进行的有计划、有规模的信息沟通活动。

第一,公共关系传播主体是三峡总公司,且由于其拥有专属媒体,因此三峡专属媒体是代表三峡总公司的三峡工程重要公共关系传播机构;

第二,公共关系传播的客体有两部分,一部分是三峡公司内部公众,如员工公众、股东公众,另一部分是三峡公司外部公众,如政府公众、媒介公众、消费者(三峡旅游)公众、普通社会公众等;

第三,公共关系传播的目的一方面是为三峡工程赢得公众的信赖和支持,营造良好舆论环境,为三峡工程及三峡总公司的建设、发展创造有利条件,另一方面也与一般传播对象分享三峡工程建设各方面信息,满足普通公众对三峡工程建设进展信息的需求;

第四,公共关系传播的信息内容特指与三峡工程建设、管理、发展有关的一切信息;

第五,虽然拥有三峡专属媒体,但传播覆盖面和影响力毕竟有限,因此大众传播媒介作为职业传播机构在三峡工程公共关系传播中扮演着十分重要的中介角色,三峡工程公共关系传播活动本身就包含了对社会媒体的公共关系。

本研究将以该定义作为全篇的逻辑起点和行文依据，以便在其基础上更恰当地展开对三峡工程公共关系传播的描述、阐释与效果评估研究。

而本研究的目的就在于，对三峡工程公共关系传播进行过程和结果评估，既包括媒介信息评估（信息宣传力度），更重要的是也包括测量受众对三峡工程认知和态度的改变，即明确三峡专属媒体的公共关系传播努力以及这种公共关系传播努力对受众关于三峡工程的态度的形成与改变的影响。

第二节　文献综述与理论框架

一、媒介效果研究的视角

本研究基于媒介效果研究的基本理论假设。媒介效果研究①是大众传播研究中一个具有独特取向的领域，其特征是：着重考察受众，试图确认各种影响，力图将这些影响追溯到媒介的某个视角，并采取实证科学的方法和语言，以检验理论的假设。媒介效果研究的分类视角可概括为如下 7 种。

（1）微观与宏观：考察媒介影响个人的心理或行为还是影响更高层次的社会单位、社会关系或社会结构；

（2）变化与稳定：媒介效果的形式，可能是改变已有的状况（如态度、行为或社会关系），也可能是稳固现有状况（如维护现存意识形态或政治体制）；

（3）累积与非累积：媒介的效果可能是短暂的，转瞬即逝的，也有可能积存于系统，由少积多、由小积大；

（4）短期与长期：媒介的效果可能在媒介接触后即刻产生，昙花一现，也有可能孕育良久后才出现，或经久不衰；

（5）态度、认知、行为：媒介的效果可能发生在各个领域，无论是个人还是社会集合体，这三者都是理论上可区分的领域，而且，根据社会心理学的原理，也是必须区分的领域；

（6）离散一般型与内容具体型：强调产生效果的是媒介元素，媒介的效果

---

① McLeod J M, Kosicki J M, Pan Z. On Understanding and Misunderstanding of Media Effects[M]// Curran J, Gurevitch M. Mass Media and Society, 1991: 185-211.

可能源自媒介的存在(如比较通过媒体中介与没有媒体中介的社会或历史时期),媒介再现的一般性(如培养理论认为电视无处不在,其极度重复的“资讯体系”是影响群体的社会现实观念之祸根),也可以源自某一具体的媒介资讯,如某一条新闻或某一集电视连续剧;

(7) 直接效果与条件性效果:强调媒介效果的产生形态,媒介可能直接影响某具体变量(如个人的态度、认知或行为),也可能在特定条件下才会影响到该具体变量。

对“媒介效果”这一领域的范围的描述:

大众传媒影响个人的知识、态度、意见和行为。这些影响可以是即刻发生的,也可以是延迟发生的;可以是短暂的,也可以是持久的。对个人的影响可能逐渐累积而转换为制度的变迁。这些影响既可以是个人对传媒的直接反应,也可以通过一个复杂的因素链而产生,也就是说,媒介导致制度的变化,而这一变化又影响到个人。

除此之外,我们还必须考察传媒自身的各个维度。我们也许是在考察教育影片的技术性,也许会对某一杂志文章或广播节目的影响感兴趣,有可能考察英国的政府控制和美国的企业控制等不同广播体制产生的影响,更一般而言,我们可能会考察如电视新科技一类的影响。[①]

将 Lazarsfeld 的媒介效果观梳理为 5 个方面:①效果的特性——变化还是固化;②影响的对象——意见或社会结构;③受影响之单元——个人、组群或民族等;④效果反映的时间单位——短期还是长期;⑤产生效果的媒介因素——内容、技术、拥有权,以及接触的场景。[②]

潘忠党[③]指出,媒介效果研究者不是以自己的理论分析,去发现并建构问题,而且经常追随业界,考察其操作中出现的问题;不是关注方法服务于理论、与理论逻辑地配套,而是狭隘地追求技术的精密;不是以理论建构为核心,以理解的解释为灵魂,而是轻视理论,将现象或对现象的名词概括误认为理论;不是将关于“效果”的假设置于整合的理论框架内,而是安然地“偏于一隅”,满

---

① Lazarsfeld P F, Merton R K. Mass Communication, Popular Taste and Organized Social action[M] // L. Bryson. The Communication of Ideas. New York: Harper & Row, 1948: 95-118.

② Katz E. Lazarsfeld's Map of Media Effects[J]. International Journal of Public Opinion Research, 2001(13): 270-279.

③ 潘忠党. 媒介效果实证研究的话语——对一个研究领域的理解与误解之重新思考[M]//[美]布莱恩特. 媒介效果:理论与研究前沿. 石义彬,译. 北京:华夏出版社,2009:导言.

足于瞎子摸象式的局部具体和细致，以致大众传播研究缺乏理论发展和整合。

二、中外媒介效果研究历史

媒介效果的研究者们的共同点就是试图理解媒介内容和受众之间的关系，不论他们是否用“效果”这一词语来表达这种意思。

效果研究的传统可以追溯到20世纪30年代的“Payne研究”，甚至还可以进一步回溯到19世纪晚期的大众社会理论。这一领域在第二次世界大战后得以发展，以对“中介变量”的重要性的认识为特点。

“中介变量”的观点与社会理论中的“重新发现首属群体”有关，也与“霍桑实验”有关。这些研究认识到，在一个等级组织中，试图控制人们行为的努力经常被有凝聚力的组织亚文化所削弱或抵消。早期的效果研究试图把握短期的和可测量的效果，受众被看作是由孤立的个人组成的聚合体。而较新的受众研究则强调人们之间的社会联系，研究共享价值对维持小群体或社区的稳定性的作用，研究这些群体中个人态度和行为的关系。20世纪40年代的“二级传播”研究则强调了人际传播网在传播过程中的重要作用。

Katz和Lazarsfeld① 的《人际影响》探寻影响投票行为的因素。发现大众传媒在态度和意见形成过程中只扮演了一个小角色，主要的影响来自其他的个人。首属群体中的重要人物被人为扮演了“意见领袖”(opinion leader)的角色，意见领袖被认为是媒介和受众之间的重要“中介变量”。

培养理论②提供了一种针对长时段效果的研究范式。这一范式源自于Gerbner在20世纪六七十年代对媒介暴力和社会之关系的研究，它产生于对该问题的激烈的公众辩论③。这一理论检视了电视文化和它给受众建构的象征环境之间的关系，即媒介“培养”了人们的信仰。观众屈从于缓慢、累积的效果，这种效果与他们长时间接触电视(所呈现的价值观和世界景象)的强度有

---

① Katz E, Lazarsfeld P F. Personal Influence: The Part Played by People in The Flow of Mass Communications[M]. The Free Press, Glenceo, IL, 1955:15-42.

② Gerbner G, Gross L, Morgan M, Sgnorielli N. Growing up with Television: The Cultivation perspective[M]//Bryan J T, Zillmann D. Media Effects: Advances in Theory and Research. Lawrence Erlbaum Associates, 1994:17-42.

③ Gerbner G. Cultural Indicatiors: The Case of Violence in Television Drama[J]. The Annals of the American Academy of Political and Social Science, 1970, 388:69-81.

关。对电视的研究可以作为文化价值观的指标。电视被视为象征环境的主导建构者，它取代了过去有组织的宗教的作用。受众对社会、社会结构、性别角色等事物的看法与通过电视得以表现(同时也被高度歪曲)的这些事物的形象具有一致性。电视培养了意识，因为电视教会了我们辨识社会中的好和坏，它是一个培养并操纵着我们知觉的符号系统。在方法论上，这一理论检视是针对电视的内容分析，以提示电视所宣传的价值观和信条①。这些分析所探寻的是集体知觉和观念的培养与公共信息系统的关系。

Gerbner 关心的是媒介通过影响社会大众的感知而成为教化功能的一般代理人。

McCombs，Maxwell 和 Donald Shaw 则提出一种议程设置假设②，媒介通过这种议程设置制造了共识。媒介并未直接影响态度的形成，而是影响了人们对什么是最重要的事情的看法。因此，媒介影响人们的方式不是告诉他们应该怎么想，而是告诉他们应该想什么。议程设置的基本观点是：在媒介议程内容和公众对什么是那些天里重要事件的认识之间有一种直接但不甚明确的联系存在。他们的研究通过检视媒介议程以及开展受众调查，发现在媒介话题的显著度和受众话题的显著度之间的一致性。在议程设置假设中，议题的显著度很重要——因为高媒介显著度的议题也会被受众认为是重要的议题，低显著度的议题的重要性就不会被高估，显著度更低的议题则可能根本不会被受众注意到。

培养理论和议程设置假设的逻辑前提都是：媒介具有足够的威力建构受众对于社会的认知。

使用与满足理论(uses and gratifications)强调：基于社会和个人心理需求的驱使，人们会主动诉诸众媒体或其他渠道以满足这些需求③，这一理论的重要意义在于将个人使用者而非媒体或其他渠道放在传播过程的中心点，认为正是个人使用者在媒体的采纳与使用过程中产生了最初的意向并且完成最终的使用决定。

---

① Gerbner G. Comparative Cultural Indicators[M]//Gerbner G. Mass Media Policies in Changing Cultures. New York：Wiley，1977：199-205.

② McCombs，Maxwell，Donald Shaw. The Agenda-Setting Function of Mass Media[J]. Public Opinion Quarterly，1972(36)：176-187.

③ Blumler J G，Katz E. The Uses of Mass Communication[M]. Beverly Hills，CA：Sage，1974.

尽管受众及媒介效果研究一直是西方大众传播研究中的核心部分，研究者在传统上则较注重于媒介机构和媒介内容，对受众及媒介效果均缺乏足够的注意和研究，关于受众行为及官方宣传效果的研究寥寥无几[①]。祝建华将我国的宣传目标分为最高、中间、最低三种：最高目标是宣传共产主义；中间目标为宣传政府经济政策、发动群众参加社会主义建设；最低目标为维持社会稳定。他的研究预测：①宣传的成功还处于制造社会共识，维持和谐社会生态；②一定程度上推进部分改革宣传；③基本不能教育和培养出一代共产主义的新人类。影响这些传播效果的受众特征包括：认识成熟度，媒介可信度，另类讯息易得度。

三、三峡工程公共关系传播效果研究理论框架

本研究基于以上媒介效果研究理论，着重考察三峡专属媒体的使用媒介进行三峡工程的公众形象的塑造上所达成的效果，即受众对三峡工程、政府行为的态度倾向。本研究的贡献在于从传播案例中全面考察媒介的效果，诸多的研究假设将检验三峡专属媒体的各层次的传播效果。

三峡工程建设问题的提出，通过议程建构，三峡专属媒体组织一系列的公共关系传播活动，包括专属媒体报道，组织国内权威媒体的访问报道，构建关于三峡建设的议程，从而影响国内媒体的报道，通过专属媒体和国内媒体的报道，凸显三峡工程中最显著的议题，以及对议题的理解，最后形成对三峡工程的整体评价与态度倾向（如图 1-1 所示）。

本研究有如下假设（如图 1-2 所示）：

（1）三峡专属媒体设定国内媒体及海外媒体报道的议题；

（2）三峡专属媒体和国内权威媒体设定国内受众的议程；

（3）三峡专属媒体和国内权威媒体设定海外媒体的报道框架；

（4）三峡专属媒体和国内权威媒体建构国内受众的认知框架。

---

① 祝建华.中文传播研究之理论化与本土化：以受众及媒介效果的整合理论为例[J].新闻学研究，2001,68:1-21.

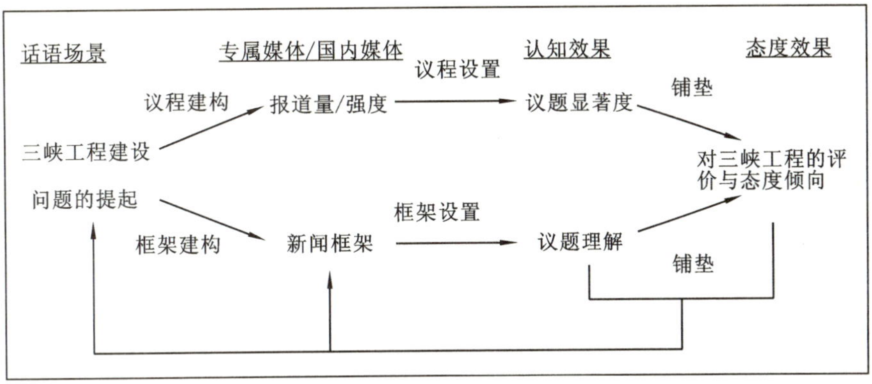

图 1-1 三峡工程公共关系传播效果研究理论框架

图 1-2 三峡公共关系传播效果研究假设

第三节 研究内容

一、三峡工程阶段性公共关系传播效果评估

为更清晰地看到三峡工程建设 17 年来三峡总公司及其专属媒体组织公共关系传播活动的发展轨迹，此部分依据三峡工程阶段性划分来对其公共关系传播效果进行评估。

三峡工程分三个阶段完成全部施工任务，工期为 17 年[①]：

第一阶段(1993—1997 年)为施工准备及一期工程，以实现大江截流为标志。自 1993 年 7 月三峡水利枢纽初步设计被批准后，三峡工程正式进入施工准备阶段，主要任务是进行坝区的征地移民，坝区的通电、通水、通信、通路、平整场地、对外交通，建设沙石料供应系统，进行部分基础开挖工作。同时，这也

① 周双超.三峡工程的最后六年——三峡三期工程综述[J].中国三峡建设,2004(4).

是三峡专属媒体的初建阶段。

第二阶段(1998—2003 年)为二期工程,以实现水库初期蓄水、第一批机组发电和永久船闸通航为标志。工程主要任务是修筑二期围堰,左岸大坝的电站设施建设及机组安装,同时继续进行并完成永久特级船闸、升船机的施工。二期工程时期是三峡新闻传播体系逐渐完善和发展阶段,三峡专属媒体加强了与社会媒体的联系与合作,“两报一刊”(两报是指《三峡日报》和《中国三峡工程报》,一刊是《中国三峡建设》)在编辑与经营上都进行了有力的探索,三峡总公司网站建立并开始发挥网络舆论宣传作用。

第三阶段(2004—2009 年)为三期工程,以实现全部机组发电和枢纽工程全部完建为标志。工程主要任务有:完成右岸厂房坝段和右岸非溢流坝段的混凝土浇筑及相应的金属结构安装,左右岸电站剩余的 20 台单机 70 万千瓦的机组全部投产,完成全部输变电工程,以及临时船闸改建冲沙闸工程、电源电站工程和右岸地下电站厂房土建工程等。三期工程时期,三峡专属媒体系统总结前期经验进一步发展,开始步入成熟阶段。

本部分即依照三峡工程三阶段的时间线索对每个阶段三峡总公司及专属媒体所做的公共关系传播努力进行过程和效果评估:过程评估使我们看到三峡专属媒体公共关系传播每个阶段不同的特点、进步和发展状况,主要依据对《三峡工程建设年鉴》和《三峡工程新闻传播信息数据库》的内容分析来进行;效果评估则使我们看到自三峡工程建设 17 年来三峡总公司和专属媒体所做公共关系传播努力的积累效果,主要依据问卷调查和深度访谈所得出的受众对三峡工程不同阶段热点事件的认知与态度进行评估。最后,将根据每个阶段所反映出的公共关系传播问题提出建议。

二、三峡工程专题性公共关系传播效果评估

中国长江三峡集团公司在水电开发与运营中,积极倡导和推行“建好一座电站,带动一方经济,改善一片环境,造福一批移民”的理念,努力实现经济效益、社会效益和生态效益的协调统一。生态与环境和移民是三峡工程中的两项重要任务,在三峡工程开工之前,对生态与环境的论证和对移民的试点工作就已经展开,而且在三峡工程建设期间,对生态与环境和移民进行了很多公共关系活动和新闻宣传,其效果如何,是本部分要研究的目的。

三峡工程全部竣工后，库水淹没区将涉及湖北和重庆的20个区市县，最终动迁移民113万，三峡水库移民工作1993年正式开始实施，移民工作按照三峡水库分期蓄水的安排，分四期进行，第一期时间从1993年到1997年，以确保按期实现大江截流为目标；第二期为1998年到2003年，以确保按期蓄水至135米，确保首批机组发电、永久船闸通航为目标；第三期为2004年到2006年，以确保按期蓄水至156米为目标；第四期为2007年到2009年，以确保按期蓄水至175米，三峡工程全部建成为目标。因此，三峡工程建设的过程中也要清醒地面对这样一个现实：与三峡工程相伴而生的是一个世界级难题——百万大移民，移民是三峡工程成败的关键。

三峡工程的生态环境效益是巨大的，是人类改善长江生态环境的有效途径，三峡工程防洪功能使下游的分洪能力提高从而有效地减少下游湖泊的泥沙淤积，减缓这些湖泊的萎缩，延长湖泊寿命，改善下游水质，减轻污染；三峡工程进行水电开发，清洁的可再生的水电资源可以减轻火电对环境的不利影响。而同时三峡工程论证期间，生态与环境专家对三峡水库蓄水运行后，对生态环境的不利影响进行了慎重、细致而又充分的论证。得出的结论是，三峡水库蓄水运行后，对生态环境的不利影响主要在库区。对库区的不利影响主要在四个方面，一是会加剧库区原已比较尖锐的人多地少的矛盾；二是会使三峡库区局部江段的水质污染进一步加重；三是蓄水后，将会使一些不稳定的崩塌体、滑坡体滑入长江，有的将会威胁当地人民生命财产安全；四是蓄水后，将使西陵峡上半段以及一些支流上低山形成的峡谷的近景景观受到一定影响，还将使淹没区内的地面文物和地下文物被淹没。三峡公司也致力于对不利影响采取妥善对策和措施加以减免和生态环境方面的公共关系传播。

本部分通过对《三峡工程新闻传播信息数据库》新闻报道的内容分析来了解媒体对生态与环境和移民两个专题的报道特点以及三峡专属媒体对媒体报道的影响，通过普通受众问卷调查和深度访谈分析受众对生态与环境和移民两个专题各个维度的认知和态度，此外，还特别进行了专题的网络舆论分析，从以上三个方面来评估三峡总公司和专属媒体公共关系传播工作的效果，并针对分析的结果提出未来在公共关系传播过程中应注意的问题和建议。

三、海外英文媒体与国内媒体之互动研究

三峡工程是世界上规模最大的水电站，也是中国有史以来建设的最大型

的工程项目，而由它所引发的移民、环境等诸多问题，使它从开始筹建的那一刻起，便始终与巨大的争议相伴。因此，三峡工程一直以来受到海内外媒体的广泛关注。作为一项民族工程，新华社、《人民日报》等中央级媒体，各地方媒体与三峡专属媒体的报道共同努力为三峡工程构建良好运作环境和舆论环境。

但同时，良好的海外舆论的营造也是不可忽视的，它不仅关系到三峡工程的顺利施工，也会成为国际上认识中国的一个窗口，影响到中国的国家形象的传播。随着全球化和地区化的浪潮席卷而来，中国日益走向世界舞台的中心，并在其中扮演着越来越重要的角色。不难想象的是，中国在国际舞台上的活跃与广泛参与，自然会引起其他国家媒体越来越多的关注。

那么，三峡工程的海外舆论是何种局面，中国国内媒体的报道是否有效影响了海外媒体的相关报道？这是本部分要探讨的问题。

本部分主要通过内容分析法，选取了纽约时报、CNN、路透社三家举足轻重的海外媒体，以它们对于三峡工程的报道为分析样本，并结合海外媒体新闻报道的特征对得到的数据进行理论层次的分析，旨在全面了解海外媒体对三峡工程的报道状态，力求展示三峡工程海外舆论的现状。不论是社会的发展还是学术的终极目标，归根到底还是将焦点放在"人"上。因此，主要英文媒体关于三峡工程移民报道是本研究关注的焦点之一。最后，从传播学和新闻学的理论出发，充分考虑到国内新闻报道与西方新闻报道理念的差异，提出了关于强化海外主要英文媒体三峡报道效果的对策建议。

第四节　研究方法

一、三峡新闻传播信息内容分析

1. 三峡年鉴信息提取

(1)"三峡工程阶段性公共关系传播效果评估"部分，根据《中国三峡建设年鉴》(1994—2008 年卷)中《新闻宣传》和《对外交流与合作》这两章提取三峡工程三个阶段的公共关系传播活动目的、宣传热点及活动概况[①]。三峡公共关系传播活动主要包括：①三峡专属媒体新闻传播活动（内外新闻网络的构建、宣传品的制作、专属媒体报道情况）；②内外部公众公共关系活动；③社会媒体对三峡工程宣传报道情况。并据此来总结三峡工程各阶段公共关系传播活动特点。

(2)“三峡工程专题性公共关系传播效果评估”部分，分别提取有关“生态环境”与“移民”议题的公共关系传播活动信息，作为内容分析和问卷设计的参考材料。

(3)“海外英文媒体与国内媒体之互动研究”部分，基于《中国三峡建设年鉴》(1994—2008年卷)中《对外交流与合作》一章提取1993—2007年三峡总公司所进行的对外宣传活动，主要表现为三峡工程各代表团对外访问考察、参与或举办交流会、研讨会、演讲会、展览会等以招商引资、宣传三峡、学习考察发达国家先进生产技术和管理经验为目的的公共关系宣传活动。

2.《三峡新闻传播信息数据库》[②]内容分析

《三峡工程新闻传播信息数据库》是由华中科技大学三峡工程新闻传播信息库课题组搜索组搜录而成的、供三峡总公司相关部门和人员使用的三峡工程新闻传播资料核心数据库。其信息收集与分析处理工作包括对1919—2009历年来分布在书籍、地方志、报纸、期刊、音像电子电视以及网络媒体上的有关三峡工程勘察和论证、建设和管理的传播内容（新闻报道、新闻评论、文献作品、实物资料等）进行搜索、收集、甄别、数字化处理、外文信息翻译、规范整理、主题分类、特征项提取等工作，目标是开发建设一个三峡工程新闻传播信息库及综合管理系统，并以信息库为基础就三峡工程的社会价值、舆论环境和公共关系传播效果三个角度进行研究并编写三本专题研究报告。

本书这里即以该数据库为依据进行内容分析。根据需要，保留数据库中1956—2008年的全部文献资料，且信息集中在1980—2008年的时间段；剔除重复条目后，数据库中有效信息共20073条，其中，外文资料1039篇，占全部资料5.2%；媒体一级分类涵盖国内外主流媒体，所选媒体和资料分布具有代表性、多样性和广泛性；媒体二级分类则包括网络、期刊、报纸、广播电视、图书，

---

① 详见《三峡工程(1994—2007年)公共关系传播活动一览》，从《中国三峡建设年鉴》中整理形成。

② 详见《三峡工程新闻传播信息数据库》文献资料搜录方法，《三峡工程新闻传播信息数据库》是中国长江三峡集团公司委托华中科技大学开发建设的。

以及其他共6类；以文字信息为主，图片和音像为辅；全部文献被分为工程施工进展、移民、生态与环境、电力系统、工程设备技术等共20个议题；舆论倾向上既有正面的，也包括其他倾向，甚至负面的。

(1)“三峡工程阶段性公共关系传播效果评估”部分，分别对一期工程(1993—1997年)共2286篇、二期工程(1998—2003年)共6920篇、三期工程(2004—2009年)共9990篇文献资料进行了描述统计和内容分析，展示三个时期三峡工程新闻报道的规模、分布及议题引导情况，反映三峡工程信息量及信息宣传强度，为公共关系效果的媒介信息评估提供依据。

(2)“三峡工程专题性公共关系传播效果评估”部分，分别提取数据库中涉及“生态环境”议题共2206篇、“移民”议题共2132篇文献资料，然后按5%的抽样比例在SPSS中进行随机抽样，分别得到“生态环境”报道的样本105篇，“移民”报道的样本102篇。该部分即以此样本分析三峡生态环境和移民报道的议题分布、时间分布、强度和特点，结合三峡新闻宣传中心的公共关系活动与媒体报道，评估部分公共关系传播活动的媒介效果。

3. 网络舆论内容分析

(1)由于1993—2003年我国互联网并不普及和发达，网络媒体在三峡一期、二期工程时期并非宣传三峡工程的主要媒体，直到2002年后的三期工程时期，网络媒体才开始发挥重要宣传作用。因此，“三峡工程阶段性公共关系传播效果评估”部分仅三期工程一节涉及网络舆论研究。此部分采用内容分析法，选取人民网“强国论坛”为研究对象，首先抽样调查了解三峡三项工程期间整体网络舆论状况(主题帖样本135个)，包括网络舆论影响力，网络舆论议题及态度；然后再结合事件发展分阶段对三峡三期工程期间重大事件“三峡蓄水达156米”的网络舆论进行内容分析，探讨网络舆论态度形成的原因。

(2)“三峡工程专题性公共关系传播效果评估”部分也做了网络舆论研究，移民专题选择人民网“强国论坛”为研究对象，以“三峡移民”为关键词，共搜索到54篇帖子，除去4篇不相关的共有50篇分析样本；生态环境专题选择天涯社区为研究对象，以“三峡生态与环境”为关键词，共搜索到12961篇帖子，由于网络设置共得到500条数据，此后经过筛选和三峡生态与环境相关的，最后的分析样本有27篇。从帖子的议题、楼主观点、楼主态度、阅读量、回帖量、回帖者态度，分析其舆论形成的过程，给出三峡工程生态与环境网络舆论引导的意见。

4. 海外英文媒体新闻报道内容分析

"海外英文媒体与国内媒体之互动研究"部分，采用内容分析法，选取了《纽约时报》、CNN、英国路透社这三个具有代表性的海外主要英文媒体作为研究对象，经过样本的甄选，将三个媒体中所有和三峡相关的新闻报道，总共120篇作为分析样本。在对样本进行分析的过程中，共设置信源、议题、倾向性、修辞四个变量进行三峡公司海外公共关系宣传的效果测量。

二、受众态度问卷调查与深度访谈

1. 受众态度问卷调查

(1) "三峡工程阶段性公共关系传播效果评估"部分，根据《年鉴》和《三峡工程新闻传播信息数据库》的内容分析结果，分别选择三峡工程每个阶段具有代表性的新闻宣传热点事件设置问卷题目，问题陈述皆原文摘自同时期三峡专属媒体、中央级媒体或权威媒体对该阶段热点事件的报道和评述。

(2) "三峡工程专题性公共关系传播效果评估"部分，根据《三峡工程新闻传播信息数据库》，在对三峡"生态环境"和"移民"相关报道按年份做了一份详细列表的基础上，仔细阅读三峡《年鉴》以及《中国三峡工程报》，知晓三峡公司所开展的相关公共关系传播活动，进而设置了题目。问题陈述原文摘自三峡专属媒体、中央级媒体或权威媒体对"生态环境"、"移民"议题的新闻报道和评述。

两份问卷皆分为"人口统计信息"、"媒介接触习惯"和"受众态度"三部分，前两者是为了考察受众态度的影响因素；"受众态度"部分，两份问卷皆采用五阶(非常不同意、不同意、中立、同意、非常同意)里克特量表测量受访者对三峡工程相关陈述的认同度。

2. 受众深度访谈

三峡工程阶段性和专题性公共关系传播效果评估都对特定受众进行了深度访谈，以开放式的问题考察其对三峡工程各方面问题的态度以及态度形成过程，例如受众关注三峡工程哪方面信息，评价如何，其态度受何种因素的影响，多大程度上受到了人口统计因素和媒介接触习惯的影响。

通过此部分内容对问卷调查部分进行补充和完善，使定量分析与定性分析相结合，从而使内容更充实、结果更科学可靠。

第二章 基于劝服效果理论的受众态度影响因素——三峡一期工程公共关系传播效果评估

本章旨在考察三峡一期工程期间，三峡公司所做的公共关系传播活动对受众的认知效果。本章的理论基础是劝服效果理论框架。在霍夫兰等人劝服效果研究的项目中，"态度改变"是其考察的主要对象和核心概念，霍夫兰相信"认知—态度—行为"三者之间的传递关系。因此，以认知改变来考察态度改变是有理论支撑的。

本章首先概述一期工程公共关系传播活动及特点；然后考察三峡新闻宣传中心对国内媒体报道的影响，即一期工程新闻报道规模、分布及议题引导；再通过抽样问卷调查、受众深度访谈对三峡一期公共关系传播效果进行评估；最后通过"1996 年三峡债券发行个案"深入分析重大事件的公共关系传播全过程。试图在劝服理论的框架内分析受众认知态度形成的原因。

主要研究发现有三个方面：第一，通过定量研究发现，影响受众对三峡工程态度改变的核心变量有五个，即受众所在地市县区分、受众与三峡的关系、受众主要信息来源渠道、对三峡专属媒体的参与程度，以及对三峡新闻的关注与否。第二，通过定量与定性相结合的考察发现：在媒介渠道方面，人际传播效果不容忽视，即面对面的劝服、多媒体组合的形式劝服效果比较好；在讯息的内容和结构方面，适当使用情绪诉求（正负面诉求）与是否"两面说"是影响传播效果的重要因素。第三，通过对典型案例的个案研究发现：三峡公司的公共关系传播活动对受众认知造成的影响，是影响投资者对三峡债券的态度和投资决策的重要因素；并且，企业文化是三峡公司公共关系传播议题管理中需要重视的重要议题。

本章的意义在于总结三峡工程一期工程阶段公共关系传播中的传播规律和问题所在，为后三峡时代的公共关系传播提供一些观照和思考，以便在今后的公共关系活动中能更有效地进行议题管理，组织政府、媒介和公众关系，为企业发展创造良好的内外部环境。

第一节　一期工程公共关系传播特点

一、一期工程公共关系传播目的

三峡工程一期公共关系传播活动是三峡专属媒体在党的相关会议精神的指导下，围绕三峡工程总公司提出的各项宗旨来开展的，目的是有效促进内外部沟通，合理正确地引导舆论，积极促进三峡工程的进展。具体到每一年，三峡专属媒体的公共关系传播活动根据每年工程进展的不同工作重心有所侧重。

1993年三峡专属媒体公共关系传播目的是：以邓小平建设有中国特色的社会主义理论为指导，适应改革开放、建立社会主义市场经济体制的新形势，积极配合总公司按照社会主义市场经济的原则，建立适合三峡工程特点的工程建设管理体制和经营管理体制，做好总公司从筹划到正式成立这一转变中的思想政治工作，实现平稳过渡、尽快步入正轨，开始全面施工准备。1994年的公共关系传播目的是：以党的十四届三中全会精神为指导，围绕总公司提出的“以经营管理为核心，项目管理为重点，积极探索建立现代企业制度的途径，在三峡工程建设和管理过程中，力争创造一流的工程质量、一流的现代化管理、一流的文明施工”的要求，把“艰苦奋斗，无私奉献”和“为我中华、志建三峡”作为新闻宣传的主旋律，以准确的积极的舆论导向，促进工程建设，深化内部改革，完善内部机制，理顺内外部关系，做好全面准备，迎接主体工程正式开工。到了1995年，公共关系传播的目的转变为：及时向国内外宣传报道三峡工程建设和移民迁建工作的情况，让全国、全世界进一步了解三峡工程、支持三峡工程。1996年的公共关系传播目的是：加强与海内外新闻单位联系，并根据工程进展情况，围绕报截流这个重点，配合三峡总公司的重要活动，做好对国内外的宣传报道。到了1997年，三峡专属媒体的公共关系传播目的转变为：以迎接大江截流为中心，为实现大江截流而奋斗，全面开展新闻宣传工作。

从1993—1997年三峡一期工程时期，三峡专属媒体公共关系传播活动的开展历经了围绕“建立体制，施工准备→主体工程开工→移民迁建→大江截流”为重心的变化轨迹。

二、一期工程公共关系传播概况

本节中的“三峡专属媒体”指的是包括三峡总公司新闻宣传中心、《中国三峡工程报》、《中国三峡建设》杂志、《中国三峡建设年鉴》、三峡展览馆、影视中心在内的三峡专属传播系统。

三峡工程一期公共关系传播，具体来说就是一期阶段“三峡专属媒体的公共关系传播”，我们将其界定为三峡专属传播系统为了实现其组织的传播目标，运用各种传播手段与内外部公众、社会媒体沟通的过程。“三峡专属媒体的公共关系传播”具体包括如下几个层次（见图 2-1）：

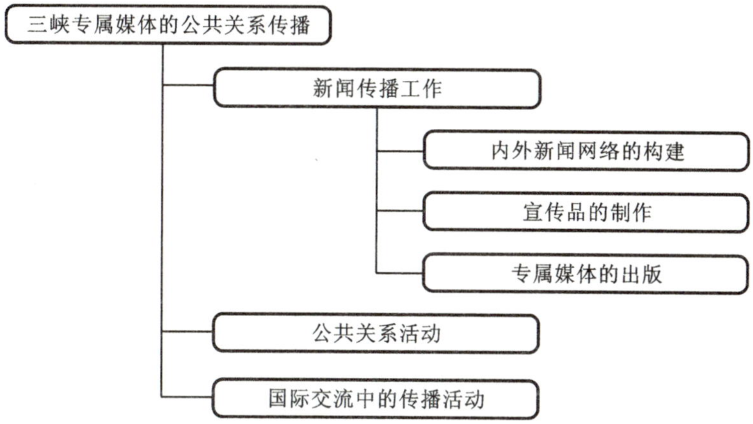

图 2-1　三峡专属媒体公共关系传播内容层次

三峡专属媒体的公共关系传播活动根据具体内容可以划分为三个方面：新闻传播工作、公共关系活动和国际交流中的传播活动。其中，新闻传播工作具体又包括构建内外新闻网络、制作宣传品和出版专属媒体三个方面。

在一期工程阶段，专属媒体的新闻传播工作十分丰富。首先，致力于构建内外新闻网络，主要采取了以下这些形式：召开通讯报道工作会议；特约撰稿人；出版《新闻宣传信息》，发新闻通稿，召开新闻座谈会、通气会；建立通联、发行站；接待国内外新闻媒体、中外新闻记者；发文字稿、电视新闻、图片；与其他电视台合办节目；与其他报纸合办专栏、专版；与其他杂志合办专辑；出版《内参》和《内部通讯》；编辑小册子；撰写文章，澄清是非；增设“三峡之光”美洲版；

创办《新闻天地》小报；将《新闻公告》及时传递给国内外新闻媒体；承接新闻单位等。其次，在宣传品的制作方面，主要有拍摄录像带、照相成片、新闻照片、电视专题片、纪念邮册、航拍、摄影照片、工程专题片、电影纪录片、电影故事片、电影资料片、电视连续剧、电视专题汇报片、书籍、大型电视片、画册、影碟、杂志增刊、邮折等形式。如协同中组部摄制的专题片《高峡出平湖》，出版的词集《三峡放歌词曲精粹》，编辑、出版的增刊《流域开发专辑》和《97 海峡两岸三峡工程技术研讨会论文集》等。再次，三峡专属媒体陆续建立：1993 年 9 月 27 日，《中国三峡工程报》正式创刊(4 月 28 日试刊)；1994 年 12 月 14 日三峡工程正式开工前夕出版了《中国三峡建设》杂志创刊号；1994 年筹备出版《中国三峡建设年鉴》；1995 年 5 月 18 日三峡展览馆正式开馆。另外，1994 年 10 月，总公司正式成立新闻宣传中心，下设新闻宣传处(包括对海内外新闻宣传、影视、文秘、财务、年鉴、展览)、《中国三峡工程报》社、《中国三峡建设》杂志社，将新闻宣传业务工作都集中于新闻宣传中心。

三峡专属媒体在公共关系活动的组织和策划上，采用了好新闻评比、慰问、征文、与电视台联合办节目、读报答题有奖竞赛、现场短新闻比赛、专栏讨论、摄影展、征集词曲、首映式、参展、徒步考察、研讨、评选、笔会、参加经贸洽谈会、新闻大赛、新闻摄影大赛、组织媒体发稿、举办仪式等多种形式积极与公众、媒体和社会沟通。

三峡工程涉及的方面诸多，其中就技术、资金以及工程形象等方面开展的国际交流与合作最多。一期阶段对外宣传中的公共关系活动的主要类型有大型展览、轮船首航、经济洽谈、研讨会、考察访问、实地考察、交流讨论和新闻发布会等，其中最经常采用的方式是举办研讨会。

第二节　一期工程媒介报道内容分析

此部分根据《三峡工程新闻传播信息库》中摘录的三峡一期工程时期(1993—1997 年)的全部文献资料，共计 2286 篇展开。据此对三峡一期工程时期的媒体报道进行内容分析，描述该阶段媒体报道的整体规模，时间、体裁、来源、议题分布和议题引导情况。展现一期工程时期媒体报道的整体情况，反映三峡一期工程信息量及信息宣传强度。并结合年鉴提取内容，从数据中进一步发现媒体宣传报道热点和重点，以确定下一步受众问卷调查的内容和议题（选择具有代表性的新闻事件和热点以考察受众态度）。

研究发现在文献来源的媒体类型中，期刊占43%，占比最大；在期刊文献中，最多的来自《中国三峡建设》杂志（占14.9%，属于三峡专属媒体），其次是专业媒体。这说明在对三峡工程一期的报道中，《中国三峡建设》杂志在三峡专属媒体中起主要作用。但同时，专属媒体在三峡工程一期所有文献来源中的比例仍然非常小，社会媒体在规模上为主要传播媒体。三峡专属媒体覆盖面和影响力毕竟有限，因此，大众传播媒介作为职业传播机构在三峡工程公共关系传播中扮演着十分重要的中介角色。由此可见，公共关系与媒体议程设置具有天然的关系，对于专属媒体来说，设置社会媒体议程对社会媒体施加影响显得更加重要且有效果。

一、一期工程新闻报道规模与分布

1. 整体规模在三期中最小

据三峡工程新闻传播信息库统计，1993—1997年三峡一期工程期间，有关三峡的各种文献资料总计2286篇（见表2-1），占三个阶段（1993—2009年）文献资料的12%，所占比例最小，约为二期文献资料数量的1/3、三期文献资料数量的1/5（见图2-2）。

表2-1 三峡工程三个阶段文献资料数量

三峡工程分期	一期工程时期	二期工程时期	三期工程时期
文献数量（篇）	2286	6920	9990

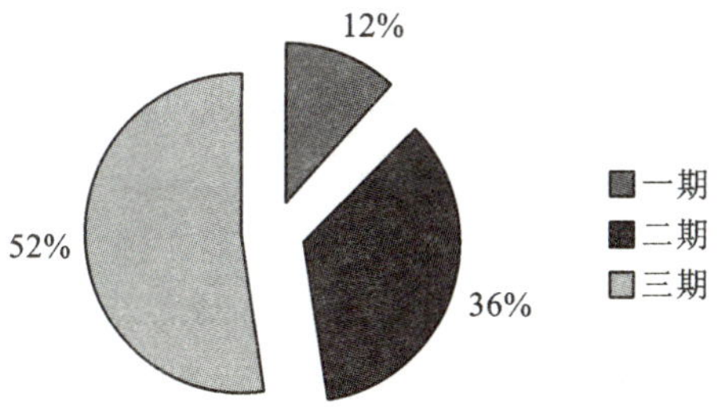

图2-2 三峡工程三个阶段文献资料分布

2. 时间分布——逐年文献分布平均

按照年份划分，从 1993—1997 年，文献资料数量总体呈上下波动之势，1993 年文献数量最少，占 12.8%(292 篇)，1996 年达到该阶段顶峰，占 24.3%(555 篇)。1994—1997 年文献数量逐年在 20%左右波动，分布较为平均(见图 2-3)。

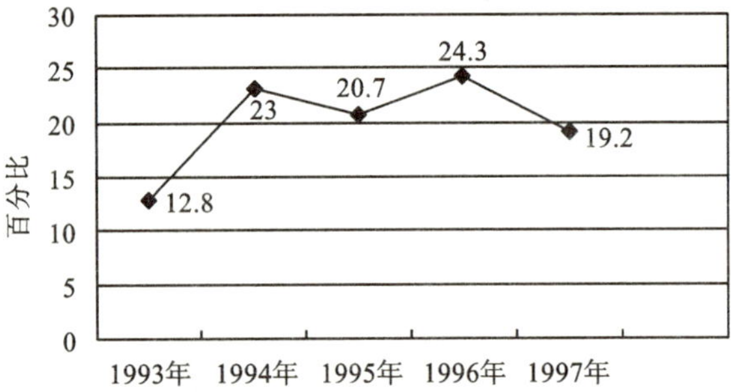

图 2-3 三峡一期工程时期文献资料时间分布

3. 体裁分布——新闻报道数量最多，占五成以上

体裁，是指作品外在的基本格局和内在的规范。根据文献的特点，本次分析将样本文献的体裁分为新闻报道、分析评论、专业论著和其他共四类。统计结果如图 2-4 所示，二期工程的全部文献中，新闻报道数量最多，占总数的 69%，分析评论占 29%，二者占全部文献的 98%；而专业论著等其他体裁的文章仅占总数的 2%。

其中，新闻报道是指发表在期刊、报纸或者电视等媒介上，具有一定新闻性的相关报道，包括消息、通讯、特稿等。例如，1994 年 5 月 18 日《重庆日报》刊载的一则题为《长江三峡开始第三轮航测》的消息，就是报道空军某航测团开始在重庆市执行三峡工程第三轮航空测量工作。又如，《三峡工程大江截流成功》是 1997 年 4 月 1 日发表在《三峡大学学报》(自然科学版)上的一则消息，主要报道三峡工程截流成功。

分析评论主要包括国内媒体上刊载和报道的关于三峡工程的各种各样的评价。例如，1995 年 3 月 1 日在《宏观经济管理建设》上发表的一篇题为《三峡工程应狠抓节约与效益》的文章，就是从"优化设计方案、少建几回输电路线、缩短建设工期、节约原材料"四个方面分析三峡工程建设应注重节约和效益。

专业论著是指发表在专业的期刊、报纸上的有关三峡的学术性文章。例

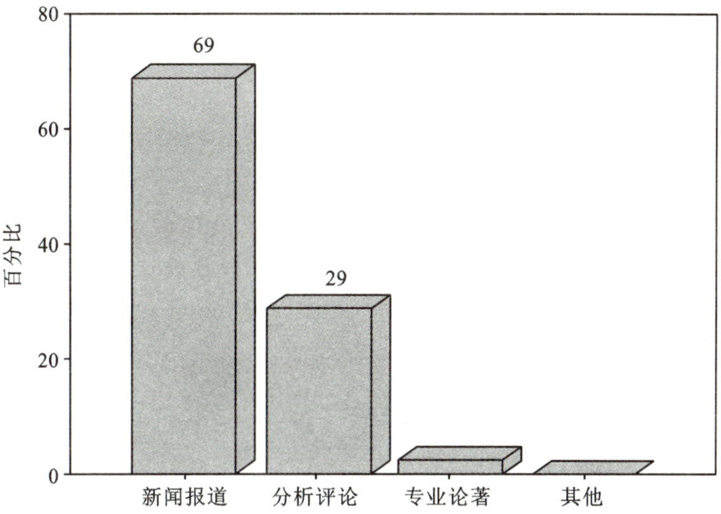

图 2-4 三峡一期工程时期文献资料体裁分布

如,《三峡工程施工区生活垃圾处理方案选择分析》是 1996 年 7 月发表在《中国三峡建设》上的一篇学术论文,主要探讨三峡工程施工区生活垃圾处理方案。

其他,是指剔除新闻报道、分析评论、专业论著之外所有在媒体上发表或者报道的和三峡相关的资料。包括文学作品、读者来信、相关统计资料及文史文献等。例如,收录在《湖北省文史资料》中的《我参与三峡工程论证的经过》一文,就是根据曾担任三峡总工程师刘思华的录音整理的一篇回忆兴建三峡水利枢纽工程曲折历程。

总的来说,新闻报道是以记叙客观事实为特征的文体,其主要功能是传递信息。分析评论是以据事说理和论证为特征的一种简明精炼的论说性文字,具有解惑示趋、表明态度、疏导舆论和深化报道等多种功能。一般来说,新闻报道和分析评论文体的功能差异决定了阅读分析评论文章比阅读新闻报道的受众卷入度高,也就是说如果对同一事件,受众阅读分析评论比阅读新闻报道对事件的卷入程度更高,更有利于形成对相关事实的认知。在新闻理论和新闻实践中也一致认为,新闻报道与新闻评论在新闻传播活动中是互相促进、互为补充、缺一不可的。新闻报道侧重面上的浅层传播,而分析评论侧重点上的深度传播。对于传播主体三峡公司来说,三峡工程范畴内新近发生的事实都是新闻报道的素材,但是并不是所有事件都需要配合深入的分析评论,只有部分重要的议题需要配合评论来对舆论进行引导。因此，从分布上来讲，新闻报道量最大、分析评论次之的格局是合理的。此外，专业论著是指三峡工程各相关专业领域的具有理论性、研究性和实践性的著作。从深度上来讲，专业论著比分析评论更加深入，且专业性强。尽管专业论著的读者对事件的卷入程度最高，最有利于形成认知，但是读者范围也相对狭窄，往往是相关领域的专家学者，因此，在样本体裁的分布中，分析论著的数量很少也是合理的。对于其他体裁，由于本次内容分析的样本主要来自三峡专属媒体和各社会媒体，而新闻报道和新闻评论毋庸置疑是媒体的主要文体，如样本中文学作品、读者来信、相关统计资料及文史文献等非新闻报道和新闻评论文体的数量少，也是合理的。

4. 文献来源——纸质媒介是主要来源

(1) 一期工程期间文献资料主要来自于期刊和报纸这两种媒介，期刊最多，其次为报纸，网络最少。

1997 年以前是我国的前互联网阶段。国际互联网从 1994 年进入我国，1996 年我国公用计算机互联网正式开通。根据 1997 年中国互联网络信息中心(CNNIC)进行的中国互联网络发展情况统计，截至 1997 年 10 月 31 日之前，我国上网计算机总数 29.9 万台(直接上网计算机：4.9 万台，拨号上网计算机：25 万台)，上网用户数 62 万，WWW 站点数约 1500 个，1998 年底达 210 万。1999 年，互联网进一步普及，上网用户达 430 万。2000 年初，上网人数达 890 万人。由此可见，我国互联网的飞速发展是在 1997 年以后。1997 年以前，网络作为一种媒介被使用的发展过程十分缓慢。1993 年 12 月 6 日的《杭州日报》开通电子版才开始我国新闻传播媒体的网络化进程，此后也有一些报纸和杂志如《神州学人》、《中国贸易报》、《中国计算机报》开始网络化，但毕竟规模小、影响力也不大，直到 1997 年 1 月 1 日，《人民日报》才正式开通了在互联网上的网站，定名为《人民日报·网络版》，新华社也于 1997 年 11 月 7 日正式开通自己的网站。三峡一期工程从时间上界定是 1993—1997 年，这一阶段我国网络媒体发展的缓慢直接导致了本次内容分析中来源于互联网的资料和文献的数量较少。

期刊读者的构成情况直接决定期刊市场需求结构。就读者的年龄而言，15～64 岁年龄段跨越了高中、大学和职业生涯，是人生最重要的阶段，这个阶段的读者阅读面广，阅读欲望强烈，文化需求最为旺盛。可以说，15～64 岁年龄段的读者是期刊消费市场的主体。[①] 表 2-2 显示，1993—1997 年期间我国 15～64 岁年龄段的人口比例保持在 66%左右，这个数据显示该期间读者的年龄结构有利于期刊业的发展。因此，如图 2-5 所示，这一时期，有 43%的文献都来自期刊，期刊为最主要的媒体来源。

表 2-2 1993—1997 年中国人口年龄结构状况 （单位：%）

年份	0～14	15～64	65+
1993	27.15	66.71	6.15
1994	27.01	66.64	6.36
1995	26.73	66.57	6.70
1996	25.86	65.20	8.94
1997	24.98	65.90	9.13

资料来源：1996—2005 年中国人口统计年鉴。

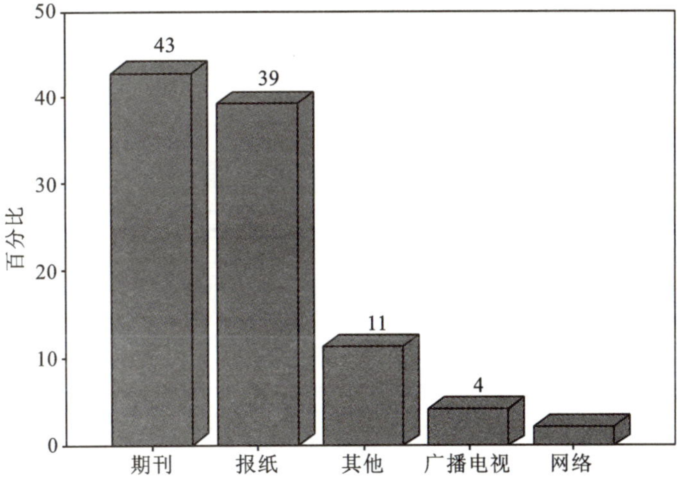

图 2-5 三峡一期工程时期文献资料来源

有学者做过统计分析，报纸读者以 26～45 岁为主，占读者总数的 75.4%；学历以高中至大专为主，占读者总数的 54.7%[②]。报纸的受众分布也很广泛，

① 吴赟. 中外期刊经营管理比较研究[D]. 中国优秀博硕士学位论文全文数据库(硕士)，2004(4).

② 中国报业：面对结构性转换——1995 年全国报纸读者调查总体分析报告[M]. 中国报业总量 6：结构效益调查. 北京：新华出版社，1996：29.

但对报纸受众的受教育程度、文化背景有一定要求。本次分析结果显示有39%的文献来自报纸，是来源第二的媒体，这与我国20世纪90年代报纸在读者市场中占较大比例是分不开的。

由于广播电视的新闻报道与节目不易成文和记载，所以本次研究中选取的广播和电视新闻报道也不多，并且主要是国外广播电视媒体对三峡的报道，例如《Tenders invited for Three Gorges equipment》就是1993年6月16日BBC国际广播报道的一篇关于三峡工程设备招标的新闻。因此，数据结果也显示仅有15%来自于广播电视和其他媒介。

因此，一期工程期间文献资料的主要来源是纸质媒介，这符合1993—1997年我国各类媒体发展的特征。

(2) 期刊并非一直是一期文献资料的最主要来源。

如图2-6所示，1995年以前，报纸是文献资料的第一媒介来源，1994年达到顶峰，近九成的文献资料都来自报纸媒介，1995年到1997年基本上占两到三成；与此相反，1995年到1997年间，期刊才成为文献资料的最主要来源，基本占到五成以上，而1993年到1995年间皆为文献资料的次要来源，并在1994年达到谷底，只有很少有关三峡的文献资料。

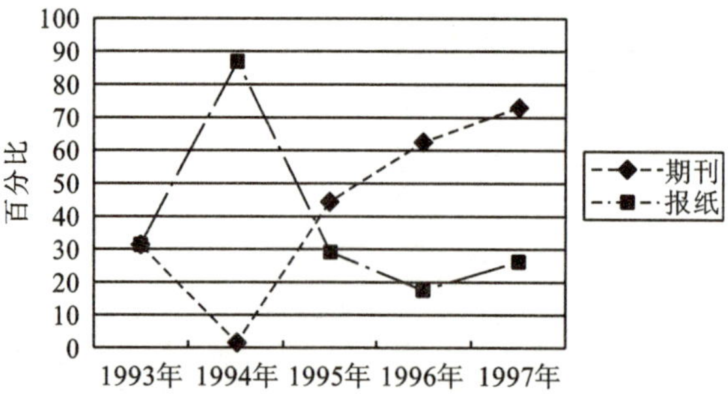

图2-6　一期文献资料主要来源比例历年走势图

从一期文献资料的两种主要媒介来源（期刊和报纸）所占比例的走势图来看，二者呈现出一种近似的水平镜像对称关系，因此，在一期阶段，期刊和报纸关于三峡的文字传播在数量上看是互补的。

这一现象与三峡工程的进展情况以及报纸、期刊各自的特点有关。根据《报纸出版管理规定》，报纸是指有固定名称、刊期、开版，以新闻与时事评论为主要内容，每周至少出版一期的散页连续出版物。根据《期刊出版管理规定》，期刊又称杂志，是指有固定名称，用卷、期或者年、季、月顺序编号，按照一定周期出版的成册连续出版物。报纸是出版周期最短的定期连续出版物，及时性是报纸区别于书刊的最主要特征。正因为报纸和期刊的不同特点，两者在刊载内容方面也有很大的区别，报纸注重时效性，主要刊载消息、通讯以及时事评论等，期刊则对时效性的要求相对较低，并且更适宜对某一个议题进行相对深入的分析。

1993 年到 1994 年期间三峡工程尚处于正式开工前期准备阶段，新闻媒体需要向国内外多介绍三峡工程的相关情况，有关三峡工程设计、移民、环境保护、资金预算等准备情况的新闻自然比较多，所以相关文献资料主要刊载在报纸上，并且主要集中在《人民日报》、《中国水利报》、《中国环境报》、《中国电力报》、《经济日报》、《湖北日报》等报纸上。例如，《三峡施工准备进展迅速》是 1993 年 4 月 24 日发表在《中国电力报》上的一篇文章，就是讲三项工程施工前各项工作的准备情况。

1994 年 12 月 14 日开始，三峡工程正式进入施工阶段，在不断取得进展的过程中也暴露出一些问题，有关三峡工程的评价以及相关研究的专业论著逐渐增多，期刊也随之成为文献资料的主要来源。例如，《略论三峡工程施工区的环境保护问题》是发表于《水力发电》1996 年第三期的一篇学术论文，主要内容就是通过提出三峡工程施工中所存在的环境问题来探讨应对策略。

（3）一期工程的期刊文献主要来自专属媒体，其次是专业媒体。

如图 2-7 所示，一期工程来自于期刊的文献中，最多的来自于《中国三峡建设》（占 14.9%），其次是《人民长江》（占 8.9%），第三是《水利水电快报》（占 2.1%）。

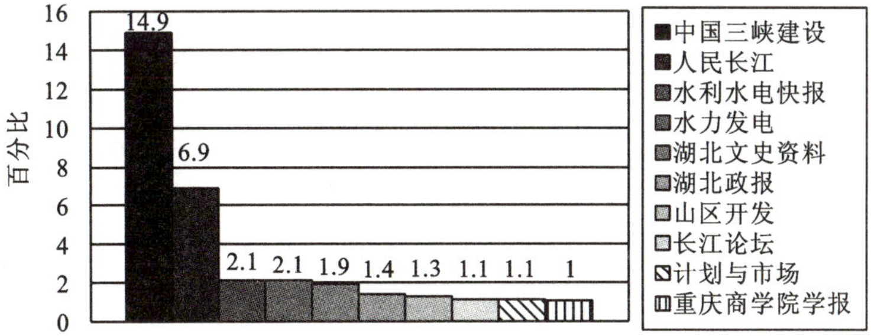

图 2-7　一期工程时期三峡文献刊载最多的十种期刊

专属媒体中有关三峡的文献资料最多。《中国三峡建设》杂志1994年12月出版创刊号，作为三峡公司的专属媒体，以“宣传三峡工程，服务三峡移民”为己任，全方位报道三峡工程建设进展和重要科技成果，系统推介中国七大江河流域文明和水电建设成就，评介国际水资源开发和水利水电工程的成败得失。其关注点主要是三峡工程，在一期工程中刊载的相关文献资料最多。

其次，一期工程的文献的次来源为专业媒体。居于第二位的《人民长江》和并列第三位的《水利水电快报》、《水力发电》都属于有关水力发电的专业媒体。例如《人民长江》杂志是水利部长江水利委员会主办的水利水电技术综合性科技期刊，主要内容为宣传长江治理与开发战略规划，报道治江工作重大进展与建设成就，总结水资源保护与开发利用实践经验，交流国内外水利水电先进技术。三峡工程是长江上的一项最大的工程，是其关注焦点之一。

二、一期工程新闻议题引导

三峡公司作为三峡工程公共关系传播的主体，通过对新闻媒体议题的设置和引导，发挥其公共关系活动中议题管理的功能，试图在相关议题设置、传播中抢占有利位置，影响和推动议题向企业有利的方向发展，最终实现其公共关系传播目标。

“议题管理”是在管理学、传播学等学科中常见的概念，隶属于公共关系学学科。1977年，公共关系学者Chase首先正式提出“议题管理(issues management)”一词，认为它是公共关系学中值得关注的新领域。他这样定义议题管理：“议题管理是综合发挥并有机协调(企业)所有战略、策略和机构命运的公众策略。”①

议题管理的理论基础之一是议程设置理论。“议程设置”作为一种理论假说，即认为：大众传播具有一种为公众设置“议事日程”的功能，传媒的新闻报道和信息传达活动以赋予各种“议题”不同程度的显著性的方式，影响着人们对周围世界的“大事”及其重要性的判断……议程设置理论在企业的实际运营中产生了巨大的影响，在一定程度上它告诉企业如何去获取更大、更好的传播效果，即“以议题为武器，传播媒介施加影响，受众承受影响”，随着对议题管理

① Chase. Public Affairs Council[M]. Westview Press,1978:89.

研究的深入，企业越来越多地有意识地运用这一形式。[①]

议题设置的理论适用于媒体，也同样适用于企业，议题设置的主体可以是媒体，可以是公众，也可以是企业。本节借助对三峡一期工程 2286 篇媒介报道的内容分析，通过描述该阶段媒体报道的议题分布和议题引导情况，并结合议题管理理论，来评价三峡公司在一期工程公共关系传播活动中的议题管理，进而指出有待改进的问题以及提出相应的对策。

1. 三峡一期工程阶段媒介报道议题分布整体概况分析

第一，涉及最多的 5 个议题。三峡一期工程时期全部文献资料共包括 20 个议题，涉及最多的 5 个议题依次是“工程施工进展”、“投资估算”、“资金使用和管理”、“移民、论证、设计和综合规划”与“生态与环境”，5 个议题共占一期工程时期文献总数的 55.3%(见图 2-8)。

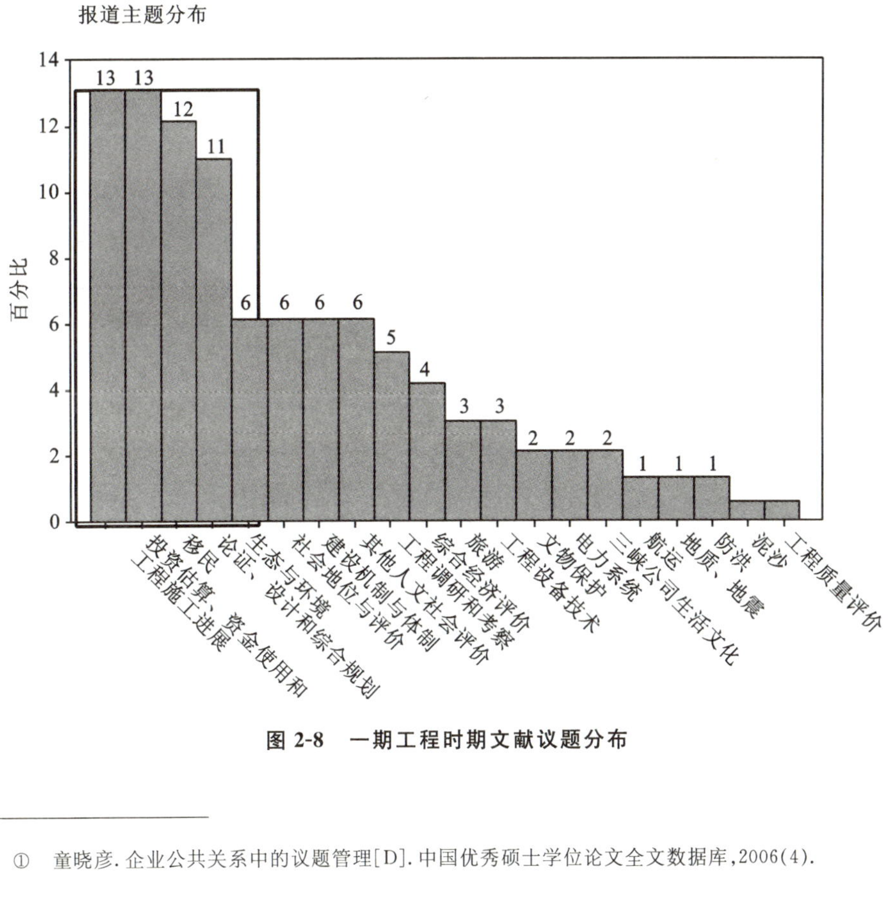

图 2-8 一期工程时期文献议题分布

① 童晓彦. 企业公共关系中的议题管理[D]. 中国优秀硕士学位论文全文数据库，2006(4).

工程进展议题涉及最多，占总数的13.2%。该议题主要包括三峡工程的施工进展情况，例如，1994年12月15日《人民日报》上刊载的《长江三峡工程正式开工》一文就是一则关于三峡工程正式动工的消息。三峡工程是一项全国性工程，规模巨大，效益更大，被认为是中国工业改革开放30年最具影响力的30件大事之一，创造了无数个“世界之最”—— 世界上最大的电站、世界上建筑规模最大的水利工程、世界上工程量最大的水利工程、世界上施工难度最大的水利工程、世界上防洪效益最显著的水利工程……所以，工程的进展情况受到全国媒体和人民的关注。

投资估算、资金使用和管理议题占全部议题的12.8%。对一项大型的世界性工程来说，三峡工程是1949年以来投资最大的跨世纪工程，工程资金的科学预算和使用、管理至关重要，在一定程度上直接影响工程的成败，媒体自然对此格外关注。例如，1995年2月8日刊载在《人民日报》上的文章《三峡工程资金有保障》，主要内容就是就三峡工程建设资金的使用、借贷以及归还问题对三峡工程开发总公司副总经理贺恭的一次访谈。

移民是一期工程中的第三大议题，占全部议题的12%。三峡工程需要搬迁的移民数量高达113万人，是迄今为止世界工程移民史上所罕见的，被喻为是一道“世界级难题”。中国政府对三峡工程移民工作极为重视和关心，国家领导人曾多次强调指出，三峡工程成败的关键在于移民。移民是否能妥善安置，既关系到三峡工程的成败，又关系到社会稳定大局。那么，移民政策的制定、实施以及移民过程中存在的问题就引起了人们的广泛关注。例如，《三峡移民工程的几个社会学问题》是发表在《人民长江》1995年第11期的一篇学术论文，主要从社会学角度探讨了三峡移民中存在的一些问题。

论证、设计和综合规划议题占全部文献资料的10.8%。一期工程处于三峡工程建设的初期，是对整个项目从粗到细进行论证、设计和规划的关键阶段，这些工作进行的是否科学直接影响到三峡工程的成功与失败。例如，《三峡工程大江截流若干重大问题的研究和决策》是发表在《中国三峡建设》1997年第2期的一篇文章，主要内容包括设计工程施工导流方案和施工期通航、大江截流合龙时段选择和截流设计流量的确定、大江截流施工方案及主要施工难点、大江围堰工程施工和大江截流工程的合理衔接。

有关生态与环境的议题占全部的6.4%。三峡工程对生态环境的影响有利有弊，可能对周围小气候、水质、生物和动物的生存和繁衍都会产生很大影响，也是人们较为关注的一个议题。例如，《三峡工程是对长江流域最大的生态环境保护》是发表在《海河水利》1996 年第 5 期的一篇文章，内容主要是三峡工程对长江流域生态环境带来的好处。

总的来说，从 1993—1997 年三峡一期工程时期，三峡公司公共关系传播活动的开展历经了围绕“建立体制，施工准备→主体工程开工→移民迁建→大江截流”为重心的变化轨迹。因此，在此期间的公共关系传播目标也是围绕着建立具有三峡特色的工程建设管理体制和经营管理体制、唱响“艰苦奋斗，无私奉献”和“为我中华、志建三峡”的主旋律，以及及时向国内外传播施工进展、移民和大江截流信息以正确引导国内外舆论。由此可见，若公共关系传播实践与公共关系传播目标保持一致，那么，三峡一期工程阶段的最主要议题应该是施工进展、工程管理和移民。相关数据显示，工程进展议题占总数的 13.2%。投资估算、资金使用和管理议题占 12.8%，移民占 12%，此议题分布情况正好与此阶段三峡公司的公共关系传播目标相一致。

第二，一期工程中的五大议题与三峡工程三个阶段全部文献的前五大议题不完全吻合。三个阶段全部文献的前五大议题是“工程施工进展”、“移民”、“工程设备技术”、“生态与环境”和“电力系统”，除“工程施工进展”、“移民”和“生态与环境”三个议题同时是一期工程时期的前五大议题以外，“工程设备技术”和“电力系统”这两大议题不是一期文献资料议题的重点，而“投资估算、资金使用和管理”、“论证、设计和综合规划”进入了一期前五大议题，特别是“投资估算、资金使用和管理”这一议题，所占比例仅次于排名第一的“工程施工进展”。

“工程设备技术”和“电力系统”没有分布在一期的五大议题行列，是因为一期工程还处于起始阶段，涉及工程设备的事务较少，而且尚未体现经济效率，因此，与发电相关的“电力系统”议题也鲜有分布。

第三，一期工程中的五大议题在三峡工程全阶段中的被关注情况如图2-9所示。“工程施工进展”的议题始终受到媒体较高关注，分布比例均衡；相比较而言，一期工程时期该议题被关注度略高于后两个阶段。

一期工程是三峡工程的起始阶段，一期工程进展是否能够达到预期目标，对整个工程的进度和成败起着控制性的作用。由于政府投资大型工程项目建

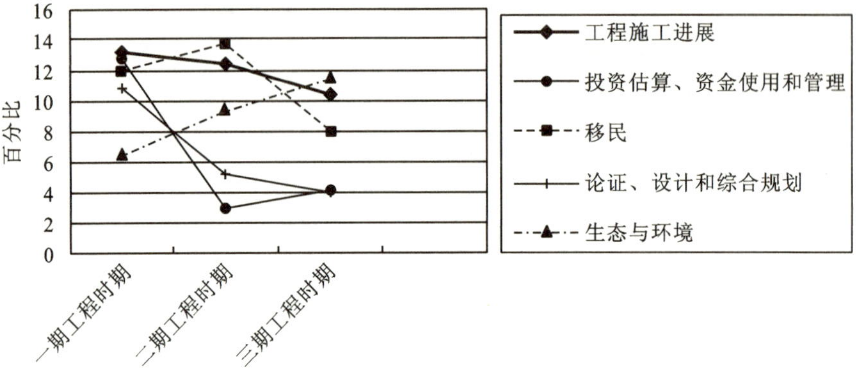

图 2-9　三峡工程一阶段五大议题在三个阶段的分布比例

设体量大，而为了能够尽早地发挥项目效益，工期一般较紧，进度压力较大。①

“投资估算、资金使用和管理”和“论证、设计和综合规划”这两个议题在三个阶段的分布极不平衡，仅在一期工程时期呈现高关注度。

第一阶段的第三大议题“移民”在一阶段就受到了相当关注。水电建设多年的历史经验证明，征地移民工作的好坏，直接影响工程的成败，或者成为重要的制约因素。②

“生态与环境”这一议题在第一阶段的关注度相对较低，伴随着工程进展，在第二、三阶段受重视程度得到较大提高。

第四，在第一阶段，关于投资、资金的相关文献逐年所占比例都在 10%以上，且逐年上升。如图 2-10 所示，三峡工程在投资、资金方面的重要事实设定了媒介对这方面报道的议程，如在 1993 年至 1994 年期间，隶属三峡工程业主中国三峡总公司的葛洲坝电厂，正在进行股份制改造。三峡工程业主总经理向媒体透漏三峡工程筹资最新信息，静态投资 954 亿元，资金缺口 38%。③ 除此之外，三峡工程属于政府投资项目，投资规模大，资金回收期长。国家投资大型工程项目动辄需要数亿、数十亿甚至上百亿元建设资金，其资金回收期需要 5～10 年甚至更长④。

① 黄欢欢，法月萍，李镇.政府投资大型工程项目中工期和投资的平衡[J].科技咨询导报，2007(6).

② 彭启友.从三峡一期工程建设论工程宏观决策[J].中国工程科学，2004(5).

③ 危明华，唐宜贵.三峡工程报道的新闻策划[J].新闻记者，1996(6).

④ 黄欢欢，法月萍，李镇.政府投资大型工程项目中工期和投资的平衡[J].科技咨询导报，2007(6).

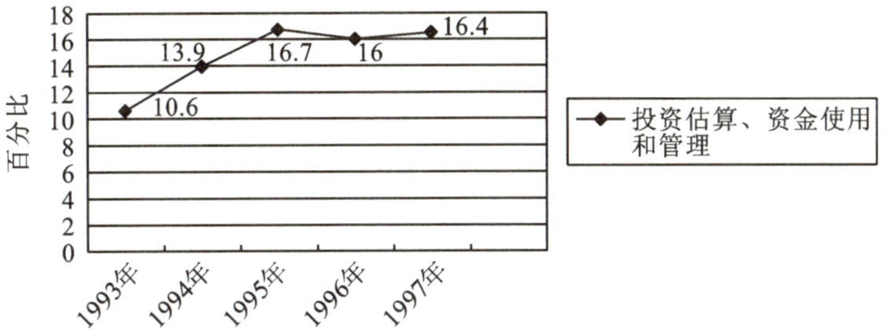

图 2-10 三峡工程第一阶段“投资估算、资金使用和管理”议题逐年分布情况

第五，从议题管理的角度，对企业而言最为重要的有八大议题[①]，包括：产品、服务品质；企业诚信；企业文化；环境保护与可持续发展；国际化潮流；社区关系与公益赞助；社会与行业伦理；危机议题。其中，前七个议题都可能出现危机而成为危机议题，需要企业及时进行危机议题管理。根据企业的不同个性，议题管理的范围有所差异。根据这八类议题，结合三峡工程的特殊性，本书将样本涉及的全部 20 个具体议题归在四大议题类下：

①工程建设与管理类：主要从三峡工程本身出发，涉及工程施工进展与质量、设备技术、调研论证规划以及工程组织方式（资金管理、建设机制和体制）等方面。

②环境保护与可持续发展类：由三峡工程的兴建而产生的环境保护问题、人与自然可持续发展的问题是大型工程的重要议题，包括移民、生态环境、文物保护、地震地质、泥沙等周边连带问题。

③产品、服务品质类：对于三峡工程来说，发电、航运、旅游、防洪是工程建设所带来的产品和服务，综合经济评价也是对三峡工程项目的产品和服务品质的评价。

④企业文化类：三峡公司的企业文化是展现和传播“三峡精神”。该议题包括社会各界对三峡工程的人文社会评价、三峡区域文化，三峡公司生活文化和社会地位与评价等。

如表 2-3 所示，在一期阶段，从工程建设与管理类议题角度切入的报道最为集中，占一期阶段所有文献资料的五成以上。因为在三峡工程一期阶段，工程本身是基础和根本，所以此类议题的报道力度最大无可厚非。

---

① 童晓彦．企业公共关系中的议题管理[D]．中国优秀硕士学位论文全文数据库，2006(4)．

表 2-3 一期工程时期公共关系传播议题分布

议题类别	议　　题	比例	总和
工程建设与管理类	工程施工进展	13.2	51.2
	工程设备技术	2.9	
	论证设计和综合规划	10.8	
	投资估算、资金使用和管理	12.8	
	建设机制与体制	6.3	
	工程质量评价	0.3	
	工程调研和考察	4.9	
环境保护与可持续发展类	移民	12.0	22.3
	生态与环境	6.4	
	文物保护	2.2	
	地震、地质	1.3	
	泥沙	0.4	
产品、服务品质类	电力系统(发电)	2.0	12.1
	航运	1.4	
	旅游	3.1	
	防洪	1.2	
	综合经济评价	4.4	
企业文化类	社会地位与评价	6.4	14.4
	其他人文社会评价	6.1	
	三峡公司生活文化	1.9	

随着社会的发展，环境保持与可持续发展已经成为全世界的一个共识，企业作为社会的重要一分子，越来越意识到环境保持与可持续发展议题对它们的重要性。在这个议题的管理与传播上，企业要表明自己是一个负责任的企业，担负起了环境保持的责任，坚持走可持续发展的道路，在相关领域的可持续发展上做出了自己的贡献①。如表 2-3 所示，从环境保护与可持续发展类的议题角度切入的报道量也较大，占所有文献资料的约四分之一，表明三峡公司

① 童晓彦.企业公共关系中的议题管理[D].中国优秀硕士学位论文全文数据库,2006(4).

在公共关系传播活动中对环境保护和可持续发展类的议题有较大的关注度。这与一般的企业公共关系传播议题管理的议题重点比较一致。

产品与服务品质议题是消费者、公众、媒体等最感兴趣的基础议题之一。当公众谈及一个企业或产品，最先谈到的往往就是它的产品、服务品质如何，产品与服务品质是一个品牌的根基。如表 2-3 所示，从产品与服务品质类议题角度切入的报道在四类议题中比例最低，仅有 12%。尽管存在客观原因，即三峡工程一期阶段还处于全力推动工程进展的阶段，三峡工程带来的具体产品、服务以及效益尚未显现，但表明三峡公司在后续的报道中应当重视对产品和服务品质议题的管理和传播。

企业文化是指企业全体成员共同认可和接受的、可以传承的价值观、道德规范、行为规范和企业形象标准的总称，是物质文化和精神文化的总和。如表 2-3 所示，从企业文化类议题角度切入的报道比例也不高，约为 14%，这体现出在企业文化的宣传上三峡公司不够重视的态度，而现代企业竞争的实质是企业文化的碰撞与竞争，在相当大的程度上，它是公众、媒介等衡量一个企业的关键因素。在这个议题上，企业不仅需要特别重视，而且需要全力营造、传播积极健康、特色鲜明的企业文化。

企业诚信、国际化潮流、社区关系与公益赞助、社会与行业伦理等对于一般企业来说的几个重要议题，三峡工程的相关报道中也有涉及，比如说国际化潮流议题分散在对工程技术交流、投资与资金等各个小议题的报道中。在本文抽样的样本中，三峡工程公共关系传播的议题管理和传播在社区关系与公益赞助、社会与行业伦理等议题方面涉及不多，这也是一个三峡公司在今后的公共关系传播活动中应当考虑的问题，在这些议题上多进行一些引导将能够使三峡工程公共关系传播更加立体化、多元化和具有丰富性，多角度、全方位地设置媒体和公众的议程，取得良好的效果。

2. 本节数据结果

整体规模上，三峡一期工程时期文献近 2286 篇，占三个阶段文献总数的 12%，是三个阶段中文献资料数量最少的。

时间分布上，一期工程五年间，文献数量总体上升，分布平均，其中，1996 年规模最大；

体裁分布上，新闻报道与分析评论两种体裁的文献占总数 98%，新闻报道数量最多，占五成以上；

文献的主要来源是纸质媒介。期刊来源占43%，是最主要的来源媒介。其中，最多来自专属媒体的期刊，其次是专业媒体的期刊。

议题分布与引导，①“工程施工进展”、“投资估算、资金使用和管理”、“移民”、“论证、设计和综合规划”、“生态与环境”是一期工程时期文献涉及最多的五个议题，占一期文献总数的五成以上；②一期阶段的前五大议题与三峡工程三个阶段全部文献的前五大议题不完全吻合；③一期“工程施工进展”、“投资估算、资金使用和管理”、“论证、设计和综合规划”问题受到了较二期和三期的特别关注。

3. 本节结论

在议题管理和传播上，三峡公司应该对企业文化类议题投入更多的重视，才能充分实现议题管理对于企业发展的功能。因为企业文化是企业的灵魂，营造、传播积极健康、特色鲜明的企业文化对于为工程建设营造积极有利的舆论环境、技术沟通环境等都具有举足轻重的作用。

企业的议题管理通过对政府、媒体、公众的议程设置来实现，对于每一个具体议题，三峡公司应该积极组织多方力量，多方共同推动该议题的传播与发展。议题设置的理论适用于媒体，也同样适用于企业；议题设置的主体可以是媒体，可以是公众，也可以是企业。并且在相关的企业议题中，或者说对企业有重大影响的议题中，设置方应该是多方的，在一个多向、立体传播的时代，要想影响、推动议题向企业有利的方向发展，企业一定要在相关的议题设置、传播中占据有利的位置（见图2-11）。

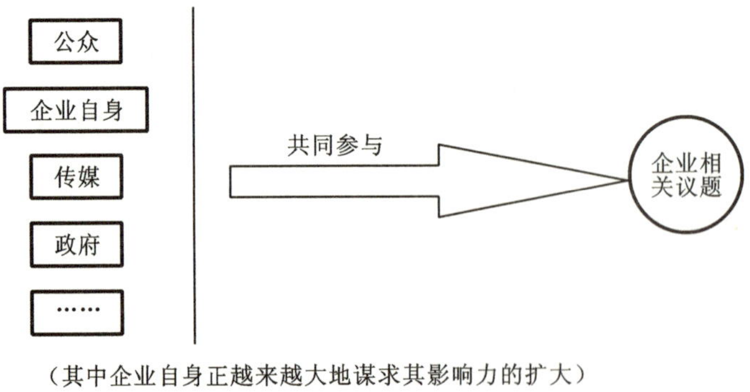

图2-11　企业议题设置

第三节 一期工程公共关系传播受众态度分析

一、受访者基本属性与媒介接触习惯

1. 问卷设计与实施

（1）问卷调查目的。

通过问卷调查了解受访者对包括三峡工程三个阶段中（1994—2009 年）专属媒体报道三峡工程的新闻传播活动，三峡总公司及新闻宣传中心组织内外部公共关系活动、并组织社会媒体报道三峡工程在内的一系列公共关系传播活动的认知和态度，结合受众深度访谈内容，并由样本推及更广泛的受众范围，以对三峡工程三阶段的公共关系传播效果进行评估。

（2）基本研究假设。

①三峡总公司及新闻宣传中心进行的公共关系传播活动能够影响受众对三峡工程的认知和态度；

②受众对三峡工程的认知与态度受其性别、居住地、年龄、学历、职业、收入、与三峡工程关系（是否员工）等人口统计因素的影响；

③受众对三峡工程的认知与态度受其信息来源渠道、媒介使用时间、媒介可信度、媒介使用动机、是否接触/参与三峡专属媒体、是否关注三峡工程相关新闻等媒体接触习惯的影响。

（3）问卷设计原则。

①问卷第一部分为“人口统计信息”，以验证“受众认知与态度受人口统计因素影响”的假设。具体假设如下：

· 研究假设 1：受众的性别影响对三峡工程的认同度，男性对三峡工程的认同度比女性高。

· 研究假设 2：受众的居住地影响对三峡工程的认同度，宜昌本地受众比非宜昌地区受众对三峡工程认同度高；居住在县乡的受众比居住在一级城市、次级城市的受众认同度高。

· 研究假设 3：受众的年龄影响对三峡工程的认同度，受众对三峡工程认知与态度与其年龄相关，例如年龄越大态度越趋向正面。

• 研究假设 4：受众的学历影响对三峡工程的认同度，学历越高，对三峡工程认同度越高。

• 研究假设 5：受众的职业影响对三峡工程的认同度，不同职业（不同社会角色或地位）的受众对三峡工程的态度存在差别，例如党政机关公务员比农林牧副渔业者对三峡工程认同度要高[①]。

• 研究假设 6：受众的收入影响对三峡工程的认同度，收入越高，对三峡工程认同度越高。

• 研究假设 7：受众与三峡工程关系影响对三峡工程的认同度，三峡总公司员工比非员工对三峡工程认同度高；有亲朋为三峡总公司员工比无亲朋为三峡总公司员工的受众对三峡工程认同度高。

②问卷第二部分为“媒介接触习惯”，以验证“受众认知与态度受媒介接触习惯因素影响”的假设。具体假设如下：

• 研究假设 8：信息来源渠道影响受众态度，以电视、报纸等传统媒体为主要信息来源的受众比以网络为主要信息来源的受众态度更为正面；以人际传播为主要信息来源的受众其正面态度低于以大众传播媒体为信源的受众。

• 研究假设 9：媒介使用时间影响受众态度，受众平均每天使用各种媒介的时间越长，其对三峡工程的认同度越高。

• 研究假设 10：媒介可信度影响受众态度，认为传统媒体更可信的受众比认为网络更可信的受众对三峡工程的认同度高。

• 研究假设 11：媒介使用动机影响受众态度，以获得新闻资讯、获得工作/学习信息为主要媒介使用目的的受众比以获得个人生活信息、娱乐、人际交往为主要目的的受众对三峡工程的认同度高。

• 研究假设 12：是否接触/参与三峡专属媒体影响受众态度，接触过三峡专属媒体比没有接触过的受众对三峡工程认同度高；对三峡专属媒体接触越多、参与程度越高，受众认同度越高。

• 研究假设 13：是否关注三峡工程相关新闻影响受众态度，关注三峡工程相关新闻比不关注者认同度高。

③问卷第三部分为“受众态度”，即采用五阶（非常不同意、不同意、中立、

① 职业分类来自 2008 年 7 月 CNNIC 中国互联网络发展状况统计报告。

同意、非常同意)里克特量表测量受访者对三峡工程相关陈述的认同度。结合《三峡建设年鉴》与《三峡工程新闻信息数据库》的内容分析,问卷选择的议题分别为三峡工程三个阶段建设过程中发生的重大新闻事件,在当时是媒体的宣传热点,受到社会舆论的普遍关注,产生了较大的社会影响,具有代表性。37 项陈述皆原文摘自同时期三峡专属媒体、中央级媒体或权威媒体对该阶段中的重大事件的报道和评述,通过测量受众对媒介话语的认同程度以达到评估媒体公共关系传播效果的目的。

· 一期工程:共 7 项陈述,分为"导流明渠提前完工"、"三峡总公司举办95'、97'三峡工程技术研讨会"、"开发性移民政策"、"控制长江水质污染"、"三峡债券"、"文物保护"、"旅游"7 个议题。

· 二期工程:共 16 项陈述,分为"三峡工程防洪效益(98 防洪)"、"三峡汛期通航与应急转运"、"施工安全('9·3'塔带机事故)"、"移民外迁"、"施工质量(外加剂风波)"五个议题。

· 三期工程:共 14 项陈述,分为"碾压混凝土拆除"、"三峡蓄水达 156 米"、"金沙江水电开发"三个与三期工程施工进展相关的热点事件。

(4) 问卷的不足之处。

在调查过程中,对于受众态度部分,许多受访者表示题项陈述过于明确,有明显的导向性,陈述事实过于翔实而使受众感到"没有理由选择不同意这个客观事实";其次,问题比较专业,对普通公众来说理解较困难;此外,问卷选择的许多事件受众并不了解,因此只能选择"中立"。

(5) 问卷发放及回收情况。

由于经费有限,未能严格执行随机抽样方法,问卷主要在湖北地区的企业、学校、社区、商场等地发放,此外,还包括通过电子邮件发放的方便样本。共发放问卷 208 份,共回收 184 份,回收率 88.46%,其中有效问卷 175 份,占 95.1%,即生成样本量为 175 个。

(6) 问卷分析方法。

问卷数据由《三峡工程公共关系传播效果评估》专题组人员录入到 SPSS 中进行统计处理。使用单样本 T 检验(在 0.05 的显著性水平下)测量态度分布及水平;使用卡方检验对各定类变量进行交叉分析,使用一元方差检验对各定量变量进行相关分析,以考察受众态度的影响因素。

2. 受访者人口统计信息

(1) 受访者性别构成。

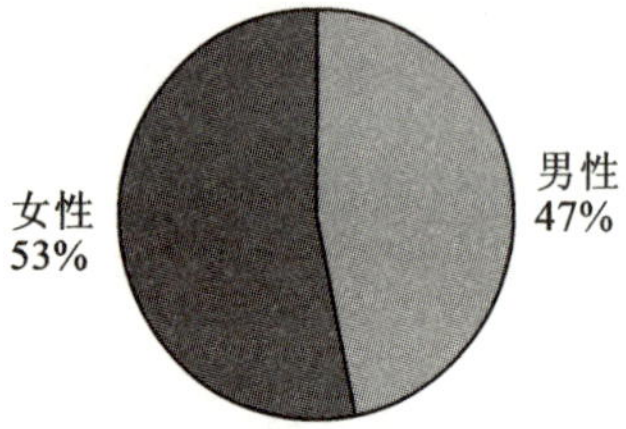

图 2-12 受访者性别构成

如图 2-12 所示，175 个有效样本中，男性占 47%，女性占 53%，男女比例相当。

(2) 受访者地域分布。

如图 2-13 所示，175 个有效样本分别来自湖北、河北、广东、北京、浙江、上海、吉林、福建、海南、黑龙江、江苏、辽宁、四川共 13 个省份或直辖市，其中 84.5%的样本来自湖北省。

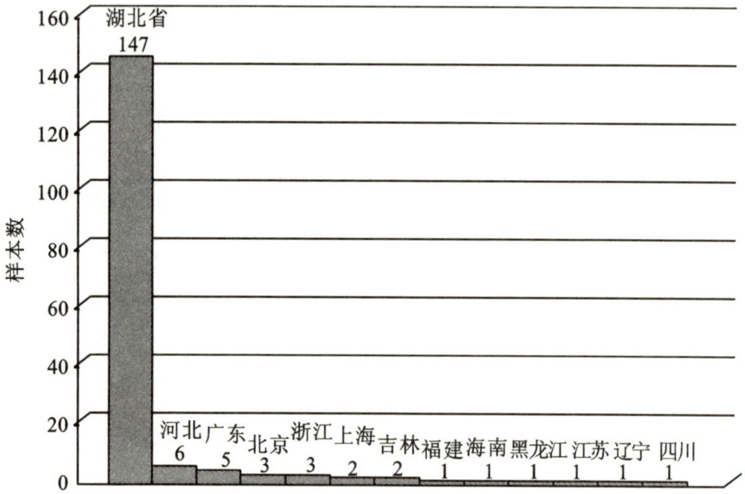

图 2-13 受访者全国省份分布

如图 2-14 所示，三峡本地受访者占全部受访者的近 3 成，其余皆非三峡本地人。

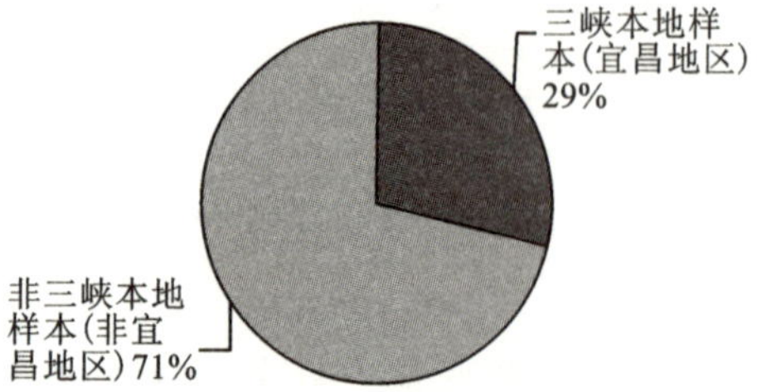

图 2-14 三峡本地受访者比例

如图 2-15 所示，来自湖北省的共 147 个受访者中，宜昌市区（三峡本地人）占 34.0%，荆州市样本占 25.8%，武汉市受访者占 21.8%，其余 18.4%的湖北省受访者依次来自公安县、松滋市、石首市、天门市、当阳市、洪湖市、黄冈市、黄石市、建始县、潜江市、荆州市沙市区。

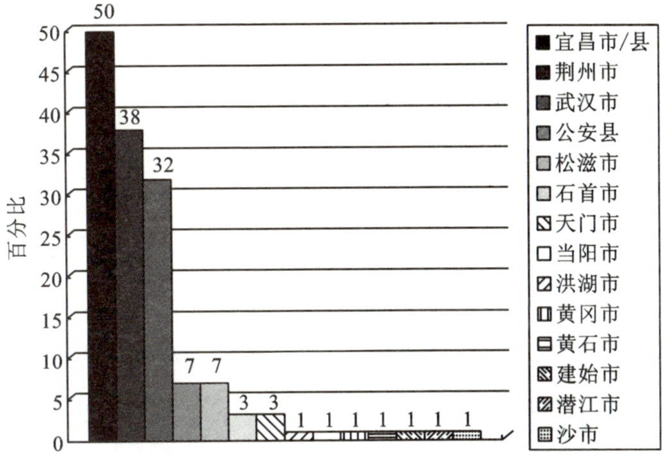

图 2-15 受访者湖北省地域分布

如图 2-16 所示，175 个受访者中有 25%来自包括北京、上海、广州、深圳、大连、哈尔滨、武汉（32 人/72.7%）在内的一级城市；68%来自湖北省荆州、宜昌等次级城市；仅有 7%来自县乡级地区，主要为湖北省公安县、秭归县和建始县。

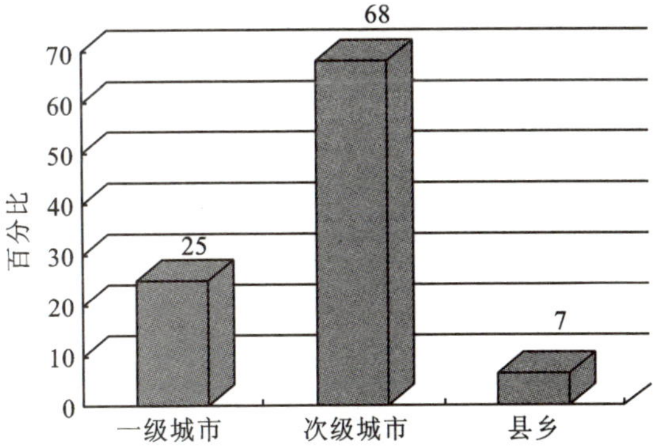

图 2-16 地域级别分布

综上所述，受访者地域构成情况为：受访者近 85%为以宜昌、荆州、武汉市为主的湖北省人口；三峡本地受访者占总数近 3 成；除部分受访者来自于一级城市和县乡级地区外，近 7 成来自一级城市以下的次级城市。

(3) 受访者年龄构成。

如图 2-17 所示，175 个受访者中 57%为 17～25 岁的青年人，27%为 26～35 岁的中青年，16%为 36～55 岁的中年人。年纪最长者 55 岁，最年轻者 17 岁，受访者平均年龄 27.31 岁，显著小于中间值 36 岁（单样本 T 检验 $P<0.05$），即受访者年龄整体偏年轻，分布不均匀。

(4) 受访者学历构成。

如图 2-18 所示，175 个受访者学历均在高中水平及以上，整体教育水平较高。其中本科学历近半数，其余依次为大专 34%，硕士及以上 11%，高中/中专/技校 7%。

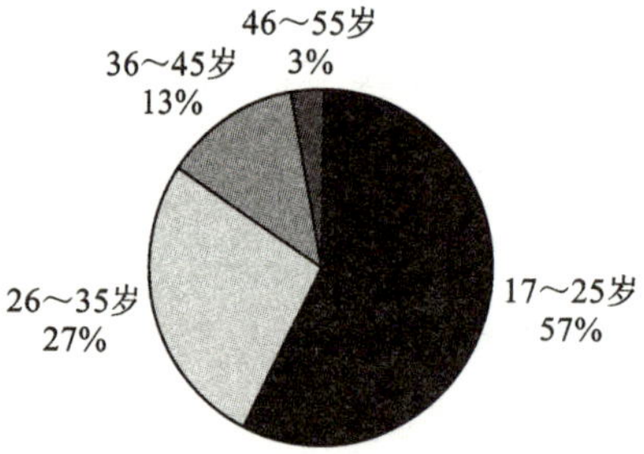

图 2-17　受访者年龄构成

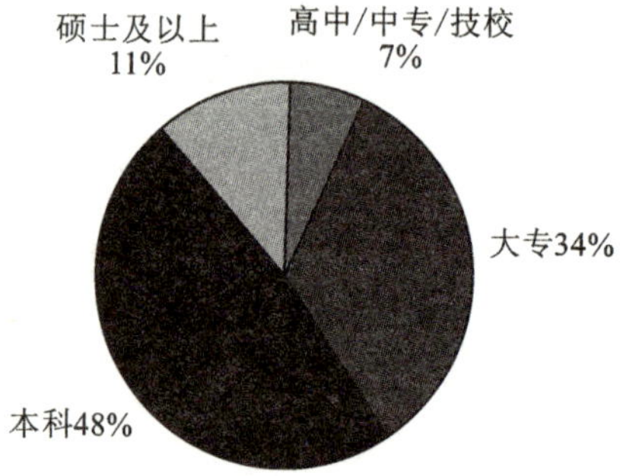

图 2-18　受访者学历构成

(5) 受访者身份构成。

如图 2-19 所示，受访者主要由企/事业单位工作人员（38%，包括工人、教师、技术人员等）和学生（34%，包括高中生、大专生、本科生及硕士博士生）构成，其余依次为企事业单位管理者（10%），农林牧副渔业者（2%），以及少数党政机关干部（1%），党政机关一般公务员（1%），另外有 14%其他职业者。受访者的这种职业分布与问卷发放地点密切相关——问卷主要在城、县地区的企业、学校、社区、商场等地发放，因此较少接触到农业者及党政机关公务员。

(6) 受访者收入分布。

如图 2-20、表 2-4 所示，175 个受访者中 44%收入为 1000～2999 元，此收入人群的 68%为企事业单位工作人员；34%收入在 1000 元以下，此收入人群的 91%为学生，即收入较低与学生身份密切相关；17%收入为 3000～4999 元，此收入人群的 83.3%为企事业单位工作人员和管理者；5%的样本收入在 5000 元以上，其主要由企事业管理者身份的样本构成。

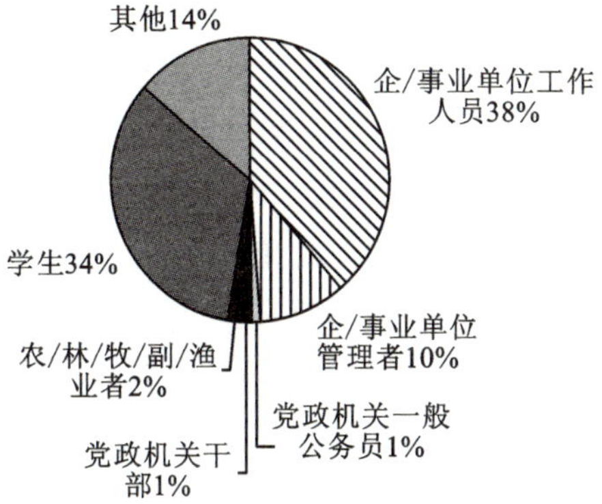

图 2-19 受访者身份构成

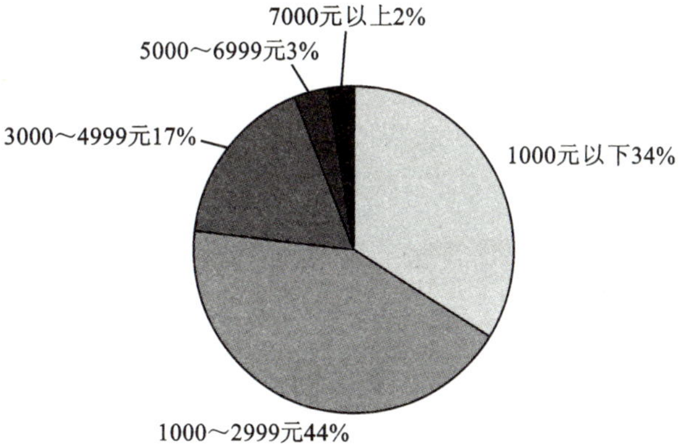

图 2-20 受访者收入分布

表 2-4 月收入・职业 Cross Tabulation

		职业						
		企事业单位工作人员	企事业单位管理者	党政机关一般公务员	党政机关干部	农林牧副渔业者	学生	其他
月收入	1000 元以下					1.7%	91.5%	6.8%
	1000～2999 元	68%	4%	1.3%	1.3%	2.7%	6.7%	16%
	3000～4999 元	50%	33.3%	3.3%				13.3%
	5000～6999 元	33.3%	16.7%		16.7%			33.3%
	7000 元以上		75%					25%

(7) 受访者与三峡公司关系。

如图 2-21 所示，根据受访者居住地·受访者与三峡关系两个变量的交叉表可知，受访者与三峡公司的关系被分为四类，相关程度依次降低。“是三峡员工且有亲朋在三峡公司工作”占总数 20%，此部分有 94.3%的受访者来自宜昌市；“是三峡员工但无亲朋在三峡公司工作”占总数 4%，比例最小，且此部分受访者全部来自宜昌市；“非三峡员工但有亲朋在三峡公司工作”占总数 11%，此部分有 52.6%的受访者来自荆州市；“非三峡员工且无亲朋在三峡公司工作”比例最大，占总数的 65%，此部分中的受访者均匀地分布在宜昌市以外的各地区。

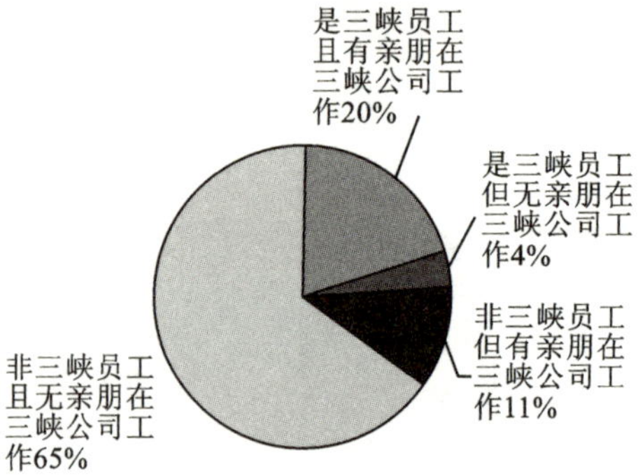

图 2-21 受访者与三峡关系

3. 受访者媒介接触习惯

(1) 受访者信息来源。

本题目请受访者对接收信息最主要的三种方式进行排序，输入数据时对排名第一的信源赋值 3 分，第二信源赋值 2 分，第三信源赋值 1 分，受访者未作评价的信源赋值 0 分。将每个信源的均值两两相比较(Sig. at 0.05 level)，进行配对样本 T 检验，得到如表 2-5 所示结果。

表 2-5 各信源得分均值两两比较(配对样本 T 检验)

	均值之差	显著性水平(双侧检验)
网络-电视	0.4914	0.000
电视-报纸杂志	0.5543	0.000
报纸杂志-与人聊天	0.4857	0.000
与人聊天-广播	0.2286	0.005

如图 2-22 所示，网络、电视和纸质媒体依次为受访者最主要的三种信息来源。

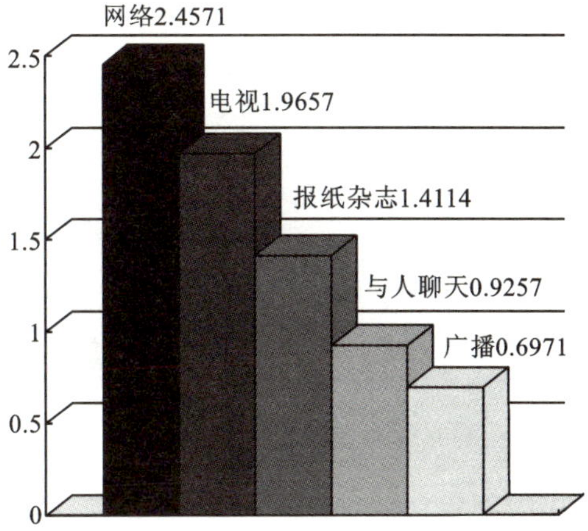

图 2-22 各信源得分均值

网络与电视平均得分最高，且均高于 1.5(0 到 3 分的中间值)，分别是受访者的第一和第二信源；报纸杂志得分略低于 1.5，为受访者第三信源；与人聊天与广播平均得分较低，明显低于 1.5，是受访者的次要信息来源。

如表 2-5 所示，各信源两两之间进行配对样本 T 检验可知，各信源之间均有显著差异。例如，网络与电视相比，二者均值相差 0.4914，具有显著差异(Sig.＜0.05)，即网络明显高于电视是受访者的第一信息来源。

受众使用何种媒介时间更长，一定程度上即反映了该媒介为其主要信息来源：

2005 年 7 月 7 日，中国社科院副研究员郭良发布《2005 年中国 5 城市互联网使用现状及影响调查报告》[①]，数据显示(见图 2-23)，其样本平均每天使用网络时间最长，日均 2.73 小时；收看电视时间(1.92 h/日)明显多于和收听广播(1.02 h/日)和阅览报纸杂志(1.01 h/日)。即样本日均网络使用将近 3 小时，电视近 2 小时，而广播、报纸杂志使用时间都在 1 小时左右。这说明，网络、电视、广播、纸质媒体(报纸杂志)依次为人们的主要信息来源。此结果与本研究相比基本一致，网络和电视是受众最主要的信息来源，只是本研究样本阅览纸

① 调查目标地：北京、上海、广州、成都、长沙，调查方式为随机抽样、入户后由被访对象直接填答问卷，最终获得有效样本为 2376 个，其中网民 1169 人，非网民 1207 人。

质媒体显著高于收听广播，这与样本结构有一定关系。

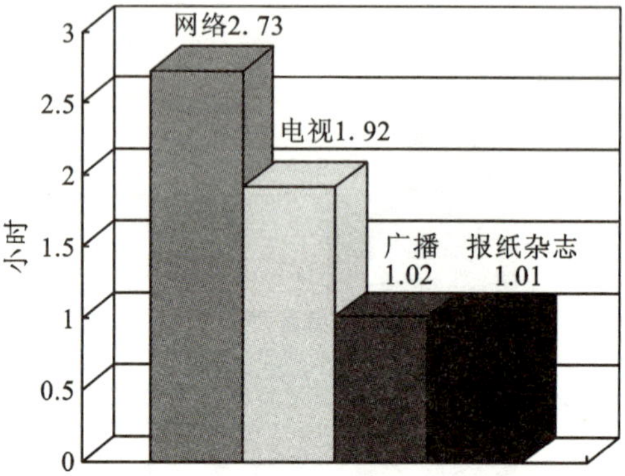

图 2-23　对比：2005 年中国 5 城市人口日均使用媒介小时数

(2) 样本媒介使用时间（网络、电视、报纸、杂志、广播）。

如图 2-24 所示，32％的受访者每天使用媒介 3 小时以上，分别有 22％的受访者每天使用媒介 1～2 小时和 2～3 小时，即 76％的受访者每天使用媒介 1 小时以上，仅有 24％的受访者每天使用媒介在 1 小时以下，说明受访者整体而言接触媒介较频繁。

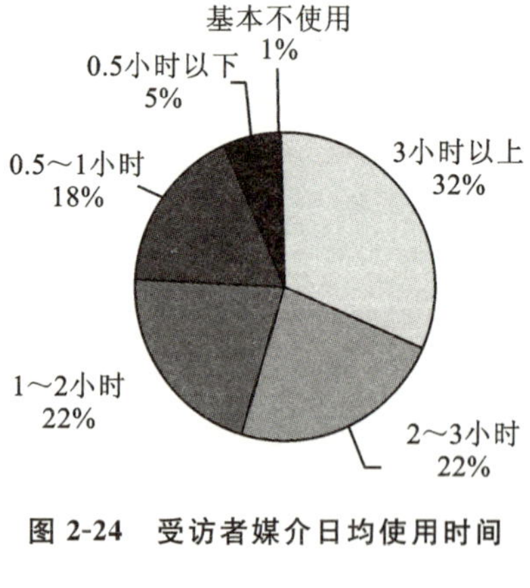

图 2-24　受访者媒介日均使用时间

(3) 媒介可信度。

媒介可信度，大多数研究者都认为它是为受传者所感受到的传播者或传播媒介的一种品质，即不论其传播的内容为何而能令受传者无可争辩的信赖①。

本题目即请受访者对心目中可信度前三名的媒介进行排序，输入数据时对排名第一可信的媒介赋值 3 分，第二可信媒介赋值 2 分，第三可信媒介赋值 1 分，受访者未做评价的媒介赋值 0 分。将每个媒介得分的均值两两相比较(Sig. at 0.05 level)，进行配对样本 T 检验，得到如表 2-6 所示结果：

表 2-6 各媒介可信度得分均值两两比较（配对样本 T 检验）

	均值之差	显著性水平（双侧检验）
电视-报纸	0.4457	0.000
报纸-网络	0.4571	0.000
网络-广播	0.3543	0.004
广播-杂志	0.2171	0.011
杂志-手机	0.2571	0.000

如图 2-25 所示，电视、报纸、网络依次为受访者心目中可信度最高的三种媒介。

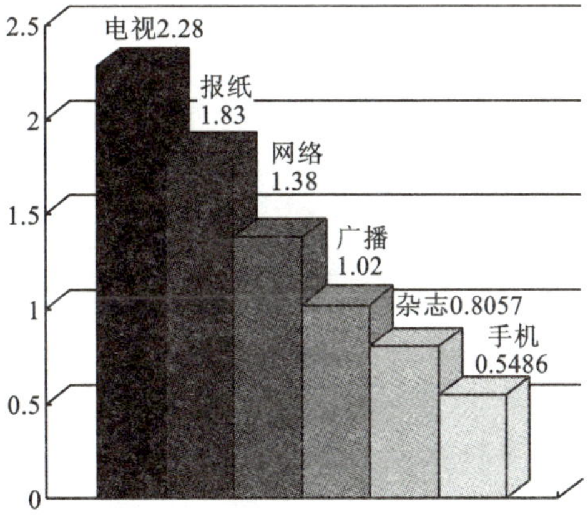

图 2-25 各媒介可信度得分均值

电视与报纸的可信度得分均值最高，且均高于 1.5，即电视与报纸在受访者心目中明显是可信的；网络可信度得分均值略低于 1.5，说明网络虽在受访者心中可信度第三，但此态度并不十分明确，仍持有怀疑心理；而广播、杂志、

① 郑智斌，邓兰花．网络个人信源及其可信度分析[J]．中国传媒科技，2008(9).

手机可信度得分均值皆小于 1.5，即三者被受访者明确认为不可信，其中手机最不可信。访问过程中存在个别媒介反对者，认为任何媒介都不可信，当然这是极少数。

如表 2-6 所示，各媒介进行配对 T 检验可知，各媒介之间可信度均存在显著差异（P 值均小于 0.05）。例如，电视与报纸可信度均值相差 0.4457，具有显著差异（$P<0.05$），即电视明显是高于报纸的受访者心中第一可信的媒介。

《2005 年中国 5 城市互联网使用现状及影响调查报告》中也对媒介可信度进行了调查，数据显示（见图 2-26），88.6％的受访者认为电视可信，79％的受访者认为报纸可信，表明电视和报纸是受访者认为最可信的两种媒体，与本研究调查结果一致。该报告中 74.9％的受访者认为广播可信，而仅有近 3 成的受访者认为网络可信，说明受众对网络的信任度显著低于传统媒体。

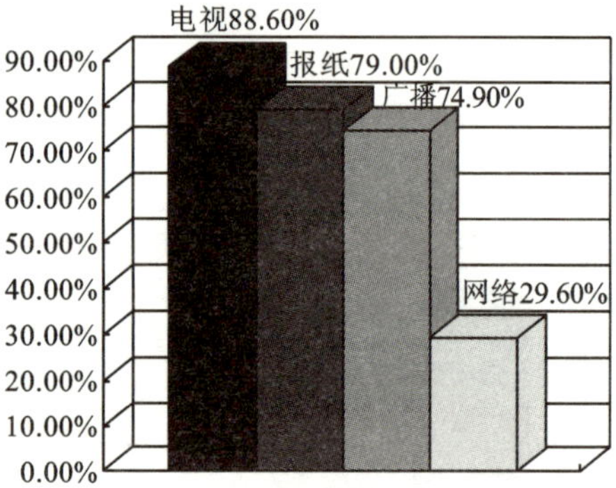

图 2-26　对比：2005 年中国 5 城市人口对不同媒介的信任程度

2007 年 7 月中国互联网中心 CNNIC《中国互联网络发展状况统计报告》显示，样本对网络媒体信任度较低，只有 1/3（35.1％，有效问卷 21714 份）的样本表示对互联网信任。廖胜清等人在 2007 年《解析中国媒介新闻可信度》一文中也有相同研究发现：中国公众认为电视新闻最可信，传统媒体的新闻比网络新闻更可信[①]。那是因为传统媒体一般为官方媒介，而网络传播者出现了更多的自然公民，即千万的网民个人。

而本研究中，样本呈现了对网络的信任度高于广播的现象。这也可以从

① 廖圣清，李晓静，张国良．解析中国媒介新闻可信度[J]．新闻大学，2007(4)．

前人的研究中找到依据，例如，Greer[①] 在 2003 年的研究中暗示了，人们越多地使用网络，他们就会认为网络信息越可信——本调查中网络是样本的第一大信息来源，即样本使用网络媒体最多，他们就有可能认为网络媒体是可信的。手机作为新兴的“第五大媒介”，在当时仍然是人们使用最少的媒介，图 2-25 显示手机是被受访者认为最不可信的媒介，这也证明了 Greer 的观点。

(4) 受访者媒介使用动机。

受众使用媒介、接收信息，总是出于一定的动机，有着一定的目的，为了满足自己某一方面的兴趣和需要，武汉大学新闻学院教授李元寿认为受众使用媒介的基本动机有以下几种[②]：

一是求知的需要，即一方面了解国内外新闻资讯，掌握外部世界的情况变化，他认为在信息时代的今天这是受众的首要目的；另一方面，获得知识，使自己得到进一步的充实和提高，此知识既包括工作学习上的信息，也包括个人生活信息。

二是娱乐的需要，即利用媒介提供的各种文艺作品等娱乐性材料，获得精神上的享受，陶冶情操，进行消遣。

三是人际交往的需要，即通过媒体进行人际交往，最主要的表现就是通过网络社区结交好友、与人聊天或者商务往来、沟通人脉等。

四是社会参与的需要，即包括受传者在接收传播内容时的心理参与、现场参与感以及对传播过程的直接参与，以表达和表现自己的愿望和需要。

祝建华在 2004 年《不同渠道、不同选择的竞争机制：新媒体权衡需求理论》一文中，测量了六种媒介需求类型，即了解国内外新闻事件、获得有关个人生活的信息、获得有关工作的信息、娱乐、表达个人意见和看法、增进人际关系。

据此，本题目设置了获取新闻资讯、获取工作学习信息、获取个人生活信息、娱乐的需要、人际交往的需要等五种媒介使用动机，未对“意见表达(社会参与)”做考察。

本题目请受访者对最主要的三种媒介使用动机进行排序，输入数据时对排名第一动机赋值 3 分，第二动机赋值 2 分，第三动机赋值 1 分，受访者未做评

---

① Greer J D. Evaluating The Credibility of Online Information: A Test of Source and Advertising Influence[J]. Mass Communication & Society, 2003.

② 李元寿. 受众的动机与影响受众的因素[J]. 新闻传播, 1994(1).

价的选项赋值 0 分，将每个选项的均值两两相比较（Sig. at 0.05 level），进行配对样本 T 检验，得到如表 2-7 所示结果。

表 2-7　媒介使用动机均值两两比较（配对样本 T 检验）

	均值之差	显著性水平（双侧检验）
获取新闻资讯-获取工作/学习信息	0.3543	0.001
获取工作/学习信息-获取个人生活信息	0.2800	0.014
获取个人生活信息-娱乐的需要	0.4743	0.000
娱乐的需要-人际交往的需要	0.0857	0.341

如图 2-27 所示，“获取新闻资讯”、“获取工作学习信息”与“获取个人生活信息”是受访者使用媒介最主要的三种动机。

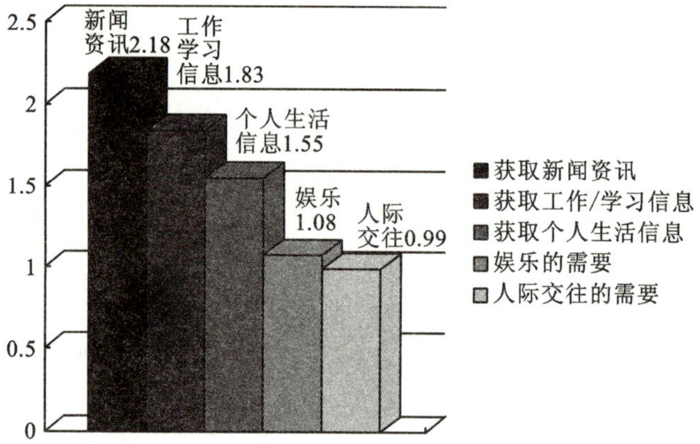

图 2-27　媒介使用动机均值

“获取新闻资讯”与“获取工作学习信息”均值最高，且高于 1.5，即受访者十分确信二者是其使用媒介的最主要动机；“获取个人生活信息”均值略高于 1.5，说明受访者并不十分确信其是否为主要动机；而“娱乐的需要”与“人际交往的需要”均值皆小于 1.5，即受访者十分明确二者并非自己使用媒介的主要动机。

如表 2-7 所示，除“娱乐的需要”与“人际交往的需要”这两种动机间无显著差异外（$P=0.341>0.05$），其余两两之间皆存在显著差异。例如，“获取新闻资讯”与“获取工作学习信息”均值相差 0.3543，具有显著差异（$p<0.05$），因此，“获取新闻资讯”明显是高于“获取工作学习信息”的第一媒介使用动机。

如图 2-28 所示，祝建华新媒体权衡需求理论研究中[①]，结果显示以工作学习信息的需求值为最高，之后依次为：意见表达的需求、人际关系的需求、娱乐的需求、个人生活信息的需求及新闻资讯的需求。

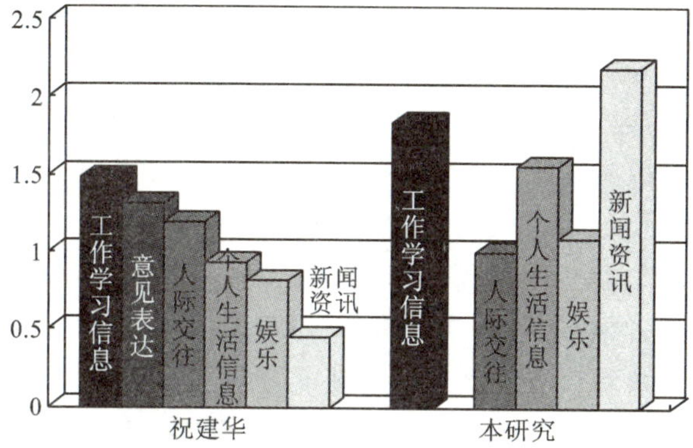

图 2-28 对比：祝建华新媒体权衡需求理论研究媒介使用动机

本研究中受访者对工作学习信息的需求值明显较高，娱乐的需求值较低，与祝建华的研究结果相一致；然而与其新闻资讯需求值最低相反，本研究受访者对新闻资讯的需求最高。可能的原因是：首先，样本结构不同，本研究样本恰好特别关注国内外新闻资讯；其次，我们不妨对祝建华该研究问卷效度进行质疑。早在 1986 年，中央电视台对全国 28 个大城市的抽样调查显示，有占样本的 68.8%的受访者以“了解国内外新闻时事”为首要媒介使用动机，在可供选择的 9 个项目中居第一位。

2004 年初中国传媒大学国际传播学院媒介素养研究课题小组所做的中国城市居民媒介素养现状调查[②]也为本研究结果提供了依据，该研究显示，北京市民接触媒介的最主要目的是“了解国内、国外，以及周边新近发生的事情”，即获得新闻资讯，其次是“学习新知识”和“消遣娱乐”；上海市民接触媒介的最主要日的是“消遣或娱乐”，其次便是“了解新闻资讯”，后面依次是“获得社交话题”、“学习新知识”、“工作需要”等其他需要。这表明“获得新闻资讯”是受众接触媒介的重要动机，至少不是最次要的动机。

---

① 祝建华.不同渠道、不同选择的竞争机制：新媒体权衡需求理论[J].中国传媒报告，2004(2)。该研究数据来自 2000 年底在北京和广州两地进行的一项问卷调查，抽样的总体为 2664 个市区成人居民。

② 中国传媒大学国际传播学院媒介素养研究课题小组，中国城市居民媒介素养现状调查报告，2004 年 1 月，以北京(460 人)、上海(1971 人)调查数据分析为依据。

（5）受访者近期使用网站。

本题目中19个网站选取方式：首先抽取《三峡工程新闻传播信息库》中来自于网络媒体的全部新闻报道，然后从这些新闻信息中随机抽取5%，这5%的新闻信息则分别出自以下19个网站，即以下19个网站对三峡工程有过且有相对较多的报道。测量受访者近三个月是否访问如下网站，是在“接触与未接触以下网站的受访者对三峡工程的态度有所不同”以及“接触数量越多，态度越趋向正面”的假设基础之上。

如图2-29所示，受访者近三个月接触最多的是新浪（被74.9%的受访者使用）、搜狐（62.9%）这两大门户网站。受访者接触的网站还出现了地缘特征，由于湖北受访者偏多，且包含了29%的宜昌地区受访者，因此，受访者对荆楚网（28.6%）、三峡新闻网（23.4%）、湖北新闻网（12.6%）这三个省级、地方级网站的使用也较多——Alexander Halavais在其2000年的一项研究中指出网络是有国界的[①]，即便互联网打破了地理界线，但现实世界中互联网仍存在社会结构特征，即人们更喜欢浏览链接本国的网站而不是其他国家。同样，此

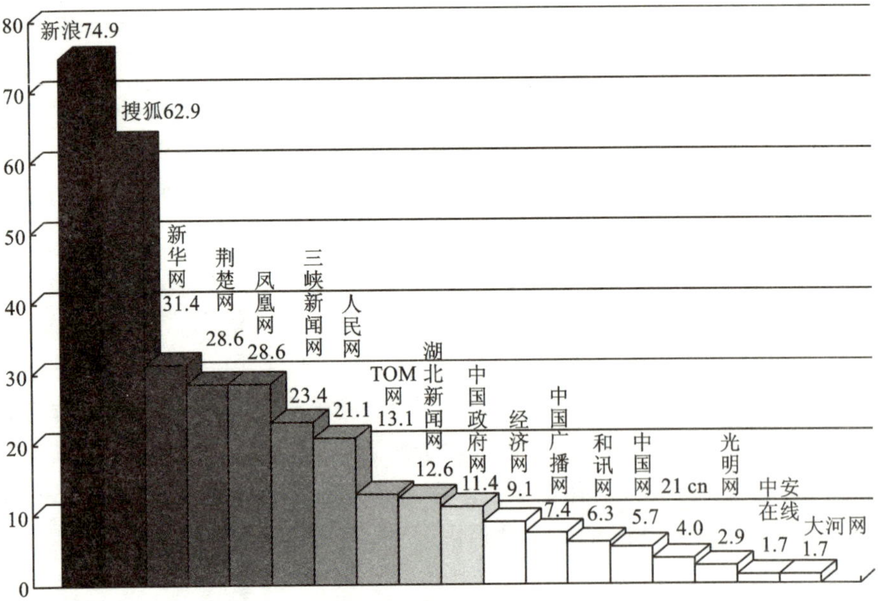

图 2-29　样本近期使用网站（浏览该网站样本比例）

① Alexander Halavais, National Borders on The World Wide Web, New Media & Society, (2000).

结论可推及网络是有地界的，即宜昌市民较关注本地网站（三峡新闻网），而湖北地区受众较关注本省网络媒体（荆楚网、湖北新闻网）。

据统计，近三个月受访者平均每人接触网站 3.5 个，少至一个网站也未接触，至多接触 16 个网站，分布不均。

（6）受访者接触过的三峡专属媒体。

如图 2-30 所示，以上 4 种三峡专属媒体均有受访者接触过，其中三峡总公司网站接触人数最多 34.29%，其次为三峡工程报 30.92%、中国三峡杂志 20%，而接触过三峡建设年鉴的人最少，三峡建设年鉴是具有专业年鉴特色的资料性工具书，并非大众化读物，受众对其接触较少是正常的。

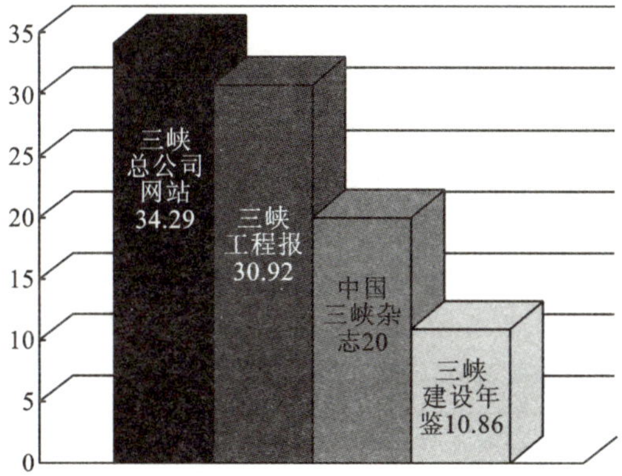

图 2-30　受访者接触过的三峡专属媒体

如图 2-31 所示，175 个受访者中有 47%接触过包括以上 4 种媒体在内的三峡专属媒体，另外 53%的受访者没有接触过，二者比例相当。这说明接触过三峡专属媒体的人同质性较高，即没有接触过的人一种也未接触过，而接触过的人就不只接触过一种专属媒体。

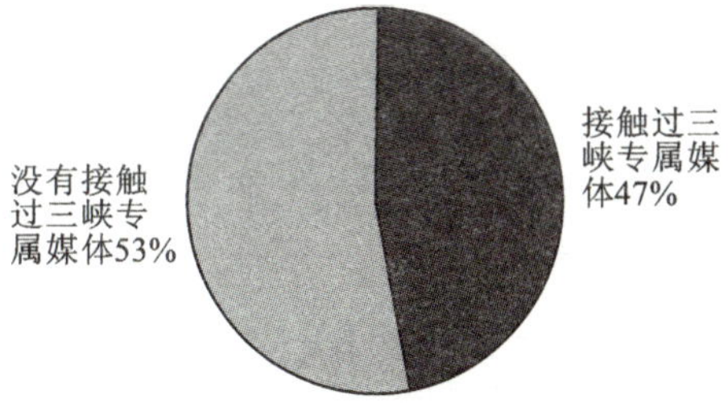

图 2-31　受访者是否接触过三峡媒体

如表 2-8 所示，接触过三峡专属媒体的受访者中有 66％都是三峡员工或有亲朋在三峡工作，而没有接触过三峡专属媒体的人中有 92.5％都与三峡毫无关联。这说明了三峡专属媒体主要面向三峡总公司内部公众和宜昌地区受众，进行内部公共关系(信息沟通与交流、传播企业文化)是其首要任务。

表 2-8　是否接触过三峡专属媒体・受访者与三峡关系交叉表

		样本与三峡关系			
		是员工且有亲朋在三峡公司	是员工但无亲朋在三峡公司	非员工但有亲朋在三峡公司	非员工且无亲朋在三峡公司
是否接触过三峡专属媒体	是	42.7％	8.5％	14.6％	34.1％
	否			7.5％	92.5％

(7) 受访者专属专属媒体参与度。

本题目测量受访者对三峡专属媒体以及三峡展览馆的参与度，参与程度依次升高分别为：从没听说过(1 分)，听说过但从未阅读/参观(2 分)，较少阅读/参观(3 分)，频繁阅读/参观(4 分)，是参与者(5 分)。对每个选项得分均值与中值 3 分比较，进行单样本 T 检验，得到如表 2-9 所示结果。

表 2-9　三峡专属媒体参与度均值与 3 分比较(单样本 T 检验)

	检验值＝3	
	均值	显著性水平(双侧检验)
三峡工程展览馆	2.2114	0.000
中国三峡工程报	2.1829	0.000
中国三峡杂志	2.0800	0.000
中国三峡建设年鉴	2.0000	0.000

如图 2-32 所示，相比三峡专属媒体，受访者对三峡工程展览馆参与度最高，其次依次为中国三峡工程报、中国三峡杂志和中国三峡建设年鉴，但各种媒体的参与度相差不大。

如表 2-9 所示，四种媒体的参与度均显著小于 3($p<0.05$)，说明受访者整体上对三峡专属媒体参与度中等偏下，即基本限于“听说过但从未阅读/参观”、至多“较少阅读/参观”的水平。

(8) 受访者关注的三峡题材新闻。

如图 2-33 所示，近 75％的受访者关注三峡题材新闻，整体而言，三峡题材新闻关注度较高。

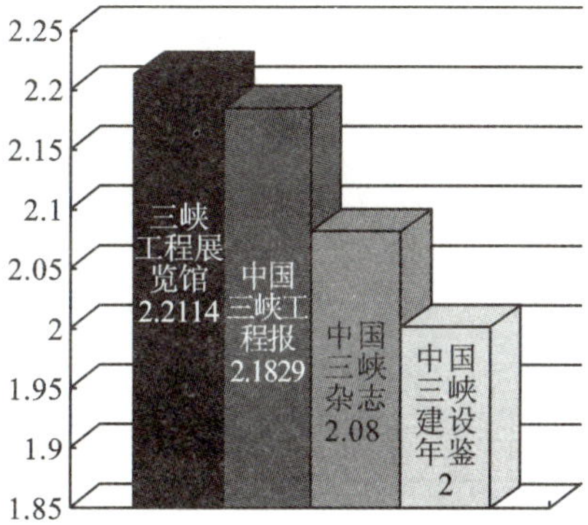

图 2-32 受访者专属媒体平均参与度

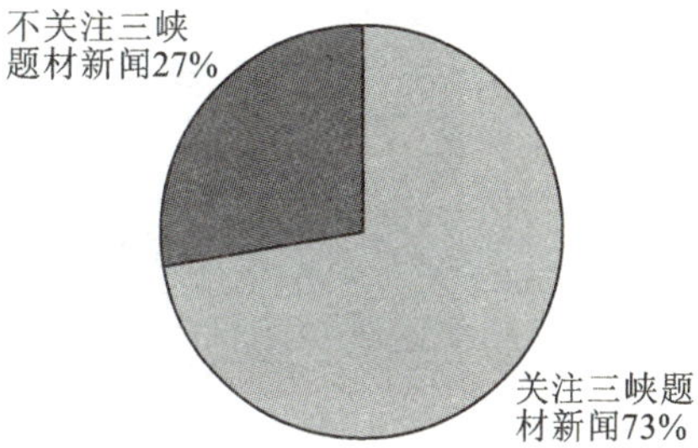

图 2-33 受访者是否关注三峡题材新闻

如表 2-10 所示，不关注三峡新闻的受访者中有 95.8%的人与三峡毫无关联；而关注三峡新闻的受访者中，与三峡的关系不影响其关注三峡新闻与否。

表 2-10 是否关注三峡题材新闻·受访者与三峡关系交叉

		样本与三峡关系			
		是员工且有亲朋在三峡公司	是员工但无亲朋在三峡公司	非员工但有亲朋在三峡公司	非员工且无亲朋在三峡公司
是否关注于三峡题材新闻	是	27.6%	5.5%	13.4%	53.5%
	否			4.2%	95.8%

如图 2-34 所示，42 位接受深度访谈的受访者回答了“您关注三峡哪方面的新闻信息”的开放式问题，其中“移民”被提及 28 次，“生态环境保护”被提及 24 次，是最受关注的问题；“防洪”与“发电”分别被提及 13 次，说明受访者最关注该两项综合效益，“文物保护”被提及 12 次，“工程施工进展”被提及 11 次；其余问题被提及相对较少，依次为：“拉动国家和三峡库区经济增长”8 次、“旅游”7 次、“大江截流”6 次、“大坝军事防护(安全)”6 次、“工程腐败问题(工程、移民资金挪用)”4 次、“航运”3 次、“地震地质”3 次、“蓄水”3 次、“施工质量”3 次、“三峡工程可持续发展”2 次、“泥沙”1 次。这 17 个议题都是受众关注的问题，基本涵盖了三峡工程的方方面面。

每位受访者关注的问题不止一项，14 个受访者回答了“您最(长期)关注的

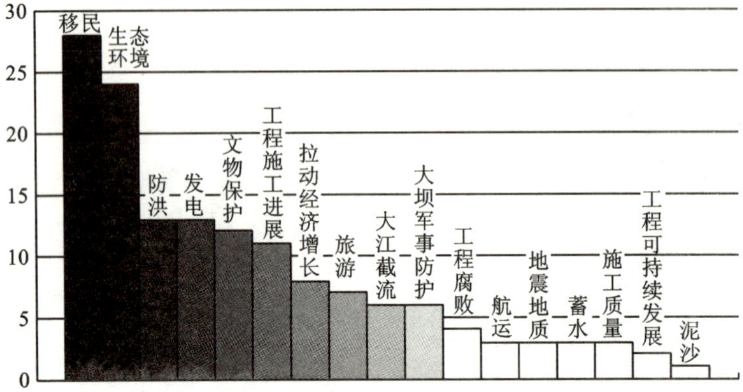

图 2-34　受访者关注的三峡新闻

一个问题是什么”，其中 9 位受访者回答特别关注“移民”，有两位受访者提到了“大江截流”，其次“大坝安全”、“生态环保”、“工程腐败问题”各被提及一次。

由此可见，公众议题与《三峡工程新闻传播数据库》中的 20 个媒体议题基本一致，例如移民、生态、工程施工进展、防洪、发电、航运、综合经济评价(拉动经济增长)、工程质量评价、旅游、地震地质、泥沙、文物保护这 12 个议题直接为数据库中的媒体议题；只是受众关注的个别问题更加具体化，例如“大江截流”与“蓄水”实际也是施工过程中的重大事件，属于工程施工进展情况。特别是，受众对三峡大坝军事防护与工程腐败问题也比较关注，超出了主流媒体的议题范围；有两位受访者还提出了三峡工程的可持续发展问题，一位任职于长江水利委员会的受访者说：“我们关注的多是三峡工程的长期性，可持续发展性，是为了以后的三峡建设打下更加坚实的基础”，一位大学生用“可持续发展”来评价移民工作：“三峡工程改变以往的工程移民的模式，不是以补偿式而是开放式，体现了以人为本的思想和可持续发展。”

本次问卷调查的统计显示，在人口统计因素方面：本次抽样的样本男女比例相当；样本主要来自于湖北；样本年龄一半以上是 17～25 岁的青年人；接近六成的样本学历是高学历人群(本科及以上)；样本的职业七成以上是企事业工作人员和学生；近五成样本的收入为 1000～2999 元的中等收入水平；六成以上的样本与三峡关系疏远(非三峡员工且无亲戚在三峡公司工作)。在媒介接触习惯方面：网络、电视和纸质媒体依次为样本最主要的三种信息来源；七成以上的样本每天使用媒介 1 小时以上;电视、报纸、网络依次为样本心目中可信度最高的三种媒介;"获取新闻资讯"、"获取工作学习信息"与"获取个人生活信息"是受访者使用媒介最主要的三种动机;样本近三个月接触最多的是新浪、搜狐这两大门户网站;近三个月样本平均每人接触网站 3.5 个;样本对三峡专属媒体接触与否分布相当;受众对三峡工程展览馆参与度最高,其次依次为《中国三峡工程报》,《中国三峡杂志》和《中国三峡建设年鉴》,但各种媒体的参与度相差不大,且参与度也不大;3/4 的样本对三峡工程相关新闻关注。

根据劝服效果理论,主要考察影响受众态度改变的因素,在拉斯韦尔的传播五要素模式中,受众是传播过程中的主导因素。受众特征是影响受众态度改变的重要因素。受众特征主要包括团体的影响和个人特质上的差异。团体归属感使受众产生从众倾向,而以团体的规范为其行为准则。故态度改变与重视团体的程度成反比。在人格特征方面,霍夫兰等考虑到两个因素:智力和动机因素,智力因素单独不能解释效果的形成,必须与动机因素结合在一起发挥作用,动机因素被界定为:"包括显著的个人需要、情绪不安、心理自卫能力、挫折的容忍度、激励之阀等,都可能干扰或帮助个人对不同说服传播的反应"(引自洛厄里、德弗勒,1993:168)。实验研究发现,可说服性高的人具有社会不成熟、自我压抑、颓丧和自尊心低的特质。而那些不易被说服的人的特质包括:挑衅行为——日常生活中常对人表示出敌意、社会退却倾向——对周遭事物漠不关心,也很难改变态度,以及深度的神经质——常有思想迷乱、妄想症、失眠症等现象,这些症状都会干扰对讯息的注意、理解和接受的能力,故而也不易受到影响[①]。在一般的新闻传播效果研究中,考察影响受众态度的改变来自个人特质的因素主要有:①性别、年龄、文化程度、职业等属性;②受众所属家庭、朋友圈、单位等人际群体;③个人经历经验。这些因素制约着受众态度改变的方向、速度、强度[②]。在具体的传播活动中,社会、群体、个人因素对受众态度改变有着极大的影响力。

① 周葆华.大众传播效果研究的历史考察[D].中国优秀博硕士学位论文全文数据库(博士),2005(4).

② 王德保.浅析新闻传播中影响受众态度改变的因素[J].新闻世界,2009(10).

二、一期工程受众态度特征

1. 受众总体态度(3.6702分)偏向正面,且大部分的被访者(76%)对三峡一期工程持温和态度

175个受访者分别对问卷中三峡一期工程时期共7项陈述进行从“非常不同意”到“非常同意”共5个等级的态度评价,假定样本态度平均值为3(即中立态度),得分高于3则代表态度为正面,低于3则为负面。样本总体态度平均得分为3.6702,根据显著性水平检验,显著性水平低于0.05,即样本态度平均值显著高于平均值3,即由此推断总体对三峡一期工程态度偏向正面。

受访者五个等级态度的分布情况具体如图2-35所示。

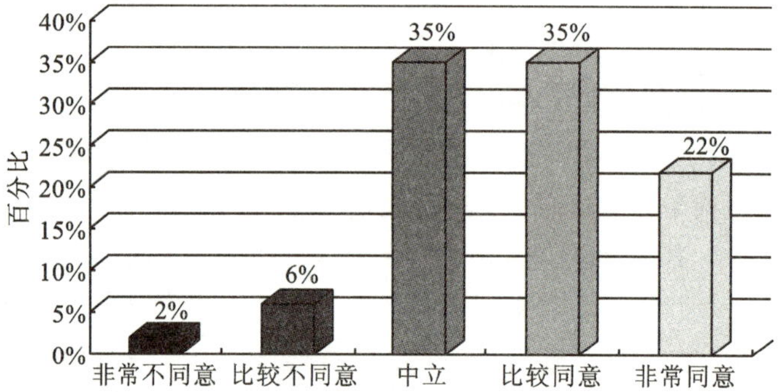

图2-35　三峡一期工程受众态度分布

从图2-35可以看出,57%的受众对三峡一期工程建设持正面态度,即半数以上的态度为比较同意和非常同意;35%的受众对三峡一期工程态度为中立,即态度无所谓或者持保留意见,在问卷回收过程中,有部分受众表示选择中立的原因是对问卷中陈述的事实知之甚少;有6%的受众对三峡工程一期表示比较不满,仅有2%的受众对三峡工程极为反对,对三峡一期工程表示极度不满。

从图2-35可以看出,76%的受众对三峡一期工程持较为温和的态度,这部分受众在问卷中呈现的态度包括比较同意、中立和比较不同意,他们较为全面地看待三峡一期工程,既看到了其有利因素,也看到了一些不足。尽管三峡项目是经过多年论证立项的举国大工程,但是舆论对三峡工程的利弊之争广泛存在。主要是一期工程为三峡工程的起始阶段,工程施工进展是该工程阶段的重点,也是国民和媒介关注的焦点,据对三峡工程一期阶段媒介报道内容的分析数据显示，工程施工进展是报道数量排名第一的议题（占 13.2%）。在访谈中，大部分受访者都表示出对三峡项目工程进展的关注，再加上对工程可能带来的一系列问题的推想，容易在舆论中形成对三峡工程的利弊之争，但大多数参与争论的人们在权衡其利弊时能够有较为理性的认识，只是在正面与负面因素的比重上倾向有所不同。有受访者这样表示对三峡工程的态度："随着我国经济的发展，电力确实是一个很大的受限，水电在一定程度上说比煤电要环保得多，对生态的影响也比煤电小，与风电和太阳能来说，技术上更加成熟，所以从强国的战略角度上来讲，我支持三峡。"另外，大部分受访者也表现出对三峡工程各种负面影响的担忧，主要集中在三峡工程生态环境（大气、水质、地震、鱼类等）的影响和破坏，以及大坝安全和移民等问题上。比如，一位来自宜昌的大学生认为："从长远来看，其中所带来的隐患会随着时间的推移逐步显现，环境、生态的改变是不可逆转的，一旦出现什么问题就会超出人们的想象与控制。""再者，有了三峡大坝，便又为恐怖分子和仇敌中国分子多了一个制胜的攻击砝码，成为一个军事攻击对象，定时炸弹。"

由此可见，三峡专属媒体的公共关系传播有利于大多数人对三峡工程形成温和态度，有助于人们对三峡项目进行客观、正确的认识，说明三峡专属媒体的公共关系传播在受众态度引导方面确实产生了效果，但同时也要反思，为什么在许多问题上受访者的态度是"比较不同意"或"中立"？如前所说，许多受访者选择"中立"的理由是对所陈述的事实知之甚少，这说明三峡专属媒体的信息传播缺乏广度和深度。

仅 2%和 22%的受众持极端态度，非常不同意或是非常同意。非常同意的受众主要表现为两类：一类个人知识水平或是媒介接触只接触到正面评价；另一类是受访者因是三峡工程的受益者等原因认为三峡的弊端与它的效益相比基本可以忽略不计。一位来自荆州（55 岁，男性）的受访者的陈述可以代表非常支持三峡工程的极端态度："既造福了人民，又得到了较丰厚的回报，是双赢之举。截流发电之前，荆州这边经常限电拉闸，2000 年后基本上再热再冷的天都没有了。另外，1998 年后没有再发大水，保证了大武汉的安全和长江中下游居民的安全，现在公安分洪闸已经停用，不需要群众每年再劳民伤财地上堤抗洪。"同样的，还有一位来自黄冈的人民教师（43 岁，男性）也认为："国家利益高于一切，这项工程可以解决电力供应不足问题，能源紧缺的情况可以得到很大的改善。"

但也有极少数的受众呈现出非常不同意的极端负面态度，有受访者甚至认为三峡工程根本就不该修建："三峡工程本身就是一个错误，我认为它加剧了当前既得利益者的富裕升级，而且带来了一系列的灾害，1998 年后洪水是少了，可是没有觉得气候变暖、天气变得越来越诡异了吗？而且，我认为汶川地震的爆发跟三峡大坝不无关联。"

在访谈中发现，对三峡工程持非常同意态度的受众具有如下共同特征：处于中年年龄段且服务于国有企、事业单位和机关、中等学历（大专）；电视、报纸为他们接触最多的媒介，并且也是被他们认为可信度最高的媒介，如中央电视台等官方媒体，是他们的主要信息来源之一；他们所服务的单位一般都有订阅党政机关报的习惯，因此，翻阅党政机关报也是他们信息的主要来源之一；他们在其服务的单位容易受到人际传播的影响，口口传播造成舆论一致，且多为感性认识。另外，如果受访者同时是党员，受访者的态度也基本表现出与官方媒体所设置的态度一致。这在一定程度上说明，主流媒体的报道对于受众对三峡工程形成正面态度具有积极意义，效果显著，但只能影响到部分受众。

从极端负面态度的受众特征来看，他们或教育水平较高（本科及以上），或为年轻人，如大学生等。从访谈中了解到，他们明显地更多受到网络媒体的影响，较之前者有更多理性的思考。这也许与网络媒体上的负面言论多有关系，以网络为主要媒介接触习惯的受众易于形成与官方态度相反的态度，这也说明在对三峡工程的信息传播上，三峡专属媒体应该在网络舆论方面做出更多公共关系努力进行议题和态度的引导。

综上所述，三峡一期工程受众总体态度偏向正面，超过 3/4 的被访者对三峡一期工程持温和态度。影响受访者态度的因素不是单一的，而是有多个方面，在具体的传播情境下，影响受众态度的因素也不尽相同。在拉斯韦尔关于传播过程的 5W 模式中可以分析出，受众、传者、媒介和内容是与效果相关的四大领域。在劝服理论中，态度改变作为因变量，研究一系列有关态度改变是如何被其他自变量所影响。这些自变量有：①传播者的特征，主要指可信度（credibility）。霍夫兰实验结果证明：受众认为可信度低的消息来源传出的信息，比可信度高的消息来源来得"偏颇"及"不合理"；可信度高的消息来源可产生立即的态度改变影响，但可信度只影响受众"接不接受"说服观点的动机。②传播渠道的差异。实验发现面对面的劝服最为有效，广播次之，印刷媒介效果最差；采用多媒体组合的形式比单一媒体的劝服效果要好。③讯息的内容和结构:包括情绪诉求和论点的结构。前者指“引发接受观点动机的刺激”,主要区分为强调“报酬”的正面诉求和描写不接受说服的不愉快下场的负面诉求(如恐惧等);后者结构因素包含3个问题:结论是否该明确表达,是否提出正反观点(“一面说”还是“两面说”),以及正反论点顺序如何排列。研究的主要结论是最有效的说服传播,应当明白提出结论,并且正反两面兼顾(可以使受众不受反宣传的影响,称为“免疫力”),至于论点出现的先后,则无关紧要。④受众特征:主要研究团体的影响和个人特质上的差异。团体归属感使受众产生从众倾向,而以团体的规范为其行为准则。故态度改变与重视团体的程度成反比。在人格特征方面,霍夫兰等考虑到两个因素:智力和动机因素,智力因素不能单独解释效果的形成,必须与动机因素结合在一起发挥作用。实验研究发现,可说服性高的人具有社会不成熟、自我压抑、颓丧和自尊心低的特质。而那些不易被说服的人的特质包括:挑衅行为、社会退却倾向,以及深度的神经质、妄想症、失眠症等现象,这些症状都会干扰对讯息的注意、理解和接受的能力,故而也不易受到影响。[①]

以下将在劝服理论的框架下,结合具体的传播过程,对三峡一期阶段7个分议题的受众态度进行分析。

2. 分议题态度分析

(1) 受访者对“工程技术交流”议题的认同程度显著高于一期工程整体受众态度均值。

对5个态度等级由低到高依次赋值1～5分,分别对7项陈述涉及的7个议题(①一期工程进度;②工程技术交流;③“开发性移民”方针、政策的贯彻;④水质污染监控;⑤三峡债券收益评价;⑥文物保护措施;⑦新景观旅游价值)的受众态度均值、一期工程整体受众态度均值与中值3比较进行单样本T检验(Sig. at 0.05 level),得到如表2-11所示结果。

表2-11 7个议题受众态度与均值3.6702的分别比较(单样本T检验)

	检验值=3.6702	
	均值	显著性水平(双侧检验)
1. 一期工程进度	3.7714	0.152
2. 工程技术交流	3.8000	0.035

① 周葆华. 大众传播效果研究的历史考察[D]. 中国优秀博硕士学位论文全文数据库(博士),2005.

续表

	检验值＝3.6702	
	均值	显著性水平(双侧检验)
3.“开发性移民”方针、政策的贯彻	3.6057	0.403
4.水质污染监控	3.7314	0.372
5.三峡债券收益评价	3.5429	0.058
6.文物保护措施	3.5543	0.137
7.新景观旅游价值	3.6857	0.852

如表2-11、图2-36所示，受访者对七个议题均为正面态度，然而对各议题认同程度仍有所区别。对于“工程技术交流”议题的认同度最高，且显著高于一期工程整体受众态度均值3.6702(Sig.＝0.035＜0.05)。其余议题的认同度依次为：“一期工程进展”、“水质污染监控”、“新景观旅游价值”、“‘开发性移民’政策、方针的贯彻”、“文物保护措施”和“三峡债券收益评价”。其中，关于“一期工程进展”、“水质污染监控”、“旅游新景观”的均值大于整体态度(3.6702)，关于“‘开发性移民’政策、方针的贯彻”、“文物保护措施”和“债券收益”的均值小于整体态度(3.6702)。但是这六者与一期工程整体受众认同度的差异并不明显(Sig.＞0.05)。

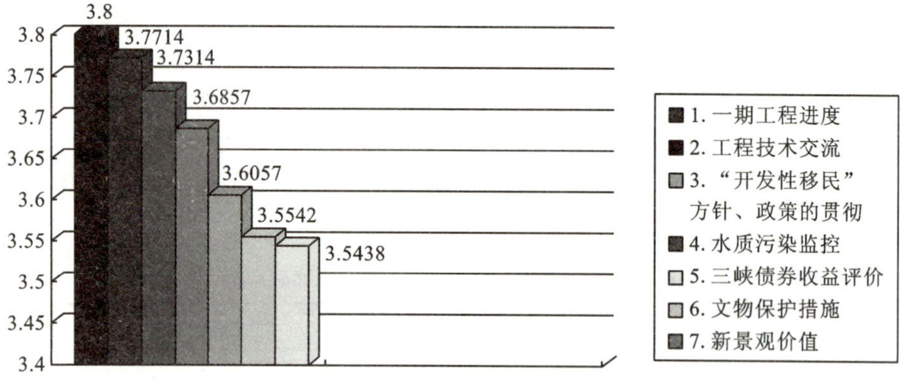

图2-36　7个议题的受众态度均值比较

“工程技术交流”在《三峡工程新闻传播数据库》中属于“论证与设计”的大议题。涉及“论证与设计”议题的文献在一期文献总体中占10.8%，排名第四。在问卷中，关于“工程技术交流”方面的陈述设计如下：三峡公司通过举办1995

年度、1997 年度三峡工程技术研讨会等活动，积极展开工程技术交流。此项陈述通过叙述三峡公司在技术方面的重点举措，来调查受众对这些活动的认同程度以及是否赞同这些活动促进了三峡项目的技术交流，从而来了解三峡专属媒体围绕这些技术交流活动所进行的公共关系宣传所取得的效果如何。

在三峡一期工程阶段，三峡总公司分别在 1995 年 11 月 15—16 日和 1997 年 11 月 26—28 日举办了三峡工程技术国际研讨会。1995 年的研讨会是三峡总公司主办的第一次国际性会议，正式代表 193 名，其中邀请国外著名公司的专家 61 名(共 13 个国家，29 个公司)，邀请国内各方面专家 65 名(包括部委、工厂、高校、科研、设计、监理等)，总公司代表 67 名。会议议题是“三峡工程大坝混凝土浇筑技术”和“三峡电站特大型水轮发电机组设备”，这两个议题均为三峡工程设计研究中的重要技术问题，同时也是当今世界水电设计、施工、制造领域的高难度课题①。会议收到国外代表论文 19 篇，国内代表论文 24 篇。出席 1997 年研讨会的专家学者及代表共 176 人(国外代表来自 11 个国家、52 人，国内代表 124 人)，其中包括国际大坝会议主席、秘书长等。大会的目的是针对三峡工程施工中迫切需要解决的关键技术问题和建设中的热点问题，广泛开展学术交流和技术研讨，学习和吸取世界上先进的施工技术和管理经验，建好三峡工程②。会议的主要议题是“二期围堰防渗处理技术”、“大坝混凝土施工技术”和“大型水电工程的生态环境问题”，其中，会议热点是生态与环境，而移民与环境问题又是讨论中的重中之重。会议共收到论文 58 篇，其中国外 17 篇，国内 41 篇。有 10 位专家代表在大会做专题报告，40 多位专家在分组会上进行技术交流。

这两次工程技术国际研讨会的举办，不仅有技术交流方面的需要，还具有公共关系意义；不仅有助于三峡工程技术攻关，而且通过会议的成功举办，扩大了三峡工程在世界范围内的影响力和深化国际社会对三峡工程的正面认识。

国际研讨会的公共关系传播过程包括两个方面：一方面由专属媒体和社会媒体发布消息和登载各种会议成果(论文等)，告知社会公众，如由《中国三

---

① 田文.诚邀四海高朋 共创世界一流——'95 三峡工程技术国际研讨会综述[J].中国三峡建设，1995(6):41.

② 王儒述.国际友人关心三峡环境——'97 三峡工程技术国际研讨会侧记[J].中国三峡建设，1998(3).

峡建设》杂志编辑、出版的《97 海峡两岸三峡工程技术研讨会论文集》;另一方面通过会议的成功举办,首先影响各方面的专家,他们在信息传播过程中承担着"意见领袖"的角色,然后借由他们人际传播影响专业公众和社会公众,形成从技术专业领域到普通公众领域的信息扩散和态度影响。例如,参加了 1997 年三峡工程技术国际研讨会的卡尔·霍格(国际大坝委员会主席)在接受记者采访时表示:中国修建水库和大坝的历史悠久,经验非常丰富,中国修建大坝的技术在世界上都是非常先进的。维尔多普先生(国际大坝委员会原主席)也认为,对于三峡工程技术难点,最困难的是二期工程建设的混凝土浇筑、工期紧、工程量大。还有一点是泥沙问题的解决,这也是一个难题。他说这两个问题是工程建设中能看得到的,建设的成败还要取决于一些世界公众关心的问题,比如移民,正如时任总理李鹏说的三峡工程成败关键在移民,这是非常有预见性的提法[①]。这些权威人物的建议和评价的传播引导了专业界人士、普通公众对三峡工程技术方面的舆论,有利于公众形成正面态度。

在普通公众的访谈过程中,鲜有受访者真正了解到三峡工程技术国际研讨会,但是大多数的受访者都对"三峡工程技术交流"这一问题表示了正面态度。这是因为,受访者虽然多数对三峡工程技术国际研讨会的情况不知情,但大多数受访者都对三峡工程技术或有感性或理性的认知,而且态度基本上都是偏向积极的。究其原因可能是:大型工程都是由国家主导、在举国体制下进行,大多数公众对这类项目的人力、物力、财力及技术都不会怀疑,尤其在中国特殊的国情之下,其具有经济的、政治的和社会的综合意义,主流媒体对大型工程的传播也往往以正面宣传为主,容易培养公众作为国民的一员对全国性大型工程技术的自信心,造成人们在思考全国性大型工程技术问题上态度积极的心理定式。因而,在这个议题上的受众效果受到历年来主流媒体对大型工程信息传播的长期效果的影响,体现为叠加效果。

综上所述,受访者对"工程技术交流"议题的认同程度最高,态度显著偏向正面;三峡专属媒体在"工程技术"方面的公共关系传播效果较好。研究发现,三峡方面在对该议题的公共关系传播中有效发挥了意见领袖的作用,大众媒介传播效果叠加人际传播效果,因而在该议题的公共关系组织和传播上达到了较好的效果。根据霍夫兰的劝服效果研究,传播者与传播渠道是影响劝服

---

① 见中国三峡工程报,1997 年 11 月 3 日总第 330 期。

效果的两大变量。从传播者角度来看，在“工程技术交流”议题传播中的意见领袖是在专业领域具有权威性的专家学者，也就是专业人说专业话，可信度高，劝服效果就好；从传播渠道来看，在大众传播过程中结合了人际传播，也显示出较好的劝服效果。早在 1934 年，维尔奇（Wilkie，1934；转引自 Klaper，1960：106）就曾经比较面对面、广播和印刷媒介不同的传播效果，实验发现面对面的劝服最为有效，充分展现出人际传播的力量。这就提示三峡公司在针对专业性较强的相关议题的公共关系组织和传播方面，在组织大众媒体参与的同时，还应积极发挥人际传播的作用，大众媒体效果叠加人际传播效果，更有利于公共关系传播目标的实现。

如表 2-12 所示，关于“一期工程进展”陈述的受众态度均值为 3.7714，与“中立”（3 分）相比，$P=0.000<0.05$，表明受访者对“一期工程进展”的态度显著高于中立水平，态度偏向“比较同意”。关于“一期工程进展”问题的受众态度均值大于受访者一期整体态度均值 3.6702，但在与之比较的 T 检验结果中显示对“一期工程进展”陈述的受众态度与一期整体受众态度无显著差异。

表 2-12　陈述——所属议题对照 & 受众态度 T 检验

问卷陈述		1. 三峡工程右岸导流明渠提前 5 个月完工，为大江截流提供坚实保障，确保了一期工程的进度
涉及的问题		一期工程进展
所属议题		工程施工进展
所属议题在一期文献中的规模		13.2%
所属议题占一期文献比例排名		1
检验值＝3	均值	3.7714
	显著性水平（双侧）	0.000

“工程施工进展”议题在三峡一期工程期间文献资料中所占比例是 13.2%，是排名第一的议题。一期进展对三峡工程整体工程的进展起到决定性的作用。导流明渠位于中堡岛的南侧，是为实现 1997 年大江截流、经过清淤开挖形成。其主要作用有二：一是在大江截流时，用于引导长江水从此流

过；二是通航[①]。导流明渠1997年10月6日正式通航，2002年10月31日结束通航，2002年11月6日成功截流。导流明渠截流与同类工程相比，其综合水利学指标高、单堤头抛投强度高，其截流总体难度在世界截流史上罕见[②]。在问卷中对"工程施工进展"的陈述设置是"三峡工程右岸导流明渠提前5个月完工，为大江截流提供坚实保障，确保了一期工程的进度"，此项陈述叙述了有关截流进展的一个重要事实，并且对此进展的意义进行简单评价，通过受访者的评分高低来了解受众对该议题的态度是否与传播者（三峡方面）的目标态度一致。

"1997年5月1日，三峡工程右岸导流明渠正式破堰进水"的新闻事件，是一期工程取得重大进展的标志性事件。为增加宣传力度，中国三峡总公司新闻宣传中心向全国各主要新闻机构发出邀请函，邀请新闻记者参加进水仪式。中央电视台、湖北电视台、湖北人民广播电台、新华社、中新社、工人日报社、湖北日报社、长江日报社、水利水电报社等17家新闻单位54名记者赴现场采访和拍摄。从当日晚上起，中央电视台《新闻联播》、《新闻30分》和其他省、市地方台新闻节目，相继滚动播出了庆典仪式盛况；各大报纸分别在头版头条或其他显著位置刊登文字和图片消息20余篇，对导流明渠破堰进水做详尽的报道。报道说：导流明渠比原计划提前5个月完工，它的破堰进水为11月份的大江截流提供了坚实的保障[③]。如《人民日报》1997年5月2日报道说："今天上午10时，长江三峡水利枢纽导流明渠破堰进水，这标志着三峡右岸导流明渠工程胜利完成……作为三峡水利枢纽一期工程的重点，它将为大江截流赢得时间，并为三峡工程进入二期工程建设打下基础。"

对"三峡工程右岸导流明渠正式破堰进水"这一重大新闻事件，三峡专属媒体主要采用了向各级社会媒体广发邀请函的公共关系策略，在一段时间内集中设置了社会媒体的议程，形成了各级电视台、报社、新闻机构以及各专业媒体对"右岸导流明渠"新闻事件的集中报道。通过调查数据显示，关于陈述"三峡工程右岸导流明渠提前5个月完工，为大江截流提供坚实保障，确保了一期工程的进度"的受众态度得分均值为3.7714，接近4分（比较同意），即调查显示受众对一期工程进度问题的认同度较高，也就是受访者的态度与媒体

---

① 新闻背景：三峡工程导流明渠.新华网，2002-11-06.

② 中国三峡工程开发总公司.组图：导流明渠1997年正式通航2002年结束通航.新华网，2006-05-16.

③ 中国长江三峡集团公司.1998年中国三峡建设年鉴[Z].宜昌：中国三峡建设年鉴，1998：265.

报道较为一致。对于一期工程进度，在访谈中，有受访者认为："1993 年开工时我对三峡工程的进度是持怀疑态度的，周围的舆论态度也是如此，但 1997 年成功截流之后觉得国家确实有这样的实力，相关工程技术人员确实付出了巨大的努力。其实在观看电视报道的截流现场画面时，在观看截流的过程中我仍然觉得截流非常难，仍然不太相信长江真能被截流，但最终还是成功了，确实很感叹。"

综上所述，大多数受众对"一期工程进展"议题的态度显著偏向正面，说明三峡专属媒体在对一期重大议题"工程进展"方面的公共关系传播取得了效果。研究发现，三峡公司在重大事件的公共关系传播中，注重组织大众媒体进行正面的集中报道，大众媒介传播的公开性和广泛性，能够强化受众对事件的正面理解。德国政治科学家纽曼于 1980 年创造了"沉默的螺旋"概念，认为当一种观点得到大众媒介不断的宣传，从而成为所谓支配性意见时，持相反观点即所谓异常意见者便逐渐陷入沉默，而泛起已见去追随公众看法者会不断增加，于是形成一种螺旋趋势，得势的观点越来越走红，失利的观点越来越凄凉①。也就是说，尽管如访谈中了解到的有受访者一直对三峡工程进展持怀疑或负面态度，但接触到大众媒体集中的正面报道之后，态度不仅转向正面，而且显示出对工程进展极强的信心。这就提示三峡公司在对重大事件相关议题的公共关系组织和传播方面，要积极组织和利用大众媒体的力量，改变受众的负面态度，强化受众的正面印象。

(2) 关于"'开发性移民'方针、政策的贯彻"的受众态度显著高于中立水平，态度偏向"比较同意"。

如表 2-13 所示，关于"'开发性移民'方针、政策的贯彻"陈述的受众态度均值为 3.6057，与"中立"(3 分)相比，$P=0.000<0.05$，表明受访者对"'开发性移民'方针、政策的贯彻"的态度显著高于中立水平，态度偏向"比较同意"。关于"'开发性移民'方针、政策的贯彻"问题的受众态度均值略小于受访者一期整体态度均值 3.6702，但在与之比较的 T 检验结果中显示对"'开发性移民'方针、政策的贯彻"陈述的受众态度与一期整体受众态度无显著差异。

---

① 魏锦文.试论"沉默的螺旋"反选上升——通过议程设置重掌新闻话语主权[J].辽宁行政学院学报，2007(11).

表 2-13 陈述——所属议题对照 & 受众态度 T 检验

问卷陈述		2. 中央提出的“开发性移民”方针和一系列的有关政策，在三峡工程移民工作中能够得到顺利贯彻
涉及的问题		“开发性移民”政策、方针的贯彻
所属议题		移民
所属议题在一期文献中的规模		12%
所属议题占一期文献比例排名		3
检验值＝3	均值	3.6057
	显著性水平（双侧）	0.000

移民是一期工程中的第三大议题，占全部议题的 12%。水电建设多年的历史经验证明，征地移民工作的好坏，直接影响工程的成败，或者成为重要的制约因素①。三峡工程需要搬迁的移民数量高达 113 万人，是迄今为止世界工程移民史上所罕见的，被喻为是一道“世界级难题”②。将涉及移民的陈述设计为“开发性移民”政策方针的贯彻，是考虑到移民问题在三峡一期工程阶段是影响工程进度的一个重大问题，而重中之重是移民政策方针制定的正确性和贯彻的畅通性。

从 1993 年到 1997 年三峡一期工程期间，移民问题一直是三峡工程的关键，也是新闻报道中的重头戏。比如，1995 年 9 月，《工人日报》、《人民日报》海外版、《中国水利报》都编发了“三峡移民科技示范区动工”的消息，认为该示范区的移民安置模式与传统的移民安置相比有了一个质的飞跃。同期，媒体也大量报道水库移民时间表排出的信息。1996 年是确保 1997 年大江截流的关键年，一线水位移民的动迁已迫在眉睫。10 月，国务院三峡工程移民暨对口支援工作会议在重庆——宜昌召开，李鹏同志在会上指出，三峡工程的成败关键在移民，要通过开发性移民和全国对口支援，实现在移民中发展，在发展中移民。1996 年官方对移民政策的指示和强调，将开发性移民政策推向媒介议题和公众话题的焦点。从以上媒体报道和新闻事实都可以看出，移民问题始终作为媒体和公众的一个重要议程贯穿于三峡一期工程阶段。

在对普通公众的访谈中，许多受访者表示他们对三峡工程最关注的问题

① 彭启友. 从三峡一期工程建设论工程宏观决策[J]. 中国工程科学，2004(5).

② 何贤举. 三峡移民可持续发展研究[D]. 中国优秀硕士学位论文全文数据库，2006(4).

是移民问题，关注的原因是这个问题具有社会性、长期性，而且牵涉民众利益。比如移民得到政府多少补偿金？迁移到哪些地方？环境怎么样？迁移之后他们有没有工作？生活是否有保障？等等问题都是民众特别关心的话题。对移民政策的贯彻持积极态度的受访者说："三峡工程是一个关系国计民生的世纪工程，它是前所未有的，它的兴建是为了保障人民利益，给人民带来更多的好处，相信移民和普通民众站在长远利益的角度上看，会对这个工程表示支持和理解。"更有支持者表示："如果我是移民，我愿意服从移民，而且不需要政府做我的工作。"还有人认为"（移民政策）对一些地方的移民也是很有好处的，也许有些地方本来就很贫穷，通过移民政策，于是生活有很大改善。"这些都显示出受众对"开发性移民"政策、方针能够得到顺利贯彻具有信心。同时也有部分受访者客观地认识到移民政策的负面影响："移民问题，不管怎么做，移民内心所受的伤害都是无法弥补的。"

总的来说，由于移民问题本身所具有的社会性，在三峡工程动工之后成为各社会媒体报道和公众关注的热点，通过受众抽样调查显示，在此问题上，受众态度显著倾向正面。研究发现，三峡公司在移民政策贯彻相关议题的组织和传播活动中，与政府议程相结合，对受众态度形成积极的影响。另外，有文献研究提出行文滞后、媒体报道不全、宣传说明力度不足[①]等是导致政策风险的原因。这就提示三峡公司在对移民政策贯彻的相关议题的组织和传播中，要遵循新闻的及时性原则，在报道内容的写作上注重全面性，以及在传播过程中把握好信息量的度。同时，移民政策的贯彻和实施，直接与民众利益息息相关，在公共关系组织和传播中还应体现出以人为本的人本主义关怀。

(3) 关于"水质污染监控"的受众态度显著高于中立水平，态度偏向"比较同意"。

如表 2-14 所示，关于"水质污染监控"陈述的受众态度均值为 3.7314，与"中立"（3 分）相比，$P=0.000<0.05$，表明受访者对"水质污染监控"的态度显著高于中立水平，态度偏向"比较同意"。关于"水质污染监控"问题的受众态度均值略高于受访者一期整体态度均值 3.6702，但在与之比较的 T 检验结果中显示对"水质污染监控"陈述的受众态度与一期整体受众态度无显著差异。

① 游滨，刘敢新，彭建国. 三峡库区移民风险研究[J]. 重庆大学学报(社会科学版)，2001(3).

表 2-14　陈述——所属议题对照 & 受众态度 T 检验

问卷陈述		3. 通过长江首次全面“体检”，监控水质污染情况，为大江截流前后控制水质污染提供了依据
涉及的问题		水质污染监控
所属议题		生态与环境
所属议题在一期文献中的规模		6.4%
所属议题占一期文献比例排名		5
检验值＝3	均值	3.7314
	显著性水平(双侧)	0.000

“生态与环境”是一期文献资料中的第五大议题，报道规模占整个一期报道规模的 6.4%。在 1997 年三峡工程技术国际研讨会上，“生态与环境”是其中重中之重的议题。“生态与环境”尽管与“移民”问题同为三峡一期工程时期两大周边问题，但是从报道规模上看仅为“移民”报道的约一半。在问卷题目的设计上，是考虑到长江首次“体检”对监控水质的意义，正如有受访者陈述的：“通过建立一个完善的监控网来对生态环境进行动态监测，能为后期工作提供详细的资料与数据。”积极肯定了长江“体检”之举对于环境保护的作用和意义。

“水质污染监控”属于三峡工程中的“生态与环境”议题，生态环境是三峡工程中比较敏感的话题。在对三峡工程利弊之争的讨论中，生态环境是重点讨论的方面。1996 年，长江首次进行了全面“体检”，旨在监测水质污染情况并为三峡大坝截流前后水质变化提供依据，结果表明整体水质尚好，有机污染加重。《中国青年报》、《中国环境报》、《中国电力报》、《长江开发报》、《湖北日报》等对此进行了报道，如《湖北日报》的《只有一条长江》，《中国青年报》的《长江归来话治污》，通过报道警示社会长江污染态势严重，治理水平低，并指出三峡工程的兴建，可以为根治长江污染提供难得机遇。媒体对在报道中重视宣传三峡工程对长江污染的治理作用，能够帮助消除人们的疑惑、起到正面认识三峡工程作用的目的。在访谈中发现有部分受访者认为“库区方面最大担忧是水库的污染”，他的理由是“三峡的常住居民和游客排放的污水会直接排入长江。蓄水后，污水不流走而是积在水库中，会造成水质恶化”，这又为三峡工程带来的水质污染控制提出了新的问题。

总而言之，关于“水质污染监控”的受众态度显著高于中立水平，态度偏向“比较同意”。研究发现，三峡公司对于“水质污染”相关议题的公共关系组织和传播过程中，在讯息的内容方面使用了负面诉求(如警示社会长江污染态势严重)，引起受众对解决负面问题的关注，并指出解决方案(三峡工程的兴建是根治长江污染千载难逢的良机)，促进了传播效果。根据霍夫兰的劝服理论，情绪诉求是一种劝服传播技巧。情绪诉求即“引发接受观点动机的刺激”，主要区分为强调“报酬”的正面诉求和描写不接受说服的不愉快下场的负面诉求(如恐惧等)，这些有效激起恐惧或威胁感的内容，能够促进或阻碍传播效果。因此，三峡公司在对问题解决型议题的公共关系组织和传播中，应该适当使用情绪诉求的技巧，已达到更好的传播效果。

(4) 关于“三峡债券收益评价”的受众态度显著高于中立水平，态度偏向“比较同意”。

如表 2-15 所示，关于“三峡债券收益评价”陈述的受众态度均值为3.5429，与“中立”(3 分)相比，$P=0.000<0.05$，表明受访者对“三峡债券收益评价”的态度显著高于中立水平，态度偏向“比较同意”。关于“三峡债券收益评价”问题的受众态度均值低于受访者一期整体态度均值 3.6702，但在与之比较的 T 检验结果中显示对“三峡债券收益评价”陈述的受众态度与一期整体受众态度无显著差异。

表 2-15 陈述——所属议题对照 & 受众态度 T 检验

问卷陈述		4. 三峡债券的到期收益率较高，收益水平较高
涉及的问题		三峡债券收益评价
所属议题		投资估算、资金使用和管理
所属议题在一期文献中的规模		12.8%
所属议题占一期文献比例排名		2
检验值=3	均值	3.5429
	显著性水平(双侧)	0.000

有关三峡债券的陈述在《三峡工程新闻传播数据库》中划归于“投资估算、资金使用和管理”议题，该议题的报道规模在三峡一期整体文献中占 12.8%，是排名第二的大议题。对一项大型的世界性工程来说，三峡工程是 1949 年以来投资最大的跨世纪工程，工程资金的科学预算和使用、管理至关重要，在一定程度上直接影响工程的成败，媒体自然对此格外关注。发放债券是三峡项

目融资的途径之一，对债券方面的问卷题目设置为："三峡债券的到期收益率较高，收益水平较高"，通过调查受众对三峡方面关于发放三峡债券的目标态度的认同程度，来了解三峡专属媒体在发放债券方面的公共关系传播是否有效果。

三峡工程建设债券是三峡工程总体筹资方案的重要组成部分。在三峡工程3个阶段中，三峡总公司陆续发行了1996三峡债券、1998三峡债券、1999三峡债券、2001三峡债券、2002三峡债券、2003三峡债券、2006三峡债券和2007三峡债券共8种债券，发行总额累计超过225亿元。其中，在三峡一期阶段发行的是1996三峡债券。1996三峡债券发行计划获国家批准后，其承销仪式在北京举行，通过发债可为三峡工程筹集成本较低的建设资金10亿元，这是三峡工程面向社会筹资的首次尝试。为了保证三峡建设债券能够连续不断地发行，使广大投资者认识三峡债券，熟悉三峡债券，相信三峡债券，投资三峡债券，在市场上树立良好的三峡债券形象，形成良好的三峡概念至关重要①。

1997年2月28日，1996三峡债券正式发行。总公司在1996三峡债券的发行准备过程中做了相当的工作，其中包括：委托专业会计师事务所对1993—1996年的财务决算进行公证审计，报请财政部批准保证债券到期以三峡基金优先偿还本次债券本息，申请三峡债券挂牌上市，组织承销团报销债券，努力降低债券融资成本等。在发行过程中，还进行了一系列的宣传促销活动，通过报纸、电视、广播等多种新闻媒体介绍三峡总公司，宣传三峡工程建设进展，对三峡总公司的性质、任务、发展规划、资金流程及未来财务收益进行全面介绍，这种宣传促销活动本身就是树立企业形象的行为。而且债券挂牌上市后，根据证交所规定，每半年必须公开披露一次发行人的财务状况、所筹资金的用途、工程建设进展，以及涉及发行人的重大人事变动、收购、兼并、改组等重要事项。企业形象几乎每天都面对广大社会公众。在债券期满时还需要发布兑付公告。所有的这些活动都将企业形象树立于公众面前，让企业接受社会公众的监督。随着三峡工程建设的不断进展，三峡总公司的社会形象将日益深入，对今后在市场上滚动融资，促进总公司进一步发展极为有利②。三峡总公司新闻宣传中心针对1996年三峡债券的发行精心组织中央电视台、中国日报社、新华社等20多家新闻单位，广泛与北京、上海等新闻单位联系，发稿30余

① 胡伯枝，张松林，杨亚，朱建军.浅谈'96三峡债券的意义[J].中国三峡建设，1997(3).

② 胡伯枝，张松林，杨亚，朱建军.浅谈'96三峡债券的意义[J].中国三峡建设，1997(3).

篇,产生了极大影响。10亿元的债券一周之内即销售一空。从销售成绩来看,三峡公司的相关公共关系传播实现了其经济方面的目标;在公众态度方面,经过问卷调查显示多数人态度趋向认同。有受访者评价:“01、02、03,三峡债券发行量很多期。对于债券的购买者来说,收益率是固定的,还算不错吧。对于融资方来说,扩大了融资,应该也获得了不错的效果。”在访谈过程中也发现有部分受访者对该项陈述的态度打分在3分以下,虽然他们并未对此说明具体原因,但可以发现受访者对三峡债券的态度受到其对三峡工程整体态度的影响。三峡债券的发行,有利于树立三峡总公司的企业形象,宣传三峡工程建设进展。

行为金融理论认为,投资者情绪(Investor Sentiment)代表投机的倾向,可以驱动投机性投资的相对需求[①]。可定义为对股票的总体乐观或悲观[②]。据此理论,通过调查结果显示,大部分公众对三峡债券的发行持有总体乐观的投资者情绪,这种总体乐观的情绪与三峡债券的两个方面紧密相关:一是三峡总公司的企业形象,毋庸置疑的是,公共关系策略是提升企业形象的有效途径;二是三峡债券的准国债性质,三峡债券属企业债券。企业债券作为一种以法律和信用为基础的企业法人借款凭证,具有法律约束力,受法律保护,受信用制约。对发行人来说,企业债券是一种面向市场、面向广大社会公众的融资手段,对债券购买者来说,则是一种可靠的投资工具。所有的投资都存在风险,债券也不例外,即存在借款人无法偿还的风险。但三峡债券事实上由公共部门债券构成、由中央政府机构直接发行和由财政资金担保,投资者合乎逻辑地把三峡债券当作政府发行的、无违约风险的准国债,任何人都坚信政府会像对待国债一样履行偿债义务,这也是1996三峡债券一上市就受到投资者热烈欢迎的原因。在各国的金融市场上,公共部门债券和企业债券分属不同的市场有着其内在的逻辑缘由。在我国,过去二者混杂在“企业债券市场”名义下有着复杂的传统体制背景。今后二者必须分开,只有“鸠鹊分巢”,才能形成真正的企业债券市场,使市场机制在债务资金配置方面发挥基础性作用[③]。尤其是

---

① BAKER M, WURGLER J. Investor Sentiment and The Cross Section of Stock Returns[J]. The Journal of Finance, 2006, 61(4): 1645-1680.

② BROWN G W, CLIFF M T. Investor Sentiment and The Near-term Stock Market[J]. Journal of Empirical Finance, 2004(11): 1-27.

③ 程选. 我国企业债券发展主要问题探析[J]. 中国金融, 2003(13).

2009年9月27日，经国务院批准，中国长江三峡工程开发总公司正式更名为“中国长江三峡集团公司”，标志着三峡工程建设时代向“后三峡”时代的过度，这就预示着在“后三峡”时代，三峡集团公司在融资方面需要更具市场意识，制定出市场化的融资策略。并且，随着我国金融市场的规范和与国际接轨，一些企业债券的准国债性质会逐渐被淡化，而企业形象传播在企业融资中的作用就显得更为重要。

总的来说，在三峡一期阶段三峡债券的发行过程当中，三峡专属媒体的公共关系传播取得了良好的经济效益和社会效益，大多数受众对“三峡债券收益评价”的态度显著偏向正面。研究发现，三峡公司在公共关系传播中对公司基本面情况的信息传播，形成了投资者信心中一部分。有实证研究得出对投资者决策影响程度最大的因素是：国家政策、庄家、国内外政治经济形势和公司基本面情况[①]。因此，三峡公司在对三峡债券议题的公共关系组织和传播中，应注重对公司基本面情况的传播，一方面传播面尽可能的广，覆盖潜在投资者；另一方面在传播的点上传播的信息尽可能全面详尽。

(5) 关于“文物保护措施”和“新景观旅游价值”的受众态度显著高于中立水平，态度偏向“比较同意”。

如表2-16所示，关于“文物保护措施”陈述的受众态度均值为3.5543，关于“新景观旅游价值”陈述的受众态度均值为3.6857，与“中立”(3分)相比，$P=0.000<0.05$，表明受访者对“文物保护措施”和“新景观旅游价值”的态度显著高于中立水平，态度偏向“比较同意”。关于“文物保护措施”问题的受众态度均值低于受访者一期整体态度均值3.6702，关于“新景观旅游价值”问题的受众态度均值略高于受访者一期整体态度均值3.6702，但在与二者比较的T检验结果中显示对“文物保护措施”和“新景观旅游价值”陈述的受众态度与一期整体受众态度无显著差异。

表2-16 陈述——所属议题对照 & 受众态度T检验

问卷陈述	5.通过搬迁重建，复制另造等措施，有效保护了淹没区珍贵文物	6.高耸的大坝、人工瀑布、高峡平湖等新景观具有很高的观赏价值，将增加三峡景区旅游景观的丰富性

① 王垒，郑小平，施俊琦，刘力.中国证券投资者的投资行为与个性特征[J].心理科学，2003,26(1).

续表

<table>
<tr><td colspan="2">涉及的问题</td><td>文物保护措施</td><td>新景观旅游价值</td></tr>
<tr><td colspan="2">所属议题</td><td>文物保护</td><td>旅游</td></tr>
<tr><td colspan="2">所属议题在一期文献中的规模</td><td>2.2%</td><td>3.1%</td></tr>
<tr><td colspan="2">所属议题占一期文献比例排名</td><td>13</td><td>11</td></tr>
<tr><td rowspan="2">检验值=3</td><td>均值</td><td>3.5543</td><td>3.6857</td></tr>
<tr><td>显著性水平(双侧)</td><td>0.000</td><td>0.000</td></tr>
</table>

“文物保护措施”和“新景观旅游价值”分属于一期文献资料中的“文物保护”议题和“旅游”议题。“文物保护”和“旅游”议题的报道规模在一期文献中比重很小,说明媒体对这两类议题的关注度不高,在公众访谈过程中,文物保护、生态环境、三峡电站安全等几个问题频繁出现在受访者担心和焦虑的话语里。

媒体对三峡工程涉及的文物保护方面的报道有:1994 年,《四川日报》的“抢救三峡文物进入实施阶段……”,《文汇报》的“三峡考古硕果累累,巴东境内地下文物达 128 处”等;[①]1995 年《四川日报》6 月 9 日刊载的《我省三峡库区文物保护规划工作圆满完成》,人民日报 8 月 16 日刊载的《绝地大抢救——国家着手保护三峡淹没区文物》,《新华每日电讯》3 月 6 日刊登的《三峡巫山武戏淹没区考古获重大进展》等。在同年 11 月 4 日《安徽日报》所刊载的《三峡文物移向何处》报道:“地面文物保护主要是从就地保护、搬迁保护、取齐资料这三方面来进行”;“通过这些措施,极大可能在现有条件下,使白鹤梁枯水题刻,万县钟楼得到就地保护;张飞庙、屈原祠及两岸大批的石刻、题记、石窟造像等得到搬迁保护。对古栈道、纤道等采取绘图、拓片、录像方式保留下来。”[②]这些媒体对文物保护的实际举措的报道造成部分公众对文物保护方面的正面态度,如有公众认为:“三峡总公司承担文物搬迁、保护的主体工作,采取了很多方法在减少损失,白梁河水底建起了钢筋保护水底文物。”但同时也客观地指出“但多少还是会有些损失的”。

对于三峡工程所带来的部分自然景观的消失,以及大坝新景观的产生,这是一个客观事实。围绕这个事实,三峡旅游这个话题在 1996 年成为媒体报道

① 中国长江三峡集团公司.1995 年中国三峡建设年鉴[Z].宜昌:中国三峡建设年鉴,1995:277.

② 中国长江三峡集团公司.1996 年中国三峡建设年鉴[Z].宜昌:中国三峡建设年鉴,1996:260.

的一个热点。针对一些旅游业主在1997年大江截流之前造势炒作“告别三峡游”导致三峡旅游暴热的现象，《人民日报》、《工人日报》、《经济参考报》、《华商时报》、《湖北日报》等媒体都撰文对此进行了批评、指正，以科学的依据证实三峡工程对三峡地区的自然风光影响不大；到三峡工程建成之时，长江三峡将会增加新的景点；同时，三峡工程本身也将成为一个巨大的人文景观。① 在访谈过程中，多数受访者能够对此抱有客观的态度。如有受访者说“三峡工程是全世界最大水利枢纽工程。印象十分不错，而且在三峡工程的前后有十分不同的风光，给人不同的感受”，还有受访者表示肯定三峡新景观的旅游价值：“我认为新景观更加促进了三峡旅游的发展。比如工商银行总行的同志凡是从北京到武汉出差的，都要专程游大坝和三峡景区，由此可见，三峡的客流量上去了。”由此可见，媒体对三峡旅游景观的相关报道不仅能够创造良好的舆论环境，而且有利于三峡旅游业的发展。

文物保护、新景观旅游价值这两个议题本身在客观上存在着很明显的正、负两面意义。比如说文物保护，三峡总公司采取了各种措施积极应对，但是由于各种条件所限，不可避免的有部分文物保护工作不能达到理想状态；对于三峡旅游新景观和旧景观的争议，也是一个不可能有论断的问题。在访谈中，大多数受访者对此态度偏向正面，教育程度低的虽然有疑虑，但媒介接触单一而传统，尽管有疑虑也会表示相信国家；而教育程度高的大多会进行理性的思考，做出较为客观的判断。

总的来说，大多数受众对“文物保护措施”和“新景观旅游价值”这两方面的态度显著倾向正面。研究发现，三峡公司在对这两个明显具有争议的议题进行公共关系传播活动时，在内容的结构方面积极使用了传播技巧，不仅强调内容的“一面理”，更强调“两面理”，因而在传播中达到了良好的劝服效果。一般来说，对于争议性的议题，受众往往有某种预存态度或心理预存立场。受众态度或心理预存立场，即受众是以怎样的态度和立场来对待传播媒介以及传播内容，是影响传播效果的重要变量之一，在某些条件下，这些变量促进媒介与大众之间的沟通，而在另外一些条件下，它们有可能产生阻碍作用。在1945年霍夫兰为首的心理学家在美国士兵中以实验法比较“一面理”与“两面理”的传播效果的研究中，实验结果表明：“一面理”对原先赞同此信息者非常有效，

① 中国长江三峡集团公司. 1997年中国三峡建设年鉴[Z]. 宜昌：中国三峡建设年鉴，1997：226.

而“两面理”则对原先反对此信息者非常有效。“根据我国受众目前的实际水平，在多数情况下媒体宣传还是采用两面说策略为好。如今广大人民群众的思辨能力有了普遍提高，思维方式也发生了根本性的变化”①。因此，三峡公司以后在对具有争议性的议题进行公共关系传播时，为了取得更好的劝服效果，应该更多地组织正反两方面的平衡报道和意见。

3. 结论

三峡公司在对“工程技术交流”议题的公共关系传播中有效发挥了意见领袖的作用，大众媒介传播效果叠加人际传播效果，因而在该议题的公共关系组织和传播上达到了较好的效果。在针对专业性较强的相关议题的公共关系组织和传播方面，三峡公司在组织大众媒体参与的同时，还应积极发挥人际传播的作用，大众媒体效果叠加人际传播效果，更有利于公共关系传播目标的实现。

三峡公司在“一期工程进展”重大事件的公共关系传播中，注重组织大众媒体进行正面的集中报道，大众媒介传播的公开性和广泛性，能够强化受众对事件的正面理解。在对重大事件相关议题的公共关系组织和传播方面，三峡公司要积极组织和利用大众媒体的力量，改变公众的负面态度，强化公众的正面印象。在移民政策贯彻相关议题的组织和传播活动中，与政府议程相结合，对受众态度形成积极的影响。研究表明，三峡公司在对移民等社会性议题的组织和传播中，不仅要遵循新闻的及时性原则、在报道内容的写作上注重全面性，以及在传播过程中把握好信息量的度，同时，还应体现出以人为本的人本主义关怀。

三峡公司对于“水质污染”相关议题的公共关系组织和传播过程中，在讯息的内容方面使用了负面诉求，引起受众对解决负面问题的关注，并指出解决方案，促进了传播效果。因此，三峡公司在对问题解决型议题的公共关系组织和传播中，应该适当使用情绪诉求的技巧，已达到更好的传播效果。

三峡公司的公共关系传播活动对受众认知造成的影响，是影响投资者对三峡债券的态度和投资决策的重要因素。三峡公司在对三峡债券议题的公共关系组织和传播中，应注重对公司基本面的传播，一方面传播面尽可能广，覆盖显在和潜在的投资者；另一方面在传播的点上信息尽可能全面详尽。

① 刘京林. 大众传播心理学[M]. 北京：北京广播学院出版社，1997：198.

三峡公司在对“文物保护措施”和“新景观旅游价值”这两个明显具有争议的议题进行公共关系传播活动时，在内容的结构方面积极使用了传播技巧，不仅强调内容的“一面理”，更强调“两面理”，因而在传播中达到了良好的劝服效果。因此，三峡公司以后在对具有争议性的议题进行公共关系传播时，为了取得更好的劝服效果，应该更多地组织正反两方面的平衡报道和意见。

三、一期工程受众态度影响因素

通过使用SPSS软件对人口统计变量、媒介接触习惯的诸多因素与受众态度进行统计分析，以了解影响一期工程受众态度的主要因素。

1. 人口统计变量影响受众态度

性别、年龄、学历、职业、收入、是否宜昌本地人等这些因素对受众态度无显著影响；市县区分、样本与三峡的关系与受众态度有显著相关性：县级市、地级市、省级或直辖市的受众态度正面程度逐渐降低，受访者与三峡的关系越紧密，其态度越倾向正面。

通过对性别、年龄、学历、职业、收入、是否宜昌本地人、市县分区、样本与三峡的关系这8个人口统计变量与一期受众态度进行相关性分析研究发现，年龄、学历、职业、收入、是否宜昌本地人等这些因素与受众态度无显著相关性（$P>0.05$）；而受众所在的市县区分与受众态度呈现显著正相关性（$P=0.017<0.05$）。在SPSS数据库中，来自县级市赋分为1、来自地级市赋分为2、来自省级或直辖市级赋分为3，得分越高的受众对一期整体态度的分越高，也就是态度越正面。也就是说，县级市受众的态度正面程度最高、地级市的受众次之、省级或直辖市级的受众最次。此外还发现，如表2-17所示，样本与三峡的关系和受众态度之间也具有显著相关性（$P=0.041<0.05$）。在数据库中，样本与三峡的关系赋分从1～4其紧密程度逐渐降低，也就是说，受访者与三峡的关系越紧密，其态度越倾向正面。

表2-17 人口统计因素与受众态度相关性分析（交叉表）（*表示$P<0.05$）

人口统计变量 \ 一期态度	Pearson相关系数	显著性水平（双侧）	样本量N
性别	−0.067	0.375	175
是否宜昌人	0.111	0.144	174

续表

人口统计变量 \ 一期态度	Pearson 相关系数	显著性水平(双侧)	样本量 N
市县区分	0.180 *	0.017	174
年龄	0.062	0.419	174
学历	−0.081	0.288	175
职业	0.089	0.242	175
收入	−0.059	0.442	174
样本与三峡的关系	−0.155 *	0.041	175

以上研究发现验证了研究假设 7①,部分验证了研究假设 2②,即居住在县乡的受众比居住在一级城市、次级城市的受众认知度与认同度高,但是受众是否居住宜昌本地同与其态度的相关性假设没有得到验证。并且,关于性别、年龄、职业、学历、收入这 5 个变量影响受众态度的研究假设在本次研究中也没有得到验证。

以上研究发现在一定程度上说明,三峡专属媒体的公共关系传播在中小城市的效果较好,而在大城市范围的传播效果较差。可能中小城市居民平均文化程度低于大城市平均文化程度被认为是造成大城市范围内传播效果不好的原因,但在本次研究中,学历并非是显著影响效果的因素。三峡工程作为一项举国大工程,其影响面、辐射面应该是全国性的。问卷调查显示出的在大城市范围传播的较差效果,反映出与此不符的矛盾。由此可以思考,三峡专属媒体在组织报道和策划公共关系活动时,在大城市范围内推广渗透不足可能是造成大城市范围内传播效果不好的原因之一。

2. 媒介接触习惯影响受众态度

媒介使用时间、是否接触专属媒体、受众心中以哪种媒介为最可信、媒介使用动机这些因素对受众态度无显著影响;受众以哪种渠道为主要信息来源、对专属媒体的参与程度、对三峡新闻的关注与否等因素与受众态度之间具有

① 研究假设 7:受众与三峡工程关系影响对三峡工程的认同度,三峡总公司员工比非员工对三峡工程认知度与认同度高;有亲朋为三峡总公司员工比无亲朋为三峡总公司员工的受众对三峡工程认知度与认同度高。

② 研究假设 2:受众的居住地影响对三峡工程的认同度,宜昌本地受众比非宜昌本地受众对三峡工程认知度与认同度高;居住在县乡的受众比居住在一级城市、次级城市的受众认知度与认同度高。

显著相关性：以电视为最主要信息来源的受众态度最为正面、其次是以聊天为最主要信息来源的受众，以网络为最主要信息来源的受众态度最为负面；受众对专属媒体的参与程度越高，态度越趋向正面，并且关注三峡相关新闻的受众比不关注的受众对三峡工程态度显著正面。

通过对受众主要信息来源渠道、每天使用媒介的平均时间、受众心中的主要可信媒介、使用媒介的主要动机、是否接触专属媒体、对专属媒体的参与程度、是否关注三峡工程有关新闻等这7个有关媒介接触习惯的变量与一期受众态度进行相关性分析和一元方差分析，有以下几个研究发现：

信息来源渠道与受众态度具有显著相关性（$P=0.011<0.05$）。其中，以电视为主要信息来源渠道的受众态度最为正面，而以网络为主要信息来源的受众态度正面的程度最低，此研究发现部分验证了研究假设8[①]。而研究假设8提出的"以人际传播为主要信息来源的受众其正面态度低于以大众传播媒体为信源的受众"在这里没有得到验证，反而发现以"聊天"这一人际传播渠道为主要信息来源的受众正面态度较以广播、报纸杂志等传统媒介为主要信息来源的受众正面态度高（见表2-18）。

表2-18　第一信息来源渠道与受众态度相关性分析[②]

	第一信息来源渠道	均值	标准误
一期总分	电视	3.2976	0.13559
	网络	4.0571	0.40305
	广播	3.8367	0.16297
	报纸、杂志	3.8201	0.08547
	聊天	3.5082	0.08179

在研究中还发现，三峡工程的二、三期阶段，第一信息来源渠道所对应的态度均值大小排序与一期阶段是完全一致的，从而进一步证明了聊天这一信息渠道在三峡公共关系传播活动中的重要性。这就提示，在三峡的公共关系

① 研究假设8：信息来源渠道影响受众态度，以电视、报纸等传统媒体为主要信息来源的受众比以网络为主要信息来源的受众态度更为正面；以人际传播为主要信息来源的受众其正面态度低于以大众传播媒体为信源的受众。

② 在本次研究的数据库编码中，信息来源渠道变量的定义是从1～3其重要性逐渐降低，而对受众态度变量的定义是从1～5正面程度逐渐增加，因此，此表中的均值与受众态度的正面程度呈现反向的关系，即均值越小，代表受众的态度越正面。

传播活动中，人际传播方式是大众传播方式的必要补充，在重视组织大众媒介传播的同时，不应该忽视人际传播在传播效果中的积极作用。另外，媒介接触习惯的统计数据显示，网络是受众的第一信息来源渠道，而以网络为第一信息来源渠道的受众态度最为负面，由此提示，三峡公司在今后的公共关系传播活动中，应该要特别重视网络舆论的引导。

受众心目中认为哪种媒介最可信、媒介使用动机、每天使用媒介的平均时间、受众是否接触专属媒体对受众态度无显著影响（$P>0.05$），但是专属媒体的参与程度、是否关注三峡相关新闻与受众态度呈现显著的正相关关系（$P\leqslant 0.05$），如表 2-19 所示，也就是说，受众对专属媒体的参与程度越高，态度越趋向正面；对三峡工程相关新闻关注的受众比不关注的受众显著正面。

表 2-19 媒介接触习惯与受众态度相关性分析 2（交叉表）（* * 表示 $P<0.01$）

		是否接触专属媒体	参与程度	是否关注三峡相关新闻	每天使用媒介的平均时间
一期总分	Pearson 相关系数	0.128	0.319 * *	0.227	−0.033
	显著性水平（双侧）	0.091	0.000	0.003	0.672
	N	175	175	175	170

此研究发现，并没能够验证研究假设 9、研究假设 10 和研究假设 11[①]，即媒介使用时间对受众态度影响不大；不管是受众认为传统媒体更可信、还是认为网络更可信，其对三峡工程的认知度与认同度都没有显著影响；并且受众使用媒介来满足自己的何种需要，这也对其态度的影响没有显著差异。但该研究验证了研究假设 13[②]、部分验证了研究假设 12[③]，如表 2-20 所示（显著性水平小于 0.05，则表明假设被显著支持，反之，则表明不被显著支持）。

① 研究假设 9：媒介使用时间影响受众态度，受众平均每天使用各种媒介的时间越长，其对三峡工程的认知度与认同度越高。研究假设 10：媒介可信度影响受众态度，认为传统媒体更可信的受众比认为网络更可信的受众对三峡工程的认知度与认同度高。研究假设 11：媒介使用动机影响受众态度，以获得新闻资讯、获得工作/学习信息为主要媒介使用目的的受众比以获得个人生活信息、娱乐、人际交往为主要目的的受众对三峡工程的认知度与认同度高。

② 研究假设 13：是否关注三峡工程相关新闻影响受众态度，关注三峡工程相关新闻比不关注者认知度与认同度高。

③ 研究假设 12：是否接触/参与三峡专属媒体影响受众态度，接触过三峡专属媒体比没有接触过的受众对三峡工程认知度与认同度高；对三峡专属媒体接触越多、参与程度越高，受众认知度与认同度越高。

表 2-20　研究假设显著性水平检验表

研究假设	显著性水平
研究假设 1:受众的性别影响对三峡工程的认同度,男性对三峡工程的认同度比女性高	0.375
研究假设 2:受众的居住地影响对三峡工程的认同度,宜昌本地受众比非宜昌本地受众对三峡工程认同度高;居住在县乡的受众比居住在一级城市、次级城市的受众认同度高	0.144(是否宜昌) 0.017(市县区分)
研究假设 3:受众的年龄影响对三峡工程的认同度,受众对三峡工程认知与态度与其年龄相关,例如年龄越大态度越趋向正面	0.419
研究假设 4:受众的学历影响对三峡工程的认同度,学历越高,对三峡工程认同度越高	0.288
研究假设 5:受众的职业影响对三峡工程的认同度,不同职业(不同社会角色或地位)的受众对三峡工程的态度存在差别,例如党政机关公务员比农林牧副渔业者对三峡工程认同度要高	0.242
研究假设 6:受众的收入影响对三峡工程的认同度,收入越高,对三峡工程认同度越高	0.442
研究假设 7:受众与三峡工程关系影响对三峡工程的认同度,三峡总公司员工比非员工对三峡工程认同度高;有亲朋为三峡总公司员工比无亲朋为三峡总公司员工的受众对三峡工程认同度高	0.041
研究假设 8:信息来源渠道影响受众态度,以电视、报纸等传统媒体为主要信息来源的受众比以网络为主要信息来源的受众态度更为正面;以人际传播为主要信息来源的受众其正面态度低于以大众传播媒体为信源的受众	0.011
研究假设 9:媒介使用时间影响受众态度,受众平均每天使用各种媒介的时间越长,其对三峡工程的认同度越高	0.672
研究假设 10:媒介可信度影响受众态度,认为传统媒体更可信的受众比认为网络更可信的受众对三峡工程的认同度高	0.126
研究假设 11:媒介使用动机影响受众态度,以获得新闻资讯、获得工作/学习信息为主要媒介使用目的的受众比以获得个人生活信息、娱乐、人际交往为主要目的的受众对三峡工程的认同度高	0.137

续表

研究假设	显著性水平
研究假设12:是否接触/参与三峡专属媒体影响受众态度,接触过三峡专属媒体比没有接触过的受众对三峡工程认同度高;对三峡专属媒体接触越多、参与程度越高,受众认同度越高	0.000(是否参与) 0.091(是否接触)
研究假设13:是否关注三峡工程相关新闻影响受众态度,关注三峡工程相关新闻比不关注者认同度高	0.003

因为传播对象与传播者地位是可以互换的,让传播对象扮演传播者的角色,参与传播活动,他们卷入的程度越深,对自己所传播观点的感受也就越深,对这一观点的信奉也就越坚定[①]。这就提示,三峡专属媒体在组织公共关系活动时,在内容和形式上要注重策划提高受众参与度的环节,而不仅仅把活动局限在企业内部、相关单位内部或者行业内部。

3. 结论及建议

研究发现,影响一期受众态度的主要因素有:①市县区分;②样本与三峡的关系;③受众主要信息来源渠道;④对专属媒体的参与程度;⑤对三峡新闻的关注与否。

其中,县级市、地级市、省级或直辖市级的受众态度正面程度逐渐降低;受访者与三峡的关系越紧密,其态度越倾向正面;以电视为最主要信息来源的受众态度最为正面、其次是以聊天为最主要信息来源的受众,以网络为最主要信息来源的受众态度最负面;受众对专属媒体的参与程度越高,态度越趋向正面,并且关注三峡相关新闻的受众比不关注的受众对三峡工程态度显著正面。

研究还发现:性别、年龄、学历、职业、收入、是否宜昌人、媒介使用时间、是否接触专属媒体、受众心中以哪种媒介为最可信、媒介使用动机等这些因素不是影响受众对三峡一期工程态度的主要因素。

因此,三峡专属媒体要注意尽可能组织覆盖面广的媒体(涵盖中央级、省级、市级等,特别是中央级、省级媒体),扩大信息传播的广度,通过重点组织市县级媒体报道增加信息传播的深度,特别是对于一些重大、热点事件。如1993的中国长江三峡工程开发总公司正式挂牌成立,1994年的三峡工程开工,在1995年的三峡工程技术国际研讨会的召开和三峡水库移民时间表的排出等。

① 申凡,戚海龙.当代传播学[M].武汉:华中科技大学出版社,2004:182.

到1996年，在工程建设、移民、生态环境、自然景观、文物保护等方面都有更多的热点事件或话题。

强化组织传统媒体报道和网络媒体报道齐头并进。三峡专属媒体是小众媒体，从问卷调查的结果来看，很多受访者根本没有接触到三峡专属媒体，因此，三峡专属媒体必须借助社会媒体传播信息，而且在访谈中也发现传统媒体，特别是电视媒体的传播效果比较好，尤其是权威的媒体，如中央电视台等。三峡专属媒体在构建外部新闻网络时，应该加强与权威传统媒体的交流和沟通。另一方面，网络媒体是网民发表意见的一个公共平台，许多负面言论可能不会在传统媒体上大量出现，但是在网络上发表是可行的，而且随着网民数量的增加，网络是影响受众认知的一个重要媒介，三峡专属媒体在今后的公共关系传播活动中，应当积极利用专属网站这个平台，合理地引导网民舆论，进而影响受众的认知。

以大众传播为主，人际传播为辅的原则来制定公共关系传播策略。在研究中发现，大众传播的效果尽管不错，但并不能说总是高于人际传播的影响。其中，专业媒体直接影响到的是专业人士，但这些专业人士作为舆论领袖在信息传播中的作用同样不容忽视。这也可从信源和效果的关系上来说明，信源越具权威性、专业性，可信度越高。因此，在今后的公共关系传播活动中，三峡公司应合理组织大众传播和人际传播，使二者的传播效果形成合力。

三峡专属媒体公共关系活动的组织应增加公众的参与度。在信息传播过程中，传播对象原有的信念强度对传播效果具有影响，人的信念强度主要受四种因素的影响：事实的既成程度，声明的公开程度，对信息选择的自由程度，对信息传播的参与程度①。其中，传播对象参与传播活动，扮演的是传播者的角色，卷入程度越深，对自己所传播的观点也就越信奉。

《中国三峡建设》杂志作为行业杂志，应该在技术传播的道路上更加广泛和深入。《中国三峡建设》杂志以“宣传三峡工程，服务三峡移民”为己任，全方位报道三峡工程建设进展和重要科技成果，系统推介中国七大江河流域文明和水电建设成就，评介国际水资源开发和水利水电工程的成败得失。在三峡工程一期阶段，《中国三峡建设》杂志是期刊文献的最主要来源。伴随着“后三峡时代”的到来，网络媒体的普及，公众获取信息渠道日益多样，对问题的思考

① 申凡，戚海龙．当代传播学[M]．武汉：华中科技大学出版社，2004：181.

也更加理性,《中国三峡建设》杂志能走多远,就在于它能否在增大信息量、扩大传播范围,以及受众对信息需求变化等方面做出更多考虑,唯此,才能作为行业期刊在国民经济的发展中占有重要的地位,在提升企业形象上发挥更大作用。

第四节 以大众传播为主、人际传播为辅影响受众态度

本章对《三峡工程新闻传播信息库》三峡一期工程时期(1993—1997年)的全部文献资料(共2286篇)进行了内容分析,通过抽样问卷调查和受众深度访谈对三峡一期公共关系传播效果进行评估,得出以下主要结论:

三峡专属媒体的公共关系传播活动根据具体内容可划分为三个方面:新闻传播工作、公共关系活动和国际交流中的传播活动。其中,新闻传播工作具体又包括构建内外新闻网络、制作宣传品和出版专属媒体三个方面。一期工程处于三峡工程的起始阶段,公共关系传播活动的内容和形式主要放在致力于构建各种关系网络、积极推进三峡工程建设上。

在文献来源的媒体类型中,期刊占43%,比例最大;在期刊文献中,最多来自于《中国三峡建设》杂志(占14.9%,属于三峡专属媒体),其次是专业媒体。这说明在对三峡工程一期的报道中,《中国三峡建设》杂志在三峡专属媒体中起主要作用。但同时,专属媒体在三峡工程一期所有文献来源中的比例仍然非常小,社会媒体在规模上为主要传播媒体。由此可见,对于专属媒体来说,设置社会媒体议程,对社会媒体施加影响显得更加重要且有效果。通过对议题分布和引导情况的研究发现,在议题管理和传播上,三峡公司应当对企业文化类议题投入更多的重视,才能充分实现议题管理对于企业发展的功能;企业的议题管理通过对政府、媒体、公众的议程设置来实现,对于每一个具体议题,三峡公司应当积极组织多方力量,多方共同推动该议题的传播与发展。

通过对受众态度的问卷分析得出:三峡一期工程公共关系传播活动具有较好的正面效果,市县区分、样本与三峡的关系、受众主要信息来源渠道、对专属媒体的参与程度和对三峡新闻的关注与否是影响一期受众态度的主要五个因素。我们建议:三峡公司在针对专业性较强的相关议题方面,以大众传播为主、人际传播为辅的原则来制定公共关系传播策略;对重大事件相关议题,要

积极组织和利用大众媒体的力量，尽可能组织覆盖面广的媒体扩大信息传播的广度，重点组织市县级媒体报道增加信息传播的深度；对移民等社会性议题，不仅要遵循新闻的及时性原则、在报道内容的写作上注重全面性，以及在传播过程中把握好信息量的度，同时，还应体现出以人为本的人本主义关怀；在对问题解决型议题的公共关系组织和传播中，应该适当使用情绪诉求的技巧；对三峡债券议题，应注重对公司基本面的传播，一方面传播面尽可能广，覆盖显在和潜在的投资者；另一方面在传播的点上信息尽可能全面详尽；在对具有争议性的议题进行公共关系传播时，应更多地组织正反两方面的平衡报道和意见，并强化组织传统媒体报道和网络媒体报道齐头并进。

第三章

基于民主传播理念的议程设置及铺垫效果
——三峡二期工程公共关系传播效果评估

1998—2003 年是三峡二期工程阶段，施工共 6 年，工程主要任务是修筑二期围堰，左岸大坝的电站设施建设及机组安装，同时继续进行并完成永久特级船闸、升船机的施工，以实现水库初期蓄水、第一批机组发电和永久船闸通航为标志。

随着三峡工程进入二期阶段，三峡总公司及其新闻宣传中心紧紧围绕二期工程建设的新形势、新特点不断建构和完善三峡专属新闻传播体系，加大与社会媒体的联系与合作，扩大三峡工程新闻报道规模和强度，并增强内外部公共关系活动。

本章对三峡二期工程时期三峡总公司及其专属媒体组织的包括新闻传播活动和内外部公共关系活动在内的公共关系传播活动进行过程和结果评估，既包括媒介信息评估，即考察三峡专属媒体设置了哪些议题及其报道强度、显著性程度如何；更重要的是测量受众对三峡工程认知和态度的改变，即明确三峡专属媒体的议程设置对受众关于三峡工程的态度的形成与改变的影响。

过程评估主要依据对《三峡工程建设年鉴(1999—2004 年)卷》和《三峡工程新闻传播信息数据库》二期工程数据的内容分析，包括“三峡二期工程公共关系传播特点”、“三峡二期工程媒介报道内容分析”两部分；结果评估则依据问卷调查和深度访谈所得出的受众对二期工程热点事件的认知与态度，即“三峡二期工程公共关系传播受众态度分析”部分。

基于议程设置理论，本章重点考察媒体对三峡二期工程各个议题的报道是否对公众起到了议程设置及铺垫作用——如果议程设置和铺垫效果正确，我们将发现，媒体对三峡工程某一议题报道得越多(某一议题更容易获得)，公众就会认为该议题越重要，且在对三峡工程进行整体评价时，会更多地把这一问题考虑其中。我们假设，媒体是否报道三峡工程某个问题、报道多少，会影响人们对三峡工程整体评价，看到这些新闻的人会把三峡工程在该问题上的表现放在一个重要位置。例如，当媒体通过重点报道三峡防洪问题做铺垫时，公众会主要根据三峡工程在防洪问题上的表现（防洪效益）来评价工程成败；当受到三峡移民新闻的铺垫作用时，公众会主要根据政府是否恰当处理移民问题来评价政府的表现，等等。

研究发现，通过三峡专属媒体及社会媒体对三峡工程的议题构建和对重要议题的凸显和解释，在受众长期接触三峡工程新闻报道的情况下，总体上三峡工程公共关系传播呈现出了议程设置效果进而出现铺垫效果，即达到了如防洪、航运、生态环境、移民等媒体特定议题可被受众认知、记忆、主动提起，进而当作三峡工程评判标准的理想状态。这是三峡专属媒体和社会媒体长期进行议程设置及受众自身对三峡工程认知积累的结果，且直接受受众对三峡工程及其新闻卷入度高低的影响。然而与此同时，在如“移民”、“生态环境”、“工程质量”等对普通公众来说不确定性较大的议题上，虽然媒体报道强度大，但往往只展示工作成果而较少关注其中存在的问题——而这才正是公众所真正关心的内容；公众不仅对连篇累牍的正面鼓吹产生反感和“审美疲劳”，甚至对其持质疑态度，致使“移民”、“生态环境”成为公众评判三峡工程之“弊”的标准之一，这与媒体设置议题的初衷背道而驰。

鉴于此，要在三峡工程公共关系传播中达成良好的议程设置和铺垫效果，就要考虑受众的导向需求及接受心理，增加对受众的调查研究，使三峡工程议题传播与受众需求相契合；从根本上讲，就是要培养三峡工程公共关系传播者的民主传播观念和素养，努力实现传者与受众之间的平等沟通、双向互动，这正是本章的意义所在。

第一节　理论框架及研究方法

一、理论基础

（一）议程设置理论

议程设置理论是传播效果研究中“新强效果理论”的代表之一，其作为一种理论假说，最早见于美国传播学家麦库姆斯和肖(McCombs M E & Shaw D L)1972 年在《舆论季刊》上发表的一篇论文——《大众传播的议程设置功能》。麦库姆斯和肖提出，媒体“议程设置”有两个进程：一是议题的显著度从媒体向公众的传播过程，这是一个外显的过程；二是公众不断接受媒体传播信息的过程，这是一个内隐的过程。在媒体和公众议题之间存在一种因果关系，即新闻媒体的优先议题会成为公众的优先议题，媒体的信息会潜移默化地影响受众把某些新闻列为重点。

大众传播的“议程设置”效果主要有 3 种机制：

第一种机制是“知觉模式”，也叫“0/1 效果模式”，即大众传媒报道或不报道某个议题，会影响到公众对该议题的感知。

第二种机制是“显著性模式”，也叫“0/1/2 效果模式”，即媒介对少数议题的突出强调，会引起公众对这些议题的重现。

第三种机制是“优先顺序模式”，也叫“0/1/2…N 效果模式”，即媒介对一系列议题按照一定的优先顺序所给予的不同程度的报道，会影响公众对这些议题重要性顺序所做的判断。

一般认为，大众传播媒介主要是通过这 3 种机制来设置议程的。而且从“感知”到“重视”再到为一系列议题按其重要程度排出“优先顺序”，这是一个影响和效果依次积累的过程，越往后效果越大，影响也越深刻。议程设置理论告诉人们，就物理视野和活动范围有限的一般人而论，这种关于当前大事及其重要性的认识和判断，通常来自于大众传播，大众传播媒介不仅是重要的信息源，而且是重要的影响源①。

(二) 铺垫效果

议程设置的研究至今走过了近 40 个年头，已然成为传播学中一个成果丰富的领域。在这一理论的发展过程中，出现过几个关键的理论突破，其中艾英戈与金德(Shanto Iyengar & Donald R Kinder) 1987 年的一项研究——《至关重要的新闻：电视与美国民意》历经时间的考验，显得越来越重要。

如果说在传统议程设置理论的发展上《至关重要的新闻》的独特之处在于引入实验研究方法的话，那么在理论创新方面，该研究最引人注目的是发现了

① 陈先红. 公共关系学原理[M]. 第一版. 武汉：武汉大学出版社，2007：204.

电视新闻的铺垫作用(priming)[①]——艾英戈与金德用实验法验证议程设置理论,结果不但支持了媒介对议题重要性的排序会影响公众对全国性议题重要性的排序这一假设,还发现了在议程设置的过程中,有铺垫效果的存在。铺垫效果假设,当对一个复杂的政治客体(政府、总统、总统候选人的许诺等)进行评价时,公民并不会全面地考虑他们所了解的一切,即使有意识地这么做,他们也难做到这一点。他们的判断只来自于他们的第一感觉,以及突然浮现在他们脑中的政治记忆碎片。媒介对某些议题的强调会进一步影响民众对政府、总统以及候选人的评判标准。艾英戈与金德表示,电视对于美国总统表现的新闻报道,不仅提高了受众对于这些议题的认知,也影响了受众对总统表现的评估。

1. 铺垫效果理论概念及演化

铺垫效果是认知理论中一个比较复杂的概念,费斯克和泰勒(Fiske Susan T & Taylor Shelley E. 1991)认为:“铺垫现象描述了以前的语境对新信息的诠释所造成的影响。[②]”归纳起来,对这一心理机制有几种解释模型:一种是希金斯和金(Higgins & King)提出的激活模型,这一模型认为,如果最近或者持续受到某种信息刺激,这一信息或概念的潜在活力就会非常强大,将对新的信息产生影响;另一种是怀尔和斯鲁(Wyer & Srull)提出的存取模型,认为我们人脑的记忆就像一个个储藏箱,某个信息或概念的使用频率越高,它就会放在我们越容易拿到的地方,也就是位于顶端的箱子,这和我们使用的中文智能输入法的原理类似,经常调用的字词,就会被放到最前面;第三种是科林斯和罗夫托斯(Collins & Loftus)提出的网络模型,认为人类的记忆是一个意义网络,某个刺激会与相关的信息和概念建立联系,看上去就像电流传导一样,在一定时期内影响其他的信息朝着同样的方向发展,产生相同的意义[③]。

和认知心理学中另一个理论——图式(schemas)相比,铺垫理论与之有许多相同之处。图式也涉及过去经验对当前新刺激的影响,但图式是一个比较抽象的认知结构和认知分类,一般来说它会形成对某个客体的原型

① 刘海龙. 议程设置的第二层与媒体政治——从《至关重要的新闻》说起[J]. 国际新闻界,2004(2).

② Susan T Fiske, Shelley E Social Cognition[M]. New York: McGraw-Hill, 1991:257.

③ Willnat L. Agenda setting and Priming :ConcepTual links and differences[M] //McCombs M, Shaw D L, Weaver D. Communication and Democracy : Exploring The intellectual frontiers in Agenda-setting Theory. Mathwah, NJ : Lawrence Erlbaum Associates, 1997.

(prototype),并根据这个原型和期待从新客体中获取信息。而铺垫作用中过去的记忆则比较具体和松散,不会形成一个比较固定和严格的认知结构。

总而言之,如果把人脑信息处理的中间过程看成一个黑箱的话,铺垫效果可以简化为下述模式:如果某人最近接收到了某一信息或者经常接触某一信息,那么这一信息就成为最方便获得的信息,在遇到新信息的刺激时,这些旧信息会努力与新信息建立联系。

艾英戈等人采用了一种简化的处理方法,仅仅研究了铺垫效果的一个方面。他们认为,电视新闻的铺垫效果就是"通过唤起对某些问题的注意,并忽略另外一些问题,影响了观众对政府、总统、政治和公职候选人进行评价的标准"。

艾英戈和金德从西蒙(Simon)的决策理论角度来分析铺垫作用。这一理论认为,人们很难对所有的事情保持专注,其注意力具有高度的选择性。其次,人们在做判断时,一般很难经过全面的分析,而是更喜欢试探的自我教育式(heuristic)分析——比如直觉和常识。试探式分析的一种形式就是依据最容易得到(accessible)的信息做判断。而大众传媒恰好是现代社会中公众最容易获得的信息资源。因此,如果某个观众最近经常看到关于外交方面的报道,那么这个信息在记忆中就会处于活跃状态,成为最容易获得的信息。如果这时恰好要他投票选总统,这一新刺激就会激活他对相关新闻的记忆,他就容易把总统与之联系起来,尽管这种联系可能是无意识的。结果是,在对总统做总体评价时,总统在外交方面的表现就成为一个非常重要的标准,而其他方面就可能被忽略掉。

2. 铺垫效果与议程设置

贝科维茨(Berkowitz)在1984年就把铺垫作用引入传播学研究中,用它来研究信息铺垫对暴力行为的影响[①]。但是把这一认知心理学概念与政治传播和议程设置研究联系在一起始于《至关重要的新闻》。这一理论扩展了媒体效果研究的视野,突破了传统议程设置理论中对媒体效果的认知底线。它实际上属于议程设置研究的第二层(这一概念由麦库姆在1995年提出),即在研究事件的显著性排列的传递过程以外,进一步研究媒介议程对事件属性以及受

① 铺垫效果在暴力行为方面的研究介绍见 Jo E, Berkowitz L. A Priming effect Analysis of Media influences: An update[M]// BryanT J, Zillmann D. Media Effects: Advances in Theory and Research. Hillsdale, NJ: Lawrence Erlbaum Associates, 1994.

众归因的影响，也就是说媒介不仅设置受众对议程的认知，而且研究受众对议程的价值评价。这已经突破了“议程设置”本义中“议程”的涵盖范围，所以研究者也用“框架(framing)”这样的概念来区分这一效果与传统的议程设置的差别。

在描述议程设置理论时，人们常常提到科恩(Cohen)的一个非常形象的论断：报纸远不只是一个信息和意见的提供者。很多时候，它可能并不能成功地告诉人们怎么想，但是在成功地告诉它的读者想什么方面，它却极为出色[①]。在各种传播理论教材里，这句话已经成为议程设置理论的“招牌”。但是铺垫作用所涉及的，已不只是观众对电视新闻议程的重要性认知，还涉及观众对政治候选人的价值判断。也就是说，电视不仅可以成功地告诉人们“想什么”，而且可以成功地告诉人们“怎么想”。

普莱斯和突克斯伯里(Price & Tewksbury)甚至认为，议程设置与铺垫效果有着相同的认知心理机制。如果公众最近受到大众媒体某个议题的铺垫作用，那么在让他判断何为当前最重要的问题时，他会把最容易想到的问题作为首选，这就是我们所说的经典的“议程设置过程”。因此，议程设置实质上有一种特殊的铺垫作用[②]。

当然，从心理模型上来看，议程设置与铺垫作用还是存在一定差别的。议程设置涉及的是公众对有争议问题的重要性的认知，仅仅是判断一系列问题中孰轻孰重。在这一活动中，公众接触的事件与所判断的事件是相同的。公众只要结合自己感知到的媒体报道强度和亲身经验即可判断，是比较表面的心理活动。而艾英戈等人提出的电视铺垫作用则涉及对另一个对象的评价标准。在这个过程中，公众所接触的事件与所判断的客体是不同的，它是一个符号意义的迁移过程。尽管人们在做价值判断时可能追求效率，但仍需要调用信息处理者更深层次的经验与判断。因此，即使这两种理论间存在很多相似之处，它们在心理机制的运行深度和作用对象上是不同的。

与铺垫作用更相近的，恐怕是议程设置的第二层，即框架作用

① 转引自 Iyengar S, Kinder D R. News That Matters: Television and American Opinion[M]. Chicago: University of Chicago Press, 1987: 2.

② Willnat L. Agenda setting and Priming: Conceptual Links and Differences[M]//McCombs M, Shaw D L, Weaver D. Communication and Democracy: Exploring The Intellectual Frontiers in Agenda-setting Theory. Mathwah, NJ: Lawrence Erlbaum Associates, 1997.

(framing)——从心理作用深度来看,铺垫效果与框架效果均超越了经典的议程设置的层次,涉及对事件的价值判断。但是细究起来,二者之间仍有区别。框架效果中媒体所提到的事件与公众所判断的是同一事件;而铺垫效果中媒体提到的事件与要判断的客体却不同,媒体通过影响受众的判断标准,从而影响受众对另一客体的判断。

3. 铺垫理论的发展与挑战

在该研究之后,又有不少新的研究证实了铺垫效果的存在,同时也有一些学者提出了一些理论上的挑战。首先,这一效果的受众观受到质疑。在艾英戈关于铺垫效果的研究中,典型的观众是这样一个人:他很少关心国家大事,对政治冷淡,在做政治决策时总是匆匆忙忙,不会仔细地去分析各方面的情况,仅仅根据昨天电视新闻中给他印象最深的新闻来决定从什么方面来评价政治候选人,决定某个问题应该归谁负责。这一受众观描述了现代人在决策中追求效率的一面,同时也显得过于绝对。因为在涉及某些重大问题时,人们还是会综合各方面的信息进行理性思考,而不全然跟着感觉走。决策者的政治归属、群体归属将影响他的信息依赖途径,当时的心情、社会环境等也会影响他对电视新闻的记忆。总之,观众的信息处理过程并不像上述理论中所说的那么简单。

铺垫作用的不足主要来自于其观众信息处理模式,这是一种单一的记忆模式,针对此,一些研究者提出一些新的信息处理过程模型对其加以改进,比如说在线模型(online model)。该模型认为,观众在处理信息时,不全然依靠过去的记忆来同化这些新信息,同时也会吸收新信息进入记忆,不断对原有的记忆进行升级。这样在对某一客体进行评价时,观众除了从过去的记忆中寻找标准,还会考虑新的信息的合理性,将二者加以综合,而不仅仅是根据从最容易想到的信息得出的标准来做判断①。

其次,铺垫效果是在实验研究的基础上提出,所以基本上研究的是单个问题的铺垫效果。而现实生活中,虽然电视媒体对新闻的处理比较一致,但总会同时出现许多热点问题,这些不同问题加在一起,最后会怎样影响观众的价值判断,是否会像议程设置中的议题那样出现零和博弈?比如说认知心理研究

---

① Willnat L. Agenda setting and Priming :Conceptual Links and Differences[M]//McCombs M,Shaw D L,Weaver D. Communication and Democracy : Exploring The Intellectual Frontiers in Agenda-setting Theory. Mathwah,NJ : Lawrence Erlbaum Associates,1997.

发现，有两个事件，一个被经常强调，而另一个在最近的时间被强调，如果这两者有冲突，一般来说最近强调的会被优先考虑。但从长期来看，经常被强调的又会取胜①。除此以外，在其他的情况下结果又会怎样呢？这些都需要进一步研究。

再次，铺垫效果是在研究电视新闻的影响中发现的，而后续的研究也主要集中在电视媒体。这可能与电视新闻的"热点化"报道方式有关，它总是在短时期内集中热炒某个问题②。而报纸媒体相对而言则在形象性和议题集中上缺乏电视的感染力。但也有一些新的研究提出了不同结论，加拿大学者门德尔松(Mendelsohn)认为由于铺垫效果的关键是信息记忆，因此纸媒体与电视媒体之间在铺垫作用上并无区别③。

最后，从更抽象的层面上来看，议程设置、框架效果和铺垫效果，分别涉及我们对问题的重要性、特征和评判标准的判断，但这只是我们头脑中"世界图像"的冰山一角，离李普曼的命题尚有一定距离。此外，李普曼在《舆论学》中提到，我们对外部世界的建构是一个外部世界被探索、报道和想象(explored, reported and imagined)的过程④，值得注意的是，上述研究对于前两个方面已有涉及，但是对世界的认知最终还需要在受众那里被主动地构建起来，框架和铺垫效果的研究打开了探索之门的一道缝，但是还远远不够。

二、研究框架

本章节基于以上理论，提出如下研究框架(见图 3-1)：

三峡工程的建设问题提起后，通过三峡专属媒体组织一系列的专属媒体报道、组织社会媒体访问报道等公共关系传播活动，构建关于三峡工程的议程，从而影响到国内社会媒体的报道；通过三峡专属媒体和国内社会媒体的报道，凸显三峡工程中最显著的议题并用媒介框架解释该议题，最后形成公众对三峡工程的整体评价与态度倾向。

---

① Susan T. Fiske, Shelley E. Social cognition[M]. New York: McGraw-Hill, 1991: 263.

② 郭庆光. 传播学教程[M]. 北京：中国人民大学出版社，1999: 217.

③ Willnat L. Agenda setting and Priming: Conceptual Links and Differences[M]//McCombs M, Shaw D L, Weaver D. Communication and Democracy: Exploring The Intellectual Frontiers in Agenda-setting Theory. Mathwah, NJ: Lawrence Erlbaum Associates, 1997.

④ Lippmann W. Public Opinion[M]. New York: Macmillan, 1922: 29.

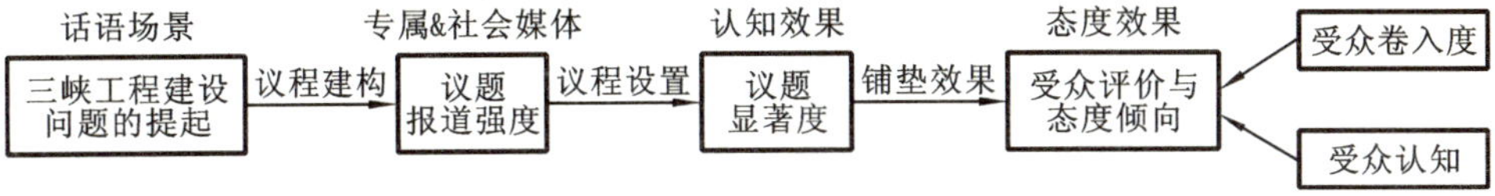

图 3-1　三峡二期工程公共关系传播效果研究框架

然而受众态度的形成并非完全取决于媒体的议程设置及铺垫作用，还受到受众自身积累的对三峡工程认知、受众对三峡工程及其新闻报道卷入度高低的影响。

由此，本章研究假设如下：

研究假设 1：议程设置效果，三峡专属媒体与社会媒体对三峡工程某一议题报道得越多（某一议题更容易获得），公众就会认为该议题越重要（表现为更关注该议题）；

研究假设 2：铺垫效果，媒体对某一议题报道越多，公众在对对三峡工程进行整体评价时，会更多地把这一问题考虑其中——即媒体是否报道三峡工程某个问题、报道多少，会影响人们对三峡工程整体评价，看到这些新闻的人会把三峡工程在该问题上的表现放在一个重要位置；

研究假设 3：受众对三峡工程态度与评价的形成受到其自身积累的对三峡工程的认知的影响，例如中学课本知识；

研究假设 4：受众对三峡工程卷入度越高（为宜昌本地人/三峡公司员工），其评价与态度越趋于正面；

研究假设 5：受众对三峡工程新闻卷入度越高（关注三峡新闻/接触三峡专属媒体），其评价与态度越趋于正面。

三、研究方法

（一）内容分析法

1．三峡年鉴内容提取

根据《中国三峡建设年鉴》（1998—2003 年共 6 卷）提取三峡二期工程公共关系传播活动的目的、宣传热点及活动概况。三峡公共关系传播活动主要包括：三峡专属媒体新闻传播活动（内外新闻网络的构建、宣传品的制作、专属媒体报道情况）、国内国际公共关系活动，以及社会媒体对三峡工程宣传报道情况。并据此来总结三峡二期工程时期公共关系传播活动特点。

2. 三峡新闻传播信息数据库内容分析

华中科技大学《三峡工程新闻宣传信息库及专题研究》课题组为整个研究提供了《三峡工程新闻传播信息数据库》，其中涉及三峡二期工程时期（1998—2003 年）的文献资料共计 6920 篇。据此对三峡二期工程新闻报道进行内容分析，描述该阶段新闻报道的整体规模、分布和议题引导情况。结合年鉴提取内容，从数据中进一步发现媒体宣传报道热点和重点，以确定下一步受众问卷调查的内容和议题（选择具有代表性的新闻事件和热点以考察受众态度）。

以上两项工作皆能反映三峡工程信息量及信息宣传强度，为媒介信息评估提供依据。

（二）实地调查法

1. 受众态度问卷调查

根据《年鉴》和《三峡工程新闻传播信息数据库》的内容分析结果，选择二期工程期间 5 个具有代表性的新闻宣传热点事件设置问卷内容，问卷设计为五阶里克特量表，使受访者对每项陈述做“非常不同意”、“比较不同意”、“中立”、“比较同意”、“非常同意”的评价。据此考察二期工程受众态度以对二期工程公共关系传播效果进行综合评价。

受访者包括三峡内部受众和外部受众两部分；问卷将在企业、学校、社区、商场等地发放；数据分析将在 SPSS 统计软件中进行。

2. 受众深度访谈

具体验证议程设置及铺垫效果时，主要依据对特定受众进行深度访谈。通过使受众回答开放性问题，比如：对三峡工程总体评价如何？关注其哪方面问题？（即考察受访者以何标准来评价三峡工程及政府行为），计算某一议题出现的频次，与《三峡工程新闻传播信息数据库》所统计的报道议题频次相比较，以验证是否媒体对某一议题报道越多，受众就越将其视为评价三峡工程的标准。

然而，正因为本研究使用的是实地调查法，与艾英戈等人考察铺垫效果时使用的实验法相比内在效度较低。内在效度是指自变量与因变量的因果联系的真实程度，即因变量的变化确实由自变量引起，是操作自变量的直接成果，而非其他未加控制的因素所致。它表明的是因变量的变化在多大程度上取决于自变量——有效性。外在效度则是指研究结果的概括程度,它表明研究结果的可推广程度,即是否能"概化"到现实世界。

实地调查法使用随机抽样,其样本具有代表性,就可以推广到更广泛的总体中,外在效度较高;与实地调查法相比,实验法的优势就在于可以控制无关变量,便于构建强的因果关系,内在效度就较高。

因此,本章研究的局限在于,我们使用的实地调查法不便于控制诸如受访者原有认知水平、人口统计因素、媒介接触习惯等无关变量的干扰,因而测量铺垫效果的内在效度与艾英戈等人的实验法相比就相对较低,即铺垫效果的产生可能并非严格由媒体议程设置所引起。

第二节 三峡二期工程公共关系传播特点

随着三峡工程进入二期阶段,三峡总公司及其新闻宣传中心紧紧围绕二期工程建设的新形势、新特点不断建构和完善三峡专属新闻传播体系,以充分发挥其宣传三峡、引导舆论的作用。本节即展示三峡二期工程专属媒体的建设发展情况,以及其具体做了哪些公共关系传播努力,尤其是设置了三峡工程的哪些议题①。

首先,三峡工程专属媒体"两报一刊一网站"在内容编辑与经营管理上都进行了有力的探索,更加大与社会媒体的联系与合作,扩大三峡工程新闻的报道规模和强度,并增强内外部公共关系活动。

其次,为扩大宣传力度,加深对受众认知、态度及行为的影响,二期工程期间三峡专属媒体设置了一系列旨在宣传三峡工程的议题,如(以1998年长江特大洪水为契机的)三峡工程防洪问题、1999年和2000年混凝土年浇筑量连创世界纪录、2000年移民政策调整、2002年中国三峡总公司改制上市、2002年导流明渠截流、2003年三峡工程顺利实现蓄水通航等新闻事件;并组织了1998"三峡工程大江截流好新闻评选"活动、2000年"外加剂风波"新闻危机公共关系、"9·3塔带机事故"危机公共关系等公共关系活动。这些特定议题不

① 本节根据《中国三峡建设年鉴》(1999—2004年共5卷)提取三峡二期工程公共关系传播活动的目标、宣传热点及活动概况,由于年鉴2002卷缺失,以下统计不包含2001年数据。

仅成为二期工程社会媒体的宣传热点，还成为当时公众舆论关注的焦点。

总体而言，三峡工程建设、移民工作、三峡工程综合效益（防洪、发电、航运、旅游）是三峡专属媒体和社会媒体的最重要议题，而三峡专属媒体作为企业媒体还承担着报道公司建设情况的任务。此外，社会媒体报道呈现出了中央级媒体为先带动地方媒体报道、以热点事件为契机带动三峡工程综合报道的特点。

一、三峡二期工程公共关系传播目标

（一）公共关系传播工作总目标

1998年，三峡工程由开始由一期工程转向二期工程建设，三峡工程的新闻报道、公共关系宣传态势在这一年也随工程建设发展而发生显著变化。三峡二期工程6年间，公共关系传播工作的总目标是：

按照中国三峡总公司的部署和国务院三峡工程建设委员会宣传工作领导小组指导精神，中国三峡总公司新闻宣传中心根据二期工程建设的新形势、新特点，结合自身工作实际进行探索和实践，不断构建和完善三峡工程新闻传播体系——依靠自身宣传手段，办好一报两刊，搞好影视宣传，并发挥三峡工程网络宣传作用；

紧紧围绕工程建设和中国三峡总公司建设的重要进展，坚持"两个文明"一起抓的方针，坚持正确的舆论导向，把全面宣传与分项宣传、总体宣传与阶段性宣传有机结合起来，加强三峡工程建设的正面宣传；

进一步加强与社会媒体的联系与合作，充分利用和发挥社会新闻资源优势，为三峡工程和中国三峡总公司建设服务。

（二）公共关系传播影响目标

影响目标依次包括信息影响目标、态度影响目标及行为影响目标，它们代表公共关系传播活动所期望产生的影响[①]。

1. 信息影响目标

信息影响目标指公共关系传播者希望目标公众了解、接受并记忆其传播

---

① 陈先红.公共关系学原理[M].第一版.武汉:武汉大学出版社,2007:242.

的信息内容，例如三峡总公司及新闻中心要宣传三峡工程进程中的重大进展或一个事件，或想让公众知道一个关于三峡工程的非争议性的话题。针对三峡二期工程公共关系传播，其信息影响目标为：在三峡二期工程期间，不断提高社会公众对三峡工程各方面建设的认知度。“认知度”表述的是三峡工程被社会公众所知晓、认识的程度，其包含被知晓的广度、被认识的深度两个方面[①]。

广度的确定建立在三峡工程被公众认知的一定区域的级别之上。二期工程中的各方面建设进展及重大事件应为包括国际、全国、大区、省区、当地五个级别在内的公众所广泛知晓，分别在每个区域内增加三峡工程的知晓度。

认知度的另一个要素是建立在公众对三峡工程信息认识的深度上。把三峡工程及三峡总公司最基本信息要素按照由浅入深、由表及里的顺序可分为——工程及公司名称、地理位置、工程规模、工程进程、公司业绩、发展历史、工程/企业文化 7 个要素，三峡二期工程公共关系传播分别要在这 7 个指标上增加公众对三峡工程认识的深度。

三峡工程是一个举世瞩目的民族大工程，在认知广度上已达到了一定水平，二期工程公共关系传播的信息影响目标主要集中于加强公众对三峡工程的认知深度。

2. 态度影响目标

态度影响目标在于改变公众对三峡工程及中国三峡总公司的态度，主要包括两个方面的内容：

（1）强化正面态度

经过三峡一期工程的宣传活动，公众可能对三峡工程及三峡总公司存有好的印象，却很不稳定，二期公共关系传播则是要通过各种新闻报道、公共关系活动、公共关系事件来强化这种正面态度。例如，针对 1998 年三峡工程宣传热点减少、高潮少的情况，三峡总公司新闻宣传中心同中华全国新闻工作者协会联合举办“三峡工程大江截流好新闻评选”活动，活动顺延了三峡工程大江截流新闻事件的时限性，并且由于颁奖活动在三峡工地举行，客观上使优秀采编人员再访三峡工地，笔指三峡，掀起全国范围内一定规模三峡综合报道热潮。此公共关系活动，巩固、强化了三峡工程在媒体公众及社会公众中正面的

① 丁玲，李秀杰. 公共关系目标“二度论”与“三度论”的辩论[J]. 佳木斯大学社会科学学报，2008(8).

形象。

(2) 改变或颠倒负面态度

对于三峡工程的争议自设计之初就从未平息，三峡工程也经常陷入负面报道的新闻危机中，例如二期工程期间就出现了“外加剂风波”和“9・3”塔带机群伤事故等危机事件，公众对其存在负面态度也是正常的。通常负面态度的转变需要很长时间，在此情况下，二期公共关系传播要做的就是长期对存在较多争议和负面态度的领域进行重复说服，例如从不同角度反复宣传建设三峡工程的生态效益、移民外迁的生态效益等。

3. 行为影响目标

行为影响目标指通过公共关系传播改变公众的行为，包括促使新行为的产生、已有行为的强化或者对组织不利行为的改变，对于三峡工程及三峡总公司来说，行为的改变主要是指促使目标公众产生旅游和投资行为。例如，通过“三峡旅游文化节”系列活动来吸引世界、全国各地的旅客，促进三峡旅游资源的消费；再如通过对三峡债券发行的大力宣传报道来促进其销售，从而为公司筹集资金。

二、三峡二期工程宣传热点

三峡二期工程 6 年间，每年都有不同的宣传热点及热点事件，从报道议题上看，这些热点基本都与二期工程施工进展以及三峡总公司的建设紧密相关，其中还发生了几次较大的危机事件也成为舆论关注的焦点。依时间顺序将二期工程宣传热点列举如表 3-1 所示。

表 3-1 三峡二期工程宣传热点

年份	议题①	宣传热点
1998	工程施工进展	①五一临时船闸胜利通航
	防洪	②1998 年长江特大洪水引发的三峡工程防洪问题讨论
	* 三峡工程综合报道	③“三峡工程大江截流好新闻评选”活动

① 议题类别来自于《三峡工程新闻传播数据库》中的 20 个议题，* 表示 20 个议题中无此议题。

续表

年份	议题①	宣传热点
1999	投资估算、资金使用管理	①年初三峡总公司成功发行"1998 年三峡债券"
	工程设备技术	②三峡工程建设突破船闸深槽开挖的边坡稳定
	工程施工进展	③混凝土年浇筑量突破世界纪录
	航运	④《楚天都市报》一篇失实报道引发的三峡汛期封航与应急转运问题的对答
2000	工程施工进展	①混凝土年浇筑量再次突破世界纪录
	工程施工进展	②金结合机组埋件安装,接缝、帷幕灌浆工作全面启动
	移民	③数万库区移民分期外迁沿江沿海
	工程质量评价	④《中国青年报》的一篇失实报道引发的三峡工程施工质量及权利监督机制问题的对答
	* 施工安全	⑤"9·3"塔带机断裂群伤事故
2002	建设机制与体制	①中国三峡总公司年度工作会议
	* 周年纪念	②四月三日全国人大表决通过兴建三峡工程决议 10 周年
	工程施工进展	③五月一日三峡工程上游围堰破堰进水
	工程施工进展	④七月一日下游围堰爆破拆除
	投资估算、资金使用管理	⑤三峡债券发行
	建设机制与体制	⑥长江电力股份公司正式创立(中国三峡总公司改制上市)
	工程施工进展	⑦十一月顺利完成导流明渠截流
2003	工程施工进展	①三峡工程顺利实现蓄水、通航
	投资估算、资金使用管理	②2002 年三峡债券发行
	旅游	③三峡旅游公司的成立
	投资估算、资金使用管理	④长江电力股票的发行和上市
	电力系统	⑤三峡销电协议的签订
	电力系统	⑥三峡水力发电厂通过国际质量认证

三、三峡二期工程公共关系传播活动概况

(一) 三峡专属媒体新闻传播活动

主要指包括三峡新闻宣传中心、《中国三峡工程报》、《中国三峡建设》、《中国三峡建设年鉴》、中国三峡出版社、中国三峡总公司网站、影视工作部在内的三峡专属媒体在三峡二期工程期间进行的新闻传播活动,具体内容如下。

1. 内外新闻网络的构建

内部新闻网络构建主要指三峡新闻传播体系即专属媒体的建设和完善,外部新闻网络构建则指三峡新闻中心通过发新闻通稿、合办专版等方式主动与社会媒体联系与合作共同宣传三峡工程。

(1) 内部新闻网络构建

二期工程期间,三峡各专属媒体不仅在内容、版式上多次进行调整和改进,更按照市场及商业经营的规律加强自身的经营与管理,不断进行科学经营的实践探索,使发行和广告业务有所增强。例如,1998 年,《中国三峡工程报》增刊《三峡周末》,并在报纸发行上启动面向市场的零售业务以增加发行量;《中国三峡建设》杂志社在武汉和三峡坝区进一步建立健全通联发行网;中国三峡建设年鉴社在发行上也拓宽渠道,并且有重点地征集广告,使得发行量显著增加,取得较好经济收益。1999 年,《中国三峡建设》杂志进行改版探索,推出分单双月出版、内容相对集中的"工程科技版"和"移民综合版"以更好地适应不同读者的需要;中国三峡建设年鉴社加强内部管理——按栏目明确分工,责任到人,实行组稿、采集、编校一体化,使编纂质量明显提高。2002 年三峡公司新闻中心与信息中心一起对"中国长江三峡工程开发总公司"网站进行改版,改版后的网站信息量增大,充分发挥网络舆论宣传作用。

(2) 外部新闻网络构建

据《中国三峡建设年鉴》(不完全)统计,二期工程 6 年间,三峡新闻宣传中心紧密结合工程进展和重大活动,编发《新闻宣传信息》44 期,向国内新闻媒体发通稿 70 余篇、在各级报刊、电视台、电台刊发宣传三峡工程的文章 15676 篇以上,其中在中央电视台刊播 1000 余次,并与《求是》杂志、《中国经济导报》、《学习时报》、香港《文汇报》等媒体合办三峡宣传专版,从不同侧面通讯员、海

外沟通信息，反映情况，扩大宣传。如表 3-2 所示，新闻通稿与新闻稿的数量在二期工程时期均逐年上升。

表 3-2 三峡二期工程外部新闻网络构建

年份	发通稿（篇）	发新闻稿（篇）	《新闻宣传信息》（期）	合办文字/图片专版
1998	10＋	—	20	新闻宣传中心与《求是》杂志、《中国经济导报》等报合办 12 个专版；《中国三峡工程报》与香港《文汇报》合办“三峡之光”专版 24 期
1999	10＋	100＋	24	新闻宣传中心与《中国经济时报》、《学习时报》等报合办专版 22 个；《中国三峡工程报》继续与《文汇报》合办专版
2000	13	200＋	—	《中国三峡工程报》与《文汇报》合办《三峡之光》专版和《三峡之光》美洲版
2002	18	6376	—	三峡建委与《中华儿女》杂志社合办《中华儿女——三峡工程专刊》
2003	18	9000＋	—	—
总计	69＋	15676＋	44	—

2. 宣传品的制作

三峡二期工程时期制作的宣传品主要指三峡新闻宣传中心影视工作部独立拍摄、与社会媒体合作拍摄的图片、录像，以及电视专题片、电影纪录片等系列影像资料，也包括其他部门制作的大型宣传画册、文学作品及歌曲 MTV。

据不完全统计，二期工程 6 年间影视工作部共拍摄图片 25400 幅以上；拍摄录像资料（不包含专题片和纪录片）8200 分钟以上；自行摄制《三峡工程建设情况外宣版》、《三峡工程一期工程》、《三峡工程施工区征地移民》、《建设中的三峡工程》、《十年磨一剑》等共 27 部电视专题片，协同中央电视台、凤凰卫视等媒体以及移民征地办公室等部门拍摄电视专题片 35 部；连续 6 年与湖北电影制片厂合作，摄制完成《三峡梦正圆》第 4—10 集、《长江流域》、《三峡工程一期工程建设》、《三峡工程导流明渠截流》共 10 部电影纪录片；还协助中华夕阳颂摄制组完成 MTV《大江曲》的摄制工作。2002 年，湖北教育出版社和中国三峡出版社编辑出版大型画册《中国三峡工程》，是 2002 年为止有关三峡工程资料最丰富、篇幅最大的画册。2003 年，三峡新闻宣传中心协助湖北省作家协会与云南出版社共同出版纪实性文学作品《梦之坝》(见表 3-3)。

表 3-3 三峡二期工程宣传品数量

年份	拍摄图片(幅)	拍摄录像资料(分)	电影纪录片(部)	电视专题片(部)
1998	400＋	—	3	5
1999	—	1200＋	1	1
2000	—	—	1	7
2001	—	—	2	—
2002	10000－	2000－	2	33
2003	15000＋	5000＋	1	16
总计	25400＋	8200＋	10	62

3. 专属媒体新闻报道情况

主要指二期工程期间《中国三峡工程报》、《中国三峡建设》杂志、中国三峡建设年鉴社、中国三峡总公司网站四个专属媒体的出版、新闻报道情况。

(1)《中国三峡工程报》:如表 3-4 所示,除 2001 年,二期工程 5 年间《中国三峡工程报》共出报 510 期,报纸始终围绕三峡工程建设、三峡总公司建设和水库移民搬迁这三大重点,注重专稿策划、专栏策划、专版策划、专刊策划,努力把握报道主动权,并且有计划地加强了对深度报道组织。

表 3-4 三峡二期工程《中国三峡工程报》出版量及报道主题

年份	出版量(期)	专题/专版/专栏(主题)
1998	140	三峡工程建设、移民工作、抗洪救灾、三峡总公司成立五周年、大江截流一周年、三峡工程开工四周年
1999	150	三峡工程完成 448 万立方米浇筑任务、移民工作、科技创新与应用
2000	48	三峡工程质量、三峡建设者、移民工作、科技、坝区精神文明建设
2002	72	移民工作、三峡工程建设、中国三峡总公司建设
2003	100	水库初期蓄水、船闸试通航、首批机组发电、中国三峡总公司成立十周年、长江电力股票发行和上市

例如,1998 年,《中国三峡工程报》在三峡总公司成立五周年、大江截流一周年、三峡工程开工四周年时,先后组织了 6 个纪念专版;2000 年,《中国三峡

工程报》着力突出工程质量的宣传报道，相继推出对质量检查专家组的大量跟踪报道，对三峡建设者贯彻质量检查专家组的意见的措施和行动的系列报道，对个别产品质量问题的新闻调查；2003年，《中国三峡工程报》精心策划五大宣传战役：围绕水库初期蓄水组织专版13个，围绕船闸试通航组织专版9个，围绕首批机组发电、中国三峡总公司成立十周年出版特刊36个版面，围绕长江电力股票发行和上市出专版21个。

(2)《中国三峡建设》杂志：如表3-5所示，二期工程期间《中国三峡建设》杂志共出刊70期，增刊14期以上，发稿1217篇以上，刊发图片、美术和书法作品达千幅，其中三峡工程建设、三峡总公司建设与移民工作也是最主要的议题。

表3-5 三峡二期工程《中国三峡建设》杂志出版量及报道主题

年份	出版量(期)	增刊/专辑(期)	发稿量(篇)	美术/图片/书法(幅)	主题
1998	12	6	381	300＋	—
1999	12	1	366	300＋	—
2000	12	6	242	—	三峡工程建设、移民
2001	12	—	—	—	—
2002	11	—	—	—	三峡工程建设及总公司建设
2003	11	1	228	450＋	—
总计	70	14＋	1217＋	1050＋	

(3)中国三峡建设年鉴社：二期工程6年间编纂《中国三峡建设年鉴》1997—2003年共7卷，完成《三峡年鉴》1998—2002年卷5个电子版的制作，并完成1994—1997年卷联合电子版的制作；完成1998—2002年度共5期中国三峡总公司年报《建设中的三峡》。

(4)中国三峡总公司网站：2002年三峡总公司网站改版后信息量大大增加，撰写稿件并上载报纸、杂志、年鉴大量内容。在2002年导流明渠截流期间，中国三峡总公司网站与新浪网进行联合直播，视频直播访问量超过5万人次，页面访问量超过150万人次；2003年则对蓄水、通航、发电、长江电力上市等进行专题报道，并对中国三峡总公司2003年工作会议进行网络直播。

(二)内外部公众公共关系活动

主要指三峡总公司各部门或三峡新闻中心组织的国内外、公司内外部的,旨在加强与外部公众沟通和加强内部公众凝聚力的公共关系宣传活动。其中内部公共关系以感情交流型活动和文化娱乐型活动为主,外部公共关系则以信息沟通型活动为主。

1. 内部公共关系活动

二期工程期间,三峡总公司各部门及新闻宣传中心在公司内部组织了一系列的公共关系活动,以此来营造大家庭氛围,培养员工归属感。主要表现为面向内部员工开展的征文、书画摄影作品展、知识竞赛等文化娱乐型活动,以及公司周年庆典、节日联欢等感情交流型活动。文化娱乐型活动一方面可以展示员工的多才多艺,另一方面也可以陶冶情操,营造一种高尚的文化氛围,继而成长为一种企业文化;感情交流型活动则联络了员工之间的感情、增进了友谊,让公司员工产生一种“组织是大家,个人是小家”的家庭式情感,增强内部凝聚力。

2. 外部公共关系活动

相比内部公众,三峡总公司的外部公众具有分布的广泛性、构成的复杂性、利益的差异性及关系的不可控性,由此,三峡总公司外部公共关系活动的形式也更加丰富多样,且以传递三峡工程信息、增进外部公众对三峡工程接触和了解的信息沟通型公共关系活动为主。二期工程期间三峡总公司进行了频繁的对内对外交流、公共关系活动。

(1) 国内公共关系活动:研讨会、新闻通气会、新闻危机公共关系、安全事故危机公共关系是三峡二期工程三峡总公司主要的信息沟通型公共关系活动。例如,1999 年《中国三峡工程报》与武汉大学合作举办“迈向 21 世纪的长江流域可持续发展研讨会”;1999 年、2000 年先后两次发生了媒体报道失实而引发的新闻危机事件,三峡总公司进行了新闻危机公共关系活动;2000 年“9・3”塔带机断裂群伤事故发生后,三峡总公司召开事故信息通报会,也是一次安全事故危机公共关系活动。

感情交流型公共关系活动则包括 1998 年“大江截流好新闻评选”活动及 2002 年“导流明渠截流庆典活动”,二者一个为三峡总公司为与社会媒体联络感情而举办的回馈、颁奖活动,一个则为庆祝三峡工程建设取得标志性进展的大型庆典活动，它们都起到了与外部公众交流感情、增进友谊的作用。

文化娱乐型公共关系活动的形式更为灵活多样，包括摄影大赛、摄影展、画展、采风、征文大赛、知识竞赛等活动。例如，1998 年，《中国三峡工程报》与天津市文联合作举办"三峡工程水墨速写画展"；1999 年，《中国三峡工程报》同《中国记者》杂志联合举办"舆论监督大家谈"、"三峡杯"征文大赛；2003 年，三峡新闻宣传中心承办"三峡工程科普知识竞赛"活动，活动收到来自全国 31 个省市的近万份答卷，促进了人们对三峡工程的进一步认识与了解。

(2) 对外交流活动：主要表现为三峡工程各代表团对外访问考察、交流会、研讨会、演讲会等以招商引资、宣传三峡、学习考察发达国家先进生产技术和管理经验为目的的信息沟通型公共关系活动。

6 年来，三峡工程代表团先后对奥地利、西班牙、意大利、马来西亚等多国以及港澳台地区进行了考察访问和交流宣讲活动，并陆续参加了第 19 届 IAHR 水力机械和金融国际研讨会、国际大坝委员会第 66/67 届年会、1999 年水利水电工程造价管理国际研讨会、TCDPAP&FIDIC 亚太分会全体会议暨"开拓亚太地区工程咨询合作的新世纪"国际论坛、第 53 届世界不动产大会、国际水资源大会等大型国际会议，三峡代表团在活动中介绍三峡工程建设及其进展情况，了解国外企业界、科技界人士对三峡工程的看法和合作意向，对海外国家了解三峡工程、支持三峡工程起到正面作用。2000 年，三峡工程模型还在 2000 德国汉诺威世博会中参与展览，受到国内外各界人士的极大关注。此外，6 年间三峡工地陆续接待来自香港大学、香港理工大学上百名大学生以及来自台湾各大学 16 名硕士、博士研究生来坝区进行暑期工业训练，学生们不仅学习到三峡工程专业技术知识，更了解了中国相关文化背景知识，增进了对祖国的热爱之情。

通过这些对外交流活动，极大地增进了海外国家特别是企业界对三峡工程的了解和参与投资的兴趣。

(三) 社会媒体对三峡工程宣传报道情况

1. 来访媒体与记者

除 2001 年，三峡二期工程 5 年间来访中外记者共 782 批，3843 人次，来访的新闻单位中，以国内中央级新闻单位和国外著名的新闻机构居多。以组团形式来访的较之一期工程有所增加(见表 3-6)。

表 3-6　三峡二期工程海内外来访记者及媒体

年份	来访批次	来访人次
1998	217	772
1999	210	1240
2000	108	721
2002	49	190
2003	198	920
总计	782	3843

二期工程期间，将三峡工程作为报道对象的社会媒体以中央级、省级和水利电力类专业媒体为主：中央级媒体涵盖了新华社、中央电视台、中央人民广播电台、《人民日报》、《中国日报》、《光明日报》、《中国经济时报》、《经济日报》、《中国青年报》、《中国建设报》、新华网、人民网、中国网、中华网、中国广播网等各类媒体；省级媒体以《湖北日报》、《重庆日报》、《长江日报》、《三峡晚报》、湖北新闻网为主，体现了地缘特征；专业媒体则涵盖了《中国电力报》、《长江科学院院报》、《中国水利报》、《中国环境报》，长江流域资源与环境、水力发电、中国水运、湖北水力发电、人民长江等专业报刊，以及中国电力网、中国电力新闻网等专业网络媒体。此外，香港凤凰卫视、凤凰网、亚洲电视台以及香港《文汇报》也对三峡工程做了大量的宣传报道。

2. 热点事件报道概况

与“三峡总公司建设”是三峡专属媒体的报道重点之一不同的是，社会媒体以三峡工程建设、三峡工程综合效益(防洪、发电、航运、旅游)、移民工作为三大重心，且呈现中央级媒体为先带动地方媒体报道，以热点事件为契机带动三峡工程综合报道的特征。

(1) 以三峡工程建设、三峡工程综合效益、移民工作为报道重心：工程建设方面，例如 1998 年五一临时船闸通航时，在中国三峡总公司新闻宣传中心组织下，近 20 家新闻媒体派人员亲临施工现场，发回大量报道，中央电视台还出动近百人的报道组对这一盛况进行现场直播；综合效益方面，以防洪为例，1998 特大洪水来临时，《人民日报》、《湖北日报》、《重庆日报》撰文强调三峡工程的防洪效益，中央电视台“新闻联播”、“焦点访谈”、“海外中心”、“中国报道”等节目报道了三峡工程的防汛情况，宣传了三峡工程的防洪效益；移民方面，在 2000 年推动库区移民“走出去”的报道中，《人民日报》、《经济日报》、《重庆日报》、《湖北日报》相继刊发了一系列具有互补性的连续报道，充分体现了移民“走出去”的必要性与正确性，全方位展示了党中央、国务院从三峡生态建设入手，调整移民安置政策与外迁移民“走出去”的全过程，在国内产生较大影响，为库区移民外迁工作创造了较好的舆论环境。

(2) 中央级媒体为先带动地方媒体报道：例如，1999 年，以“成功发行 1998 年三峡债券”为切入点的宣传热浪从债券发行日起滚滚而来，《人民日报》、《香港商报》、《光明日报》、《中国青年报》、《中国经济报》、《湖北日报》为先，其余一些地方报刊和大小商报紧随其后，有力推动三峡债券的发行。

(3) 以热点事件为契机带动三峡工程综合报道：例如，1998 年“三峡工程大江截流好新闻评选”活动得到全国各地记协、报社、电台、电视台支持，评选活动期间大量的有关工程的多方面信息通过媒体传递出去，颁奖活动在三峡工地举行，客观上使优秀采编人员再访三峡工地，掀起全国范围内一定规模三峡综合报道热潮；2002 年 4 月 3 日是全国人大代表表决通过兴建三峡工程决议 10 周年，香港凤凰卫视和亚洲电视台从不同视角全景式展现三峡人 10 年奋战取得的辉煌成就和战斗经历，其中亚视筹拍的《高峡出平湖》，凤凰卫视先后完成的《三峡工程全接触》(25 集)和《永远的三峡》(85 集)，以及在“周末皇牌大放送”栏目中播出的《回眸三峡风雨路》和《三峡工程之亲密接触》，视角独特，成为 2002 年对外宣传的力作。

第三节 三峡二期工程媒介报道内容分析

此部分根据《三峡工程新闻传播信息库》中摘录的三峡二期工程时期(1998—2003 年)全部文献资料，对该时期三峡专属媒体和社会媒体三峡题材新闻报道的规模、分布及议题引导情况做描述性统计，以反映三峡二期工程媒介议题的报道强度及显著性顺序，为公共关系传播效果的媒介信息评估提供依据。

三峡二期工程的新闻报道规模相较一期工程有大幅度增长，呈逐年递增趋势；网络媒体开始成为宣传三峡工程的主要媒体；移民、工程施工进展、工程设备技术、生态与环境、电力系统(发电)依次为媒介五大显著议题，且二期移民外迁问题受到了特别关注。

然而，二期工程时期媒体十分关注三峡工程建设本身、移民生态等周边问题及工程综合效益，而对三峡精神文化风貌方面的宣传与引导比较欠缺，这与三峡新闻宣传中心“两个文明”一起抓的方针不协调，对此我们建议，三峡题材新闻传播中应增加精神文化因素，增强舆论引导的精神文化力量，大力弘扬三峡精神、渗透三峡文化，为新时期三峡物质文明建设提供精神动力。

一、三峡二期工程新闻报道规模

（一）整体规模：报道规模较一期有大幅度增长

据《三峡工程新闻传播信息库》统计，1998—2003 年三峡二期工程期间，有关三峡的各种文献资料总计 6920 篇，占三个阶段（1993—2009 年）文献资料的 36%，较一期工程时期有大幅度增长（见图 3-2），报道强度增加（见表 3-7）。

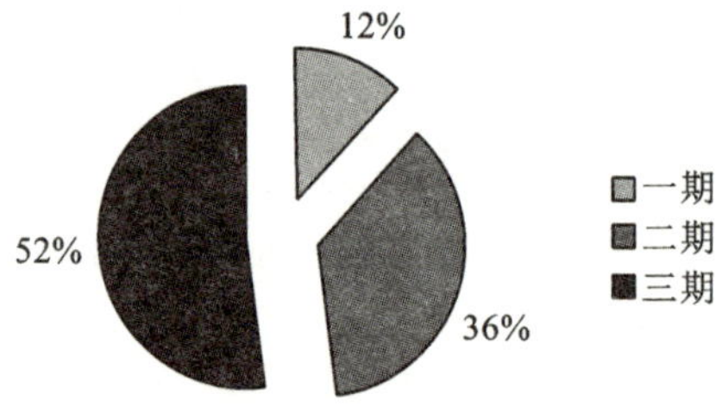

图 3-2　三峡工程三个阶段文献资料分布

表 3-7　三峡工程三阶段新闻报道数量

三峡工程分期	一期工程时期	二期工程时期	三期工程时期
文献数量（篇）	2286	6920	9990

（二）时间分布：二期工程六年期间报道呈逐年上升趋势

按年份划分，从 1998 到 2003 年，文献资料数量总体呈上升趋势，2002 年是一个高峰期，达到 37.5%。1998—2000 年文献数量分布较均衡，均在 8%左右；2002 年起数量骤增，仅 2002 年和 2003 年文献数量就占据了总数近七成（见图 3-3）。

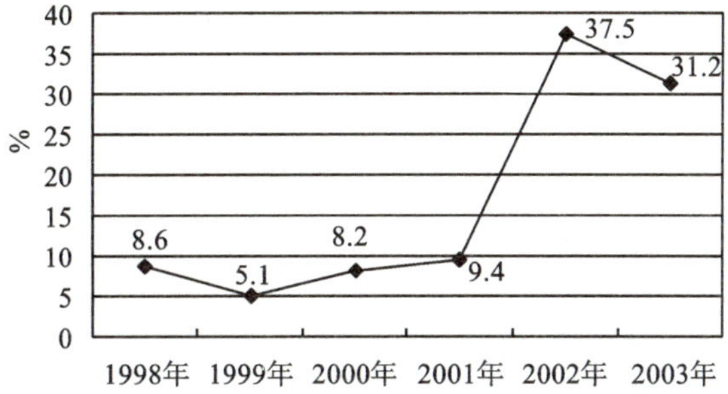

图 3-3 三峡二期工程时期文献资料时间分布

(三) 体裁分布:主要为新闻报道和分析评论类文章

二期工程的全部文献中新闻报道数量最多,占总数的 68.1%,分析评论占 31.3%,二者占全部文献的 99%以上,而专业论著、文学作品等其他体裁的文章仅占总数的 0.6%(见图 3-4)。

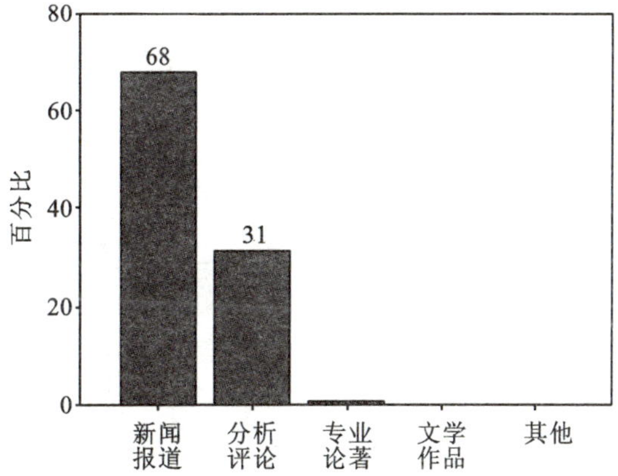

图 3-4 三峡二期工程时期文献资料体裁分布

(四) 文献来源分布

1. 文献主要来自于网络、期刊和报纸,三峡专属媒体是主要的文献来源

由于广播电视的新闻报道与节目不易成文和记载,因此二期工程期间文献资料主要来自于网络、期刊和报纸这三种媒介。其中,近五成的文献来自于互联网;37.2%来自于期刊,三峡专属媒体《中国三峡建设》刊登是三峡文章最多的期刊;12.8%来自于报纸。仅0.3%来自于书籍、广播电视等其他媒介(见图3-5)。

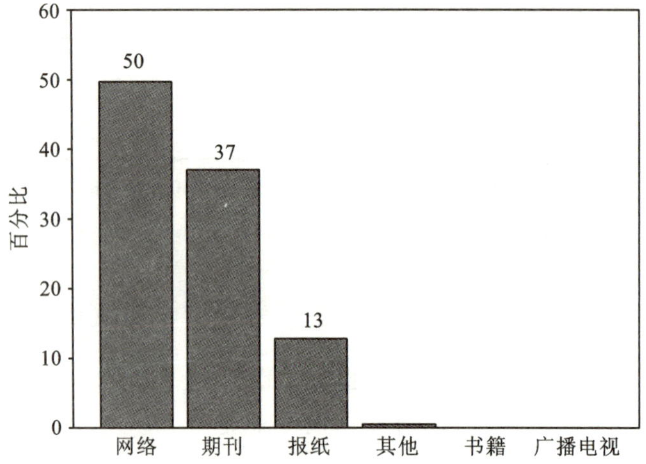

图3-5 三峡二期工程时期文献资料来源

如图3-6所示,52.8%的文献出自这十家媒体,其中,中国三峡建设杂志(4.9%)和中国长江三峡工程网站(2.5%)分别列居第三和第八,三峡专属媒体的报道占全部文献的7.4%,是三峡题材新闻报道的主要来源。

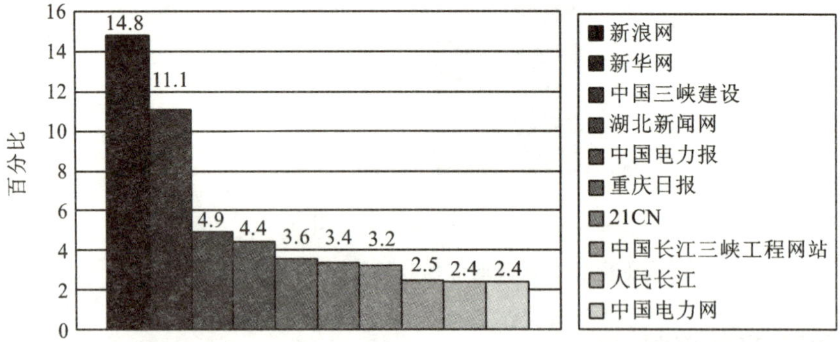

图3-6 二期工程时期三峡文献刊载最多的十家媒体

2. 2002年网络才成为文献最主要来源

网络并非从二期工程开始就是最主要的文献资料来源,而是经历了一个逐渐上升的过程。1998年、1999年文献资料共仅有3%来自于网络,2000年开始,随着互联网的普及和网络新闻媒体的飞速发展,关于三峡的报道越来越多地出现在网络上，2001 年网络成为仅次于期刊的第二大三峡文献资料来源，2002 年则骤增至 64.8%跃居第一(见图 3-7)。

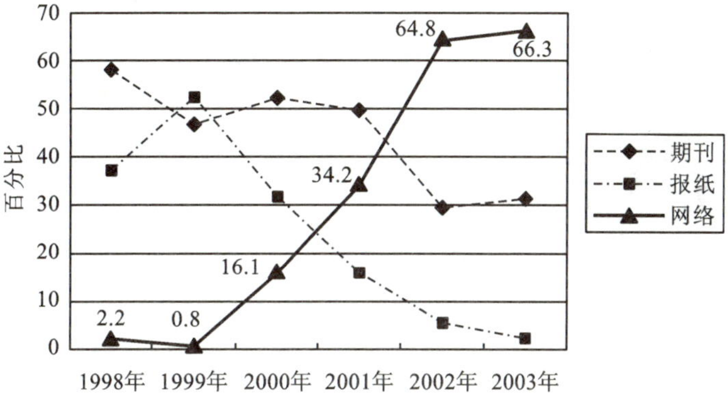

图 3-7 网络来源文献占全部文献的比例

2002 年三峡公司新闻中心与信息中心一起对“中国长江三峡工程开发总公司”网站进行改版，使三峡专属网络媒体进一步完善。改版后的网站信息量增大，充分发挥网络舆论宣传作用，这也是网络来源文献在 2002 年剧增的原因之一。

3. 网络来源的文献主要出自中央级网络媒体及大型综合门户网站

二期工程来自于网络媒体的文献中，近 30%是来自于新浪网的，其次是新华网，占 22.2%，二者占据网络来源文献的 52%；湖北新闻网是报道三峡工程最多的省级网站，中国长江三峡工程开发总公司网站以 5.1%的比例位居第五。

近九成的网络来源文献出自于在这十家网站，除三峡专属媒体中国长江三峡工程开发总公司网站、省级媒体湖北新闻网和专业媒体中国电力网外，其余皆为中央级媒体和大型综合门户网站(见图 3-8)。

二、三峡二期工程新闻议题引导

(一) 二期工程五大议题与三阶段五大议题相吻合

在三峡二期工程时期全部文献资料共 20 个议题中(见图 3-9)，移民(13.7%)、工程施工进展(12.4%)、工程设备技术(9.9%)、生态与环境

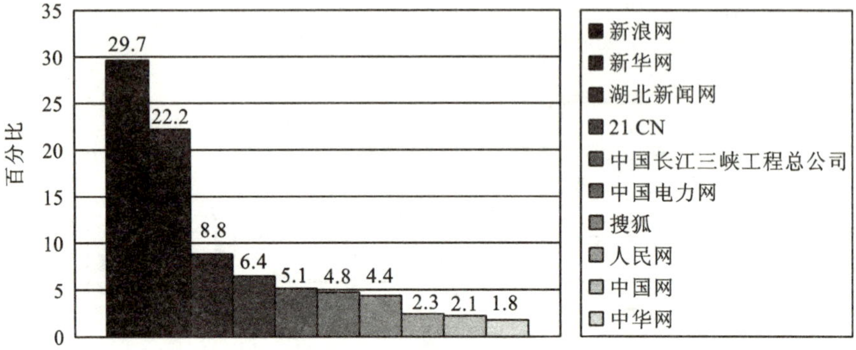

图 3-8　二期工程时期三峡文献刊载最多的十家网站

(9.4%)、电力系统(7.3%)是涉及最多的五个议题，占据二期工程时期文献总数的 52.7%；且这五大议题与三峡工程三个阶段全部文献的前五大议题相吻合(排序有变化)。

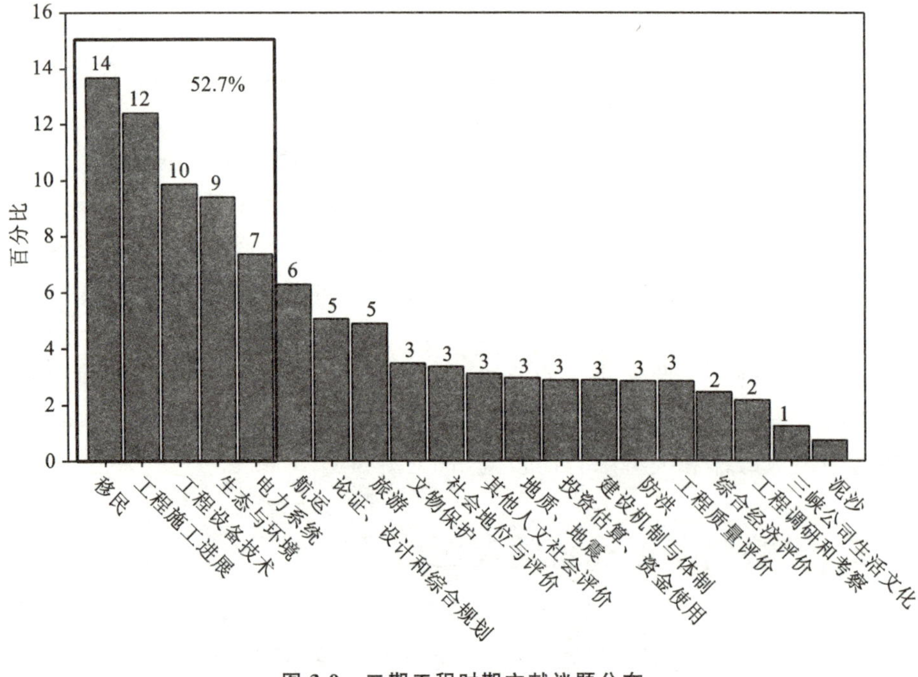

图 3-9　二期工程时期文献议题分布

(二)二期移民问题受到了较之一期和三期的特别关注

三峡工程全部三个阶段中,三峡工程施工进展情况始终受到媒体较高关注,分布比例均衡;生态环境与电力系统(发电)这两个议题受关注程度呈平稳上升趋势(见图 3-10)。

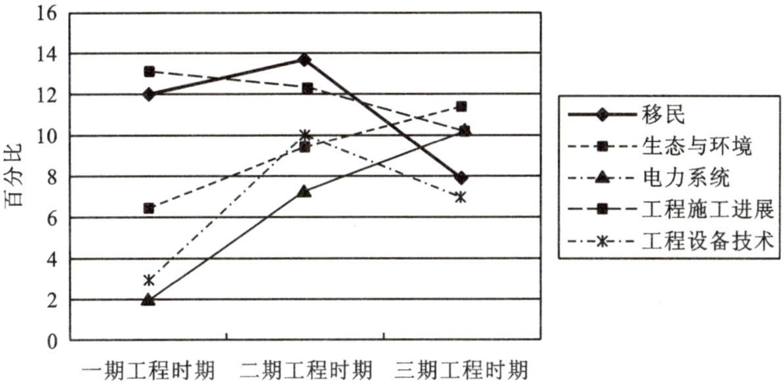

图 3-10　三峡工程三个阶段五大议题分布比例

然而,在一期和三期工程时期被关注度都低于“工程施工进展”的“移民”问题在二期工程时期受到了特别关注,成为二期工程时期第一大议题。

根据移民安置规划,1998—2003 年是三峡工程移民二期搬迁安置阶段。二期移民工程是四个阶段中建设时间最长,任务最为艰巨、繁重的一个阶段①,按照合理进度安排,应完成总移民任务的 50%以上,是三峡工程移民工作的关键时期。因此,相应的,二期工程时期移民报道在三个阶段中数量最多、强度最大。

1998 年到 2003 年第二期移民阶段集中的议题包括:移民的安置工作、经济发展、搬迁进展、移民适应性、移民干部、基础设施、政策法规、对口支援。

与一期时期移民报道议题不同的是,根据移民安置政策的调整(2000 年党中央、国务院从三峡生态建设入手调整移民安置政策,重点是将原计划在三峡库区就地后靠搬迁的农村移民远迁到库区以外的经济发达地区),二期工程时期移民报道增加了移民外迁的一系列报道与论证。

① 梁福庆,朱元惠.简谈三峡工程库区二期移民工程建设[J].中国工程咨询,2003(7).

(三)媒体对三峡精神文化风貌方面的宣传与引导不足

三峡工程的报道涉及门类颇多,若将全部 20 个议题进行归类分析,可以看出三峡相关报道(文献)共有四个切入点。

一是三峡工程建设本身。主要从三峡工程本身出发,涉及工程施工进展与质量、设备技术、调研论证规划以及工程组织方式(资金管理、建设机制和体制)几方面。

二是三峡工程周边问题。由于三峡工程的兴建而产生的例如移民、生态环境、文物保护、地震地质、泥沙等周边连带问题。

三是三峡工程综合效益。三峡工程巨大的综合效益对国民经济产生重大作用,首先是防洪、发电、航运、旅游等直接的综合效益,再是通过三峡工程兴建所带来的长江经济带的开发,特别是与上海浦东、四川重庆形成的连带效益[①]。

四是三峡精神文化风貌。一方面表现在社会各界对三峡工程的人文社会评价中展现出的三峡文化与三峡精神;一方面表现在媒体宣传报道三峡区域文化,讴歌三峡工程建设者志建三峡的精神风貌,弘扬三峡精神。

据此,对 20 个议题进行如下分类(见表 3-8)。

表 3-8 二期工程时期报道切入点分布比例

报道切入点	议　　题	比例(%)	总和(%)
三峡工程建设本身	工程施工进展	12.4	38.2
	工程设备技术	9.9	
	论证设计和综合规划	5.1	
	投资估算、资金使用和管理	2.9	
	建设机制与体制	2.9	
	工程质量评价	2.8	
	工程调研和考察	2.2	

① 危明华,唐宜贵.三峡工程报道的新闻策划[J].新闻记者,1996(6).

续表

报道切入点	议　　题	比例(%)	总和(%)
三峡工程周边问题	移民	13.7	30.3
	生态与环境	9.4	
	文物保护	3.5	
	地震、地质	3.0	
	泥沙	0.7	
三峡工程综合效益	电力系统(发电)	7.3	23.8
	航运	6.3	
	旅游	4.9	
	防洪	2.8	
	综合经济评价	2.5	
三峡精神文化风貌	社会地位与评价	3.4	7.7
	其他人文社会评价	3.1	
	三峡公司生活文化	1.2	

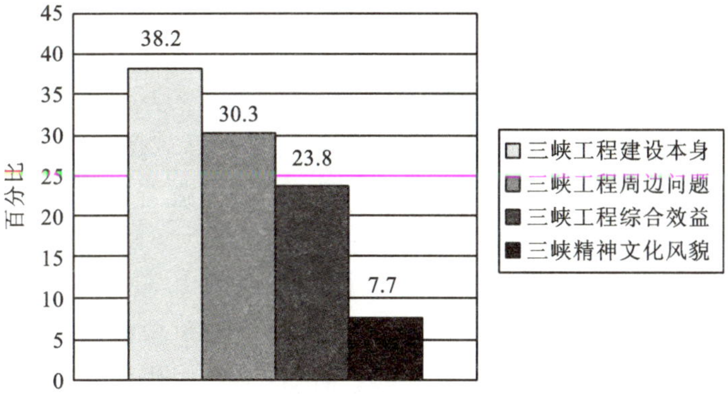

图 3-11　三峡二期工程时期报道切入点分布比例

如图 3-11 所示，三峡二期工程时期媒体议题集中于三峡工程建设本身(以工程施工进展为代表)及工程带来的周边问题(以移民问题为代表)，二者占全部文献的近七成；由于二期工程时期三峡综合效益并未完全凸显，因此综合效益相关报道比之前两者较少，其中，发电与航运效益最受关注。这些议题经过媒介的反复传播与强化而逐渐演变成公众议题，公众关注这些问题，或是关心三峡物质文明建设成果，或是与其切身利益息息相关，反之，媒介又集中关注公众议题，对其进行充分报道以满足公众了解三峡工程各方面进展的需要。因此，这三类代表三峡工程物质文明建设情况的议题报道较多，亦无可厚非，也是非常必要的。然而，涉及三峡精神文化风貌方面的议题仅占二期工程时期全部文献的7.7%，与三峡工程物质文明建设宣传规模差距悬殊，这在一定程度上说明媒体对三峡精神文化方面的宣传与引导不足。

新闻媒体是社会主义精神文明建设的重要阵地和社会教育层面的载体，是两个文明建设成果的传播者，对促进物质文明和精神文明建设的协调发展起着重要的舆论导向作用①。然而，三峡二期工程新闻传播的这种状况对于受众的需求及精神文明建设实践的需要来说很不适应，也与三峡新闻宣传中心"两个文明"一起抓的方针不符。

三、三峡题材新闻传播建议

（一）三峡题材新闻传播缺乏精神文化因素

综上所述，三峡二期工程新闻报道呈现如下特征：报道规模与分布方面，报道规模较一期工程时期有大幅增长，但小于三期工程；二期工程六年间，文献数量总体呈逐年上升趋势，2002年报道规模最大；99%以上文献为新闻报道和分析评论；网络、期刊、报纸是二期工程文献的主要来源，三峡专属媒体是主要的三峡题材新闻来源。议题分布方面，移民、工程施工进展、工程设备技术、生态与环境、电力系统是二期工程时期最受媒体关注的5个议题，与一期和三期相比，二期移民问题受到了特别的关注。

我们特别对20个议题进行归类分析发现，二期工程时期各新闻媒体十分关注三峡工程建设本身、周边问题及综合效益，而对三峡精神文化风貌方面的宣传与引导比较欠缺。主要表现在新闻媒体对包括三峡人文文化、工程文化、水电文化、旅游文化和三峡集团公司企业文化等在内的三峡文化，以及三峡人志建三峡和移民精神在内的三峡精神宣传不足；进而言之，三峡题材新闻传播活动中忽视了或很少进行精神文化渗透，缺乏对事物的纵深挖掘，缺乏对三峡

① 王珏.精神文明建设宣传刍议[J].中国广播电视学刊,1996(10).

物质建设过程的人文观照，使得新闻传播成为一种单纯的社会活动，而看不出多少文化活动的因子。这种情况不仅削弱了三峡题材新闻应有的社会价值和历史意义，更与三峡区域精神文明建设需求不相适应。

（二）三峡题材新闻增加精神文化因素的必要性及有利条件

深入认识新闻传播的文化特性，充分发挥新闻传播的文化功能，增加新闻传播中的精神文化因素，是增强三峡题材新闻报道社会价值的要义，也是建设三峡区域精神文明的重要内容，更与三峡专属媒体要坚持"两个文明"一起抓的报道方针相一致。新闻传播之所以在社会中具有举足轻重的作用，就在于它能够在更大的范围内给社会和人们以影响。然而要使这种影响真正深入人心，教育和引导人们，就必须使新闻传播增加精神文化的因素，自觉不自觉地给人们以文化暗示，增强人们的文化知识，培塑人们的文化素养，提升人们的精神文化水平，从而促进社会物质文明与精神文明的全面进步，这正是新闻传播的社会价值所在①。

三峡区域有着得天独厚的区位优势和人文资源，巴楚文化、巴蜀文化及中原文化在这里交融形成的三峡文化使三峡积聚着深厚的精神文化底蕴；由三峡衍生的旅游文化，因三峡工程而生成的工程文化、水电文化，以及由此塑就的三峡精神、三峡移民精神更散发着时代的光辉，使三峡文化焕发出无穷的生机和魅力。

这些都为新闻媒体从文化的视角来观照社会提供了丰富的精神文化资源，三峡题材的新闻传播完全可以以三峡文化与三峡精神为依托，提升新闻的文化价值。

（三）三峡题材新闻增加精神文化因素的途径

增强三峡题材新闻传播中的精神文化因素，不仅要增加三峡文化与三峡精神题材新闻的宣传报道，还要将三峡文化与精神意蕴贯穿到三峡工程各方面的报道中去，从而全面提升三峡题材新闻的文化品位和精神魅力。特此针对三峡题材新闻传播提出如下具体建议：

在报道方针上，要始终坚持"两个文明"一起抓的方针，真正把突出精神文

---

① 此处讨论引用三峡大学宣传部胡长贵研究员的观点：胡长贵.三峡区域新闻传播的文化策略[J].三峡大学学报(人文社会科学版),2001(8).

化意义、积极报道三峡文化和三峡精神作为提升新闻传播层次和品位的重要途径。可通过以三峡文化和三峡精神为依托的一系列文化策略，增强舆论引导的文化力量，引导和促进三峡区域的文化建设和社会主义精神文明建设，从而大大增强三峡区域发展和建设的后劲和潜力。

在报道内容上，要把三峡文化和三峡精神作为三峡题材新闻的重要内容和层面。通过连续报道和重点报道等，在宣传和传播三峡人文文化、三峡工程文化、三峡旅游文化及三峡集团企业文化等方面造成影响；要深入挖掘三峡工程各方面建设及管理中的精神文化内容，通过新闻特写、人物通讯等方式凸现三峡建设者志建三峡的爱国奉献精神；三峡工程百万大移民的实践中产生的三峡移民精神是新时期民族精神和时代精神的生动体现，这也是三峡新闻取之不尽的重大新闻题材。

在报道方式上，要把三峡文化和精神意蕴贯穿到三峡工程各方面采访报道的过程中，围绕受众对信息和精神文化的需要，使采访活动、写作活动充满文化的气质，不断探索崭新的采写方式，增强新闻作品的文化含量。要通过报道所体现的积极、优美的三峡精神文化内涵潜移默化地影响受众，提高新闻传播的精神文化品位，使新闻信息借助报道的文化载体得到更加生动的传播。

在编辑过程中，要开办关于三峡文化和三峡精神的新闻专栏或专题，总结和回顾三峡工程建设过程中凝聚的三峡精神，使其在三峡建设的新时期继续发展和弘扬；全面而大张旗鼓地报道三峡文化发展和建设的最新动态，展现三峡文化的无穷魅力。与此同时要长期不懈地开办研究三峡文化和三峡精神的学术理论专栏、专版，推动和促进其不断跃上新的发展层次。

三峡二期工程期间，三峡专属媒体对此也有成功实践。

1998 年，《中国三峡工程报》在精神文明建设的宣传中，注重宣传典型人物和典型事件，对“五一”奖章获得者、三峡工程优秀建设者和先进集体的宣传进行新的改进：在一、二版分别以图片加文字的形式强化宣传，对每个先进典型配发通讯和图片，分期连续介绍，历时一个半月，取得较理想的宣传效果。

2000 年，《中国三峡工程报》在人物的宣传报道方面配合一年一度的三峡工程优秀建设者评选表彰活动，系统地报道三峡工地全国劳模、省劳模，以及 1999 年度三峡工程优秀建设者、先进集体、先进班组的事迹。同时，对普通建设者及家庭、子女给予应有的关注。开设《三峡观点》、《三峡建设者风采》、《三峡就是我的家》栏目，发表《三峡人：难解育儿情结》等颇受欢迎的文章。坝区精神文明建设方面,《中国三峡工程报》与三峡工程坝区精神文明建设指导委员会办公室联办《三峡工程坝区精神文明建设与思想政治工作探索》栏目。

如今三峡工程已全部完工,在后三峡时代,三峡区域精神文明建设显得尤为重要,三峡题材的新闻传播应特别重视这一点,为库区精神文明建设做出积极贡献。

第四节 三峡二期工程公共关系传播受众态度分析

一、三峡二期工程受众态度特征

本部分以《三峡工程公共关系传播效果调查问卷》二期工程阶段的数据为依据,测量 175 位问卷受访者对三峡二期工程时期发生的热点事件所反映出的三峡工程相关议题的认知与态度,综合 42 位接受深度访谈受访者的访谈内容,共同考察三峡专属媒体与社会媒体的议程设置与铺垫是否对受众产生作用,进而对二期工程公共关系传播活动做出结果评估。

总体而言,三峡工程公共关系传播呈现出议程设置效果进而达到铺垫效果,即达到了如防洪、航运、移民等媒体特定议题可被受众认知、记忆、主动提起,进而当作三峡工程评判标准的理想状态。

需要指出的是,受访者目前所形成对三峡工程各方面的认知与态度并非仅仅是二期工程公共关系传播活动所起的作用,而是自三峡工程从最初的论证、评估到建设以来进行的全部新闻传播、公共关系活动等系列公共关系传播活动的长期累积效果。

(一) 议题选择与传播效果概述

1. 二期工程 5 个议题的选择

根据《中国三峡建设年鉴(1998—2003 年卷)》以及对《对三峡工程新闻传播信息数据库》中二期工程新闻报道议题进行内容分析,最终选择了能够反映三峡工程不同方面问题且代表二期工程公共关系传播活动景况的 5 个热点事件,以此为基础设置问卷题项(见表 3-9)。

表 3-9 二期工程 5 个议题的选择

热点事件	反映问题（议题）	三峡信息数据库对应议题	报道强度（占二期报道比例）①	公共关系传播活动类型
1998 长江特大洪水	三峡工程防洪	防洪	2.8%	新闻传播
1999 年《楚天都市报》对三峡汛期封航“后果”的失实编造	三峡汛期通航与应急转运	航运	6.3%	新闻危机公共关系
2000 年“9·3”塔带机事故	三峡工程施工安全	建设机制与体制	2.9%	事故危机公共关系
2000 年移民政策调整	三峡移民外迁	移民	13.7%	新闻传播
2000 年《中国青年报》失实报道引发的“外加剂风波”	三峡工程施工质量	工程质量评价	2.8%	新闻危机公共关系

如表 3-9 所示，问卷选择了“防洪”、“汛期通航与应急转运”、“施工安全”、“移民外迁”、“施工质量”5 个议题设置问题，该 5 个议题为三峡年鉴所记录且皆为二期工程报道较多的热点问题，且涵盖了新闻传播、新闻危机公共关系和事故危机公共关系三种类型的公共关系传播活动。

其中，“防洪”、“移民”、“工程质量评价”是被《三峡工程新闻传播信息数据库》单独列为一类议题的，说明这 3 个议题本身具有一定的报道规模和强度；而“三峡汛期通航与应急转运”和“施工安全”问题分别是数据库中“航运”和“建设机制与体制”议题下的特殊问题，且属于对危机公共关系个案的评价，因此不对二者做报道强度的讨论。

问卷中每个议题的陈述皆原文摘自同时期三峡专属媒体、中央级媒体或权威媒体的报道和评述，通过测量受众对媒介话语的认同程度，我们就可以验证受众认知及态度是否受媒介报道框架的影响，以及多大程度上受到了媒介报道框架的影响。

2. 三峡工程公共关系传播总体呈现出铺垫效果

根据对二期工程几个议题的研究发现，尤其在防洪、航运、移民问题上，三

① 报道强度指该议题在《三峡工程新闻传播信息数据库》中二期工程全部新闻报道中所占比例。

峡工程公共关系传播呈现出了铺垫效果。

铺垫效果属于议程设置理论研究的第二层,即在研究事件的显著性排列的传递过程以外,进一步研究媒介议程对事件属性及受众归因的影响。议程设置主要落脚点是认知层面的效果,而铺垫效果更多体现在价值判断标准的设立上,其主要基于以下前提:人们在做判断时,一般不会经过全面的分析,而是更喜欢试探的分析——比如直觉和常识,试探式分析的一种形式就是依据最容易得到的信息做判断。铺垫效果研究认为,当记忆中特定的结构模块被激活后,连接所涉及的概念,话题在记忆中更容易被调用,并成为价值判断的依据①。换言之,如果某个人最近接收到了某个信息或经常接触某个信息,那么,这个信息就成为最方便获得的信息,在遇到新的信息刺激时,这些旧信息会努力让新到来的信息与之建立联系,即旧信息成为其对新信息进行判断的重要标准②。例如,某个观众最近经常看到关于外交方面的报道,那么,这个信息在记忆中就会处于活跃状态,成为最容易获得的信息。如果这时恰好要他投票选总统,这一新刺激就会激活他对于相关新闻的记忆。结果是,在对总统做总体评价时,总统在外交方面的表现就成为一个非常重要的标准,而其他方面的表现就可能被忽略掉。

长期以来,无论是三峡专属媒体还是社会媒体都对三峡防洪、航运、移民等问题进行了频繁、全面、深入的报道,使受众在头脑中形成了关于三峡工程的方便记忆,以至于在其意识中这些议题就代表了三峡工程。当问及人们有关三峡工程的开放式问题时,这一新刺激会激活其关于防洪、航运、移民等新闻报道的记忆,那么,防洪、航运、移民等就成为其衡量、评判三峡工程的价值标准——当问及受访者"三峡工程有何利处"时,受访者最先想到的就是三峡防洪效益,以"防洪"作为判断三峡之利的首要依据;当问及受访者"关注三峡工程哪些问题"时,他们表示最关注三峡移民问题,并以"移民"作为评价三峡工程所存在问题的依据。这便是媒体对三峡工程的新闻报道与公共关系活动所产生的铺垫效果。

---

① 潘霁,张军方.比较铺垫效果和议程设置效果的发生机制[J].国际新闻界,2009(7).

② 刘海龙.议程设置的第二层与媒体政治——从《事关重要的新闻》说起[J].国际新闻界,2004(2).

二、受众态度总趋势

（一）受访者对三峡二期工程总体呈正面态度、处于中等偏上水平

175 个受访者分别对问卷中三峡二期工程时期共 16 项陈述进行从“非常不同意”到“非常同意”共 5 个等级的态度评价，“非常不同意”与“比较不同意”这两个代表负面态度的选项仅占全部选择的 6%，中立态度占 34%，正面态度则高达 60%，其中“比较同意”占多数（见图 3-12）。

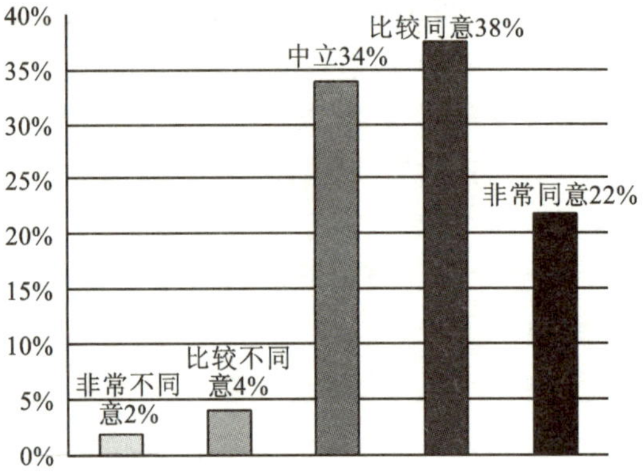

图 3-12　三峡二期工程受众态度分布

对 5 个态度等级由低到高依次赋值 1～5 分，分别对 16 项陈述组成的 5 个议题均值、二期工程整体受众态度均值与中值 3 比较进行单样本 T 检验（0.05 的显著性水平），结果见表 3-10。

表 3-10　5 个议题受众态度均值与 3 分比较（单样本 T 检验）

	检验值=3		
	均值		显著性水平（双侧检验）
三峡工程防洪问题	3.9886	3.7504	0.000
三峡汛期封航与应急转运	3.7733		
施工安全	3.7524		
移民外迁	3.7000		
施工质量	3.6629		

如表3-10所示，三峡二期工程受访者整体态度均值为3.7504，16项陈述构成的5个议题均值也都在3.6分以上，且态度均显著高于“中立”（3分）水平，整体趋向于“比较同意”。

对于负面态度偏少的一个不可回避的问题是，问卷陈述十分翔实而使其具有明显的导向性，这可能使部分受访者“在不唤醒认知过程的情况下得出与态度不一致的观点①”，即受访者可能本身对某问题持负面态度，然而翔实的事实陈述使其无可争辩地选择了“同意”。这在社会心理学中被称为“导向性问题”，因为认知过程会维护态度，有时候甚至会永久地保留某种态度，便可通过不唤醒认知过程的、导向性的提问方式以确保得到信念支持的答案，这种“确认策略”（confirmatory strategy）不失为一种改变受众对三峡工程态度的说服方式。

多数受访者皆对三峡工程表示支持和理解，一位来自宜昌且父亲为三峡建设者的大学生对三峡工程表示强烈支持，“从1955年起，三峡工程就已经开始评估并设计了，在如此之长的时间里，相信只有在所有的评估专家一致通过的情况下才会同意建设如此庞大的工程。我相信他们的决策，我更相信自己多年以来所听、所看到的一切，建设三峡工程绝对是个英明的决定！”大部分支持者都持“总体上三峡工程利大于弊”的态度，例如，一位青年大学教师说道，“虽然有一定的负面影响存在，但三峡大坝建成后其积极的因素还是占主导地位的，其对社会、国家和人民的贡献是毋庸置疑的。”当然也有受访者持中立态度，他们或是对三峡工程不了解，或是不关心，因此不发表任何评价，表示中立。

但不可忽略的是仍有负面态度存在，一位武汉大学生就表示“我不知道三峡工程有什么利，但我觉得这种利可以通过其他方式达到，但弊是没办法修补了，所以我觉得弊大于利”；其中不乏强烈反对者，表示“我对三峡工程严重地不同意”，且发出反对之声的多为教育水平较高（本科）的受访者，回答此问题是经过理智思考的。问及原因时，一种情况是通过网络接触到了较多的负面新闻，另一方面更追溯到三峡工程建设评估之初——“20世纪90年代三峡工程开工之初，很多水利专家以科学负责的态度提出中肯的意见，但中央一些领

① 吴国庆，陈丽玫．态度改变：说服策略研究的回顾与展望[J]．社会心理科学，2008(6)．

导的想法还是占了上风”，甚至表示“现在媒体对三峡工程已失去报道的真实性”。想法虽有所偏激，但这也代表了一部分高学历受众的态度，特别值得注意。

综上，受访者对三峡二期工程总体呈正面态度，且处于中等偏上水平；受访者的整体评价是“三峡工程利大于弊”。

（二）受访者对三峡工程防洪问题的认同程度显著高于二期工程其他议题

如图 3-13、表 3-11 所示，受访者对 5 个议题均为正面态度，然而对各议题认同程度仍有所区别。对于三峡防洪问题，受访者态度均值极尽于 4，认同度最高，且显著高于其他 4 个议题（$P<0.05$）。其余议题认同度依次为：三峡汛期封航与应急转运、由“9・3”塔带机事故反映的施工安全问题、三峡移民外迁问题，以及由“外加剂风波”反映的施工质量问题，然而，四者之间受访者认同度的差异并不显著（$P>0.05$）。其中关于移民外迁和施工质量问题，二者均值皆小于整体态度均值（3.7504），说明受访者对三峡移民外迁带来的影响和三峡工程施工质量的态度相对保守，负面态度偏多，或者说仍存在怀疑和争议。

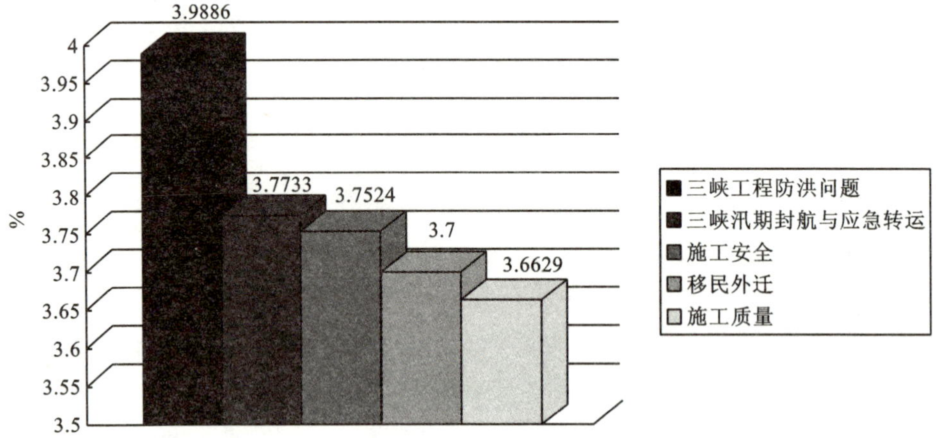

图 3-13　5 个议题的受众态度均值比较

表 3-11 五大议题态度均值两两比较（配对样本 T 检验）

	均值差值	显著性水平（双侧检验）
*防洪-汛期封航、应急转运	0.2152	0.000
汛期封航、应急转运-施工安全	0.0209	0.722
施工安全-移民外迁	0.0524	0.384
移民外迁-施工质量	0.0371	0.473

三、五大议题受众态度分析

以下将对每个议题的受众态度进行具体分析。

（一）三峡工程防洪问题

如表 3-12 所示，受访者对于三峡防洪问题尤为赞同，认同度显著高于二期受众态度总均值（$P<0.05$）。其中，a 项说明受访者了解三峡工程防洪原理并且比较赞同三峡工程的防洪效益，b 项则反映了受访者赞同三峡工程能够抵御洪水压力安然度汛；且相比之下受访者更为确信三峡工程度汛安全问题。

表 3-12 三峡防洪问题与二期受众态度总均值（3.7504）比较（单样本 T 检验）

议题（防洪）	报道强度	CⅡ-1、1998 年持续近 4 个月的长江洪水使三峡工程防洪问题备受瞩目，您认为：	检验值=3.7504	
			均值	显著性水平（双侧）
三峡工程防洪问题	2.8%（196）	a. 三峡水库可以运用部分库容对洪水进行主动的调蓄，通过水库控泄洪水对长江中下游发挥防洪作用；	3.9829	0.001
		b. 三峡工程利用枢纽泄流能力敞泄洪水，控制水库蓄洪水位不超过允许挡水高程，从而确保了三峡水利枢纽工程及其施工安全	3.9943	0.000

1. 三峡专属媒体及社会媒体大力宣传报道三峡防洪效益

社会心理学家指出，当新的态度非常强烈和极端时，态度的保持及其向行为的转变才更可能发生，建立这种强烈的态度主要依赖于信息曝光以后的呈现频率，可见，信息的呈现频率能极大地影响到个体的态度——说服的频率越多(处于过度曝光效应 overexposure 的临界点内)，个体就越倾向于喜欢它①。三峡防洪效益即受到了三峡专属媒体和社会媒体全面、深度、频繁地宣传报道。

首先，1998 年特大洪水成为三峡专属媒体和社会媒体宣传三峡防洪效益的一个契机。三峡工程地处长江要冲，1998 年三峡工程面临开工以来最为严峻的汛情。三峡工程防洪效益究竟如何？三峡工程在大江截流后的第一年，能否安然度汛？这些问题成为当时舆论普遍关注的焦点。就此，三峡新闻宣传中心影视部多次奔赴洪湖、监利、荆州、汉川等灾区拍摄采访，协同中央电视台"新闻联播"、"焦点访谈"、"海外中心"、"中国报道"等专题部和其他影视单位采访报道三峡工程和三峡工程的防汛情况;《中国三峡建设》杂志发表深度评论《98:倘若三峡工程已经建成》;《人民日报》专门撰文《三峡工程的防洪作用》特别强调其防洪效益;《中国电力报》刊发《三峡工程安全度汛有保障》，解答三峡工程如何度汛的问题;此外，《湖北日报》、《重庆日报》也对三峡防洪情况进行了全面报道。

其次，据《三峡工程新闻传播数据库》统计，二期工程时期关于防洪议题的文献资料近 200 篇，占二期文献总量的 2.8%;防洪议题占三峡工程三个阶段(1993—2009 年)全部文献报道的 4.8%，共 964 篇，为 20 个议题中的第九大议题，因此，自三峡工程建设以来媒体对防洪问题的报道强度是较大的。

2. 受访者具备一定的三峡防洪知识，本身对三峡防洪认知水平较高

单报道数量并不能说明受众接受程度问题，报道三峡防洪的媒体较权威可信，报道内容本身较客观、容易理解接受或新闻报道安排的位置较突出，或是受众本身对三峡防洪问题比较关注并有较高的认知水平等都可能是受访者对防洪问题有尤为赞同的原因。

关于受众对"防洪"的认知在深度访谈中有所体现，当问及受访者"最关注三峡哪方面新闻信息"时，42 人中有 13 人都提及了关注"防洪"问题，是仅次于

① 吴国庆，陈丽玫. 态度改变:说服策略研究的回顾与展望[J]. 社会心理科学，2008(6).

"移民"和"生态环境"的第三大受关注的问题;当问及受访者"三峡工程有哪些利"时,回答最多的、最先被提起的也是"防洪",即出现了前面所述的铺垫效果。受访者还对三峡防洪做出评价,与其他有负面评价的议题相比,受访者对于防洪效益的评价皆呈正面,例如:

就专家方面而言,在长江三峡勘测研究院有着三十多年工作经验的王先生在访谈过程中强调"防洪"是三峡的主要任务,"三峡水库的兴建可以确保长江中下游的武汉、沙市、九江、荆沙大堤不受洪水的威胁。1998 年中国遭遇了百年难遇的特大洪水灾害,当时正是因为三峡大坝尚未建成,从 1998 年到今天的十多年间已经有两年的洪峰达到或者超过 1998 年的水平,但是没有爆发特大洪水灾害,这要归功于三峡大坝的修建";在长江水利委员会任职的陈先生对三峡工程防洪效益有理性的思考,考虑更多关于三峡工程长期的可持续发展问题,"三峡工程的建设为我们带来了很多好处,近几年短期收效很大,长江中下游流域的洪灾情况明显减少,为长江流域群众带来了实惠,但长期影响尚不明确"。

以普通公众层面看,一位荆州市的退休老人用自身经历说明三峡工程防洪作用,"(三峡工程)尤其对防洪起到了相当积极的作用,这是我们生活在长江中下游的人感受最深的地方";许多受访者表示对教科书中三峡工程防洪效益的介绍记忆犹新;多位受访者表示一直以来就关注三峡防洪方面的新闻报道;更有受访者深入了解三峡工程的防洪原理,来自黄冈市的胡老师(43 岁)说,"三峡水利枢纽可以分期泄洪,有效地控制洪峰通过的时间地段,起到抗洪防洪的作用"。

除少数专家通过自身工作经验了解三峡防洪效益外,普通受访者基本是通过媒体或中学地理课本获得三峡防洪知识的。这些都体现了受众本身对三峡防洪认知水平较高,三峡防洪知识在公众中普及率较高,媒介和教科书都起到了宣传作用;且不仅认知度高,受众对防洪效益都是认同的。

综上所述,媒体对于防洪效益的大力宣传与受众本身对防洪较高的认知水平共同促成了受访者显著正面的态度。

(二)三峡汛期通航与应急转运

如表 3-13 所示,关于三峡汛期通航与应急转运问题,受众对 c 项"汛期封航情况下,采用汽车通过坝区专用公路从茅坪港至宜昌市的应急转运方式能够确保旅客安全进出三峡”明显赞同(认同度显著高于二期受众态度总均值);而对于a、b项“汛期三峡能否安全通航及通航能力”抱观望态度,认同度略低于二期态度总均值,且明显低于“通过专用公路进出三峡”。

表3-13　三峡汛期通航与应急转运问题与二期受众态度总均值(3.7504)**比较**(单样本T检验)

议题	CⅡ-2、1999年7月17日《楚天都市报》在其三版刊发的署名文章编造“汛期断航”的“严重后果”,引发了围绕三峡汛期通航与应急转运问题的对答。您认为:	检验值=3.7504	
		均值	显著性水平
三峡汛期通航与应急转运	a.在保证允许通航流量的条件下,汛期三峡能够及时安全通航;	3.7257	0.728
	b.通航管理局采用绞滩助推方式扩大了三峡汛期的通航能力;	3.6857	0.269
	c.汛期封航情况下,采用了汽车通过坝区专用公路从茅坪港至宜昌市的应急转运方式,确保旅客可以安全进出三峡	3.9086	0.011

此题涉及的是特殊情况下的三峡航运问题,是二期工程三峡新闻宣传中心处理新闻舆论危机的案例之一。1999年7月17日,《楚天都市报》在其三版刊发的署名文章编造“汛期断航”的“严重后果”,出现严重的舆论误导。对此,中国三峡总公司新闻中心派员专访坝区管理部主任、汛期应急转运领导小组常务副组长潘大中,通过答记者问方式澄清被误导的事实,同时以《三峡汛期不会封航》、《三峡工程汛期应急转运有序进行》为题,在《中国经济导报》、《湖北日报》等报刊上相继发表文章,客观地批驳该报道的误导,纠正不实之言,以消除汛期游人对进出三峡的疑虑。现在看来,受众对三峡汛期通航与应急转运总体呈正面态度,说明在三峡新闻中心的控制下,负面言论得到了及时的遏止,正面报道起到了长期作用。然而从受众态度可以看出,虽然对汛期三峡通航能力及封航应急转运方式都是比较认同的,但在汛期情况下,受众更倾向于选择乘车进出三峡。出于人身安全考虑,这也是符合人之常情的。

此问题虽为个案,但在五个议题中是仅次于“防洪的”被认同的议题,这与受众关注“航运”、二期工程时期媒体对“航运”问题报道较多不无关联——“航运”方面的新闻报道占二期文献6.3%(436篇),是二期工程第六大议题,受众有较多机会接触三峡航运方面的信息和知识,就有可能对其中的汛期通航情况有所了解。这在受众访谈中有所体现，当问及了解三峡工程哪些利处时，“航运”也是提及率较高的答案之一。

（三）施工安全

此题以2000年“9・3”塔带机事故为背景考察受众对三峡施工安全问题的看法，该案例也是三峡总公司及新闻宣传中心组织的一次危机公共关系活动（见表3-14）。一般来说，“危机”是指危及社会组织利益、形象、生存的突发性或灾难性的事故或事件；时间的紧迫性、威胁的严重性和事件发展的不确定性，构成了危机的主要特点，也成为危机造成严重后果的关键所在①。那么危机公共关系就是指组织遇到信任、形象危机或形象失误时，通过一系列的公共关系活动来获得社会公众的谅解，进而挽回影响的一项工作。

表3-14 三峡工程施工安全问题与二期受众态度总均值（3.7504）比较（单样本T检验）

议题	CⅡ-5、CⅡ-3、2000年9月3日，三峡大坝泄洪坝段3号塔带机断裂造成人员伤亡事故；9月28日，中国三峡总公司召开三峡工程“9・3”事故信息通报会。您认为：	检验值=3.7504	
		均值	显著性水平
施工安全	a. 事故发生后，中国三峡总公司和相关单位组成了“9・3”重大事故调查领导小组，着手对人员伤亡情况、设备技术情况进行调查，并抓紧做好善后处理工作；	3.6571	0.173
	b. 事故后同类的塔带机和顶带机暂停运转以进行全面探伤检查，消除安全隐患；	3.8000	0.481
	c. 三峡工程实行施工单位专职安全员巡查、专职安全监理工程师督查、安全总监现场巡查的安全监督检查制度，使三峡施工安全有保障	3.8000	0.465

社会组织进行危机公共关系，应立足于应付突发事件，通过有计划的专业处理系统，将危机的损失降到最低。其中，公众关系协调是危机公共关系工作的重要内容。面临危机，组织应分析危机事件中公众对象的结构关系，把握不同公众对象特征，采取相应对策，从而提高危机公共关系的有效性。

2000年9月3日，三峡大坝泄洪坝段3号塔带机断裂造成人员伤亡事故，

① 邵晓明，刘军．“矿难”危机公共关系的公众对策探讨[J]．中国矿业，2009(3)．

三峡总公司立即组织展开危机处理工作。

(1) 成立危机处理小组。事故发生后，中国三峡总公司与相关部门迅速组成“9·3”重大伤亡事故调查领导小组，下设三个组：“9·3”重大事故伤亡调查小组；“9·3”重大事故设备技术调查小组；“9·3”重大事故善后处理小组，各小组深入事故现场分别着手对人员伤亡情况、设备技术情况进行调查，并抓紧处理善后工作。

(2) 新闻宣传中心及时向社会媒体传递正面信息。事故后三峡新闻宣传中心及时与中央各大新闻媒体联络，主动告知公众发生了什么事故，并公布事故背景情况，9月5日—7日，新华社、中国新闻社、《人民日报》、《中国青年报》、《长江日报》等媒体就营救工作、事故的调查处理工作进行了及时、客观的报道，着力突出了三峡总公司正视事故、尽全力处理事故的积极态度，在事故原因未明的情况下及时消除社会公众的各种猜测，为进一步处理事故创造正确的舆论氛围。

(3) 举办“9·3”事故信息通报会。事故原因初步查明后，9月28日，中国三峡总公司召开三峡工程“9·3”事故信息通报会，包括新华社三峡支社在内的中央及地方近20家新闻媒体应邀到会，听取三峡总公司就“9·3”重大事故调查处理最新进展所做的情况通报。会后多家媒体发文《三峡“9·3”塔带机倒塌事故原因查明》，并公布三峡总公司《初步调查报告》，及时向外界传达了事故原因。

(4) 处理善后工作。9月30日，伤亡人员善后工作全部结束，受害者家属各得到10万元抚恤金。此后，《中国三峡工程报》组织安全专版，特别加强安全管理工作的报道，在报道中还产生了《“9·3”群伤事故新闻调查》等数十篇影响较大的稿件和《为了“万年大计”工程》等一系列重点栏目。

从整个事故的处理过程来看，三峡总公司与新闻宣传中心分别对内部公众(受害者、员工)、媒介公众与社会公众采取了相应的公共关系措施：对于内部公众，危机处理小组及时抚恤受害者及其家属、迅速查明事故原因、维护受害者权益，并且主动公布事故真相，不对内部员工隐瞒事实，以消除其怀疑和紧张心理，并在事后致力于做好其精神恢复工作；对于媒介公众，三峡新闻宣传中心进行了积极有效的媒介公众协调，全面掌握信息传播的主动权，及时对外沟通了信息，疏导了舆论；对于社会公众，三峡总公司通过积极地处理事件建立了与社会公众的紧密联系，取得社会公众的谅解。因此，此次危机公共关系中三峡总公司及其新闻中心有组织、有步骤、有策略地理顺各方关系，进行了有效的公众协调与沟通，将负面影响降到最低限度。

如表 3-14 所示，受访者对三峡总公司组织处理事故的方式、采取设备停运探伤检查的措施及三峡工程安全监督检查制度能够保障施工安全表示比较赞同，态度均呈正面，说明由于沟通及时，处理得当，使舆论导向把握较好，当时的危机公共关系工作起到了正面作用，取得了较好效果。综上所述，无论从事故处理过程还是受众反馈来说，这都是一次成功的危机公共关系。

然而，由于此事件较特殊、年代也较久远，许多受访者对此事并不了解，尤其是三峡公司外部公众（非三峡公司员工）多表示中立。如图 3-14 所示，三峡公司内部公众对此议题 100％持中立及正面的态度，而外部公众则对此评价相对偏低，负面态度虽不多但全部来自于外部公众。

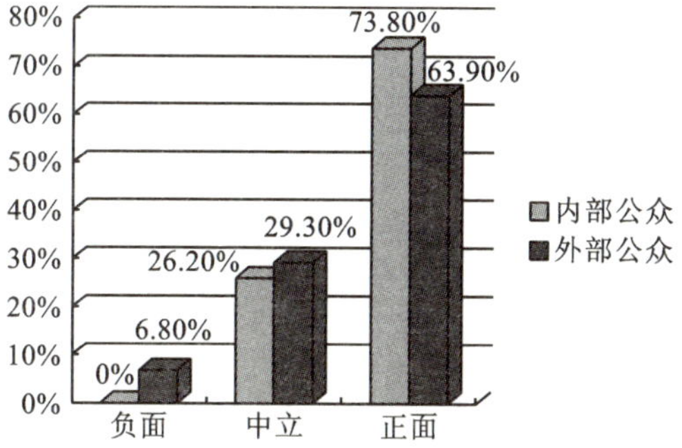

图 3-14　三峡内、外部公众对施工安全的态度比较

（四）移民外迁

如表 3-15 所示，受访者对移民外迁总体持正面态度，但相对于以上三个议题认同度偏低，低于二期受众态度平均水平。对于 a、b、c 项陈述的移民外迁“有利于退耕还林、防止水土流失”、“有利于解决土地容量不足问题”、“有利于农村移民脱贫致富”三个“有利于”受访者认同度均较低，而对于 d 项“国家对外迁移民实行后期扶持政策”则十分认同（$P<0.05$）。显然，国家对外迁移民补助和后期扶持是业已实施的事实，而移民外迁对于生态环境的长期效益还未凸显，受访者态度自然会有所保留，持观望态度。

表 3-15 三峡移民外迁问题与二期受众态度总均值(3.7504)比较(单样本 T 检验)

议题(移民)	报道强度	CⅡ-4、2000 年起，党中央、国务院从三峡生态建设入手调整移民安置政策，调整重点是将原计划在三峡库区就地后靠搬迁的农村移民，远迁到库区以外的经济发达地区。您认为：	检验值＝3.7504	
			均值	显著性水平
移民外迁	13.7%(946)	a. 移民外迁有利于退耕还林、防止库区新的水土流失；	3.6686	0.273
		b. 移民外迁拓展了安置空间，解决库区土地容量严重不足的问题；	3.6514	0.152
		c. 外迁移民接收地都是经济较发达地区，有利于农村移民脱贫致富、提高生活水平；	3.5543	0.010
		d. 国家对三峡库区外迁移民除给予适当补助外，还将实行后期扶持政策，例如给予一定期限的减免税照顾、对其进行劳动技术技能培训等	3.9257	0.015

1. “移民”是三峡专属媒体及社会媒体新闻报道的重大题材，报道强度大

三峡工程建设整个库区将动迁 100 多万移民，创世界移民的最高纪录。按中央确立的开发性移民的方针，对移民搬迁、移民的生产生活安置、产业开发、环境与生态保护、移民者个人和移民工作者先进典型进行报道，是贯穿三峡工程建设始终的重大题材①。《三峡工程新闻传播信息库》中，二期有关移民问题的新闻报道占二期文献的 13.7%，位居 20 个议题之首，报道规模甚至超出工程施工进展，且超出一期和三期工程移民报道受到了媒体和社会的特别关注。

2000 年，多渠道安置移民方针在三峡库区全面贯彻，数万库区移民分期外迁沿江沿海，“本地安置与异地安置相结合、集中安置与分散安置相结合”等迁移工作重大决策开始付诸实施，移民工作进入全面攻坚阶段，媒体承担着为移民外迁工作营造良好舆论环境的重任。

其一，就三峡专属媒体方面而言，在与三峡建委移民局、库区各级移民部门积极联系、把握方向、确定重点的基础上，《中国三峡工程报》对 2000 年的外迁安置试点工作做全面深入的跟踪报道。加强移民版策划，派记者深入库区实地采访，对重点栏目《三峡库区发展新闻调查》和《移民话题》等予以精心编排，在宣传移民外迁政策，正确引导库区经济发展上起到应有作用。

其二，就社会媒体方面而言，在推动库区移民“走出去”的报道中，《人民日

① 危明华，唐宜贵.三峡工程报道的新闻策划[J].新闻记者，1996(6).

报》发表的《三峡工程移民的辩证思考》、《三峡移民搬迁进度加快》、《重庆加大三峡移民资金整改力度》、《三峡库区首批外迁移民即将动迁》、《重庆进行三峡库区二期移民再动员》、《三峡库区首批移民抵上海》、《移民生活第一天》、《浙江安置移民见闻录》与《经济日报》刊发的《三峡工程二期移民进入攻坚阶段》、《三峡重庆库区七万移民开始迁往十一省安置》、《构筑三峡生态新天地》、《三峡库区"绿"起来》、《重建长江生态屏障》、《三峡外迁移民整装待发》、《12 万三峡移民外迁带来什么》、《长江上游生态恶化势头得到初步遏制》相得益彰；在《重庆日报》与《湖北日报》等地方大报的深度报道配合下，充分体现了移民"走出去"的必要性与正确性，全方位展示了党中央、国务院从三峡生态建设入手，调整移民安置政策以及外迁移民"走出去"的全过程。《人民日报》、《经济日报》、《重庆日报》、《湖北日报》相继刊发的这一系列具有互补性的连续报道，在国内产生较大影响，在三峡库区引起较大反响，为库区移民外迁工作创造了较好的舆论环境。

2. "移民"是三峡新闻报道中受访者最为关注的内容

当问及受访者"关注三峡哪方面的新闻信息"时，42 位接受深度访谈的受访者中有 28 位都回答了"关注移民问题"，且有 9 位表示特别关注、长期关注移民问题，可见"移民"是受访者最关注的内容。一位武汉受访者称"移民是一个公共问题，也是民生问题，从公共管理角度来说，它关系到地方安定。移民问题不是一朝一夕能够解决的，它需要很长一段时间才能解决，处理好。所以我是长期关注此问题的。"一位来自北京的曾参与过三峡移民新闻报道的媒体从业者也表示，"（三峡报道方面）我最关注移民问题，因为这是一个社会性的问题，牵涉的很多方面民众利益，而且是一个长期性的问题，所以我对此关注最多。移民的感受是我报道的重点。"

24 位深度访谈受访者对移民问题发表了个人看法，其中，9 位对三峡移民呈正面态度，6 位发表中立的观点，9 位呈负面态度，正负面态度比例相当。从受访者话语中可知其关注最多的是移民是否得到合理安置、移民政策是否落实及移民心理等与移民自身息息相关的问题，而较少关注移民外迁对于库区生态环境的改善效益。

9 位正面评价三峡移民受访者的代表观点是：开发性移民政策得到了有效贯彻，国家给予移民大量补助，帮助其在新环境下安家、就业，移民得到妥善安置，生活质量得到显著改善；且三峡工程代表国家利益，移民应当为国家建设做出贡献和牺牲。例如：①在长江三峡勘测研究院任职的陈先生说道，“移民问题是在三峡工程建设中十分复杂和棘手的问题，其原因也来自自然、经济、社会等多个方面。而中央所提出的开发性移民方针基本得到了贯彻，克服了很多问题，取得了很大的收效。”②一位来自武汉的大学生认为移民工作值得称赞，“三峡工程改变以往的工程移民的模式，不是以补偿式而是开放式，体现的以人为本的思想和可持续发展。”③曾报道三峡移民问题的北京记者在表示关注移民后继续称，“我认为在移民上，国家给了移民大量补助，并且帮助他们后继就业、安家，确保移民长期受关注、问题及时解决。”④一位有朋友在三峡公司工作的武汉受访者(41 岁，企业工作人员)则以同事经历为例：“我觉得移民的安置工作还是做得比较好的，做到了以人为本。几个同事的亲戚对安置的补偿比较满意，感觉生活比以前更加富足，有的还将农村户口转到了城市户口。”⑤来自黄冈市的胡老师(43 岁)对于移民外迁问题，认为“这是国家利益，库区原居民要理解，国家以人为本，对库区原居民进行合理安置是应该的。”

6 位持中立态度的受访者皆辩证地看待移民外迁问题：移民外迁对库区居民来说是机遇也是挑战；移民个人和家庭做出了较大牺牲，但更为国家经济发展和建设做出了贡献；移民政策能否真正落实是移民工作成败的关键，有的地方移民安置工作比较到位，但也有的地方移民生活状况不及以前。例如：①一位来自武汉的与三峡无直接关系的女士(45 岁，党政机关干部)说道，“没有百万移民就没有三峡工程，三峡工程的成功是建立在百万移民举家迁移的基础上。一方面，移民外迁使百万群众有了新的生活，使他们的生活质量有所提高，另一方面，外迁也让原居民改变了可能是几辈子的生活习惯，等于是要重新选择一个完全未知的生活模式，所以对他们也是一种逼不得已的挑战。”②家住宜昌市兴山县的小张(20 岁，现役军人)曾亲历过亲属移民搬迁的情形(属于就地后靠)，他认为，“移民搬迁工作的落实是关键，国家的很多政策市相当不错的，但是执行力度和执行者的素质决定了移民搬迁的百姓是否能切实享受到移民搬迁安置政策的实惠，在很大一部分地区，移民搬迁工作进行的不好，是富了官员，惨了百姓。”③上海某电子科技公司销售总监王小姐(29 岁)对移民是否真正得到妥善安置表示质疑，“通过新闻和刊物，所了解的是大批移民被有效安置，同时已融入新的生活，安居乐业。但真实情况，不得而知。”

9 位持负面态度的受访者认为：与安土重迁的传统观念相违背，移民不得不背井离乡，内心伤害无法弥补，是三峡工程建设的最大牺牲者；外迁农民迁出后没有生存技能，与城镇文明融合困难；9 位持负面态度的受访者有 3 位都提到了移民腐败，他们认为这是移民工作中存在的最大问题。例如：①家住宜昌、有亲属在三峡工作、现就读于华中师范大学的姚同学十分关注移民问题，对三峡移民表示同情，“很多移民失去土地，背井离乡，生活失去保障，外迁移民为三峡大坝工程牺牲了较大利益。”②来自武汉的张先生（47 岁，事业单位管理者）对于移民外迁表示：“一般人都不会愿意离开自己住了这么多年的地方，城市人经常搬家还好，山村里的人很少离开自己住的地方，怎样去控制这种负面情绪是个问题。”③一位来自宜昌石板溪的青年受访者提到了移民腐败，“三峡移民工作表面风光，其实移民多半遭到不同程度的不公平待遇，是三峡工程建设中的牺牲者。很多人并不想离开世代居住的地方却不得不迁出，很多人都是农民，迁出后并没有可以在城镇中安身的技能，更普遍的是移民工作中的腐败。”④武汉一名水利水电工程专业的大学生则直接指出所谓移民腐败，是指“三峡移民出现了腐败和资金挪用问题”。

综上所述，移民外迁的报道强度远远高于“防洪”、“航运”，且社会知晓度、普及率也不亚于“防洪”，但问卷调查中受访者对移民外迁益处的认同度与“防洪”等相比显著偏低，原因是多方面的：相比移民外迁带来的生态环保方面的益处，受众更加关注移民生存与发展问题；由于触及中国传统乡土观念，移民工作本身就存在极大困难，媒体对于社会公众根深蒂固的信念进行说服工作自然也有难度；移民工作难度大，其中必然存在不少问题，然而媒体对其负面报道偏少，没有及时解答公众疑问，例如“外迁移民是否真正得到了妥善安置？”，而总是使用正面宣传词汇，极容易使受众的怀疑不断扩大并产生抵触情绪；外迁移民的确做出较大牺牲，受众对其易产生同情感，此情感就基于“移民外迁是一种牺牲”的认知，是一种负面情绪和态度，这种情感一旦形成便难以动摇。此外，根据铺垫效果理论，“移民”问题被受众当作是评判三峡工程所存在问题的重要标准和依据，即一提到三峡工程存在哪些问题，受众便会想到移民问题，因此对移民的评价和态度自然偏负面。

相对而言，首先媒体要增加三峡移民民生方面的新闻报道，关注其生存与发展现状；其次在报道中不仅要展示移民安置工作成果，也要勇于发现其中存在的问题，给公众一个客观的、全面的三峡移民，“报喜不报忧”的做法只会使公众对移民报道逐渐失去热情和信任；最后，要通过增加对“移民精神”的宣传与弘扬来改变公众“移民外迁是一种牺牲”的消极情绪，变“同情”为一种对移民奉献精神的崇尚之情。只有如此才能从认知和情感上根本改变受众对于移民外迁的消极态度。

即便如此，该议题的整体认同度还是正面偏上的，公众议题与媒体设置的议题基本一致，说明无论三峡专属媒体还是社会媒体在移民外迁的宣传上还是卓有成效的，至少“移民”是最受关注的、最容易被想起并当作三峡工程评判标准的问题。

（五）施工质量

如表 3-16 所示，受访者对于三峡施工质量的评价总体呈正面，但在 5 个议题中是认同度最低的。二期工程时对“工程质量评估”的报道强度与“防洪”相同，同占二期报道的 2.8%，然而认同度却有显著差异。以下将具体对“外加剂风波”进行个案分析。

表 3-16　三峡工程施工质量问题与二期受众态度总均值(3.7504)**比较**(单样本 T 检验)

议题（工程质量评估）	报道强度	CⅡ-5、2000 年 8 月 7 日《中国青年报》发表的《入选三甲被逐三峡，落标产品浇筑大坝》一文称“三峡工程使用‘未中标产品’的大坝外加剂，给三峡二期工程大坝混凝土浇筑施工带来严重隐患。”中国三峡总公司新闻宣传中心致函中国青年报、中宣部说明情况，组织专家和社会媒体澄清事实。您认为：	检验值＝3.7504	
			均值	显著性水平
施工质量	2.8% (195)	a.外加剂的比选试验研究经历了初选与优选试验、专家评议筛选、国内两家权威科研试验机构（中国水利水电科学研究院、长江科学院）和三峡总公司试验中心平行试验、中国建材科学院复核试验这四个阶段，以保证外加剂选择的科学性和权威性；	3.5086	0.001
		b.三峡工程采用多项技术措施，如优化混凝土配合比，使混凝土具有优越性能，确保混凝土施工高强度与高质量的统一；	3.6914	0.384
		c.三峡工程实行由施工单位自行初检、监理单位总体把关、三峡总公司直接监督、国务院“三建委质量专家组”权威审查、质量总监专项负责的五级工程质量监管体制，该体制能够为三峡混凝土浇筑施工质量把关；	3.6057	0.026
		d.通过主管部门组织专家建立一个监督机构，对业主（三峡总公司）行为进行经常性跟踪监督是必要的	3.8457	0.160

[案例分析]

三峡二期工程公共关系传播个案分析:“外加剂风波”

当今社会是一个高度媒介化的社会,新闻媒体成为媒介社会中人们认识和了解世界的窗口。在这样的社会,企业极易陷入新闻媒体的虚假报道、煽情新闻和恶意炒作所引发的新闻危机中,且并不因其谨小慎微就可以避免①。因此,习惯并且学会策略性地同媒体打交道、化解各种新闻危机和舆论危机不仅是企业危机公共关系的重要内容,更成为现代企业的一项重要工作内容。

2000年8月的“外加剂风波”即是由一篇不实新闻报道引发的新闻危机事件,曾在社会上引起一场轩然大波——《中国青年报》2000年8月7日发表的署名刘志伟、张双武的《入选三甲被逐三峡,落标产品浇筑大坝》一文称“三峡工程使用‘未中标产品’的大坝外加剂,给三峡二期工程大坝混凝土浇筑施工带来严重隐患。”当时除国内媒体转载甚至发表评论外,国际互联网和海外媒体随即转载,造成严重负面影响。一时间,“外加剂风波”成为国内外媒体关注的焦点,引发了围绕三峡大坝混凝土浇筑质量、甚至权力监督机制问题的对答。这是二期工程期间几次新闻舆论危机中社会影响较大的一次,三峡总公司及新闻宣传中心采取公共关系措施积极应对,具有代表性。

一、“外加剂风波”舆情跟踪(见表3-17)

表3-17 “外加剂风波”舆情跟踪

阶段	时间	新闻单位	报道内容	舆论类型	舆论导向
(一)危机爆发期	2000-8-7	中国青年报	入选三甲被逐三峡,落标产品浇铸大坝	媒体舆论	负面
	2000-8-8	新快报	使用落标产品,三峡二期大坝可能存在严重隐患	媒体舆论	负面
	2000-8-9	香港商报	三峡大坝竟用落标产品,混凝土浇注质量令人忧	媒体舆论	负面

① 彭剑.媒介化社会:企业如何应对新闻危机[J].公共关系世界,2008(2).

续表

阶段	时间	新闻单位	报道内容	舆论类型	舆论导向
（二）危机扩散·蔓延期	2000-8-9	上海青年报	三峡负责人怒驳"大坝要变豆腐渣"报道	媒体舆论	中立
	2000-8-10	江南时报	大坝不是"豆腐渣"，三峡负责人怒驳不实报道	媒体舆论	中立
	2000-8-11	三峡总公司新闻宣传中心	关于三峡工程大坝混凝土外加剂报道严重失真的函（原文涉及的4位专家发表声明）	内部舆论	正面
	2000-8-11	三峡总公司新闻宣传中心	关于"入选三甲被逐三峡，落标产品浇筑大坝"文章严重失实并请予澄清的函	内部舆论	正面
	2000-8	中国三峡工程报	关于三峡工程混凝土外加剂的几个问题	内部舆论	正面
	2000-8	中国三峡工程报	总工程师张超然答《科技日报》驻鄂记者刘志伟函	内部舆论	正面
	2000-8-17	南方周末	"落榜产品浇筑三峡大坝事件"调查	媒体舆论	负面
	2000-9-2	中国青年报	致歉声明	媒体舆论	正面
（三）危机减弱·消散期	2000-11	施工企业管理	质量铸三峡——来自三峡工程的报告	媒体舆论	正面
	2000-11-19	东方网	三峡工程建立五级质量监管体系	媒体舆论	正面
	2006-6-8	星岛环球网	三峡建设不透明，工程质量受质疑	媒体舆论	负面
	不明	网友：野地西风	谁在三峡滥用权力	公众舆论	负面

（一）危机爆发期（2000年8月7日—8月9日）

2000年8月7日，《中国青年报》发表《入选三甲被逐三峡，落标产品浇筑大坝》一文。文中披露大坝二期工程混凝土外加剂选用的"内幕"，指曾有多家生产企业参与"竞标"，三峡建设承包公司2000年4月也认定过"中标单位"，但目前在施工中采用的竟然是未中标的私营企业的产品，而几个中标单位的产品均未用于工程建设。文章引述了中国工程院院士、长江水利委员会总工程师郑守仁，长江水利委员会规划设计研究院总工程师徐麟祥的话，指二期工程由于外加剂的选用“可能带来严重的质量隐患”，“工程质量保障机制还有待完善”，“业主的行为缺乏有力的监督”。

此文一出即引起外界关注，国内多家报章进行转载并发表评论，称“三峡二期大坝可能存在严重隐患”、“混凝土浇筑质量令人忧”，国际互联网和海外媒体随即转载，内地某中央级传媒的内部参考也曾就此进行报道，造成了严重负面影响。

（二）危机扩散、蔓延期(2000 年 8 月 9 日—9 月 2 日)

1. 三峡相关负责人正面回应

2000 年 8 月 9 日，上海青年报记者电话专访三峡总公司工程建设部主任彭启友，他表示，《中国青年报》的报道有失公正和全面，二期工程混凝土浇灌外加剂的选择，是中国水利水电科学院、长江科学院按程序进行的，所谓“中标”与否是施工承建单位自定的，大坝工程建设部最后指定浙江龙游厂的产品，是因为其质量优胜，与企业的私营性质没有关系，更无任何涉及腐败的非法交易。

三峡负责人正面回应此事后，在事实没有明确时，各媒体开始以中立的姿态报道有关“外加剂风波”的争论和对答。

2. 三峡新闻宣传中心采取危机公共关系措施

2000 年 8 月 10 日，中国工程院院士郑守仁等 4 位原文引述时涉及的专家联合发表声明，指出原文严重失实：“篡改采访时间，将去年写成今年”、“断章取义，肆意更改被采访人的原话”、“事实上已有 2 种外加剂中标入选在三峡工程上使用(浙江龙游 ZB-1A 和北京冶建 JG3)，今年以来，三峡工程大坝混凝土已先后使用了三个厂家的外加剂”。

同日，中国三峡总公司新闻宣传中心致中国青年报《关于“入选三甲被逐三峡，落标产品浇筑大坝”文章严重失实并请予澄清的函》，同时将此函上网并转呈中宣部和相关的领导机关。

(1) 文中列举了原文失实情况，称“所谓‘入选’与‘落标’是就三峡工程建设承包商之一的葛洲坝集团公司 2000 年 3 月进行的外加剂采购招标工作而言，与三峡总公司无关”，三峡工程选用的外加剂是经过反复试验和实践检验的可靠产品，与生产厂家的属性无关，“在三峡工程不存在外加剂被人为垄断的问题”，更“不存在质量隐患”。

(2) 文中引用了国务院三峡工程建设委员会质量专家组对三峡工程混凝土原材料质量的评价：“三峡工程目前使用的混凝土原材料如水泥、粉煤灰、外加剂等都是经过多家国内权威科研机构充分试验后优选出来的，品质优良，且对其质量指标的要求严于国家标准。目前现场对原材料质量控制保证是严密的”。

(3) 该函结尾三峡总公司表示：“中国三峡总公司作为三峡工程业主，全面负责三峡工程的建设和管理，要对三峡工程的质量负最终的责任。我们工作中确实存在许多不足，离党中央、国务院要求的一流标准，确实还有距离。我们诚恳欢迎新闻媒体和全国人民的批评监督。”“三峡工程对国内、外各新闻媒体始终敞开大门的。”

《中国三峡工程报》同时发表中国三峡总公司工程建设部《关于三峡工程混凝土外加剂的几个问题》和《总工程师张超然答〈科技日报〉驻鄂记者刘志伟函》。

此阶段，三峡总公司宣传中心及时采取应对措施，要求更正不实报道的同时向公众公布相关背景情况、传递正面信息、填补信息空白，将舆论引导到有利于三峡工程的方向上去。

3. 危机公共关系后媒体反应

2000 年 8 月 17 日，《南方周末》发表“‘落榜产品浇筑三峡大坝事件’调查”一文，经调查记者认为三峡工程目前选用的浙江龙游 ZB-1A 减水剂不存在质量问题，但四种外加剂质量相差无几的情况下，“龙游厂产品价格较高却得到采用的问题是这次招投标过程中一个不可回避的疑点。”记者还采访到负责外加剂招标采购工作、葛洲坝集团三峡建设公司副总陈飞，他坦言在招标过程中遇到了“压力”，并称“监督非常重要，在工程中，尤其是大工程中要经得起诱惑，没有制约的权力就会成腐败了。而规范化、法制化的监督机制最终会消灭腐败。”

2000 年 9 月 2 日，《中国青年报》发表《致歉声明》，称“本报 8 月 7 日二版《入选三甲被逐三峡，落标产品浇筑大坝》有关外加剂产品中标、落标的报道及引述有关专家的看法内容失实。对于报道失误给三峡工程施工带来的负面影响，谨向中国三峡总公司及读者致以歉意。”

经过三峡总公司新闻宣传中心对事实的澄清和社会媒体的深度调查，此时，舆论焦点从三峡大坝混凝土浇筑质量转移到三峡工程权力监督机制上。

（三）危机减弱、消散期（2000 年 9 月 2 日以后）

随着“外加剂风波”事实的明确，舆论危机逐渐减弱。为将负面影响降到最低限度，三峡总公司新闻宣传中心组织发布了《质量铸三峡——来自三峡工程的报告》、《三峡工程建立五级质量监管体系》等文章，积极树立三峡工程正面形象。《中国三峡工程报》也不断增加三峡工程施工质量方面的宣传报道，相继推出了对质量检查专家组的大量跟踪报道，对三峡建设者贯彻质量检查专家组意见的措施和行动的系列报道，以及对个别产品质量问题的新闻调查。

然而，负面影响并未彻底消除，直至 2006 年 6 月 8 日星岛环球网刊载的“三峡建设不透明　工程质量受质疑”一文，仍引用了《中国青年报》原文原意：“早在 2000 年 8 月 7 日的一篇‘入选三甲被逐三峡　落标产品浇铸大坝’的报道为王维洛（德国多特蒙德大学工程博士，‘三峡大坝右侧非溢流坝 5 号坝段使用了低强混凝土来浇铸大坝而造成质量问题’）提供了证据。报道称，对三峡大坝混凝土浇筑质量起显著作用的外加剂，施工中竟然采用一家未中标企业的产品。”

来自网友“野地西风”的网文《谁在三峡滥用权力》对于《南方周末》披露的所谓“压力”产生追问：“这也是我们想搞清楚的，到底谁给了压力？这个压力是来自一个人或是一个集团？是来自上面或是来自葛洲坝集团内部的某些人？这个压力的背后又隐藏着什么？至今三峡总公司对《南方周末》的质问保持了沉默。这种沉默却让我们这些老百姓睡不着，想不通”，并称“我们对权力缺乏有效的监督机制”，“面对三峡这一次的不正常情况，哪怕是一丁点的可能腐败行为，我们都不会沉默，我们都要追根刨底”。

二、新闻舆论危机处理原则

从上述舆情变化状况我们清晰地看到了三峡总公司及新闻中心处理新闻舆论危机的全过程：一是负责人正面回应负面报道，二是权威专家澄清被误导的事实，三是三峡总公司及新闻中心要求更正失实报道，四是后续报道树立三峡工程质量正面形象。这是一个协调各方关系的过程——正面回应负面报道并主动发函要求澄清事实是三峡总公司以开放、合作的态度与媒体公众沟通的表现；将《声明函》提呈中宣部和相关领导机关是主动向政府公众汇报情况并争取理解和援助的做法；无论是危机处理过程中三峡总公司积极的姿态，还是危机过后加强三峡工程施工质量的宣传报道，都是为了取得社会公众的理解和支持，并在社会公众中消除负面影响，树立三峡工程的正面形象。

从中可以总结出三峡总公司及新闻中心处理新闻舆论危机的原则①。

（一）主动介入原则

事实表明，在负面新闻传播过程中，由于当事者的不合作而导致信息生成和传播的不对称，才使各种不实传闻得以进入舆论流通领域，因为“无可奉告”恰恰为新闻危机的进一步扩大提供了空间，也为社会公众的负面想象提供了猜测依据。而主动介入是指当事者以开放、合作的态度查明事实并主动与外界进行信息沟通的做法，这种做法首先就展示了当事者有诚意、敢负责的积极姿态，并且可以使其掌握信息发布源，以此加强与媒体及社会公众的信息沟通，使信息形成平衡状态。在“外加剂风波”中，三峡总公司相关负责人在新闻危机爆发后立即接受媒体采访并对负面报道做出回应，随即就“落标产品浇筑大坝”一事发表声明，提供事件相关背景，用事实反驳原文不实之处，表明立场；危机过后，公司上下加强产品质量检查，《三峡工程报》还对个别产品质量问题进行新闻调查，并加强施工质量方面的宣传报道。这些都表明了三峡总公司正视危机、主动应对的积极态度，坚持了主动介入的原则。

（二）尊重媒体表述原则

在新闻事件和舆论事件中，媒体不再是一个单独的个体，而成为社会公共利益和权利表述的代表。即便自身无过失，负面新闻中的当事者也要展示足够的耐性和尊重，将公共关系重心放在自我批评和保障公众利益上，而不是一味为自身辩解或指责媒体。当事者首先要从态度上承认、尊重它的表述权利；要始终表现出诚意，感谢媒体帮助自己发现问题、促使自己进一步提高生产质量。即便媒体表述错误，当事者在展示事情真相的同时也不要指责、攻击它们的表述行为，更不要轻易与媒体为敌，而应该表示善意的理解。“外加剂风波”中三峡总公司在声明中摆事实、讲道理，在指出媒体表述错误的同时，真诚地表示自身确实存在许多不足之处，感谢并希望媒体和公众继续关注、监督三峡工程，这就表现了其尊重媒体表述权的诚恳态度。

（三）借助权威原则

权威机构主要指国家职能部门或相关组织机构，权威人士是指影响力大、社会评价好、身份具有可信度的专家、学者等。权威机构和权威人士具有巨大

① 魏剑美.企业的新闻危机公共关系[J].经营管理者，2006(1).

影响力和社会公信力，由他们出面会取得更好的效果。遭遇新闻危机的企业因为已被媒体和公众推在审判席上，所以此时任何解释、数据和调查结果都会遭到本能地质疑。因此，当事者一定要积极配合官方机构，博得官方的同情和支持，让发布的每一项数据都包含着官方介入的成分。同时，以积极主动的姿态欢迎和邀请权威媒体和其他监督机构、权威人士进行现场监督，发表客观评价。此外，还需要组织相关专家利用各种场合进行解释、解答媒体和其他公众的疑问。“外加剂风波”中三峡总公司邀请原文涉及的四位专家发表联合声明驳斥原文不实之处，且三峡总公司发布的《声明函》中引用了国务院三峡工程建设委员会质量专家组对三峡工程混凝土原材料质量的评价，这些都是借助权威澄清事实的表现，使得事实真相更清晰可辨、更有说服力；此外，在发《声明函》的同时三峡总公司还将其提呈中宣部和相关领导机关，这也是主动向官方机构汇报情况并争取理解和援助的做法。

三、受众态度分析

前述主要从危机公共关系的过程考察公共关系传播效果，然而，公共关系效果的评估既包括过程评估也包括结果评估，且结果更能说明问题①。此结果即公共关系传播的相关公众对该事件的态度和评价如何。结合“外加剂风波”内容，本研究通过问卷调查特别考察了普通受众对三峡工程施工质量的态度，并通过受众深度访谈了解到相关评价。经调查，受众目前对三峡工程施工质量持正面态度，然而由于年代久远，该事件的公共关系传播产生了休眠效应，与权威专家与三峡总公司发表的声明内容相比，受众至今似乎更加认同存在失实内容的“入选三甲被逐三峡，落标产品浇筑大坝”一文的观点。

针对“外加剂风波”，分别从三峡总公司致中国青年报“关于‘入选三甲被逐三峡，落标产品浇筑大坝’一文严重失实并请予澄清的函”以及中国青年报“入选三甲被逐三峡，落标产品浇筑大坝”两篇文章中选择能代表各自中心观点的语句生成量表陈述四项，其中 a、b、c 三项代表三峡总公司观点，d 项摘自中青报失实报道原文。175 个受访者对每项陈述做了“非常不同意”“比较不同意”“中立”“比较同意”“非常同意”五个等级的评价，从低到高分别赋 1～5 分，得到每项陈述的得分均值（如表中 mean 所示），分别将四个均值与分数中值 3 分进行比较，做单样本 T 检验，得到如下结果（见表 3-18）：

① 胡税根. 论公共关系评估[J]. 浙江大学学报，1995(12).

表 3-18 “三峡工程施工质量”得分均值与中值 3 分比较(单样本 T 检验)

议题	CⅡ-5、2000 年 8 月 7 日《中国青年报》发表的“入选三甲被逐三峡,落标产品浇筑大坝”一文称“三峡工程使用‘未中标产品’的大坝外加剂,给三峡二期工程大坝混凝土浇筑施工带来严重隐患。”中国三峡总公司新闻宣传中心致函中国青年报、中宣部说明情况,组织专家和社会媒体澄清事实。您认为:	检验值=3	
		均值	显著性水平
施工质量	a. 外加剂的比选试验研究经历了初选与优选试验、专家评议筛选、国内两家权威科研试验机构(中国水利水电科学研究院、长江科学院)和三峡总公司试验中心平行试验、中国建材科学院复核试验这四个阶段,以保证外加剂选择的科学性和权威性;	3.5086	0.000
	b. 三峡工程采用多项技术措施,如优化混凝土配合比,使混凝土具有优越性能,确保混凝土施工高强度与高质量的统一;	3.6914	0.000
	c. 三峡工程实行由施工单位自行初检、监理单位总体把关、三峡总公司直接监督、国务院“三建委质量专家组”权威审查、质量总监专项负责的五级工程质量监管体制,该体制能够为三峡混凝土浇筑施工质量把关;	3.6057	0.000
	d. 通过主管部门组织专家建立一个监督机构,对业主(三峡总公司)行为进行经常性跟踪监督是必要的	3.8457	0.000

如表 3-18 所示,四项得分均显著高于 3($P<0.05$),说明受访者对两文观点皆持正面偏上态度,即趋向“比较同意”,然而相比 a、b、c 项三峡总公司的观点,受访者对于 d 项《中国青年报》的观点更为赞同,即受访者更加确信“通过主管部门组织专家建立一个监督机构,对业主行为进行经常性跟踪监督是必要的”。

霍夫兰对信源的可信性与说服效果之间关系的实证考察表明,信源的可信性越高,其说服效果越大,可信度越低,说服效果就越小。然而由可信性带来的说服效果并不是一成不变的,霍夫兰等人进一步研究表明,随着时间的推移,高可信度信源的说服效果会出现衰减,而低可信度信源的说服效果则有上升的趋势。这种现象,霍夫兰等人成为“休眠效应”(sleeper effect)。尽管休眠效应有待进一步研究和证实,但它说明了一个重要道理,即信源的可信度对信息的短期效果具有极为重要的影响,但从长期效果来说,最终起决定作用的是内容本身的说服力①。

问卷调查数据即表明"外加剂风波"的公共关系传播出现了休眠效应——时隔9年，了解此事的受众已忘记文章源自何处，而只记得文中的内容，或者对于原本就不知此事的受众来说，中国青年报"入选三甲被逐三峡，落标产品浇筑大坝"一文提及的"对业主经常监督"的内容起到了更大的说服作用，产生了长期效果。从上文提到的危机消散期网友"野地西风"的对"外加剂事件"的负面评价，以及2006年星岛环球网仍使用《中国青年报》原文原意的情况来看，结果也确实如此。

受众对《中国青年报》内容的认同度较高，一方面原因可能是，对a项"外加剂遴选过程"、b项"质量技术问题"以及c项"三峡工程质量监督体系"这三项陈述理解起来较困难，也不够了解，例如就有受访者反映表述太专业，难以理解也不了解；而d项"对业主行为经常监督"的表达就比较简单易解，此时受访者就更倾向于认同自己所能理解的内容。

然而更深层次的原因，就涉及受众对于"工程腐败"的认知和观念问题了。从受众深度访谈中，可以看到这一点。42位接受深度访谈的受访者中有4位受访者同时表示关注"工程腐败"问题，是提及率较高的问题之一，说明关注该议题具有一定的普遍性。他们确信三峡工程存在管理与制度上的问题，例如，一位武汉大学生说，"三峡工程是一项利国利民的工程，但不能否定工程设计、施工管理上存在着很多不足之处"；上海某电子科技公司销售总监王小姐认为三峡工程缺乏有效的监督机制，"在我看来，这类工程一定会留下后遗症，而往往又是不能得到正确有效的解决"；武汉一名水利水电工程专业的大学生则直接指出三峡工程中存在腐败和资金挪用问题；一位在武汉打工的61岁老人坚信，只要是国家做一个项目、建一个工程肯定存在贪官揩油的现象，他对这种腐败现象深恶痛疾。虽然持这种观点的受访者仅占少数，但仍代表了很大一部分社会公众的认知——有工程就有腐败。

观念是由一定的经验和知识积累而成，是一定社会条件下人们接受、信奉并用以指导自己行动的理论和观点。极端观念，又称偏见，是传播对象对沟通中的某一方面、某一特点加以夸大、绝对化，而否定其他，排斥其他。如果传播对象持有极端观念就会阻碍说服和沟通工作。从受访者"一定会……"、"只

① 陈先红. 公共关系学原理[M]. 第1版. 武汉:武汉大学出版社,2007:197.

要……肯定……”的言语中可知，人们对于国家工程、官员存在一种自然而然的“偏见”，且这种偏见十分根深蒂固。

传播学研究表明，传播内容与传播效果有相关性，传播内容对传播效果的影响首先就表现在信息与传播对象原先态度间差异的程度：如果传播内容与传播对象原本的观念相一致，那么，他就会更加认同这个观点；如果与其观念不一致，那就要看其对原初观念信奉强度的大小，他的信奉强度越大，可能改变的幅度就越小[1]。偏见是一种稳固的心理定式，持有偏见的受众会接受与定势相吻合的信息，排斥与定势相矛盾的信息。中国青年报“落榜产品浇筑大坝”一文的表述“通过主管部门组织专家建立一个监督机构，对业主行为进行经常性跟踪监督是必要的”正是符合公众“有工程就有腐败”的观念的，即便原文有不实内容，也改变不了受众对该表述的认同，因为这与他们原本的观念相一致。而三峡总公司在危机公共关系中宣称“在三峡工程不存在外加剂被人为垄断的问题”，由于与受众固有的观念甚至偏见有所不同，从而难以说服其改变态度。

因此，三峡总公司及新闻宣传中心对“外加剂风波”的公共关系传播仅限于正面影响了受众对三峡工程施工质量的态度，而从长期效果来看，并没有对受众“工程腐败”的认知起到正面作用，受众宁愿相信与自身原初观念相一致的负面、甚至不实报道。

公众的偏见深深植根于我国社会现实之中，但新闻媒体应对受众偏见的形成负一定责任。长期以来我国媒体“只报喜不报忧”的方式不仅没有产生理想的正面效果，反而使受众产生了“如此之多的正面新闻是否属实”的质疑，既然媒体“反面文章正面做”，受众就会抱有逆反心理而“正面新闻反向读”，久而久之，受众自然形成了不信任新闻报道的心理定式，即使报道属实，也不愿意相信之。因此媒体有责任为排除公众偏见做出努力。

偏见及心理定式的“破旧立新”，媒体不仅要改变一味正面鼓吹、回避负面问题的报道惯式，追求全方位、客观、真实的报道方式，还必须有一个渐进的过程——要针对与新信息相矛盾的环节一个个渗透，逐渐加大新的信息量，逐渐破坏受众原来的定势心理和平衡，以渐进的方式造成其认识的不协调。随着新信息的增加，受众心理不协调的状况也将扩大，最后不得不改变原来的心理

---

① 申凡，戚海龙.当代传播学[M].武汉：华中科技大学出版社，2000：182.

定式，形成新的心理定式①。但应注意在此过程中要谨防过度报道，传播量一旦超过受众的心理承受量，效果将适得其反。此外，媒体应多采用“讨论式”的报道形式，讨论、对话的方式往往容易获得较好的劝服效果。媒体在传播有争议的信息时，应尽量保持中立的立场，让争议的几方发言，让他们都说出自己的观点，然后引导受众从中选择自己所信服和支持的观点②。

新闻传播的过程，应当是新闻影响受众的过程，对受众定势心理产生影响才是有效的传播。最理想的状况就是使受众乐意接受媒介相关新闻报道，重新对报道产生信任感，并最终形成相信媒介话语的心理定式。当然，若要从根本上消除受众的“工程腐败”偏见，需要国家、社会的深刻反省和改革，这是一个更为复杂的课题。

实际上，更多情况下受访者对 d 项评价较高是出于其表述不仅易理解且更重要的它是客观的，以上分析的目的是穷尽所有可能的情况，总结经验以备参考。

四、新闻危机管理的建议

新闻危机事件的发生发展是一个过程，事件在不同的发展阶段具有不同的特征，针对不同阶段的不同特征，企业及组织应该建立包括危机爆发前的预警机制、危机爆发后的危机处理和事后管理等一整套机制，有效地开展危机管理，把危机造成的损失降低到最低限度，进而化险为夷，甚至将危机化为转机，树立良好社会形象，为组织存在和发展创造良好舆论环境③。由于与媒体进行有效的互动合作是危机公共关系的关键，企业必须建立起系统的媒体联络、合作机制，与媒体进行良性互动。对于三峡工程来说亦是如此，虽然三峡工程拥有专属媒体担当信息发布渠道的角色，但其影响力和覆盖面远不及社会媒体强大，且新闻危机总是来自于社会媒体的，因此与社会媒体建立良性互动关系是三峡总公司进行危机管理的要务。

（一）在日常工作中建立并维护良好的社会媒体合作平台

这是一项长期的工作，三峡总公司及新闻中心应该给予高度重视。首先应该建立完善的媒体沟通体系，由专人负责与媒体进行定期沟通，并指定专人按照不同媒体的不同特性，定期与各媒体记者进行沟通，一方面将三峡工程的

① 顾广众. 新闻报道与受众的心理效应[J]. 记者摇篮，1999(11).

② 宋明亮. 受众接受心理与舆论战策略初探[J]. 军事记者，2005(12).

③ 李云嫦. 试论现代企业危机管理与新哑丝体传播[D]. 兰州：兰州大学，2006.

各种正面、良性的信息传达出去，满足媒体对三峡工程了解的需求，同时也随时了解媒体对三峡工程的观点，在积极的互动交流中，使三峡公司方面的意志与观点潜移默化地影响媒体报道的论调。

同时，还要定期与媒体主编、记者进行联谊，建立稳固关系，确保在发生危机事件时，可以在第一时间找到对媒体舆论传播有决定影响的关键人，以控制住媒体对负面信息的传播速度与范围①。

（二）在危机爆发前，强化预警，对社会媒体报道进行全面监测，建立快速反应机制

三峡方面要进行有效的社会媒体舆论引导，首先就要了解媒体关注的焦点，所以危机预警体系及媒体监测体系的建立是第一要素。三峡新闻中心可以指定专人负责每天、每周对全国各地的媒体报道进行系统的收集、整理、分析，从中了解近期媒体关注的重点，找出危机可能发生的领域，然后根据最新的情况，制定相应的措施。

（三）危机爆发后，积极与社会媒体展开合作，全力化解危机

公共关系面临危机，必须“两面提示”，既传递好消息，也要传递坏消息，一方面可以让公众感到组织是负责任的、有人情味的，另一方面也可以增强公众的“免疫力”，掌控局势，避免有意或无意地不实之言中伤组织。

1. 稳定内部公众

面临新闻危机时，稳定内部员工的情绪、及时向他们通报情况、增强他们对组织的信心是危机处理工作的首要任务。因为，对媒体而言，要扩大负面报道力度必须从组织内部员工那里取得突破口，在这种非常时刻，员工看待、评价问题的出发点将直接影响到媒体的态度。很多在新闻危机下垮掉的企业就是败在内部声音的混乱上。

2. 以三峡总公司及新闻中心为信息发布主体，积极向社会媒体提供信息

危机事件发生后，三峡总公司及新闻中心应尽快准备好消息准确的新闻通稿，告诉公众发生了什么危机，尽快公布有关的背景情况，填补信息真空。做好危机传播计划，判断、决定哪些信息可以传播给媒体，由谁发布，以及何时、怎样进行传播。

在公司内部，确定对外发言人，由一个人为主出面负责媒体传播，其他人

---

① 林景新. 要么控制舆论，要么被舆论控制[EB/OL]. 中国公共关系网，2006-05-09.

负责电话询问，对外发言人与其他人都要保持一致的口径。当人们问及深层次原因时，只有确切了解事件真相后，才能对外发布消息，不发布猜测和不准确的消息。告诉新闻界公司采取的处理措施，让公众看到其为此所做的努力。要做好危机的“导势”工作，借助媒体，将危机引导到有利于三峡工程的方向上去。对于失实的报道要及时要求媒体更正。

3. 适时召开新闻通气会

在处理危机时，召开新闻通气会或记者招待会是一个很好的信息传播方式。第一，它可以用面对面的方式与公众和社会媒体进行双向的沟通，这也是真诚面对公众的形式。第二，在一个集中的时间内向媒体说明情况，可以缓解新闻媒体、公众询问的压力。第三，有助于媒体将企业真正地视为信息来源的主要渠道，从而以企业可以控制的信息填补信息“真空”，掌握传播的主动权。

召开通气会或记者招待会必须做好发布会的策划准备工作，尤其是思想上的准备，对于公众关心的问题要考虑周全，并有合理的解释和圆满的答复。另外，还要掌握好通气会的召开时机：开得太早，有可能信息不完全，可能对于公众关心的要害问题没有解决方案和措施，而达不到效果，或者反而有负面效果；开得太晚则有可能起不到填补“信息真空”，成为信息发布主渠道的作用。

4. 根据危机进程，精心选择媒体，快速有效地遏制危机

不同的媒体具有不同的传播特点，其影响面和受众范围也有所不同，即使是同类媒体，由于分布地域、主办单位、媒体定位、权威性等方面的不同，在危机传播中发挥的作用也有大有小。视事件大小及危机的严重程度，三峡总公司及新闻中心对社会媒体也应有不同的选择。

（四）危机得到控制后，积极致力于三峡工程及公司形象的恢复

在危机恢复期，三峡总公司的工作重点由控制危机事件本身，转移到正常的生产建设秩序的恢复和危机问题的根本解决上来。这一阶段，公开的冲突被制止了，但如果原来引起危机的问题没有得到解决，危机局势只是被强制地控制了，那么危机将会以其他变异的方式，或寻找时机再次发生，其强烈程度也许还要超过上次危机。因此，危机恢复期内三峡总公司及新闻中心的一个极其重要的任务就是防范和控制危机的再次发生或升级，从本质上找到消除危机根源的合理途径。此外，三峡公司新闻中心还必须加大公共关系传播的力度，恢复受损的形象，除三峡专属媒体自身进行宣传外，仍然需要得到社会媒体的支持与配合，故而在危机恢复期，三峡总公司及新闻中心还应一如既往

地加强与媒体的联系，积极利用社会媒体塑造三峡工程的良好形象。

1. 充分了解危机发生后三峡工程在公众心目中的形象

三峡工程、三峡总公司在公众中的形象走势取决于危机发生的原因、类型、公众态度和危机管理的方式、结果等。危机结束后，三峡总公司必须对自己的公众形象进行重新了解。可以通过在媒体上刊登调查问卷、电话调查、召开公众恳谈会等方式，对危机发生后的三峡工程的公众形象进行了解和掌握。

2. 利用媒体和公共关系宣传活动努力取得公众认同

社会公众对于三峡工程的认识需要媒体的反复宣传报道；公众对三峡公司的认识也不是凭空而来的，而是通过公司的发展理念、企业文化、组织和人员的具体行动与效果而根植于公众心目中的。因此，在危机恢复期，三峡总公司及新闻中心的一个重要任务，就是通过开展形式多样的媒体宣传活动、群体文化活动，开辟公众社会监督渠道，架起与公众沟通的桥梁，在公众中广泛宣传三峡工程建设机制、工程文化，以及三峡总公司的治理原则、企业文化、发展理念等，努力得到公众的认同和支持。

3. 加强危机的事后管理

除通过具体措施继续关注、关心、安抚公众和相关利益群体，做好恢复和提升三峡工程及公司形象的事后管理外，还应该对危机发生的原因、预防和处理的措施进行系统的调查，对危机管理工作进行科学和全面的评价，分析存在的各种问题，并对其进行综合归类，及时总结经验教训，修改和完善危机管理制度中存在的缺陷，并提出相应的改革措施，最终达到提升三峡总公司及新闻中心危机管理能力的目的。

五、议程设置及铺垫效果验证

如前所述，42 位接受深度访谈的受访者回答了“你关注三峡工程哪些方面问题？对三峡工程总体评价如何？”的开放式问题，即考察受访者以何标准来评价三峡工程。我们计算了受访者提及某一议题出现的频次，并对各个议题被提及频次进行了排序，然后将此结果与《三峡工程新闻传播信息数据库》所统计的报道议题强度相比较，以验证是否媒体对某一议题报道越多，受众就越将其视为评价三峡工程的标准。

首先，《三峡工程新闻传播信息数据库》中三个阶段的媒体议题分布情况如图 3-15 所示，其中媒体对工程施工进展、移民、生态环境方面的议题报道最多，分别占 10%及以上，是三峡专属媒体及社会媒体设置的三峡工程最重要的

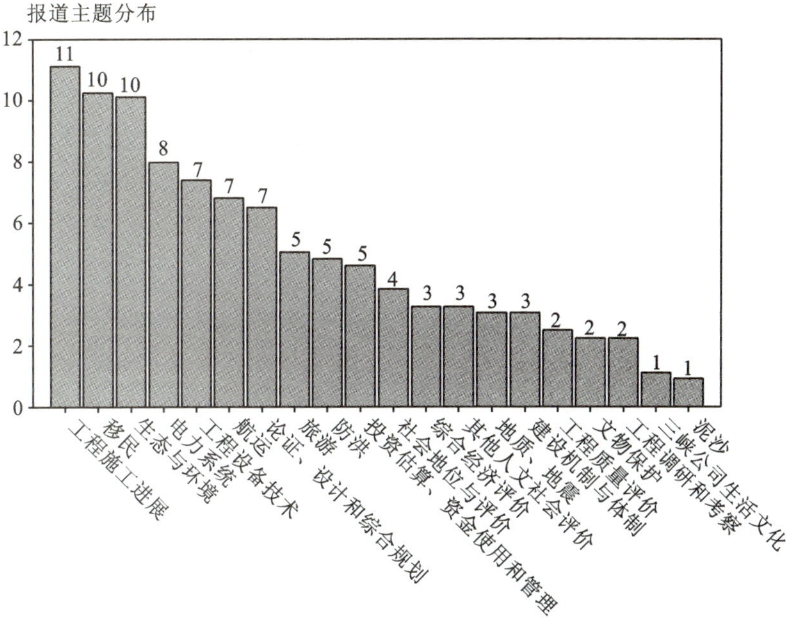

图 3-15 三峡工程三阶段(1993—2008)媒体议题分布(%)

三大议题;其后依次为电力系统(发电)、工程设备技术、航运、论证、设计和综合规划、旅游、防洪等议题。

如图 3-16 所示,42 位接受深度访谈的受访者回答了"你关注三峡工程哪

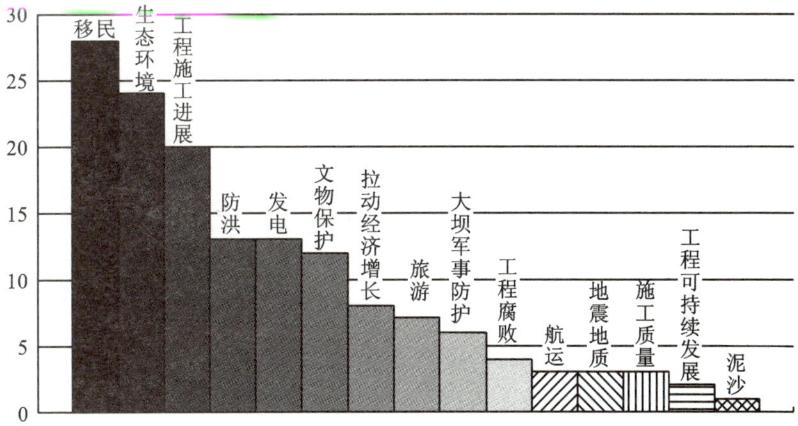

图 3-16 受访者关注的三峡工程议题

些方面问题？对三峡工程总体评价如何？”的开放式问题，其中“移民”被提及28次，“生态环境保护”24次，“工程施工进展”20次（其中蓄水3次、大江截流6次），是最受关注的三大议题；“防洪”与“发电”分别被提及13次，说明受访者最关注该两项综合效益，“文物保护”12次；其余问题被提及相对较少，依次为“拉动国家和三峡库区经济增长”8次、“旅游”7次、“大坝军事防护（安全）”6次、“工程腐败问题（工程、移民资金挪用）”4次、“航运”3次、“地震地质”3次、“施工质量”3次、“三峡工程可持续发展”2次、“泥沙”1次。这15个议题都是受众关注的问题，基本涵盖了三峡工程的方方面面。

每位受访者关注的问题不止一项，14位受访者回答了“您最关注的一个问题是什么”，其中9位受访者回答特别关注“移民”，有两位受访者提到了“大江截流”，其次“大坝安全”、“生态环保”、“工程腐败问题”各被提及一次。

由此可见，第一，公众议题与《三峡工程新闻传播数据库》中的20个媒体议题基本一致，例如移民、生态、工程施工进展、防洪、发电、航运、综合经济评价（拉动经济增长）、工程质量评价、旅游、地震地质、泥沙、文物保护这12个议题直接为数据库中的媒体议题；只是受众关注的个别问题更加具体化，例如“大江截流”与“蓄水”实际也是施工过程中的重大事件，属于工程施工进展情况。而且受众对各议题的关注程度与媒体报道强度基本一致，尤其是工程施工进展、移民、生态环境三大议题在这一点上表现最为明显。

第二，在问及受访者对三峡工程的总体评价时，受访者基本都以三峡工程在防洪、发电、航运上的表现对其“利”进行评价；以工程在生态环境、移民工作上的表现来表达对其疑虑和担心，媒体经常报道的议题成为公众对三峡工程进行评价的标准。

因此，在受众长期接触三峡工程新闻的情况下，三峡工程公共关系传播呈现出了议程设置效果进而出现铺垫效果，即达到了如移民、生态环境、工程施工进展、防洪、航运、发电、工程质量等媒体特定议题可被受众认知、记忆、主动提起，进而当作三峡工程评判标准的理想状态。当然，铺垫效果的发生未必完全是媒体新闻报道的作用，访谈中发现，中学地理课本对三峡工程防洪、航运、生态环境、移民等知识的传授形成了受众记忆中有关三峡工程的结构模块。但无论如何，新闻媒介有力地参与了“环境构建化”的工作。

然而值得注意的是，在如“移民”、“生态环境”、“工程质量”等不确定性较大的议题上，虽然媒体报道强度大，但往往只展示工作成果而较少关注其中存在的问题——而这才正是公众所真正关心的；公众不仅对连篇累牍的正面鼓吹产生“审美疲劳”，甚至产生媒体似乎在掩盖矛盾的疑虑，而普遍对其持质疑态度，致使“移民”、“生态环境”成为公众评判三峡工程之“弊”的标准之一，这与媒体设置议题的初衷背道而驰。鉴于此，应该如何提高三峡工程传播者的舆论引导能力以达成良好的议程设置和铺垫效果，是值得我们探索的问题。

综上对受众认知及态度的分析，关于三峡二期工程公共关系传播效果可得到如下结论：

(1) 三峡二期工程受众态度总体正面偏上，负面态度较少与问题陈述具有导向性相关；受访者的整体评价是“三峡工程利大于弊”。

(2) 由于媒体对三峡防洪效益的频繁宣传报道以及受众本身对三峡防洪认知水平较高，受访者对防洪问题的认同度明显高于其他议题；且相比三峡大坝防洪作用，受访者更为确信三峡工程度汛安全问题。

(3) 在三峡专属媒体与社会媒体大力宣传航运效益使受众对三峡航运能力认知度较高的基础上，受访者对汛期三峡通航能力的评价较高，仅次于“防洪”；但相比“通过专用公路进出三峡”的汛期封航解决方式，受访者对“汛期三峡能否安全通航及通航能力”仍抱观望态度。

(4) 对于“9·3”塔带机事故，受访者对三峡总公司组织处理事故的方式、采取设备停运探伤检查的措施以及三峡工程安全监督检查制度能够保障施工安全表示比较赞同，态度均呈正面，说明由于沟通及时，处理得当，使舆论导向把握较好，当时的危机公共关系工作起到了正面作用，取得了较好效果；相比三峡总公司外部公众，危机公共关系处理对公司内部公众起到了更大的作用。

(5) 相比三峡工程防洪、航运和施工安全，受访者对于移民外迁问题的负面态度较多，但总体上仍呈正面态度；相比移民外迁带来的生态环保方面的益处，受众更加关注移民生存与发展问题，媒体应增加移民民生问题的报道；在报道中不仅要展示移民安置工作成果，也要勇于发现其中存在的问题；为了改变受众“同情”库区移民的负面情绪，应大力加强移民精神的宣传弘扬。

(6) 受访者对于三峡施工质量的评价总体呈正面，但是在五个议题中认同度最低，其中受众观念中普遍存在的“工程腐败”偏见以及对于三峡工程正面报道的逆反心理特别值得注意。偏见及心理定式的“破旧立新”，媒体不仅要改变一味正面鼓吹、回避负面问题的报道惯式，追求全方位、客观、真实的报道方式，还要针对与新信息相矛盾的环节一个个渗透，逐渐加大新的信息量，以渐进的方式促使受众形成新的心理定式。此外，媒体应多采用“讨论式”的报道形式，引导受众选择自己所信服和支持的观点。

总体上看，三峡工程公共关系传播呈现出了议程设置效果进而出现铺垫效果。然而媒体在对议题进行设置及铺垫的过程中，由于缺乏对受众需求和心理的研究，而一厢情愿地对三峡工程进行正面报道，不擅于发现与受众息息相关的、受众真正关心的问题，致使受众认知与媒介解释框架产生了偏移，因此，三峡工程传播者的议程设置能力仍有待提高，而着眼点正是加强受众需求及心理的研究。

第五节　三峡二期工程受众态度影响因素

本节考察三峡二期工程受众态度的影响因素，包括人口统计因素和媒介接触习惯两部分。各因素对二期受众态度的影响基于问卷二期部分 16 项陈述的总平均值。

此部分结果表明，受众态度主要受到其对三峡工程卷入度高低的影响；三峡专属媒体和社会媒体以及它们所报道的三峡题材新闻对受众形成对三峡工程的认知并形成正面态度皆起到了积极的作用。

一、受众态度主要受到卷入度影响

研究发现，与三峡工程的亲疏远近关系、是否关注三峡新闻、是否接触过三峡专属媒体、参与程度如何都显著影响受众对三峡工程的认同度，三峡公司员工、宜昌本地人、关注三峡新闻者、接触并参与三峡专属媒体的受访者的态度显著高于情况相反的受访者。这说明了一个重要问题，即卷入度影响态度的形成和改变，受众对三峡工程或三峡工程新闻的卷入度越高，其态度就越趋向正面，传播效果越好。

卷入度(involvement)，又称参与度、涉入度，在传播效果的研究中是一个重要指标。卷入度概念最先由学者库拉格曼(Herbert. E. Krugman)在广告媒体卷入度问题上提出。1965 年，他在《The Expanded Association Model: Keeping the Hierarchy Concept Alive》一文中，将卷入度定义为：“受测试者把说服刺激内容与自己的生活内容(具有相关性的数量),或者在意识上明确地将刺激内容与个人生活内容进行对照时,每一分钟说出的字数。"Zaichkowsky(1985)将卷入度简洁地定义为:根据内在的需要、价值和兴趣,个体看待事物与本身的相关程度。简言之,卷入度的内涵即决定人们是否会主动去注意传播内容的关键是该主题与人们的个人关联性:这个主题对人们的生活品质有多重要?个人关联性越高,人们就越会关注、重视传播的内容[①]。

佩蒂(Petty)和卡西奥普(Cacioppo)等提出的精细加工可能性模型是有关卷入度的经典理论模型。该模型认为,受众卷入水平是影响其态度改变的最重要因素之一。当卷入水平较高(个人关联性高)时,个体对外界刺激形成理性而真实判断的重要性、适应性也越高,驱使个体投入更多资源用于对刺激进行精细评估,其态度受到论据中心内容及质量的极大影响。相反,当卷入水平较低时(个人关联性低),个体对刺激评估的动机、关注度不高,不会付出多少努力进行深层次的认知加工,其态度改变依赖于外周线索的影响,例如信源的可信度高低[②]。

本研究中,受访者对于三峡工程的卷入表现在其是三峡公司员工或居住在宜昌三峡地区,对三峡工程新闻的卷入则表现在关注三峡相关新闻,或接触、参与过三峡专属媒体。这些与三峡工程关联性较高的受访者,就更为关注、重视三峡相关信息,并主动对其进行"精细加工",从而逐渐内化为对三峡工程的认知(知识),便更有可能形成对三峡工程的态度,且此态度往往是正面的。而与三峡工程关联性较低的受众不会主动关注三峡工程信息,暴露于他们面前的三峡相关信息内容也不能引起其重视,自然会对三峡工程认知水平较低,相对的,其态度也较难形成,且由于不了解而往往是中立的。

(一)人口统计影响因素

1. 宜昌本地人、三峡公司内部公众明显持正面态度

如表3-19所示,对受访者的人口统计信息与二期工程整体态度均值做一元方差检验,发现受访者是否为宜昌本地人、是否为三峡公司员工对其态度形成有显著影响($P<0.05$):宜昌本地人对三峡工程的认同度显著高于非宜昌本地人、三峡公司员工对三峡工程的认同度显著高于非三峡员工。

---

① 吴国庆,陈丽玫.态度改变:说服策略研究的回顾与展望[J].社会心理科学,2008(6).

② 金志成,周象贤.受众卷入及其对广告传播效果的影响[J].心理科学进展,2007(1).

表 3-19　人口统计因素·二期工程受众态度均值的一元方差检验(ANOVA)

人口统计因素	显著性水平
*是否宜昌本地人	0.008
*是否三峡公司员工	0.004
性别	0.217
年龄	0.582
学历	0.256
职业	0.757
月收入	0.560
一级城市、次级城市、县乡	0.064
是否有亲朋在三峡公司工作	0.089

从态度形成的认知层面上看，由于是宜昌本地人或直接为三峡工程的建设者，三峡工程与其自身利益息息相关，因而对三峡工程本身关注、熟悉程度和认知水平较高，即前述的卷入度较高；另一方面从态度形成的情感层面来看，他们更对三峡工程有情感上的强烈认同感，认知与情感的深入就促成了明显正面态度的形成。而非宜昌本地人或非三峡工程建设者既对三峡工程不够熟知，也没有如此强烈的情感上的认同，新闻媒介成为形成其对三峡工程态度的主要因素，如若从媒介得到的三峡工程相关信息较少，或根本不关注三峡新闻信息，那么其对三峡工程认知度就偏低，正面态度也自然较低。

这种现象反映了，从内部公共关系角度看，三峡总公司内部公众对所在企业和担任的工作有高度认同感和自豪感，有很强的内部凝聚力和向心力，企业内部公共关系沟通取得了良好效果。

2. 性别、年龄、学历、职业、收入等因素不直接影响受众对三峡工程态度

如表 3-16 所示，受访者的性别、年龄、学历、职业、月收入、居住于市区或县乡、是否有亲朋在三峡公司工作皆对其态度没有显著影响，但不同群体的态度仍有所区别：

性别因素对受众态度的影响不显著，但男性(3.8148)略高于女性(3.6935)，这与男性比女性更关注新闻，或者男性更关注政治、经济新闻，而女性比较关注社会民生新闻和生活信息有关；

年龄、学历、职业、收入因素对态度影响不明显，26～45 岁之间、大专以上学历、企事业单位管理者、月收入1000～2999元的受访者分别在其范畴内认同度最高，而46～55岁之间、高中学历、农林牧副渔业者、月收入7000元以上的受访者认同度最低；

受访者来自一级城市、次级城市或县乡对其态度影响也不显著，但来自北京、武汉、上海、大连、哈尔滨、广州、深圳等一级大城市的受访者认同度最低(3.5597)；

最后，受访者是否有亲朋在三峡公司工作对其态度也无显著影响，但有亲朋比无亲朋在三峡公司工作的受访者认同度偏高。

(二) 媒介接触习惯影响因素

1. 三峡专属媒体和三峡题材新闻对受众态度有显著正面影响

(1) 接触过三峡专属媒体、关注三峡新闻的受众明显持正面态度

如表3-20所示，受访者日均接触媒介时间长短不直接影响其对三峡工程的态度，而是否接触过三峡媒体和是否关注三峡题材新闻对其态度影响显著。接触过三峡专属媒体和关注三峡新闻的受访者对三峡工程认同度明显高于没有接触过三峡专属媒体和不关注三峡新闻者。接触三峡专属媒体、关注三峡新闻，对三峡工程新闻卷入度高，就会对三峡工程有更多、更全面的认识，认同度也就更高。

表3-20 受众媒介接触习惯·二期工程受众态度均值的一元方差分析(ANOVA)

受众媒介接触习惯	显著性水平
日均接触媒介时间	0.708
*是否接触过三峡专属媒体	0.013
*是否关注三峡题材新闻	0.001

然而，不关注三峡新闻、卷入度较低的受访者对三峡二期工程整体评价相对较低，一定程度上这是受众对三峡工程了解不够全面引起的，这对三峡工程公共关系传播活动的提示是，要增加三峡新闻和公共关系策划以吸引受众的关注，进而使更多的受众对三峡工程产生兴趣、主动认知进而产生认同感。

(2) 受众对三峡专属媒体接触越多、参与度越高，其态度越趋向正面

如表3-21所示，受访者近三个月浏览网站的数量不直接影响其态度，而受访者接触三峡专属媒体数量多少和参与度高低对其态度有显著的影响——接触数量越多、参与度越高，那么对三峡工程的认识越全面深入，态度也越趋向

正面。

表 3-21　受众媒介接触习惯·二期工程受众态度的相关性分析

	Pearson 相关系数	显著性水平(双侧)
浏览网站数量	−0.033	0.664
* 三峡专属媒体接触数量	0.182	0.016
* 三峡专属媒体参与度	0.306	0.000

以上两点都说明了三峡专属媒体和三峡题材新闻在影响和改变受众对三峡态度上是有效的,且影响是显著正面的,因此,继续增加三峡题材新闻报道是正确的、有效的说服方式。

2. 相比人际传播方式,大众传播媒体对受众形成正面态度有积极影响

如表 3-22 所示,受访者的信息来源渠道对其态度影响不显著($P>0.05$),以样本第一信源网络为例,无论网络是受访者的第一信源、第二信源、第三信源或是非信息来源,其态度都无显著差别($P=0.841>0.05$),其他信源渠道亦如此。说明三峡二期工程整体受众态度与其信源渠道无直接关联。最可能的原因是,虽然受众对某种媒体接触较多,该媒体也不乏三峡题材新闻信息,但受众没能接触到或者不关注相关信息,因此,无论其以何媒介为信息来源都没有明显影响到其对三峡的态度。

表 3-22　信息来源渠道·二期工程受众态度均值的一元方差分析(ANOVA)

信息来源渠道	显著性水平
网络	0.841
电视	0.599
报纸杂志	0.541
与人聊天	0.095
广播	0.475

这对三峡专属媒体以及三峡题材新闻传播的启示是:第一,继续加大各个渠道的宣传报道力度使受众无论接触何种媒介都能有更多机会接触到三峡相关新闻信息;第二,加强新闻策划使新闻信息对受众更有吸引力,引发其对三峡的关注和兴趣。这样才能从根本上提高三峡新闻的覆盖面,增强三峡新闻的影响力,进而影响受众认知和态度。

虽然信息渠道因素对受众态度影响不明显,但以某种媒介为第一信源的受众，其对三峡二期工程态度还是有所差异的。如图 3-17 所示，以广播、报纸杂志、网络或电视这些大众传播媒介为第一信源的受访者对三峡二期工程整体认同度较高，而以与人聊天为第一信源的受众，其态度明显偏低。原因可能是，以聊天为第一信源的受众，信息相对比较封闭、单一，其人际传播内容极少或从未触及三峡话题，因而对三峡工程认知水平较低；而以大众传播媒介为第一信源的受众，其接收到的信息更为开放、多样，或多或少接触到了三峡相关信息因而受到了一定的影响。这就说明了，大众传播媒介对三峡宣传报道起到了一定作用，对受众形成正面态度有积极影响。正如议程设置理论告诉人们的，就物理视野和活动范围有限的一般人而论，大众传播媒介不仅是重要的信息源，而且是重要的影响源。

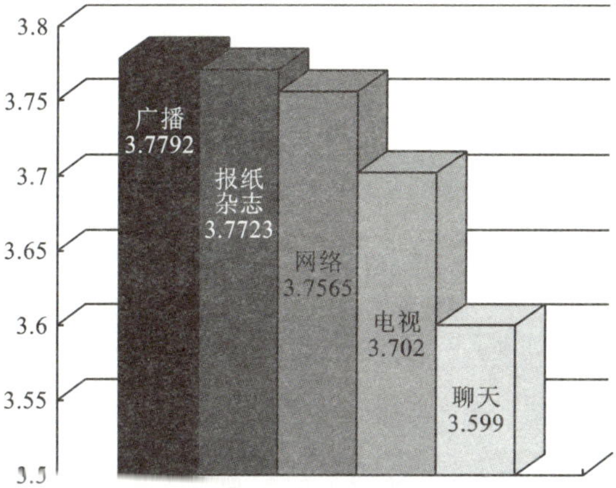

图 3-17 以该媒介为第一信源的受众态度均值

3. 认为网络可信的受众对三峡工程认同度较低

如表 3-23 所示，受众认为哪个媒介更可信对其态度影响不显著($P>0.05$)。以样本认为可信度第一的电视为例，无论电视被认为第一、第二、第三可信或者不可信，受众态度均无显著差异($P=0.605>0.05$)。但认为某种媒体最可信，其态度还是有所差异的。

表 3-23 媒介可信度·二期工程受众态度均值的一元方差分析(ANOVA)

媒介可信度	显著性水平
电视	0.605
报纸	0.596

续表

媒介可信度	显著性水平
网络	0.078
广播	0.584
杂志	0.080
手机	0.073

如图 3-18 所示，相信广播、报纸和电视的受众，其对三峡工程态度明显高于相信网络、杂志和手机的受众。一种可能是：广播、报纸、电视对三峡工程正面报道居多，极少涉及负面新闻，受众相信这些媒体，自然相信这些正面报道，即受正面报道影响更多，其态度更容易趋向正面。而网络相对于广播、报纸和电视来说，其把关人作用被削弱、去中心化的特点使其信息更加多元化，既有三峡工程的正面报道，也有负面报道，且负面新闻的传播更为广泛和迅速——只要有任何媒体发了某负面报道，它都可以转载，曝光频率极高。相信网络的受众，就更有可能被三峡负面新闻所影响，因此其对三峡工程认同度明显低于相信广播、报纸和电视的受众。

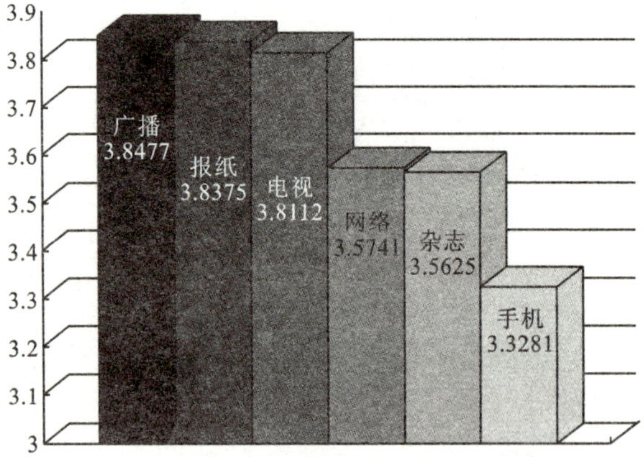

图 3-18　认为该媒介第一可信的受众态度均值

三峡新闻传播需要做的是：充分发挥三峡总公司网站的网络传播作用，积极在网络中发布三峡工程客观、正面的信息，使其成为传递三峡信息的权威信源。与此同时，加强与社会网络媒体尤其是中央级媒体的联系和合作，不仅扩大正面报道的规模和数量，更重要的是在信息冗杂的网络中寻求权威信源的支持。

4. 以获取新闻资讯为主要媒介使用动机的受众对三峡工程认同度较高

如表 3-24 所示，是否以人际交往需要为媒介使用动机，对受众态度影响显著（$P=0.029<0.05$）；除此之外，无论因何而使用媒介，对受众态度形成无显著影响。但有不同媒介使用动机的受众其态度也是有所区别的。

表 3-24 媒介使用动机·二期工程受众态度均值的一元方差分析（ANOVA）

媒介使用动机	显著性水平
获取新闻资讯	0.221
获取工作学习信息	0.475
获取个人生活信息	0.126
娱乐的需要	0.750
* 人际交往的需要	0.029

如图 3-19 所示，为获取新闻资讯而使用媒介的受众对三峡二期工程认同度最高，这是由于其接触新闻资讯总体较多，有更多机会接触到了三峡相关新闻资讯，因此，对三峡认知度相对较高；而以娱乐、获取个人生活信息或人际交往为第一动机使用媒介的受众，更多地关注与个人相关的信息，其并不关注新闻资讯和知识性信息，接触三峡新闻资讯的机会就偏少，总体上对三峡工程认知和认同度就偏低，尤其以人际交往为第一动机的受众认同度最低。

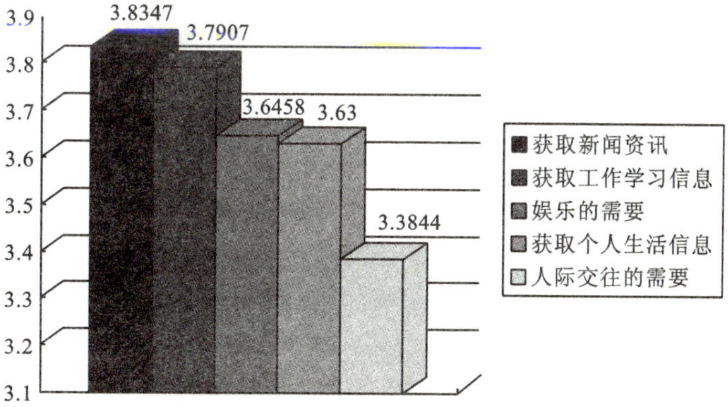

图 3-19 不同媒介使用动机的受众态度均值

因此，这表明了三峡专属媒体与社会媒体多通过新闻报道来影响受众的认知和态度是可以起到作用的，各媒体在原有基础上应继续增加三峡新闻的报道强度。

(三) 分析与结论

(1) 由于三峡工程与自身利益息息相关或对三峡有情感上的认同，三峡公司员工与宜昌本地人对三峡工程认同度更高，这说明三峡总公司内部公众对所在企业和担任的工作有高度认同感和自豪感，有很强的内部凝聚力和向心力，企业内部公共关系沟通取得了良好效果。

(2) 关注三峡新闻的受众对三峡工程的认同度更高，三峡新闻报道对受众形成正面态度起到了积极作用，因此继续增加三峡工程新闻报道是行之有效的说服方式；对于不关注三峡新闻的受众来说，应加强三峡新闻策划使其更加吸引人，引起人们的关注，进而引起认知和态度的改变。

(3) 接触三峡专属媒体与否、接触多少、参与度高低均对受众态度有显著影响，说明三峡专属媒体对改变受众态度起到明显的正面作用。

(4) 受众信息来源渠道对态度无直接影响，说明各种媒介报道的三峡新闻信息均未显著到达受众，需在各渠道进一步加大新闻传播力度并增强三峡新闻的吸引力；但仍不可否认，相比人际传播方式，大众传播媒介对三峡宣传报道起到了积极作用——以大众传播媒介为第一信源的受众对三峡工程的认同度明显高于以人际传播为第一信源的受众。

(5) 认为网络最可信的受众，对三峡工程态度比相信广播、电视和报纸的受众偏低，原因之一是其更容易相信网络上较多的负面信息，因此应特别增加网络传播中有关三峡工程的客观、正面的信息，以与负面信息达到信息对称的平衡状态，并且在负面信息出现时及时引导舆论向有利于三峡工程的方向发展。

(6) 以获取新闻资讯为主要媒介使用动机的受众对三峡工程认同度最高，而以娱乐、获取个人生活信息或人际交往为主要动机的受众更多地关注于个人相关的信息，较少接触到三峡工程新闻，认知和认同度就偏低。这表明三峡专属媒体与社会媒体可以通过增加新闻报道来影响受众的认知和态度，各媒体应在原有基础上应继续增加三峡新闻的报道强度。

综上所述，第一，总体上看，卷入度是影响受众对三峡工程认知和态度的最主要因素，受众对三峡工程或三峡工程新闻的卷入度越高，其态度就越趋向正面，传播效果越好。第二，三峡专属媒体和社会媒体以及他们所报道的三峡题材新闻对受众对三峡工程的认知形成并形成正面态度起到了积极的作用，对三峡工程进行新闻报道是改变受众态度行之有效的方法。因此，三峡专属媒体与社会媒体应继续在各个渠道增加三峡新闻信息的报道量，尤其要在网络媒体中增加正面信息的报道量。

二、三峡工程公共关系传播建议

研究表明，通过三峡专属媒体及社会媒体对三峡工程的议题构建和对重要议题的凸显和解释，总体上三峡工程公共关系传播呈现出了议程设置效果进而出现铺垫效果——媒介对某一议题报道越多，公众就认为该议题越重要，且在评价三峡工程时会更多地将其考虑其中；此外，媒体报道对公众形成对三峡工程的正面评价和态度起到了积极作用。

媒介的议程确实对公众的议程有很大的影响，但并非是议题只要上了媒介、安排在显著位置，就会对公众议程产生决定性影响。公众对三峡工程评价和态度的形成还显著受到其个人对三峡工程及其新闻报道卷入度高低的影响，即三峡工程或其新闻与受众关联度度越高，受众态度就越趋于正面。

受众是媒体达成传播效果的关键一环，然而三峡工程传播者却疏于对受众需求及其接受心理的研究。其一，在议题内容的选择上，媒体虽然了解受众关注哪些议题，却不了解其关注议题的哪些方面，例如在移民外迁问题上，受众真正关注的是外迁移民现今民生状况，而不是移民工作成果或外迁对于生态环境的作用，媒体恰恰在工作成就的报道上连篇累牍。其二，在议题传播过程中，媒体不论受众接受心理如何，往往用居高临下的、宏大的话语方式“教导”受众，且过多的正面报道超出了受众的心理承受范围，致使受众产生了逆反心理，甚至形成了质疑媒体正面报道的心理定式，这与媒介议程设置的初衷背道而驰。因此，提高三峡专属媒体和社会媒体的舆论引导能力，达成良好的议程设置及铺垫效果，必须重视受众，增加对受众需求的研究。

产生于20世纪40年代的“使用与满足”理论(use and gratifications)就为人们提供了一种基于“受众中心”的传播效果视野——该理论从受众的角度出发，通过分析受众接触媒介的动机以及这些接触满足了他们何种需求，来考察大众传播带给人们的心理和行为上的效用。它研究的中心在于，受众为了达到满足和需求而实现而对媒介内容的使用，正如麦奎尔(Denis McQuail)所说：

“不是研究传媒对人们做了些什么，而是让我们研究人们通过传媒做了些什么”[①]。

早在1985年，麦库姆斯和韦弗(McCombs M E & David Weaver)就曾提出将“议程设置”和“使用与满足”学说协同起来，构建一种综合了受众中心和媒介中心的新取向[②]，即媒介可以通过新闻议题的选择和报道方式、位置来吸引并影响受众，受众也可以根据自己的喜好和当时的需要来选择新闻议题。简言之，受众在选择、处理讯息时有着决定性的主动权，但依然可能受到来自媒介或是外界因素的影响。我们认为这是比较全面、科学的研究取向。以下将在此基础上从议题内容和传播方式两方面提出提高媒介议程设置功能的建议。

(一) 议题内容选择要考虑受众的导向需求

导向需求(need for orientation)是一个心理学概念，指的是公众或个人对于环境或事件的一种认知并期待被指导的需要[③]，1972年被麦库姆斯和韦弗引入到议程设置理论研究中[④]。导向需求在舆论引导中具有关键作用，可用于判断公众对何种议题有兴趣以及政府、媒体等机构的议程设置对公众的影响效果，正如麦库姆斯和韦弗所说，“人们对导向的需求不一样，这大概是议程设置效果产生与否的决定因素”。

导向需求取决于两个因素：相关性(relevance)和不确定程度(level of uncertainty)。前者指人们感觉某个议题与个人或者社会有关系，是导向需求的初始界定条件；后者指人们对某一议题所持的不确定态度，是导向需求界定条件之二。媒介所设议题与受众相关性越大，所涉及事物的不确定程度越高，公众对导向的需求越大，议程设置的效果就越好。因此，要在三峡工程舆论引导上取得良好的议程设置效果，媒介必须认真研究受众“欲知、应知而未知”的导向需求，选择与受众相关性大且对于受众来说不确定性较大的信息进行报道和议题设置。

---

① 郭庆光. 传播学教程[M]. 北京：中国人民大学出版社，1999.

② 克里斯・纽博尔德. 媒介效果研究的传统[C]//[英]奥利弗・博伊德・巴雷特，克里斯・纽博尔德. 媒介研究的进路—经典文献读本. 汪凯，刘晓红，译. 北京：新华出版社，2004.

③ 李晖. 从导向需求看舆论引导的对策创新[J]. 新闻记者，2009(7).

④ David Weaver 在《政治议题和选民的导向需要》(Political Issues and Voter Need for Orientation)中提出的理论，收入1972年研究的论文集《美国政治议题的出现：新闻的议程设置功能》。

这就要求三峡工程新闻传播者要尽量多地接触并真正认识受众，倾听其呼声，掌握他们的认知和态度，真正熟悉他们对三峡工程的认知需求，然后从这个基点出发去捕捉新闻，从而增加三峡工程议题内容与受众的关联性，使媒介议程与受众期待获得的信息相契合。正如本研究中的受众调查一样，传播者可以用实地调查法深入了解受众所关注的、期待进一步了解的三峡工程信息。

从"你关注三峡工程哪些方面问题"的开放式问题中，我们可知目前公众最为关注三峡"移民"和"生态环境"问题，他们认为这两个议题是三峡工程中最重要的，与国计民生及个人关联度最大的议题；且由于议题本身存在很大争议，移民、生态环保的远期效益还未凸显，因此与防洪、发电、航运等议题相比不确定性较大，由此我们可知受众在这两个议题上有很大的导向需求。因此，媒体应继续在这两大议题上增加报道量，不断补充受众在这两大议题上的认知空白。然而，媒介不仅要了解受众关注哪些议题——实际上经过多年宣传报道公众都对三峡移民和生态环境问题积累了一定的认知——更重要的是要了解其关注该议题的哪些方面。例如，本节移民议题分析结果显示，相比移民外迁工作成果以及外迁对于环境是否有益，受众更为关注的是移民生存现状，有许多受访者就表示，"百万移民实现外迁了，但现今的真实生活状况不得而知"，这就反映出了媒介在该问题报道上的缺位——缺乏对移民新生活现状的全面、客观报道，笔墨却大量集中在移民工作成果展示上。我国大众传播媒体惯常采用的"只报喜不报忧"、"困难不是新闻，克服困难才是新闻"的传播方式在此尽显无遗。然而三峡移民工程巨大，工作难度极大，怎能不存在问题？负面问题又怎能全部被克服？这不免使公众产生疑虑，而使三峡工程新闻可信度降低。

在我国，"负面新闻"、"负面报道"向来被认为是消极的，有害的。人们认为其一方面具有腐蚀作用，负面新闻的频繁出现，可能会对人们产生一种潜移默化的作用，动摇人们的信仰，影响人们的行动。另一方面，其具有煽情作用，"负面新闻"的报道可以有意无意地教唆、煽动人的不良动机或情绪，甚至对整个社会产生严重的影响乃至可怕的后果。因此，负面新闻内容的报道在我国从来就有所限制，而媒体及新闻工作者为了规避其带来的各种风险，通常采取的做法是忠实地履行新闻"把个人同国家和整个世界联系起来的有声纽带"这一最基本的功能，只注重反映现实变动中积极的正面的信息，而对于许多负面的信息,则持消极的态度,或者熟视无睹,或者刻意回避。

然而,社会现象含有负面信息,长期以来我们简单地将"负面报道"等同于"负面影响",对这类报道严加控制,这一方面违背了新闻真实性原则,使新闻"倾向性"压倒了新闻的真实性;另一方面助长了媒体"报喜不报忧"的不良倾向,弱化媒体新闻监督的职能。为此,媒体必须转变观念,改变目前片面认定和控制"负面报道"的做法,正确认识"负面报道"的客观作用和积极意义。

现实中相当一部分取材于负面信息的新闻报道,并非必然对社会产生负面效果:首先,我们身处社会既有光明的一面也有阴暗的一面,生活中的矛盾及不和谐更是普遍的。而新闻报道的要义就是忠实地记录和反映客观世界的发展、变动的面貌,展示现实世界的多样性和复杂性,让人们能了解他们得以生存的外部世界的真实情况,消除不确定性的认识,以便遇到情况时能及时做出符合实际的应对措施,使问题得到恰当解决。其次,各种消极现象经过新闻媒体的披露后,会促使人们去思考探究原因,深化认识,并在此基础上吸取教训,避免重蹈覆辙。再次,通过对不良现象的批评,对罪恶、黑暗、丑恶现象的暴露和对腐败、邪恶的鞭挞,能起到对权力组织、社会团体、各种社会成员进行监督的作用。最后,负面新闻把一些不合理、不合法、不公平、群众意见大、社会反响强的不良现象予以揭露,昭示行恶者劣迹,可以使人们借机发泄不满之情,得到了某种情感上的满足,从而起到宣泄情感、调节精神、减轻压力、缓解矛盾、放松身心的作用①。而相反,正如本研究受众调查所反映的,过多正面报道的效果可能适得其反。

因此,我们在确立三峡工程新闻正负面报道理念上要注意把握两点:一是正面报道的内涵是动态的、发展的,要让那些可以产生积极作用的所谓负面新闻纳入正面的范畴;二是负面报道的内涵也是动态发展的,对正负面新闻不能只凭主观判断,而是要重视传播的客观效果以及受众成熟而又理性的认知,产生负面效果的正面报道也应纳入负面报道之中。

综上所述,在三峡工程议题内容的选择上,媒体要从研究受众导向需求出发,选择与受众相关性大且对于受众来说不确定性较大的信息进行报道;不仅要了解受众需要了解哪些议题,更要了解受众关注该议题的哪些方面,树立正确的正负面报道理念,让那些可以产生积极社会作用的负面题材新闻纳入正

① 何淑群.负面新闻问题研究——以重大灾难事件的报道为视角[D].广州:暨南大学硕士学位论文,2008(11).

面的范畴。

(二)议题的传播要考虑受众接受心理

受众在接受新闻传播时会持有不同的态度、愿望、情绪、心境、甚至潜意识等心理状态,那么受众接受传播时所产生的心理现象、心理过程及规律即受众接受心理。在选定了符合受众导向需求的议题之后,在议题的传播过程中,媒介更要研究作为传播终端的受众的接受心理。只有使传播方式契合受众的接受心理,受众才愿意接受并信任传播内容,才能达到更好的议程设置效果。

受众的接受心理在近年来发生了较大的变化,社会的变迁、经济的发展无疑是其主要导因。对三峡工程的新闻传播来说应特别注意以下几点:

1. 主张平等对话,反抗话语霸权

随着我国的经济结构日益多元化,人们的价值观念日益多元化,民主意识日益强化,受众在接收信息时也越来越主张自己作为主体的地位和权利。那种居高临下的、教化味浓的传播方式已被越来越多的受众所抛弃,因而也变得越来越不灵验。我国当代受众越来越倾向于平等对话,这意味着受众要求媒体必须以“平视”的而不是“俯视”的姿态、必须以“益友”的而不是以“训导者”的姿态对待自己。比如对三峡移民典型人物的报道,如果宣传太过完美,太绝对,以居高临下的态度,采取发号施令的方式倡导受众学习发扬这种精神,往往就会引起受众的反感。十分明显,“受众在接受传播时,可以为之付出必要的经济上、精力上、时间上的代价,但是绝不会乐意为之付出人格上的代价。”[①]

2. 钟情于日常叙事话语方式

日常叙事又称“私人叙事”或“小叙事”,是与所谓的“宏大叙事”相对而提出的。“宏大叙事”方式强调“理性”,强调对群体的“终极关怀”的使命感、责任感。三峡工程作为国家工程,媒介对其报道往往采取宏大叙事的方式,然而这种话语方式显然太过崇高,距离人们的实际生活——尤其是占人类绝大多数的普通民众的实际生活太过遥远,以至于常常使人感到高高在上,不得不仰视而敬畏。

日常叙事常常显得有些“无关宏旨”,但正是这些“小事”构成了中国大多数百姓的全部生活,成为他们生存状态的真实写照,这才是真正属于普通民众

① 郑兴东.受众心理与传媒引导[M].北京:新华出版社,1999:226.

的话语方式。

日常叙事并非完全拒绝“宏大题材”，引领大众尽可能看得高一点、远一点，应当是媒体义不容辞的责任。但是看来，即便是三峡工程这样的“宏大题材”，也必须从普通民众日常生活的角度，以日常话语的方式来叙事。“日常生活化叙事”既是当代受众对媒体的强烈要求，也是媒体的一条必经之路[①]。

3. 追求“去中介化”，与现实直接对话

所谓“去中介化”即作为认知主体的受众尽可能近距离甚至是“零距离”地感知、体认作为认知对象的客观外界。随着社会规模日益膨胀，交往空间越来越大，每个人直接接触外部世界的可能性越来越小，绝大多数情况下必须依靠作为中介的大众媒体才能达成对外部世界的了解。然而任何中介都内在地预设了认知对象面目的失真、扭曲，且中介环节越多，中介自身目的性越强，失真、扭曲的程度就越严重，最终会导致受众对信息的加工和判断出现误读甚至异化。因此“去中介化”的新闻传播成为受众的必然要求。

虽然媒体不可能一次性完成完整地揭示出全部事实的重任，但媒体应最大限度地不去“加工”现实，做到“自我隐形”，把现实生活原生态原汁原味地呈现给受众。就纸质媒体而言，应注意增加图片新闻的量，追求“视觉化”的传播方式。电视媒体更应发挥自身的传播优势，使“现场直播”成为报道常态。

综上所述，三峡工程新闻的传播要避免居高临下地教化受众，尝试用日常叙事的方式与受众平等沟通，并尽量做到直击现实生活、还原生活本态，避免过度“加工”而造成对受众的误导。

三、公共关系的本质是民主传播

无论是三峡工程的议题内容选择要考虑受众导向需求，还是该议题的传播要考虑受众接受心理，我们实际上都在倡导一个主题——将受众放在一个与传播者平等的位置上，努力实现三峡工程议题的民主传播。

民主，本是政治术语，意指人民当家做主的政治制度，它的本质内涵是所有人的平等。将其内涵移植到传播过程中，即为“民主传播”，体现为传受双方的交流和沟通在形式和内容上的平等性，而这种平等性在现实传播过程中体

---

① 陈立生.我国当代受众接受心理的七大基本特征[J].编辑之友，2005(2).

现为互动性①。

公共关系的本质正是民主传播。香港城市大学李金铨教授认为,"'公共关系'是'公共领域'的一环,不只是上情下达、下情上传的上下沟通,更是平等的平行沟通,总之就是民主的沟通";而所谓"公共领域",就是"免于政治压制以及免于商业异化的场域:一方面批评恶质资本主义,一方面抨击专制社会主义,追求的是'第三条道路'的理想境界,使人们能够充分沟通,互相争鸣,并使理性更澄明"。如果将公共关系片面理解为"站在权势结构的立场作'软性推销'以取代'硬性宣传'",那么,整个精神就与民主的理想背道而驰②。

要探寻民主传播的可能性,内容和形式是至关重要的两个方面。要实现内容上的民主传播,重点在于人,即传受双方,内容上的民主传播的可能性存在于传者、受者双方的观念和素养,这是民主传播最根本的动力之源。要实现形式上的民主传播,重点则在于媒介技术所形成的传播渠道,即媒介技术的进步和创新,这是民主传播最基本的技术保障。也即是说,传受双方越是秉持自觉参与自律进行的传播观念,媒介技术越是进步、互动平台越是创新,实现民主传播的可能性就越大。

一方面要实现内容的民主,需要观念的突破,一方面又要实现形式的民主,需要技术的革新,人类传播的民主化进程一直曲折而又坎坷,这是因为人性本身对权力的渴望和孜孜不倦的追求,以及由此而产生的掌权者与非掌权者之间关于权力的控制与反控制、抗争与反抗争。人类传播过程本身就是传者与受者关于权力的博弈过程,体现为关于信息的公开与否、透明与否、平等与否、互动与否的控制与反控制、抗争与反抗争的斗争过程。

显然,三峡工程公共关系传播的民主化之路还很长,但传播者应深刻认识"公共关系"这一本质规律,将民主传播作为一种孜孜不倦的理想和追求——唯有秉持平等沟通的传播理念,才能在探索公共关系传播效果的路上不断前进。

---

① 李玮.从媒介进化的历史看民主传播的未来[J].青年记者,2009(7).

② 李金铨.公共关系是民主的沟通——李金铨答陈先红问[M]//陈先红.公共关系学原理.武汉:武汉大学出版社,2006.

第六节 结论与讨论

本章对三峡二期工程时期三峡总公司及其专属媒体组织的包括新闻传播活动和内外部公共关系活动在内的公共关系传播活动进行了过程和结果评估。

一方面，过程评估部分显示，三峡二期工程的新闻报道规模较之一期工程有大幅度增长，呈逐年递增趋势；网络媒体开始成为宣传三峡工程的主要媒体；移民和工程施工进展是首要议题；1998 年长江特大洪水引起的三峡工程防洪问题探讨、1999 年和 2000 年混凝土年浇筑量连创世界纪录、2000 年移民政策调整、2002 年中国三峡总公司改制上市、2002 年导流明渠截流等新闻事件，以及 2000 年“外加剂风波”、“9·3 塔带机事故”等都是二期工程的宣传热点或舆论焦点，且二期移民外迁问题受到了特别关注。

然而，二期工程时期媒体十分关注三峡工程建设本身、周边问题以及综合效益，而对三峡精神文化风貌方面的宣传与引导比较欠缺。对此我们建议三峡题材新闻应充分利用三峡区域得天独厚的区位优势和人文资源，将三峡文化与精神意蕴贯穿到三峡工程各方面的报道中去，全面提升三峡题材新闻的文化品位和精神魅力，增强舆论引导的精神文化力量，为新时期三峡物质文明建设提供精神动力。

另一方面，结果评估部分显示，三峡专属媒体和社会媒体所报道的三峡题材新闻对受众形成对三峡工程的认知并形成正面态度起到了积极的作用，对三峡工程进行新闻报道是改变受众态度的行之有效的方法。总体上三峡工程公共关系传播呈现出了议程设置效果进而出现铺垫效果，即达到了如防洪、航运、移民等媒体特定议题可被受众认知、记忆、主动提起、进而当作三峡工程评判标准的理想状态，这是媒介长期大量报道和受众自身认知积累的结果。

然而，媒体在对议题进行设置及铺垫的过程中，由于疏于对受众需求和心理的研究，而一厢情愿地对三峡工程进行正面报道，不善于发现与受众息息相关的、受众真正关心的问题，致使受众认知与媒介解释框架产生了偏移，“移民”、“生态环境”成为公众评判三峡工程之“弊”的标准之一。

鉴于此，我们建议媒体在设置三峡工程议题时首先要考虑受众的导向需求及接受心理，增加对受众的调查研究，使三峡工程议题传播与受众需求及心理相契合；从根本上讲，就是要培养三峡工程公共关系传播者的民主传播理念和素养，努力实现传者与受众之间的平等沟通、双向互动，只有如此才能在这个日益彰显主体地位和权利的时代达成理想的公共关系传播效果。

总之，公共关系的本质是民主传播。三峡工程公共关系传播的民主化之路还很漫长，但传播者应深刻认识"公共关系"这一本质规律，将民主传播作为一种孜孜不倦的理想和追求——唯有如此才能在探索公共关系传播效果的路上不断前进。

第四章 框架理论视角下的三峡三期工程公共关系传播效果评估

三峡三期工程(2004—2009年)处于三峡工程的最后一个阶段,六年间,三峡新闻宣传中心精心策划组织三峡工程的宣传报道,并积极通过社会媒体的影响力传播主流声音,以维护三峡工程的社会声誉。但三峡三期工程期间,三峡新闻宣传中心的公共关系传播效果如何,缺乏系统、客观地评估;如何进一步改善公共关系传播的效果,也面临着困境。

基于此现状,本章要研究的问题是:考察三峡三期工程期间,三峡公司所做的公共关系传播活动对受众认知的效果,并探讨影响这些效果的因素。

本章研究提出了基于框架理论的基本研究假设。框架理论是20世纪70年代末80年代初西方兴起的传播理论,1974年,高夫曼(Goffman)在其《框架分析》(Frame Analysis)中将这个概念引入文化社会学后,再度将其应用于大众传播领域。他探讨人们建构某特定现实所遵循的规则,关注人们如何建构现实一隅(one realm of reality),或"意义的一个特定范畴"(one finite province of meaning)。[①] 高夫曼指出,框架是元传播层面的资讯,是传者提供给受者应当如何理解符号的诠释规则。

新闻架构分析的基本理论观点是:①意义在传播(或交往)的过程中得到建构;②传播活动是使用表达载体的社会行动,构成一个社会的符号生产领域;③但是,它发生在由物质生产构成的实体场域;④因此受到规范该场域的公共利益原则以及政治与经济的逻辑之间的张力制约;⑤位处特定历史、经济和政治度坐标点的社会个体或团体达成其特定理解或意义所遵循的认知和话语的组织原则,就是他(她)们的框架。[②]

考察架构的效应是架构分析的关键问题之一。综观目前的文献,已经考

① Goffman, Erving. Frame Analysis[M]. New York, NY: Harper&Row, 1974.

② 潘忠党. 架构分析:一个亟需理论澄清的领域[J]. 传播与社会学刊, 2006(1).

察的效应包括很广的范围。继承凯尼曼和特威尔斯基的传统，心理学家们考察了不同领域内的决策选择、对不同选项的态度和指着、对采取某种行动以实现某具体目标的态度。这些研究所反映的一些理论观点，直接帮助我们理解公共生活领域的架构效应，其中最主要的是，通过对一个问题的资讯的组织，框架影响人们的观察角度和思路，引发人们对现实的不同判断，也导致人们在完成判断或决策中对不同原则和其他认知因素的适用性或重要程度的判断，并最终影响人们对不同选项以及采取某种行动的态度，以及做出不同的决策。①

本研究基于以上框架理论，着重考察检验三峡新闻宣传中心的传播主体框架通过媒介报道框架对受众框架的架构效应，并探讨三峡新闻宣传中心如何更好地架构公众的意义生成，达到想要的公共关系传播的效果。

研究发现，新闻框架设置受众对客观信息的认知框架，同时架构效应产生受受众个人层面影响。从三峡新闻宣传中心的视角来考察传播效果，不可忽视地还存在着传播主体（三峡新闻宣传中心）对媒体框架建构的影响。

在此框架（见图 4-1）的指导下，本章由四部分组成，首先是对三期工程公共关系传播活动及特点的概述，以考察传播主体框架的建构及在建构媒介框架中所做的努力及成绩，并通过“三峡蓄水 156 米个案”来深入分析考察检验

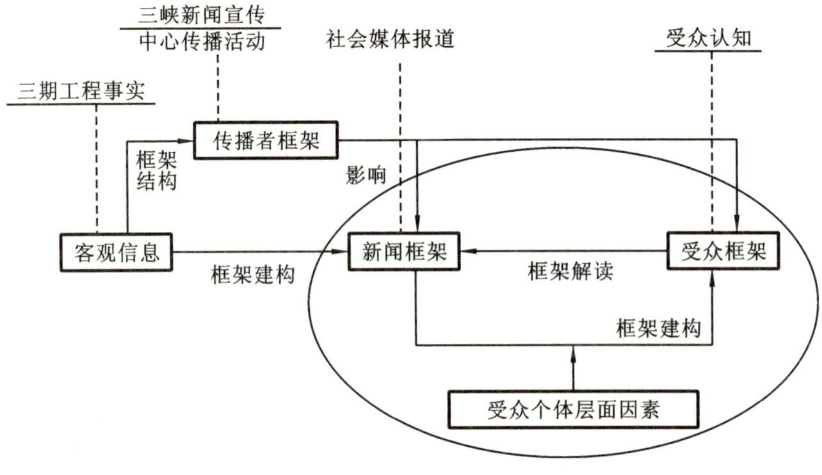

图 4-1 研究框架

① 潘忠党. 架构分析：一个亟需理论澄清的领域[J]. 传播与社会学刊，2006(1).

三峡新闻宣传中心的传播主体框架通过媒介报道框架对受众框架的架构效应；然后考察三峡新闻宣传中心对国内媒体报道的影响，即三期工程新闻报道规模、分布及议题引导，呈现出新闻框架；再通过抽样问卷调查、受众深度访谈探讨受众框架及其影响因素（受众个体层面框架）；最后通过网络舆论分析网民认知框架。

通过以上分析，列出支撑核心观点的理由及证据如图 4-2 所示：

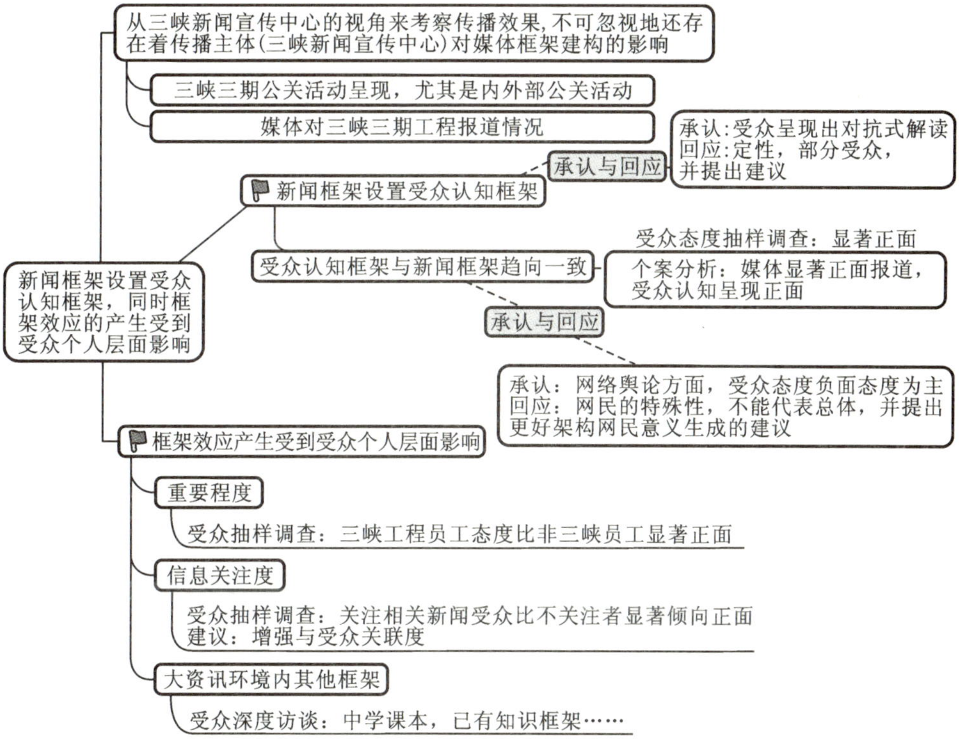

图 4-2 核心观点的理由及证据

第一节 研究目的

本研究设计采取问题导向原则，基于研究过程中发现的问题，提出三峡新闻宣传中心更好的架构受众意义生成的意见如下：

一、如何消除对抗性解读

无论是网络舆论中，还是在与受众的深度访谈中都发现，受众对媒体过于正面的报道呈现出了抵制情绪。由分析得出，真正引起受众抵触情绪的议题主要是关于生态环境的一系列问题，如气候、地质、水质等，三峡工程的评估毕竟是经历了很长时间的，为什么长时间以来一直还有人反对这个工程，那么，它肯定存在很多需要解决或者说无法克服的一些问题，公共关系传播要做的不是纠缠于这些问题一味地反驳这些观点，更重要的是通过大众媒体为受众“框限”另外的事实，进而提出避免受众对抗性解读的相关建议。

二、如何增加受众对信息的关注度

不可忽视的是，媒体的效果除媒体框架外，还存在个人层面的框架的影响，个体在认知结构存在一种求近心理，对于那些与自己的切身感受有着密切联系的媒介信息，受众容易产生亲切感。于是，我们可提出如下公共关系传播建议。

1. 增强与受众的关联度

受众导向需求基于两个因素，其中之一是信息对个人的相关性。[①] 信息的相关性越大，人们的导向需求就越强，则受媒介议程设置的影响就越大。传播学关于传播模式的研究也表明：大众传播中信息的发送不等于送达，送达不等于接受，接受不等于认同。施拉姆(Schramm)提出的基于经验范围的传播模式说明，只有在信源(媒介)与信宿(受众)经验范围内的共同领域，才是实际上传播的部分。因此，舆论引导要想获得与传播者意图一致的传播效果，必须认真研究受众“欲知、应知而未知”的导向需求。

2. 融合不同的“舆论场”

要善于将官方舆论场和民间舆论场有机结合起来，促使其在新闻舆论中融为一体。也就是说，媒体在确定议题时，要多关注和报道那些人民群众都关心的舆论热点问题，将这方面的议题尽可能地通过媒体的突出报道传播，形成强大的主流舆论。对那些在群众中已经形成并具有一定影响范围的热点舆

---

① 沃纳·赛佛林，小詹姆斯·坦卡德. 传播理论：起源、方法与应用[M]. 北京：华夏出版社，2002.

论,要适时地将其纳入所主张的舆论场中,使其发展为主流舆论。

三、如何更好架构网民意义生成

媒介在网络受众态度的引导上并不是那么成功。网络公众的解读框架与大众媒介的报道框架存在显著差异。研究发现呈现此现象的原因是受众对媒体的正面报道呈现出对抗性解读。如此可以解释为什么在媒体正面的报道引导下网络舆论反而呈现了负面态度的倾向,进而可对三峡新闻中心的网络舆论的引导提出如下建议:

1. 增强信源的可靠性

借助权威性媒体,因为信度高的信源比信度低的信源更能引起态度的变化(加深原有态度或是改变原有态度的方向)。

加强传播者的可靠性,邀请一些相关方面权威专家对一些热点问题进行解答,根据学习理论中情感迁移的规律,我们会努力使自己的认知和情感一致,即我们倾向于接受自己喜欢的人的观点,改变自己的态度,反之亦然。[①]

新闻宣传中心在此方面做了不少公共关系努力。新闻宣传中心与《人民日报》、新华社、中央电视台、《光明日报》等中央主要媒体进行重点合作。与新华社签署了战略合作协议,形成良性互动,加强了对舆论的掌控,积极传播总公司的声音。新华社全年向国内外投放大量有关三峡的稿件,被其他媒体进行大量转载使用,使正面宣传成为权威、主流的声音。

2. 采用双面信息的说服方式

三峡新闻宣传中心在负面信息的应对上是比较重视和到位的,在内部,全面展开舆情监测,实施规范、即时的舆情监测与分析,大力推行即时监测和月报告分析制度;安排专人,每天定期收集网络信息,监测网络媒体报道;在外部,继续与专业媒体和高校合作,深化舆情监测与分析,加强网络信息实时监控,突出负面报道监测和应对。但盲目的压制或指鹿为马的方式应对负面报道可能会带来受众的抵触情绪等负面效果。

运用抗拒理论来解释双面信息结构的效果认为,单面说服因为陈述的片面性和绝对性,会引起接受者对特定观点的更大压力,接受者抵制该观点的可

① 马爽.态度改变:衡量传播效果的重要标准——从社会心理学角度在微观层面上解读传播技巧[J].科教文汇,2007(1).

能性增大。[①] 没有任何事情是完美无缺的,双面信息可以提高媒体的可信度;同时可以降低反驳,全面传递的说服效果是有抵制反宣传的效果。以上分析中,我们可看到很多直接针对媒体报道的质疑与反驳,客观的包含了一些负面信息,减少片面化和极端化,因此降低了被反驳的可能性。

因此,媒体在传播过程中对于一些负面问题也应该做些报道出来,才能让受众更加清楚全面的了解三峡工程,因为三峡工程的评估毕竟经历了很长时间,为什么那么长时间以来一直还有人反对这个工程,那么它肯定是有很多需要解决或无法克服的一些问题存在的,如果只有正面报道,你要让民众觉得它是个十全十美的完美工程是不切实际的,反而会导致大家的逆反心理;而对三峡的负面报道可以让民众多角度全方位地了解这个工程也可以对其利弊做出比较客观全面的判断。

在向受众传递信息的过程中还要注意信息传播的顺序。在社会心理学中有两个概念体现了信息传递顺序对说服效果的影响,即"首因效应"和"近因效应",说明最先呈现的信息和最后呈现的信息可能产生的较大影响。选择组织得当的信息,能使受众发生较大的态度改变。

3. 培养舆论领袖

舆论领袖指群体中热衷于传播消息和表达意见的人,他们或是比同伴更多地接触媒介或消息源,并热衷于传播消息和表达意见的人,或者同时是某一方面的专家,他们的意见往往左右周围的人。根据传播学中"两级传播理论",信息往往是先从媒体流向受众的"舆论领袖",然后"舆论领袖"再根据自己对媒体报道的理解向周围的受众传递观点,与媒体报道相比,普通受众更容易相信"舆论领袖"的观点和意见。这样的规律在 BBS 上也同样适用。[②] 通常,人们认为网络论坛里无所谓权威,无所谓精英。然而,网上人人拥有发言权,"人人能说"并不代表"人人所说都会产生影响"。相反,有些时候,可能反而会因为网络发言的"低门槛进入",使得人们对这种他人之言产生了不屑和不信任的态度。利用舆论领袖的功能,不能仅局限于舆论领袖的自说自话的状态,而要使舆论领袖的意见在 BBS 的互动中达到趋同。BBS 上的网民们的意见都在短

① Russell A Jones, Jack W Brehm. Persuasiveness of one- and Two- sided Communications as a Function of Awareness There are Two sides[J]. Journal of Experimental Social Psychology,1970:47-56.

② 曾凡斌.重大突发事件中的 BBS 舆论特点与管理初探——对人民网"强国论坛"的个案观察[J].出版发行研究,2006(4).

时间内汇集在一起，虽然虚拟空间里群体的压力并不明显，但为了保持人们心理上的一致性，人与人之间的意见总是在互相交流中形成相对集中的情绪方向和意志方向的。而舆论领袖只要利用自己的独特身份，在互动交流中影响和感染其他群体，就能很好地对 BBS 的舆论进行引导。

三峡新闻宣传中心可以培养这样一个舆论领袖，以非官方的身份就具体问题与网友进行讨论及态度的引导。

4. 积极引入社会主流意见

三峡新闻宣传中心在此方面也已有成功实践，针对川渝高温是否与三峡蓄水有关这个问题，2006 年 8 月 18 日，人民网通过邀请国家气候中心主任董文杰做嘉宾解答网友的提问，嘉宾深入探讨问题，对庞杂的舆论进行引导，当天关于此问题的主题帖就多达 60 条，在出现重大事件时，BBS 常常是通过邀请嘉宾深入探讨问题，对庞杂的舆论进行引导。在出现谣言的时候，利用舆论领袖来澄清谣言。舆论导向意在由领导者引导舆论。实际上，舆论导向应该是一种自然的传播现象，谁在公众中有一定的威望，那么他发表的意见就会自然而然地产生引导舆论的作用。毫无疑问，论坛积极引入具有权威性的社会主流意见，可以起到引导论坛舆论的作用。社会主流意见包括：媒介意见、政府态度以及专家和专业组织的见解。尽管网络媒介对舆论的控制有所减弱，但仍然可以发挥引导舆论的重要作用。论坛管理人员在适当的时机引入媒介意见，有助于更好地发挥舆论引导的作用；政府的态度在人们心里有着不可替代的权威地位，在重大问题上，论坛引入政府机构的权威信息，或者相关政府人员作客论坛接受民众咨询，都会非常有效地廓清迷雾、引导舆论。与政府一样，专家和专业组织在本领域内的权威性也使其发表的见解具有某种权威性和指导性，邀请专家和机构参与论坛讨论，形成“网上沙龙”和专题论坛，无疑能起到引导论坛舆论的作用。

第二节 研究内容

一、三期工程公共关系传播特点

三峡三期工程六年间，公共关系传播工作的总目标是：精心策划组织三峡工程重大事件的宣传报道，宣传工程建设成就，通过内、外媒体的影响力传播主流声音，维护三峡工程的社会声誉。

考察三峡三期工程公共关系传播活动发现，三峡新闻宣传中心作为三峡公共关系传播活动的传播者，为实现上述公共关系传播目标，其公共关系传播活动的两个重点是：三峡专属媒体将客观信息分类并依据有利于自己的方式进行选择、强调和排除以形成传播者框架；更重要的是，三峡新闻宣传中心努力争取媒体公众，借助社会媒体的力量，影响媒介框架。公共关系传播方案的设计宗旨是：说服人们改变对某一议题、产品或组织机构的看法；使某种尚未成型或尚未发展成熟的看法具体化；强化人们的既有看法。这个以改变舆论为宗旨的目的决定了公共关系组织必须熟悉和了解媒介框架建构。[①] 媒介并非“有闻必报”，它总是于纷繁复杂、瞬息万变的信息中寻觅、筛选后，媒体才会将信息提供给受众。由此可见，公共关系与媒体框架建构具有天然的关系。在公共关系工作中，媒体公众具有双重身份。一方面，它是公共关系传播的工具和手段，另一方面，它又是社会组织特别争取甚至努力追求的公众对象。

本节根据《中国三峡建设年鉴》(2004—2009 年共 3 卷[②]，)提取三峡三期工程公共关系传播活动的目标、宣传热点及活动概况，共同构成三峡三期工程公共关系传播的特点。并依据其公共关系传播活动重点，将公共关系传播活动分为三方面内容：

第一，三峡专属媒体新闻传播活动：三峡新闻宣传中心通过其专属媒体的传播活动建构其传播者框架；

第二，内外部公众公共关系活动：对三峡工程公共关系活动的传播受众分为普通公众与媒体，发现三峡三期工程期间，主要是针对媒体的公共关系传播，以此设定媒介框架，具体表现在媒体关系的维护以及事件报道的引导；

第三，社会媒体对三峡工程宣传报道情况：在三峡公共关系传播活动的努力下，社会媒体对三峡工程的宣传报道数目于第三阶段达到最大(加专属媒体的报道共计 9990 篇)，同时对于热点事件进行集中报道，组织专题宣传，形成良好的舆论氛围，三峡新闻宣传中心对媒介框架的设定取得一定成效。

① 徐振峰.公共关系与媒体议程设置之间的量化分析[J].新闻爱好者，2008(2).

② 记载 2004—2009 年三峡工程进展情况，年鉴 2005 卷、2008 卷、2009 卷缺失。

二、三期工程公共关系传播目的

三峡三期工程六年间，公共关系传播工作的总目标是：精心策划组织三峡工程重大事件的宣传报道，有效控制节奏和力度，通过现场报道、召开媒体见面会、提供新闻背景资料、投放新闻通稿等多种形式，适时适度展开集中宣传报道；开展大型文化传播活动，宣传工程建设成就；通过内、外媒体的影响力传播主流声音，维护三峡工程的社会声誉。

（一）三期工程宣传热点

2004 年，6 月 14 日—7 月 14 日，在三峡工程蓄水、通航、发电一周年；开展根治三峡工程建设中质量顽疾的工作；“长江电力”成立两周年、上市一周年；

2006 年，三峡大坝全线到顶，三期碾压混凝土围堰爆破拆除，三峡水库实现 156 米的蓄水目标，金沙江向家坝水电站正式开工；

2007 年，三期下游围堰成功爆破、船闸完建复航、首台国产机组投产发电、三峡电站新增装机 500 万千瓦。

（二）三期工程三峡专属媒体公共关系传播活动概况

1. 三峡专属媒体新闻传播活动

三峡专属媒体新闻传播活动主要指包括三峡新闻宣传中心、《中国三峡工程报》、《中国三峡建设》、《中国三峡建设年鉴》、中国三峡出版社、中国三峡总公司网站、影视工作部在内的三峡专属媒体在三峡二期工程期间进行的新闻传播活动，具体有如下三方面内容：

（1）内、外部新闻网络构建。

《中国三峡工程报》及时传达党和国家领导人对三峡工程建设和三峡总公司建设的指示精神，忠实地记录三峡工程建设和三峡总公司的发展历程。结合三峡工程边施工、边建设、边运行的实际情况，对年度报道做精心策划，将报道重点和选题细化到每个月。注意延伸报道，增强报道的深度和权威性。注重“以人为本”，关注民生，贴近群众。

《中国三峡建设》杂志以大河文化为切入点，以长江文化为核心，全面调整期刊定位，刊物质量和品位得逐步提升；加强策划，加强组稿，做到主题深刻、内容丰富、刊发适时。利用新闻手段解读工程热点和三峡总公司工作重点，及时刊发相关文章。

《中国三峡建设年鉴》对原有栏目进行调整，充分体现工程建设和企业发展的年度特征。制作多媒体电子版。编印三峡总公司年报。

中国三峡总公司网站传播三峡工程的主流声音，开通网上展览馆，开辟网络专题。开设网友讨论区和网友信箱，创办并适时编发《网络信息参考》。全面展开舆情监测，实施规范、即时的舆情监测与分析，突出负面报道监测和应对。大力推行即时监测和月报告分析制度。

新闻宣传中心与人民日报、新华社、中央电视台、光明日报等中央主要媒体进行重点合作。经常性与地方媒体联谊，建立感情交流的桥梁。

(2) 宣传品的制作。

与一期、二期阶段一样，三峡三期工程时期，新闻宣传中心影视工作部独立拍摄、与社会媒体合作拍摄的图片、录像以及电视专题片、电影纪录片等系列影像资料，同时与其他部门制作大型宣传画册、举办展览宣传等。

特别的是，三期工程属于三期工程的最后一个阶段，启动了一些总结性工作：一方面为做好“三峡工程竣工”宣传准备，新闻宣传中心启动并实施一系列长线工作项目，运用影、视、图片和雕塑、模型、三维动画等多种表现形式和手段，打造系列形象宣传品。另一方面对前面的宣传品进行整理建档，在图片整理建档过程中，精选了4000张规范加工整理后提交中国三峡总公司档案馆。在文书档案整理过程中，严格按照中国三峡总公司要求，整理归档1993—2006年的14个年度的永久性文书资料共计584件。

(3) 三峡专属媒体的报道情况。

三峡三期工程阶段期间专属媒体的报道体现出以下三个特点：

①重大事件集中组织报道：6月14日—7月14日，在三峡工程蓄水、通航、发电一周年期间，专属媒体分别策划出版专刊、专版、专题进行重点宣传；对右岸机组招标、双线五级船闸正式通航、机组投产发电等事件，对工程质量、电力生产等主题，对漂浮物、通航等热点问题，组织专题宣传；《中国三峡工程报》开辟《特别关注：根治“顽疾”》栏目，加大纵深报道力度，通过一系列言论文章，加强各参建单位对根治“顽疾”工作的重视；溪洛渡工程截流前后，协调、组织自办媒体，适时推出特刊和专题系列报道。

②与时俱进调整刊物：《中国三峡建设》杂志以大河文化为切入点，以长江

文化为核心,全面调整期刊定位,刊物质量和品位得逐步提升;《中国三峡建设年鉴》结合工程建设及企业发展的年度特征,调整了2006卷的架构和重点栏目,实现年鉴全书条目化,全书内容更加精练、规范,更加利于检索,做到了文约事丰;中国三峡总公司网站结合中国三峡总公司的发展和水电开发的新形势,针对社会各界关注的热点问题,进行全新改版,优化条目设置,充实网站内容,增设金沙江网络专题报道;进一步加强对社会媒体负面报道以及网络信息的监测,适时编发《网络信息参考》。

③启动总结性报道:三期工程属于三期工程的最后一个阶段,在报道上也开始注重总结性的工作,如推出专刊,对长江电力股份有限公司的成长和发展前途作全景式描述,对长江电力的运作和管理进行总结、探讨;完成《三峡工程志》大纲初稿的编撰工作。

2. 内外部公众公共关系活动

(1)国内公共关系活动。

三峡工程公共关系活动的传播受众分为普通公众与媒体,分析发现三峡三期工程期间,主要是针对媒体的公共关系传播,具体表现在媒体关系的维护以及事件报道的引导。以下为具体分析:

对于普通公众的公共关系活动、均是与相关组织合作举办,而非靠三峡新闻中心的独立举办,且形式多样,具体有展览会、知识竞赛、摄影展、书法会等。

更突出的是,三峡三项工程期间对于媒体三峡新闻中心做了大量的公共关系活动,虽然拥有三峡专属媒体,但传播覆盖面和影响力毕竟有限,因此大众传播媒介作为职业传播机构在三峡工程公共关系传播中扮演着中介且十分重要的角色,三峡工程公共关系传播活动本身就包含了对社会媒体的公共关系。如举办"中央暨地方新闻宣传座谈会",组织召开新闻通气会,为媒体记者提供详尽的新闻背景材料,联合媒体展开专题报道等。同时多次联系媒体进行舆论危机公共关系,如2007年,有关三峡坝区旅游风波愈演愈烈,给三峡工程和中国三峡总公司的社会形象造成损害。新闻宣传中心密切关注事态发展,制定详细的应对工作方案,提出了危机应对处理建议。邀请人民日报社、新华社、《小康》杂志、湖北日报等媒体进行现场考察,了解事实真相,变被动为主动,在一定程度上消除了业已产生的负面影响。

(2) 对外交流活动。

对外交流活动主要表现为三峡工程各代表团对外访问考察、交流会、研讨会、演讲会等以招商引资、宣传三峡、学习考察发达国家先进生产技术和管理经验为目的的信息沟通。

并对外国媒体的歪曲报道进行应对,及时上报有关情况,保持与外交部以及驻外使领馆的密切联系,并及时传达有关材料和信息,同时做好新闻发布会对外英文资料的准备工作。

3. 社会媒体对三峡工程宣传报道情况

社会媒体对三峡工程的宣传报道数目于第三阶段达到最大(加专属媒体的报道共计 9990 篇),同时对于热点事件进行集中报道,组织专题宣传,形成良好的舆论氛围。如 2006 年 6 月 6 日,三峡工程三期碾压混凝土围堰成功爆破拆除,三峡大坝开始全线挡水。中央及地主 40 余家新闻媒体的 270 余名新闻记者前往三峡工地进行了现场采访报道,中央电视台、新华网对爆破拆除全过程进行了直播。据中国三峡总公司新闻宣传中心的统计数据显示,媒体共刊发关于碾压混凝土围堰爆破的稿件 967 条。

[案例分析]

"三峡蓄水 156 米"个案研究

对于此三峡工程枢纽工程,专属媒体及社会媒体都对其发展过程给予了密集跟踪式的报道,同时对相关事件及言论进行分析及报道,共发表消息、通讯、评论、图片新闻等各类报道共 545 篇,各种文体相互配合,形成了对三峡蓄水的新闻"聚焦"。

从新闻框架分析中可以看出,新闻框架极力建构三峡蓄水是一件有利而无害的工程,企图发挥正面宣传和舆论引导的作用。而受众态度呈现显著正面,而且关于此事件的问卷项陈述皆原文摘自三峡专属媒体、中央级媒体或权威媒体对该事件的报道和评述,即为新闻框架的文本呈现,受众态度倾向于正面,代表了受众认知框架对新闻框架的趋同,由此可判定新闻框架设置受众认知框架,三峡三期工程对于此事件的公共关系传播达到较为理想的效果。

尽管从抽样调查来看,受众对此事件的态度呈现显著正面,但是通过受众深度访谈及网络舆论分析,发现出现了一些不一致的声音。尽管不能以此就否定整个事件的公共关系传播效果,但是对于反面声音的解读有利于更好的指导公共关系传播。无论是网络舆论中,还是在与受众的深度访谈中都发现,受众对媒体过于正面的报道呈现出了抵制情绪。由分析得出，真正引起受众抵触情绪的议题主要是关于生态环境的一系列问题，如气候、地质、水质等，三峡工程的评估毕竟是经历了很长时间的，为什么那么长时间以来一直还是有人在反对这个工程，那么它肯定是有很多需要解决或者说无法克服的一些问题存在的，公共关系传播要做的不是纠缠于这些问题一味地反驳这些观点，更重要的是通过大众媒体为受众"框限"另外的事实。

[事件背景]

三峡三期工程已具备156米水位蓄水条件：9月3日至5日，以水利部部长汪恕诚为组长，由52位来自各部委、科研院所的负责人组成的枢纽工程验收组在三峡坝区召开了会议。在察看现场、听取汇报、查阅资料和认真讨论的基础上，一致认为三峡三期工程蓄水156米水位验收合格，并通过了验收鉴定书。

2006年10月三峡水库实现156米蓄水目标是三峡三期工程的一个重要枢纽工程。从9月20日启动，至10月27日实现蓄水目标，历时37天。由于蓄水过程较长，不确定因素较多，而且涉及水库移民、地质灾害、生态环境保护、泥沙水质等多个敏感问题，社会各界及新闻媒体十分关注。

156米蓄水完成后的意义：三峡水库将具有防洪库容110亿立方米，这意味着长江中下游防洪体系初步形成，而已投产的14台机组首次实现满负荷发电，电站发电量及调峰能力将有较大提高。同时，水库回水达到铜锣峡后，航道改善里程将达到570公里，比135米蓄水时延伸了140公里左右，重庆长寿以下的涪陵、万州等港口成为深水良港。

与三峡水库蓄水有关敏感问题备受关注：自2003年三峡蓄水以来，三峡工程的生态和环境影响一直是牵动世界的敏感神经，与三峡水库蓄水有关的水库移民、地质灾害、生态环境保护、泥沙水质等多个敏感问题深受社会关注。传言、怀疑和揣测纷纷涌来，长江下游城市天气的异常、九江的地震等等都与之扯上了关系。存在不少关于三峡蓄水引发负面影响的言论："三峡库区存在血吸虫病流行潜在威胁"说、"重庆高温三峡水库蓄水惹的祸"。

[新闻框架建构]

新闻框架的新闻话语分析理论，将框架的结构分为高、中、低三个层次。台湾学者钟蔚文、臧国仁等人认为："在每一种已经形成的事实的框架中，都有类似的结构，分别由高层、中层以及低层环节组成。框架的高层次结构是指在各种事实的内在结构中，均有高层次的意义，它往往是对某一事物的界定。框架的中层次结构系由以下几个环节组成，包括主要事件、先前事件、历史、结果、影响、归因、评估等。框架的低层次结构指的是框架的表现形式，系由语言或符号组成，包括字、词、句，以及由这些基础语言所形成的修辞或比喻”。[①] 在新闻媒介的具体新闻文本中也可以通过这样三个层面来关照。首先是框架的高层结构，即媒介文本主题的设置。其次是框架的中层结构，即媒介文本的具体结构方式。第三是框架的低层结构，即文本的表达方式。三个层次彼此呼应，并在选择与重组机制的作用下，共同形成媒介文本的完整框架。

本文新闻框架研究就按照框架理论的三层结构展开，以探索媒介在三峡蓄水156米事件中呈现出的新闻框架。

在探讨新闻框架的建构时，不可忽视三峡新闻宣传中心在其间发挥的影响，从三峡总公司来看，中国三峡总公司通过召开蓄水启动新闻通气会，编发新闻通稿，适时向新闻媒体通报蓄水的进程，引导社会媒体进行报道。而针对社会各界及新闻媒体十分关注的水库移民、地质灾害、生态环境保护敏感问题，三峡总公司一方面针对负面报道展开驳斥与认证，另一方面大力宣传中国三峡总公司在生态环境保护以及积极履行社会责任方面所做的努力。

一、新闻框架的高层结构：设置主题　凸显意义

在新闻框架理论中，框架的高层结构往往是对某一事件主题的界定，即高夫曼所称谓之“这是一件什么事”。新闻媒体通过对社会事件主题的界定来赋予一定的意义，并经由选择、强调、排除、细密化等凸显事件某一方面的意义，进而提供解释的框架。这种媒介赋予的意义经常以一些特定的形式出现，如标题、导言或直接引句，我们通过对这些文本形式的分析，就能够看出媒体所持的立场和观点。

1. 报道概况

对于此三峡工程枢纽工程，专属媒体及社会媒体都对其发展过程给予了密集跟踪式的报道，同时对相关事件及言论进行分析及报道，共发表消息、通讯、评论、图片新闻等各类报道共545篇，各种文体相互配合，形成了对三峡蓄水的新闻“聚焦”。

---

① 臧国仁. 新闻媒体与消息来源：媒介框架与真实建构之论述[M]. 台北：台北三民书局，1999：51.

2. 主题设置

根据图 4-3 所示的主题设置统计图可以看出，媒体报道呈现出主题设置多元化的特点，依据蓄水进程，社会媒体建构了包括工程进展、生态与环境、电力、防洪、旅游多元化的报道主题。充分显示出社会媒体对此次事件的高度重视与多方位聚焦。

从主题内容所占比例来看，媒体最为重视关于蓄水带来的生态与环境的报道，占 41%，其次是对于蓄水进展的关注，并对电力系统、防洪效应给予较多的报道。

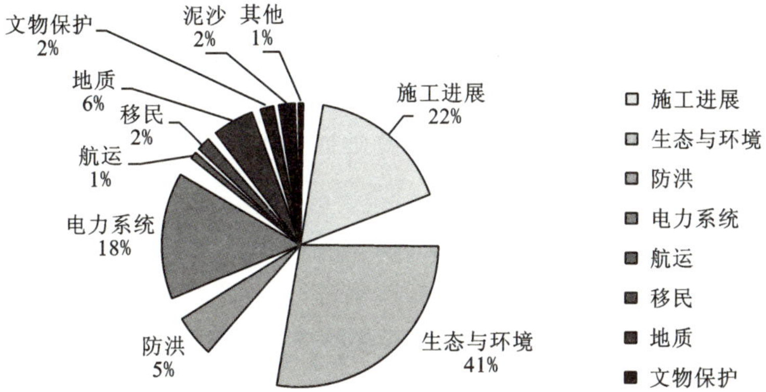

图 4-3　媒体报道主题分布

3. 主题建构下的意义

社会媒体建构的此事件是对于防洪、航运等有重大的经济效应，而在生态与环境方面极力避免了危害的一件有重要意义的工程。媒体报道主要是通过施工进展与分析评论两部分展开的。施工进展多为中立的报道蓄水进程。而对于此事件的分析评论则主要包括对负面言论的驳斥与效益的宣传，媒体极力建构三峡蓄水是一件有利而无害的工程(见图 4-4)。

二、新闻框架的中层结构:重组材料　服务主题

新闻报道主题框架的确定，决定了报道的焦点和事件的意义，但是结构模式框架的选择和运用却在很大程度上影响着主题的表达，适当的结构框架能够使事件的意义得以更好地实现，进而达到服务主题、突出主题的目的。“1996 年，加州大学教授亚格尔 Lyengar 提出了将新闻报道模式划分为情节框架和议题框架。情节框架主要采用描述性语言提供一副“图景”，不需要解释

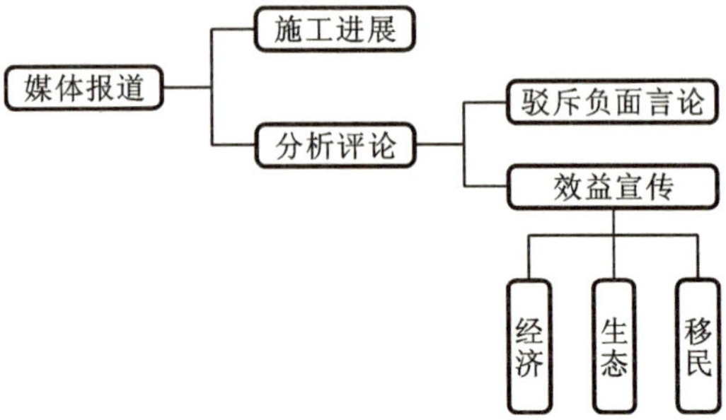

图 4-4 社会媒体建构模型

性分析，媒体的倾向性较为隐蔽，而议题框架则偏重使用解释性语言，将报道对象置于宏大的历史、地理背景中去加以分析、阐释，为读者展示新闻背后的时代或原因。”①非常明显，Lyengar 的新闻框架理论将研究的重心放在了新闻材料的建构上，即新闻文本的结构上。

台湾学者臧国仁、钟蔚文等借鉴话语结构分析的概念进一步指出“分析框架的中层次结构就是分析新闻的图式结构，它包括主要事件、先前事件、历史、结果、影响、归因、评估等”。② 将新闻文本的这些指标同 Lyengar 的结构框架模式相结合，可以总结出新闻媒体对新闻事件的结构方式：即情节框架，包括主要事件、场景细节、事件后果三个指标，议题框架包括口头反应、评价分析、相关背景等三个指标。透过具体的指标分析，便可以了解限定新闻主题实现的结构框架特点。

结合本个案来看，媒体报道以议题框架为主，也就是运用议题框架的形式直接或间接表达媒介观点，影响受众对新闻事件的认识和思考角度。在此事件的报道中，媒体的议题框架呈一面倒的正面态度，主要是从两个角度进行的，其一是对相关负面言论的驳斥，消除负面言论的消极影响；其二则是主动对蓄水的经济、生态、移民效益进行宣传。

即便存在个别的关于三峡水库带来的危害的报道，但随即便出现大量关于对相关问题的反驳或是三峡总公司采取了种种措施进行补救。如新华网宜

① 潘晓凌，乔同舟. 新闻材料的选择与建构：连战“和平之旅”两岸媒体报道比较研究[J]. 新闻与传播研究，2005(4).

② 臧国仁. 新闻媒体与信息来源：媒介框架与真实建构之论述[M]. 台湾：台北三民书局，1999：36.

昌9月21日电"三峡蓄水成库影响濒危水生物 鱼类洄流产卵受阻"中报道了蓄水给鱼群生存带来的负面影响，文中称"自2003年三峡大坝下闸蓄水以来，长江水温有所下降，泥沙量逐渐减少，河流周年径流量改变。在夏季泄洪时，江水中的氧气、氮气等气体含量发生变化，造成鱼类大量死亡，泄洪越多的年份，对鱼类的影响越大。由于'变江为湖'，许多适合急流生长的鱼逐渐向上游迁移，进而改变了鱼类种群的结构。"随即不久，当天新华网便出现了报道"中国关注三峡蓄水156米后对长江鱼类保护的影响"以消除或减轻之前报道带来的负面影响。文中称"近年来，中国政府越来越关注对长江水生生物的保护，以及三峡蓄水成库对长江鱼类的影响。从20世纪80年代初期起，中国便开始对鱼类进行研究保护，制定禁捕法规，并从三峡工程建设起就从设计、施工等各方面尽力考虑水生物的保护对策。"(见表4-1)

表4-1 蓄水期间(9.20—10.27)的新闻报道情况

报道角度		主题	相关报道标题	备注	态度
情景框架	施工进展	关于水位上升进展，景观的变更，电站发电状况，水质监测，泥沙清理工作等	"截至9时20分三峡水库坝上水位为155.39米" "三峡水库蓄水白帝城成江中孤岛" "三峡电站机组完成72小时满负荷运行试验" "监测表明蓄水156米后三峡水库坝前水质良好"	媒体对施工情况进行跟进报道，为事实的呈现，态度为中立	★★
议题框架	驳斥负面言论	血吸虫病流行潜在威胁，川渝干旱，地质灾害问题	"水利部长：把川渝旱灾归咎于三峡工程无科学依据" "气象权威称川渝大旱与三峡水库蓄水无关" "三峡水库蓄水至156米水位后 不会危及大坝的地质" "专家驳'三峡库区存在血吸虫病流行潜在威胁'说"	针对这些关注度高的负面言论，媒体报道引用相关领域专家的观点，从科学、中立的角度驳斥负面言论，以消除负面影响	★★

续表

报道角度		主题	相关报道标题	备注	态度
议题框架	效益宣传	经济	“三峡发电机组首次实现满负荷发电” “三峡蓄水有助航运” “三峡库区156米三期蓄水赛事旅游更精彩” “中国正向世界最大的‘水电王国’迈进”	媒体针对三峡蓄水带来的航运、旅游、水电开发等方面的经济效益进行报道。 报道呈现正面与积极态度	★★★
		生态	“三峡水库可望有效延缓洞庭湖消亡步伐” “小三峡景区航标调整游客可见悬棺群” “张飞庙:山水合一更奇伟” “三峡蓄水三大效益:发电防洪建成水上高速”	针对三峡蓄水带来的更美景观进行多角度报道,并针对三峡可能带来的“延缓洞庭湖消亡”、防洪效益进行报道与转载	★★★
		移民	“见证三峡蓄水成功:数个老城被淹改变移民生活” “见证156民生篇　被水位改变的三峡人” “三峡新生:蓄水对库区人的改变无疑是颠覆性的” “156米水面上的生活” “奉节移民:搬迁新生活蓄水后更好” “重庆三峡移民,你在这里还好吗”	蓄水改变了三峡移民的生活,媒体对移民的新生活十分关注,并进行了实地采访与报道。 根据不同情况分别进行了正面、中立与负面报道	★★

附:★★★代表媒体正面支持性的报道占主流;★★代表媒体正面态度与负面态度的报道相当或者媒体主要报道呈中立态度;★代表媒体负面反对性的报道占主流。

三、新闻框架的低层结构:话语表达　突出主题

表达框架是一个文本的下层结构,它包括语言形式、修辞以及各种符号的运用。这些符号和话语会传达框架的核心上层意涵,可谓是一组表达意义的低层次设计。新闻媒介常常通过对这些符号的选择与重组来形成自己独特的

表达框架，并以此来呼应其上、中层结构。[①]

1. 话语表达方式倾斜

媒体报道基本上筛去了不利的声音。呈现出舆论一边倒的现象，因此绝大多数表明的都是正面的见解和说理，很少涉及不同的或冲突性的意见。发挥着正面宣传和舆论引导的作用。

如"三峡水库水质保持良好"、"监测数据显示三峡蓄水前后水质状况稳定"、"三峡蓄水156米下游旱情将缓解"、"环保总局：三峡库区水环境治理取得进展"、"三峡从容应对四大生态问题"、"三峡水库可望有效延缓洞庭湖消亡步伐"、"三峡蓄水有助航运"等。

2. 关键词感情色彩浓厚

恩特曼说："新闻文本的框架是通过使用或拒绝使用某些关键词、常用语、僵化的形象、信息源和句子，通过某些事实和判断的聚合来强化主题。"因此，由于新闻媒体的不同的意识形态与特定的立场，不同媒体在描述事件时，常常会使用某些具有一定感情色彩和社会心理内涵的关键词。通过观察这些关键词，我们能够判断新闻媒介是如何框选新闻，表达观点的。[②]

采用感情色彩浓厚的形容词来展现三峡蓄水的巨大效益，从主观认知视角突出甚至夸大此事件给人们带来的利益。多出现全球最大，世界最大，等词语，如"三峡水库蓄水后将成为全球最大的天然'空调'"、"聚焦三峡工程将竣工：高峡出平湖造福千秋万代"、"三峡工程助推长江成为世界货运量最大通航内河"、"中国正向世界最大的'水电王国'迈进"。

四、新闻框架小结

对于此三峡工程枢纽工程，专属媒体及社会媒体都对其发展过程给予了密集跟踪式的报道，同时对相关事件及言论进行分析及报道，共发表消息、通讯、评论、图片新闻等各类报道共545篇，各种文体相互配合，形成了对三峡蓄水的新闻"聚焦"。

高层结构来看，媒体报道呈现出主题设置多元化的特点，依据蓄水进程，社会媒体建构了包括工程进展、生态与环境、电力、防洪、旅游多元化的报道主题。充分显示出社会媒体对此次事件的高度重视与多方位聚焦。从主题内容所占比例来看，媒体最为重视关于蓄水带来的生态与环境的报道，占41%，其

① 郝伟．框架理论视野下的中美灾难新闻报道[D]．武汉：华中师范大学，2009.

② 郝伟．框架理论视野下的中美灾难新闻报道[D]．武汉：华中师范大学，2009.

次是对于蓄水进展的关注，并对电力系统、防洪效应给予较多的报道。

中层结构来看，社会媒体建构的此事件是对于防洪、航运等有重大的经济效应，而在生态与环境方面极力避免了危害的一件有重要意义的工程。媒体报道主要是通过施工进展与分析评论两部分展开的。施工进展多为中立的报道蓄水进程。而对于此事件的分析评论则主要包括对负面言论的驳斥与效益的宣传，媒体极力建构三峡蓄水是一件有利而无害的工程。

低层结构来看，媒体报道基本上筛去了不利的声音。呈现出舆论一边倒的现象，因此绝大多数表明的都是正面的见解和说理，很少涉及不同的或冲突性的意见。发挥着正面宣传和舆论引导的作用。并采用感情色彩浓厚的形容词来展现三峡蓄水的巨大效益，从主观认知视角突出甚至夸大此事件给人们带来的利益。多出现全球最大，世界最大，等词语。

[受众框架]

以上考察了社会媒体对该事件报道的新闻框架，以下将分析受众框架，考察新闻框架是否实现了对受众框架的架构效应。受众框架的分析由两部分组成，分别是定量和定性，首先采用定量方法，抽样调查普通公众对此事件的总体态度倾向；然后通过深度访谈及网络舆论分析定性的了解受众对此事的典型看法并探讨受众认知框架形成的原因，从而提出更好架构受众意义生成的建议。

1. 受众态度抽样调查

根据社会关注的问题，问卷设置主要从气候、泥沙、水质三个议题展开，具体问题设置如下：

(1) 气候：水库建设将增加库区周围的风速和湿度，气温夏降冬升，有利于柑橘等喜温经济作物的越冬。

(2) 泥沙：通过“蓄清排浑”的水库调用方式，采取一系列排沙和清淤，可以解决三峡工程水库泥沙问题。

(3) 水质：蓄水后，三峡库区干流水质总体良好，仍以三类水质为主，与蓄水前水平相当，没有异常变化。

175 个受访者对每项陈述做了“非常不同意”“比较不同意”“中立”“比较同意”“非常同意”5 个等级的评价，从低到高分别赋 1～5 分，得到每项陈述的得分均值为 3.5920，通过显著性水平检验验证显著大于 3，即态度呈现正面倾向。

从以上新闻框架分析中可以看出，新闻框架极力建构三峡蓄水是一件有利而无害的工程，企图发挥正面宣传和舆论引导的作用。而受众态度呈现显著正面，而且关于此事件的问卷项陈述皆原文摘自三峡专属媒体、中央级媒体或权威媒体对该事件的报道和评述，即为新闻框架的文本呈现，受众态度倾向于正面，代表了受众认知框架对新闻框架的趋同，由此可判定新闻框架设置受众认知框架，三峡三期工程对于此事件的公共关系传播达到较为理想的效果。

尽管从抽样调查来看，受众对此事件的态度呈现显著正面，但是通过受众深度访谈及网络舆论分析，发现出现了一些不一致的声音。尽管不能以此就否定整个事件的公共关系传播效果，但是对于反面声音的解读有利于更好的指导公共关系传播。

2. 受众深度访谈＋网络舆论分析

在对受众深度访谈中发现，受众对此事主动提及较多，蓄水期间的气候、水质等问题受到了受众的极大关注，受访者最关注的问题是蓄水对气候的影响。对较无切身关系的议题，人们通常较依赖媒体提供的论述，而对与自身较相关的议题，一般人倾向结合个人经验、常识及媒介论述来诠释议题。尤其是对于当地一些人，他们的利益直接与此相关，但在人际传播中对此事的讨论较多，恰逢重庆干旱，因此，他们很自然地把两者联系到一起，如“新闻上说是什么厄尔尼诺或者拉尼娜现象，但是我觉得还是因为三峡工程。”“前几年重庆也干旱，连学生上学都推迟了。”另外还有不少受访者表示通过报纸与网络途径对此事进行了解，对三峡蓄水带来的气候、水质等不利影响表示担忧，如“由于整体水位提高，肯定淹没了很多植物，这对生态环境肯定影响，同时三峡大坝所形成的巨大水库，会成为一个调温器，使温度更加缓和。”“库区方面最大担忧是水库的污染。三峡的常住居民和游客的排放的污水会直接排入长江。蓄水后，污水不流走而是积在水库中，会造成水质恶化。”

在他们形成了这种意识之后，大量媒体的报道对于他们来说，似乎就等于“乱说”，一些专家和政府部门的说法被当地人认为是“官方说法”。在他们眼里，三峡工程和当年连续几年的干旱，始终不能脱开干系。如一些受众在访谈中谈到“媒体上对干旱都做了大量报道，有些专家和一些当地人的看法一样，认为是三峡工程的原因引起干旱，但是在媒体的主流报道上还是有大批专家否认那次干旱与三峡工程有任何关系”。但在张伟看来，那是“官方的否认”，他认为“有些媒体喜欢乱说话。”“看以前看到那些报道，那些带着官腔（笑）的报道感觉这个工程百益无一害，后来了解它的问题也很多。”

网络舆论中也有类似的观点，如有些帖子则是直接针对媒体的"三峡造好当空调"、"川渝高温与三峡蓄水无关"的报道进行反驳或是讽刺，如网友"看客001"的发帖"三峡工程前专家说：能使重庆气温降低3～5 ℃能改善小气候，他们说的是冬天吧？"，网友"新世纪"的"气象专家说三峡造好当空调，重庆人民快热死了"，"五洲"的"偶明白了：三峡就像天使一样，冬暖夏凉，在各方面都是完美无缺的……"

3. 分析及建议

无论是网络舆论中，还是在与受众的深度访谈中都发现，受众对媒体过于正面的报道呈现出了抵制情绪，呈现出了对抗式解读。斯图亚特·霍尔(Stuart Hall)，作为文化研究学派的代表人物之一，把人解码的方式分为三种：优势解读(Preferred Reading)、妥协式解读(Negotiated Reading)、对抗式解读(Oppositional Reading)。"对抗式解读"，是指受众把编码者的意思抛到脑后，解读出来的意义与编码者相互对立。由分析得出，真正引起受众抵触情绪的议题主要是关于生态环境的一系列问题，如气候、地质、水质等，三峡工程的评估毕竟是经历了很长时间的，为什么那么长时间以来一直还是有人在反对这个工程，那么它肯定是有很多需要解决或者说无法克服的一些问题存在的，公共关系传播要做的不是纠缠于这些问题一味地反驳这些观点，更重要的是通过大众媒体为受众"框限"另外的事实。

事实上如何处理三峡工程带来的利弊影响的关系，是三峡工程面临的一个难题，也是三峡公共关系传播的一个难题。从这个层面上来看，三峡公共关系传播主要是从两方面展开的，一方面是传播三峡工程的巨大综合效益，另一方面是针对其焦点问题，对一些不正确的负面观点进行论证与驳斥，并宣传三峡总公司降低负面效果的种种努力及取得的成果。

华中师范大学经济学院汪思宏、寇垠的《关于三峡工程利与弊的分析》文中对三峡工程利与弊作如下总结①：

三峡工程巨大的综合效益：能源创造，三峡工程产生的巨大电能，发电建功；环保节能，提高了洁净能源的利用率；防洪屏障，可以有效地减免洪水对长江中游富庶的江汉平原和洞庭湖区的生态与环境的严重破坏；航运通畅；养殖增富。

① 汪思宏，寇垠. 关于三峡工程利与弊的分析[J]. 华商，2008(15).

三峡工程带来的焦点问题：泥沙问题，长江宜昌站年输沙量3.5亿吨，将淤塞三峡水库；库岸滑坡问题；水库诱发地质问题；生态环境问题，淹没耕地30余万亩，果地20余万亩，水库静水减弱污水自净能力，恶化水质，影响野生动物的繁殖等。

从本事件的新闻报道框架来看，主题内容所占比例，媒体最为重视的是关于蓄水带来的生态与环境的报道，占41%，而针对此事件带来的电力系统、防洪效应的报道则明显少于生态与环境议题(仅18%和5%)。在多个适用的认知元素被启动的情况下，文本框架会影响文本接收者对这些元素的重要程度的衡量，以及思考所面临问题的关联程度的判断，并因此安排(或重新安排)认知元素间的结构，形成清晰思路，文本由此间接地产生架构效应。① 即在受众思考此事件时，自然会对其带来的生态与环境的影响给予较多程度的考虑，而对于毋庸置疑的水电及防洪效应较小考虑。因此，从此案例来看，新闻报道框架不要过分纠缠于关于生态环境的一系列问题，如气候、地质、水质等，一方面会把受众的注意力集中到这些议题上，另一方面还可能会引起受众的抵触情绪。相反的，要把受众的注意力转移到一些普遍认可的议题上，如三峡工程的防洪、发电等经济效益。

鉴于以上分析，提出以下避免受众对抗性解读的建议：

①恩特曼(Entman)提出新闻框架经过选择与排除后产生新闻，能使新闻工作者快速地把信息进行常规处理、包装后有效地传递给受众。因此，三峡新闻宣传中心在公共关系传播中，如上所述，三峡新闻宣传中心在框限报道事实时，要注意“取材的范围”，框限受众普遍认可的信息，或者在重要性程度上要有个准确的衡量，重点报道那些受众普通认可的议题，以免受众的对抗解读。

②采用双面信息的说服方式，运用抗拒理论来解释双面信息结构的效果认为，单面说服因为陈述的片面性和绝对性，会引起接受者对特定观点的更大压力，接受者抵制该观点的可能性增大。② 没有任何事情是完美无缺的，双面信息可以提高媒体的可信度；同时可以降低反驳，全面传递的说服效果是有抵制反宣传的效果。从上面的分析中就出现了很多直接针对媒体报道的质疑与

① Nelson T E, Oxley Z M, Clawson R A. Toward a Psychology of Framing Effects[J]. Political Behavior, 1997: 221-246.

② Russell A Jones, Jack W Brehm. Persuasiveness of one- and Two- sided Communications as a Function of Awareness There are Two sides[J]. Journal of Experimental Social Psychology, 1970: 47-56.

反驳，客观的包含了一些负面信息，减少片面化和极端化，因此降低了被反驳的可能性。

第三节　研究方法

一、三期工程媒介报道内容分析

2004—2009年，三峡三期工程期间，有关三峡的各种文献资料总计9990篇，报道规模达最大，本节意在对三峡三期工程期间媒体报道整体情况进行定量的了解。

根据《三峡工程新闻传播信息库》中摘录的三峡三期工程时期（2004—2009年）的9990篇文献资料，据此对三峡三期工程时期的媒体报道进行内容分析，描述该阶段媒体报道的整体规模，时间、体裁、来源、议题分布和议题引导情况。展现三期工程时期媒体报道的整体情况，反映三峡三期工程信息量及信息宣传强度。并结合年鉴提取内容，从数据中进一步发现媒体宣传报道热点和重点，以确定下一步受众问卷调查的内容和议题（选择具有代表性的新闻事件和热点以考察受众态度）。

（一）三期工程新闻报道规模和分布

据三峡工程新闻传播信息库统计，2004—2009年三峡三期工程期间，有关三峡的各种文献资料总计9990篇，占三个阶段（1993—2009年）文献资料的52%，超过半数，较一期和二期工程时期均有大幅度增长。

从时间分布来看，媒体报道数量呈现逐年递增的趋势；从体裁分布来看，主要为新闻报道与分析评论两大类；网络为最主要的媒介来源，同时也是增长最快的媒介来源；专属媒体在文献资料来源的比例中仅占一小部分，专属媒体公共关系宣传的效果更重要的是通过与外部新闻网络的构建，通过广泛社会媒体的影响力来实现的。

1. 时间分布——共有两个波峰

如图4-5所示，从时间上来看，文献资料数量总体呈上升趋势（其中2009

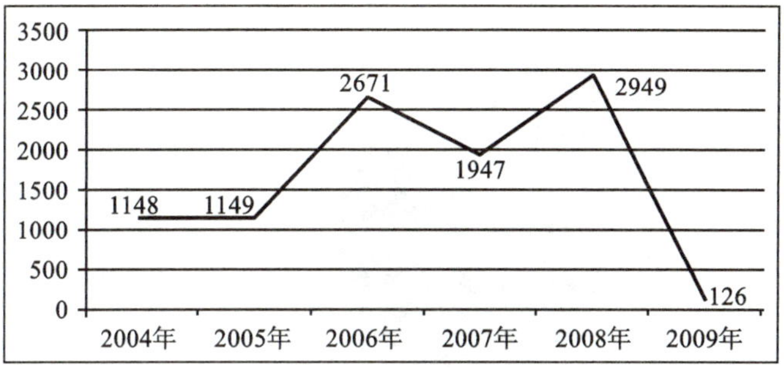

图 4-5 三峡三期工程时期文献资料时间分布

年除外，因为当年的数据正在统计中)，而 2006 年呈现一个波峰状态，这是因为三期工程中的几大枢纽性工程均于当年竣工，如 2006 年 6 月，三峡大坝全线达到坝顶高程 185 米；2006 年 10 月，汛后蓄水至高程 156 米。

2. 体裁分布——新闻报道占比大

如图 4-6 所示，与一期和二期一致，三期工程的全部文献中新闻报道数量最多，占总数的 84%，分析评论占 12%，专业论著约占 4%，文学作品等其他体裁的文章仅占总数的 0.001%(几乎为 0)，其中文学作品类体裁数量为 7，其他类数量仅为 3。

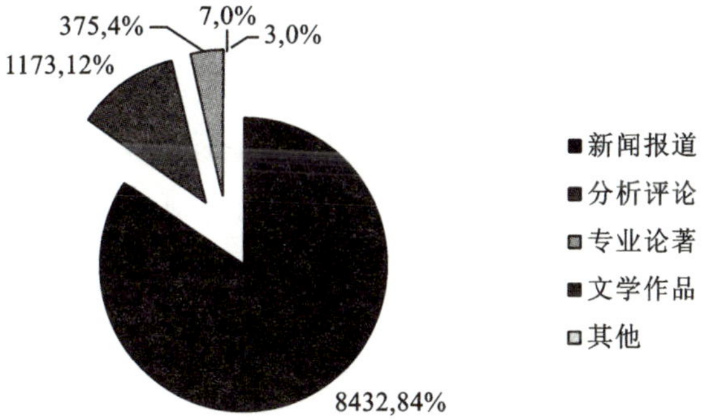

图 4-6 三峡三期工程时期文献资料体裁分布

3. 文献来源分布——以网络为主

如图 4-7 所示，文献资料主要来自于网络、期刊。其中，81%的文献来自于互联网，17%来自于期刊，约 2%来自于报纸；仅 0.003%(几乎为 0)来自于书籍、广播电视等其他媒介。

如图 4-8 所示，三阶段的工程，文献资料来源所占比例变化来看，变化最显

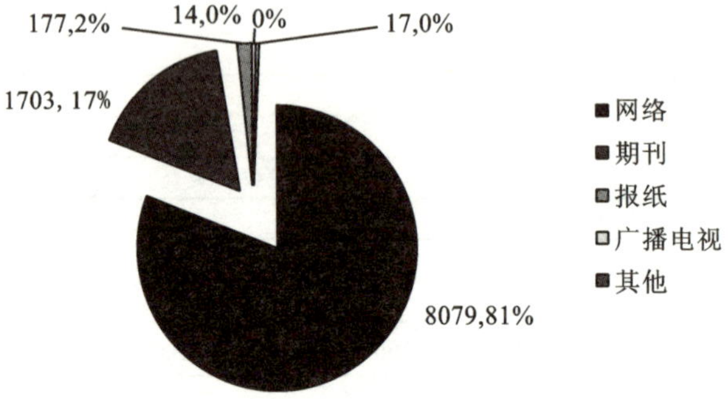

图 4-7 三峡三期工程时期文献资料来源

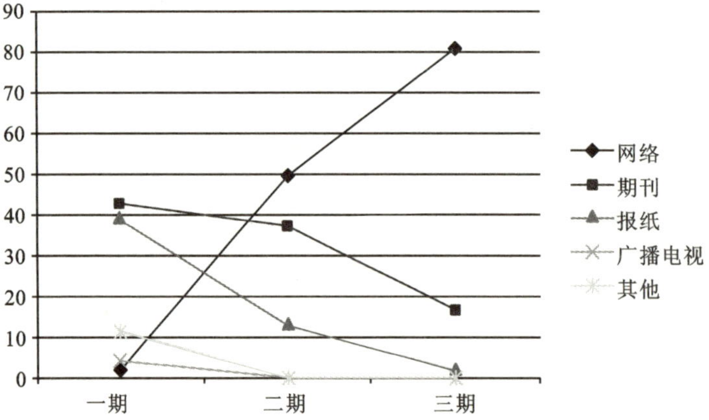

图 4-8 文献资料来源所占比例变化趋势

著的是网络，网络来源所占比例呈直线上升的趋势，在一期工程期间，网络在所有来源中所占比例最低，在二期工程期间，网络为来源的文献资料跃升第一位，在三期工程期间，网络成为主导性的文献来源，占 81%。

这与中国互联网在中国的发展历程是分不开的，一期工程期间，互联网在中国仍处在起步阶段，所以仅占极少数的比例；二期工程期间，网络成为最主要的文献来源，当时正值中国互联网进入普及和应用的快速增长期，互联网发展进入快速通道；而三期工程期间，中国互联网走向繁荣，网络文献所占比例远远高于其他文献来源。

如图 4-9 所示，在文献来源的媒体中，专属媒体仅占 4%，社会媒体在规模上为主要传播媒体；在专属媒体中网站所占比例最高，其次为期刊、报纸，这与

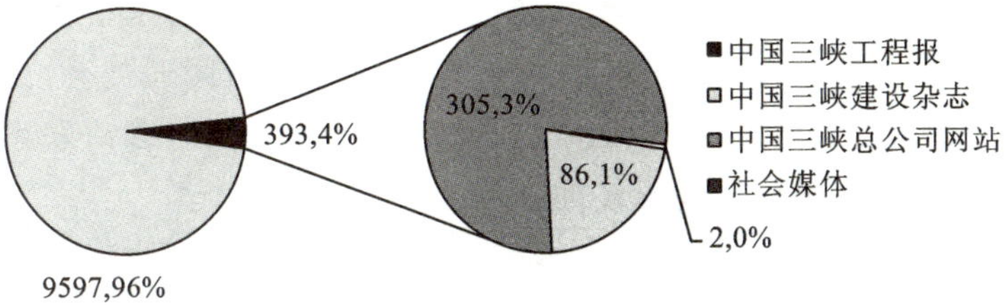

图 4-9　三期工程时期专属媒体与社会媒体所占比例

三期总体的文献资料来源的比例是一致的。

从专属媒体与社会媒体在文献资料来源的比例中可以看出，专属媒体公共关系宣传的效果仅仅靠专属媒体的报道是不行的，更重要的是要借助广大社会媒体的力量，否则报道难以成规模及发挥影响。

因此对于专属媒体来说，设置社会媒体议程，对社会媒体施加影响显得非常重要。关于议程设置的经典表述，是美国政治学家伯纳德·科恩 1963 年所提出的："报纸或许不能直接告诉读者怎样去想，却可以告诉读者想些什么。"① 1989 年，丹尼利恩和瑞斯发现，议程设置的效果不仅存在于媒介和公众之间，也存在于不同媒介之间，他们称这一现象为媒介间议程设置。②

媒介又是如何影响媒介的呢？1987 年，纽曼、马瑟斯在对于 1968 年伦敦反越战示威的研究中发现，媒介之间也有"意见领袖媒介"的存在，意见领袖媒介报道相关新闻后，其他媒介也跟进报道，并且前者所报道的内容往往为后者所采纳，形成一股连锁反应。③

事实上，三峡新闻宣传中心也意识到三峡专属媒体覆盖面和影响力毕竟有限，因此，大众传播媒介作为职业传播机构在三峡工程公共关系传播中扮演着中介且十分重要的角色，为了担当意见领袖，使大众媒体采纳三峡新闻宣传中心的新闻，三峡新闻宣传中心与中央及地方的社会媒体广泛的进行交流与合作，努力维护媒体关系，加强与媒体的联系、合作。经常性与地方媒体联谊，建立感情交流的桥梁。加强与中央、地方主要新闻媒体负责人的日常沟通，积极配合、协助媒体做好采访报道，形成了基本工作机制。通过现场报道、召开媒体见面会、提供新闻背景资料、投放新闻通稿等多种形式，精心策划组织三

① Cohen B. The Press and Foreign Policy[M]. NJ:Princeton University Press,1963:13.

② 沃纳·赛佛林，小詹姆斯·坦卡德. 传播理论：起源、方法与应用[M]. 北京：华夏出版社，2000:263.

③ 约翰·费斯克，等. 关键概念——传播与文化研究辞典[M]. 2 版. 北京：新华出版社，2004:9.

峡工程重大事件的宣传报道，有效控制报道节奏和力度，力求设置大众媒体议程。如举办“中央暨地方新闻宣传座谈会”，组织召开新闻通气会，为媒体记者提供详尽的新闻背景材料，联合媒体展开专题报道等；同时多次联系媒体进行舆论危机公共关系，引导社会媒体的报道。

三期工程时期三峡文献刊载最多的十个媒体中，全为网络媒体，刊载的文献占总数的超过 50%（见图 4-10）。其中中央媒体（人民网、和讯网、新华网、新浪网、中国政府网、中国广播网）占 6 个，地方媒体（三峡新闻网、湖北新闻网、中国宜昌、中国长江三峡工程）占 4 个，其中中央媒体刊载的文献所占比例 35.8%远远高于地方媒体所占的 14.3%的比例。从中央性媒体，全国性媒体对三峡新闻的关注，可以看出三峡新闻中心的公共关系传播在全国范围内的传播是比较有效果的，三峡工程不是一个地方工程，其影响不应该仅局限在宜昌或是湖北，它的影响应该是全国性的。

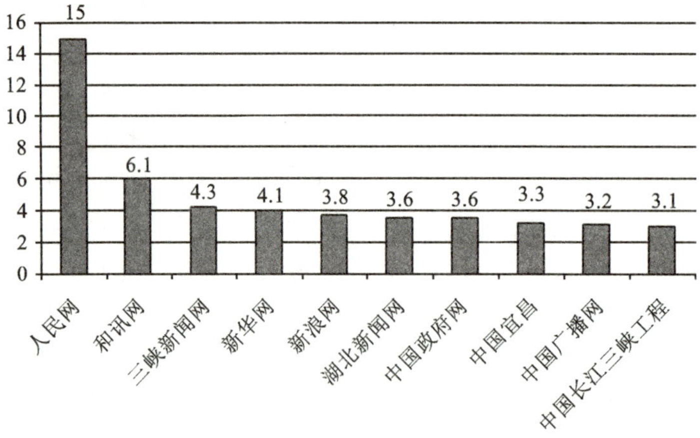

图 4-10　三期工程时期三峡文献刊载最多的十个媒体

（二）三期工程新闻报道框架

从新闻报道框架来看，三期工程最受关注的几大议题也是整个三峡的几大新闻框架，在三期工程中，关于三峡工程综合效益框架较前两期更为凸显。

在三峡三期工程时期全部文献资料共 20 个议题中，生态与环境、工程施工进展、电力系统、航运、移民、工程设备技术是涉及最多的 6 个议题；且这 6 个议题与三峡工程三个阶段全部文献的前 6 个议题相吻合（排序有变化）（见图 4-11）。

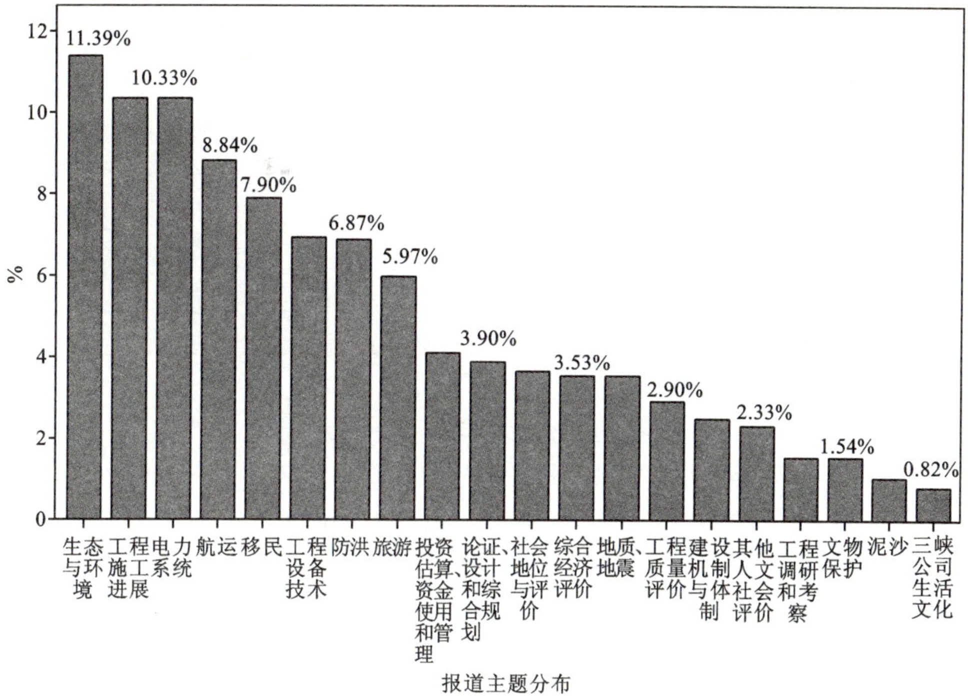

图 4-11　三期工程时期媒介框架分布

二、三期工程公共关系传播受众态度分析

本节意在从总体考察受众对三峡三期工程的认知及态度，并分析受众态度形成的原因，从而提出更好的架构受众意义生成的建议。

研究发现，受众对三峡三项工程呈现显著正面的态度，即新闻框架设置了受众认知框架，同时发现，这种架构效应还受受众个体层面因素的影响。

本节由三部分组成：首先通过抽样调查了解三期工程受众总体的态度偏向，并根据受众深度访谈了解受众对三峡工程有什么总体的印象或看法；然后对比受众对三峡三期工程期间三个主要事件的态度有何不同，并分事件考察受众态度及差异形成的原因；最后结合受众的各个因素，考察架构效应受哪些因素的影响。

考察架构效应受哪些因素影响是基于框架效应的非稳定性，在变化的资讯和社会环境中，这种效应可得到强化也可以减弱。架构效应产生的一个必要条件是不确定性(指外在的资讯环境)或模棱两可(指内在的心理状态，如对有争议议题时持可能相互矛盾的看法，或应用不同的原则)。架构效应是否发生，要看条件，包括文本接收者的意识形态取向，所面临问题对他(她)的重要程度，他(她)对文本中的框架的适用程度、表达该框架的言说者的可信度等的判断，大的资讯环境内是否有其他框架等等。[①]

本节的主要研究贡献在于发现，架构效应存在个人层面的框架进行影响，个体在认知结构存在一种求近心理，对于那些与自己的贴身感受有着密切联系的媒介信息，受众容易产生亲切感。表现在三峡员工对于三峡工程的态度与非三峡员工相比显著倾向正面。

并提出以下强化架构效应的建议：

一是增强与受众的关联度。舆论引导要想获得与传播者意图一致的传播效果，必须认真研究受众“欲知、应知而未知”的导向需求。

二是融合不同的“舆论场”。在确定议题时，要多关注和报道那些人民群众都关心的舆论热点问题，将这方面的议题尽可能地通过媒体的突出报道传播，形成强大的主流舆论。

(一) 三期工程受众态度特征

根据《年鉴》和《三峡工程新闻传播信息数据库》的内容分析结果，选择三期工程期间3个具有代表性的新闻宣传热点事件设置问卷内容，分别为三峡蓄水达156 m事件，碾压混凝土拆除事件，金沙江水电。问卷设计为五阶里克特量表，使受访者对每项陈述做“非常不同意”、“比较不同意”、“中立”、“比较同意”、“非常同意”的评价。据此考察三期工程受众态度以对三期工程公共关系传播效果进行综合评价。此外对特定受众进行深度访谈，考察其对三峡工程的态度以及态度形成过程，通过此部分内容对问卷调查数据进行补充和完善。

其中，抽样问卷调查的受访者包括三峡内部受众和外部受众两部分；问卷在企业、学校、社区、商场等地发放；数据分析将在SPSS统计软件中进行。

1. 三期工程受众总体态度呈现显著正面，新闻框架设置受众认知框架

假定样本态度平均值为3(即中立态度)，得分高于3则代表态度为正面，

① 潘忠党. 架构分析：一个亟需理论澄清的领域[J]. 传播与社会学刊，2006(1).

低于则为负面。样本总体态度平均值得分为 3.6281，根据显著性水平检验，显著性水平低于 0.05，即样本态度平均值显著高于平均值 3，即由此推断总体对三峡三期工程态度偏向于正面。

需要说明的是，关于三峡三期工程的问卷项陈述皆原文摘自三峡专属媒体、中央级媒体或权威媒体对该阶段中的重大事件的报道和评述，即为新闻框架的文本呈现，受众态度倾向于正面，即代表受众认知框架与新闻框架的趋同，由此可判定新闻框架设置受众认知框架，三峡三期工程公共关系传播达到较为理想的效果。

受众态度最低得分为 1.43 分，最高得分为 5 分，具体分布见图 4-12。

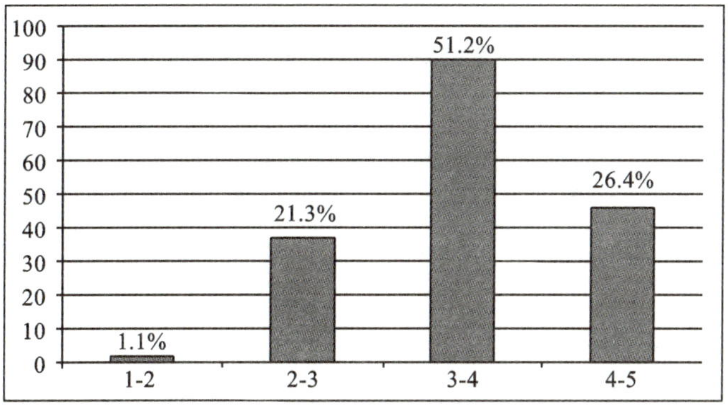

图 4-12 三期工程受众态度分布

从图 4-12 可以看出，77.7％的受众对三峡三期工程建设呈正面态度，半数以上的态度得分集中在 3～4 之间，即比较支持、较为满意，有 26.4％的受众对三峡三期工程态度为非常支持与满意，有 21.3％的受众对三峡三期工程表示较为不满，仅 1.1％的受众对三峡工程极为反对，对三峡三期工程表示极度不满。

有 72.5％的受众对三峡三期工程呈现较为温和的态度，得分为 2～4 分，即较为不满或较为满意，他们较为全面地看待三峡三期工程，既看到了其有利因素，也看到了一些不足。只是在正面与负面因素的比重倾向上不同，三峡工程建成以后，在防洪、发电、航运等方面的好处是显而易见的，对于弥补火力发电的空缺、减少火力发电造成的环境污染方面会起到很大的作用，这些都是三峡工程有利之处，但是，一些受访者认为，三峡工程建成以后，给他们带来了环境改变、三峡大坝受到恐怖袭击或是军事打击溃坝会淹没三峡附近地区等一系列潜在的威胁，如何处理三峡工程带来的利弊影响的关系，是三峡工程面临的一个难题，也是三峡公共关系传播的一个难题。

一位受访者的陈述可以代表温和派对三峡工程的态度："我认为三峡工程无疑在极大程度上促进了国家经济的发展，同时是促使国家建设的长期稳定的保证。当然在一定程度上也有各方面的声音反对和质疑三峡工程的，这些质疑和担忧之音也不能说全都是无稽之谈，还是有一些比较中肯的，比如说对于预期收益的能否达到质疑，对于移民、生态、文物保护问题的担忧等，我认为这些反对之音不全是坏事，相反还能起到预防针的作用。"

仅1.1%和26.4%的受众呈现极端态度，非常反对、不满意或是非常支持与满意。极端支持的受众主要表现为两类：一是个人知识水平或是媒介接触只接触到正面评价，另外一类是三峡工程的受益者，故带有主观偏见的认为三峡的弊端与它的效益相比基本可以忽略不计。

但是也有较少数受众呈现极端负面的态度，甚至认为它不该修建："我觉得是一个企业工程，结果上升国家高度，国家出面，结果是企业有利润，最后老百姓没有大的实惠。真的。你可能要从一个宏观的高度来看，全局的角度来看。"

2. 三个事件态度分析

对三个事件分别计算其态度平均值，如表4-2所示，金沙江水电开发这一事件态度平均值最高为3.6420，碾压混凝土围堰爆破拆除事件受众态度平均值最低，为3.4253，此三个事件通过显著性水平检验（Test value为3）小于显著性水平，因此得出结论，关于此三个事件受众态度均为正（见表4-2）。

表4-2　三期工程分议题态度

议题	蓄水156米	碾压混凝土拆除	金沙江水电开发
态度平均值	3.5920	3.4253	3.6420
显著性水平	0.000	0.000	0.000

对三个事件的态度平均值两两进行配对样本T检验，结果见表4-3所示，对于金沙江水电开发和蓄水156米事件受众态度基本一致，而对于碾压混凝土围堰爆破拆除事件，受众态度与对金沙江水电开发和蓄水156米这两个事件的态度存在显著性差异，态度明显更偏向负面。

表 4-3 三期工程分议题态度配对样本 T 检验

	显著性水平(双侧)
水电开发——蓄水 156 米	0.323
围堰爆破——蓄水 156 米	0.002
围堰爆破——水电开发	0.000

(1) 蓄水 156 米事件。

与三峡水库蓄水有关的水库移民、地质灾害、生态环境保护、泥沙水质等多个敏感问题深受社会关注。自 2003 年三峡蓄水以来，三峡工程的生态和环境影响一直是牵动世界的敏感神经，传言、怀疑和揣测纷纷涌来，长江下游城市天气的异常、九江的地震等等都与之扯上了关系。存在不少关于三峡蓄水引发负面影响的言论。因此关于此事件的态度分布与总体态度分布相比显著倾向于负面。

此事件态度平均得分为 3.5920，通过显著性水平检验验证显著大于 3，即态度呈现正面倾向，与三期工程总体态度作配对检验，得出此事件的态度与对三期工程总体态度一致，不存在显著性差异。具体态度分布见图 4-13：

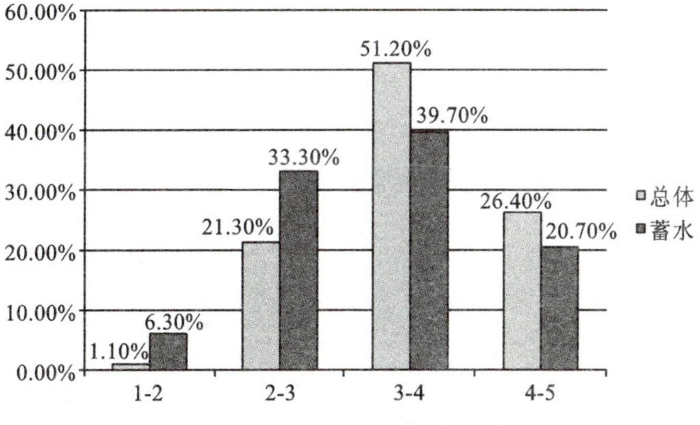

图 4-13 三项工程蓄水事件与总态度分布对比

从图 4-13 中可以看出，对于蓄水事件的态度与总体态度各组所占比例分布上有较大差异，运用配对样本 T 检验，得出显著性水平小于 0.05，即分布上存在显著差异。对于此事件的态度正面态度，极度正面(4-5)或较为正面(3-4)所占比例低于总体的正面态度的比例。

(2) 碾压混凝土拆除事件。

三期 RCC 围堰挡水发电 3 年多，期间承担了三峡工程初期发电与航运的重任，并保障了三期施工安全。根据施工进度安排，为满足发电及纵向围堰坝身段排漂过流条件，必须于 2006 年汛前完成拆除工作。由于 RCC 拆除方量大、距右岸大坝近、规模超大，为达到安全顺利的拆除并保证已建大坝正常运行，通过一系列的科研和现场试验最终选定的爆破倾倒施工方案于 2006 年 6 月 6 日实施。

为了保证此次爆破不对生态环境、大坝安全造成不利影响，三峡总公司采取了一系列措施及预案保障爆破成功。关于此事件的问卷具体问题如下：

①此次爆破使用了 150 多吨高威力混装乳化炸药(环保炸药)，不会造成地表水污染。

②通过采取电磁波等现代化的赶鱼技术将鱼在爆破前赶至安全地带等措施，此处爆破对水下生物伤及较少。

③围堰采用堰体倾倒方式拆除，减少爆破实施时堰前江水下泻对大坝和电站进水口闸门的冲击。

此事件态度平均得分为 3.4253，通过显著性水平检验验证显著大于 3，但是与蓄水 156 米事件及金沙江水电开发事件的态度相比，得分显著低于三峡蓄水 156 米事件。具体态度分布见图 4-14 所示，高达 48.5%的被调查者对此事呈负面态度(分值小于 3)。

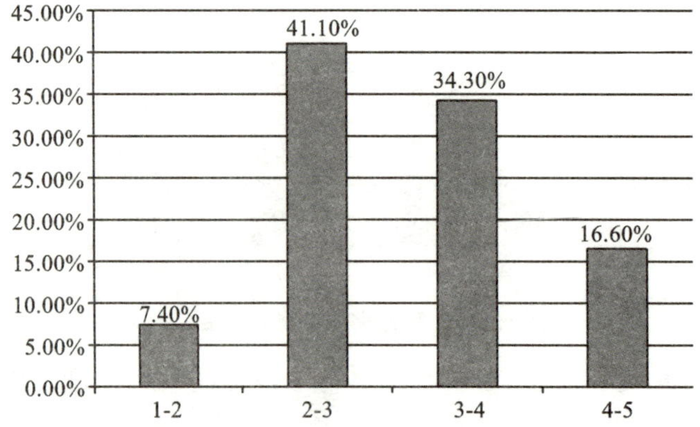

图 4-14 碾压混凝土拆除事件受众态度分布

对于此重要枢纽工程，三峡总工时适时向新闻媒体通报进程，引导社会媒体进行报道。中央及地方40余家新闻媒体的270余名新闻记者前往三峡工地进行了现场采访报道,中央电视台、新华网对爆破拆除全过程进行了直播。据中国三峡总公司新闻宣传中心的统计数据显示,媒体共刊发关于碾压混凝土围堰爆破的稿件967条,此事件成了当时的新闻热点。

麦库姆斯在发展议程设理论时指出“公众议题的内容十分有限,无论何时能引起公众持续密切关注的主要议题只有几个,新闻界对议题关注的时间更短,除非不断有新信息和新角度来充实这条新闻,否则它会自然消失。”现代社会中传播媒介通过三个效果对人们的环境认知活动产生影响,即多数传媒的报道内容具有高度的类似性一产生“共鸣效果”,同类信息的传达活动在时间上具有持续性和重复性一产生“ 累积效果”,媒介信息的抵达范围具有空前的广泛性一产生“ 遍在效果”。[①]

依据Price与Tewksbury(1997)理论所修订的模式推论,当受众知识仓储中对一议题之认知框架因媒介主要框架长期刺激而发展出习惯近用性时,若这些框架又与进行的评估有关,一旦受众进行该评估时,这些框架即可被启动而使用于评估过程。但是此事件的报道周期较短,主要在2006年6月,甚至集中于6月22是这一天,即便它在当时的报道强度很大,但是毕竟只是短期的报道,未能产生报道内容的“累积效果”,现今时代久远,受众对此事件已无太深映象,在关于三峡工程的访谈中没有一位受访者谈到对该事件的看法。当受众对此事认知较少或难以回忆时,在对此事进行评估时,媒介框架不易被启用,较少受媒体报道的影响。

(3) 金沙江水电开发。

金沙江水电开发作为中国三峡总公司的战略重点,三峡新闻宣传中心将此事作为公共关系传播的重点,做了一系列公共关系传播的努力,如中国三峡总公司网站结合中国三峡总公司的发展和水电开发的新形势,针对社会各界关注的热点问题,进行全新改版,优化条目设置,充实网站内容,增设金沙江网络专题报道。并于2006年2月组建金沙江工作小组,并创办了“金沙江报道”专刊。“专刊”从2006年3月20日出刊以来,全年共出版20期,形成了每月有一期文艺副刊、一期视觉专版、一期西部水电的办刊特色;围绕金沙江向家坝水电站正式开工,中国三峡总公司开展全方位、立体式组合宣传;设计制作邮

① 郭庆光.传播学教程[M].北京:中国人民大学出版社,1999:11.

折、画册、DVD 等公共关系宣传纪念品;联系、组织媒体开展前期采访报道;组织召开新闻通气会,为媒体记者提供详尽的新闻背景材料;联合新华网开展网络专题报道,对开工典礼进行现场直播。

金沙江水电开发将带来的巨大的经济效益,但是在施工过程中可能带来的水土流失、环境问题也广受关注,因此从以下五个方面来设置问卷以便全面考察受众对此事件的态度:

①溪洛渡、向家坝水电站建设区域内水、气、声环境各要素基本能满足其相应的环境标准。

②溪洛渡、向家坝水电站建设中水土流失防治效果基本达到了《水土保持方案报告书》的要求。

③金沙江水电开发可以改善川江枯期航运条件。

④金沙江水电开发有利于缓解华东、华中、广东和补充四川、云南的电量不足。

⑤金沙江水电开发有利于带动西部地区经济社会发展,拉动投资、扩大内需。

此事件态度平均得分为 3.6420,通过显著性水平检验验证显著大于 3,各题态度平均值

分布如图 4-15 所示:

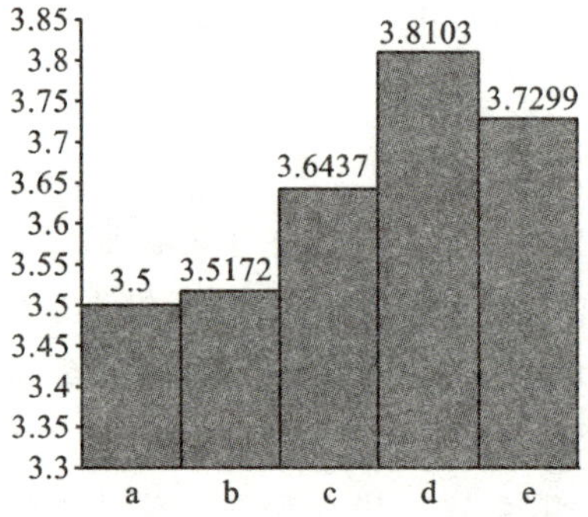

图 4-15 金沙江水电开发事件各题态度平均值分布

第(4)题态度得分最高,受众对此普遍表示赞同,认为“三峡大坝的建成及发电,显著地缓解了中国电力紧张的现状”,但是也有少数反对的声音,如一位受访者表示“在中国目前电力分配尚不合理,电力供应不够稳定的现在,规范电力供应制度是一个合理而且廉价可行的、一劳永逸的行为,而仅凭三峡加大

供电量，可能会造成新的资源浪费。”对于第(5)题的得分略低于第(4)题，受访者认为三峡确实对中国电力带来很大的效益，但是认为金沙江水电开发能“带动整个西部地区经济社会发展，拉动投资、扩大内需”太过扣高帽子了，因此对此不太赞同。通过配对样本T检验得出，第(1)、(2)两题关于环境与水土流失的态度与第(4)题态度存在显著差异，对这两方面的认同度不如缓解电力的认同度高，在访谈中发现关于金沙江水电开发，受众的注意力普遍集中在其带来的电力和航运效益，而对其在施工中的环境与水土流失问题关注较少。当人们对这些问题的报道关注度不高的时候，受众在对此事进行评估时，就较少纳入媒介框架，更不易受媒介框架影响，这就可以理解为什么对于这两方面的认同度相对较低了。

3. 分析及建议

根据框架理论，受众认知和理解世界的方式即是受众框架，而受众的框架分为“取景”和“架构”两步展开。取景是受众认识到某信息的存在，即信息进入受众框架；架构是受众对意识到的信息如何理解。媒体框架对受众框架的干预正是通过影响受众框架的“取景”和“架构”完成的。因此媒体框架要实现对受众框架的干预，首先就要完成信息的“取景”。

传播学研究还表明，议程设置效果还与议题的抽象度有关。传播学家雅各德(Yagade)等通过研究指出：“对于具体议题——能源而言，媒介与公众议程之间存在显著关系，但在抽象议题——核军备竞赛上，则不相关”。[①] 从本研究来看，蓄水156米事件中涉及的众多生态环境问题受众较容易感知理解，而碾压混凝土拆除事件、金沙江水电开发属抽象议题，受众较难感知。

通过对蓄水156米事件、碾压混凝土拆除事件、金沙江水电开发三个事件的媒体报道对比可以发现，蓄水156米事件受到了媒体集中而长久的关注，而碾压混凝土拆除事件媒体报道强度大但报道周期短、金沙江水电开发事件则媒体报道较为分散。定性分析受众对此三事件的态度可以发现，受众对于蓄水156 m事件最为关注，此信息首先是进入了受众框架，并进一步建构了受众意义；而受碾压混凝土拆除事件、金沙江水电开发事件，信息未进入受众现今认知框架或较少认识到该信息的存在，就更难影响受众对该信息的理解方式，鉴于此，提出以下建议：对于抽象议题要增加报道的信息量。传播学研究发

---

① 沃纳·赛佛林，小詹姆斯·坦卡德. 传播理论：起源、方法与应用[M]. 北京：华夏出版社，2002.

现,影响受众"导向需求"的另一因素是"事件的不确定性"。① 事件的不确定性越强,受众的导向需求就越大。而信息就是不确定性的消除。对于受众难以理解的抽象议题,其不确定性较强,因此需要增加报道的信息量。

(二)三期工程受众态度影响因素

从受众的层面来看,考察受众框架除是否采用媒介框架外,还是否与性别、年龄、学历、媒体使用形态及议题关注度、受众相关性变量有关。

考察架构效应受哪些因素影响是基于框架效应的非稳定性,在变化的资讯和社会环境中,这种效应可得到强化也可以减弱。架构效应产生的一个必要条件是不确定性(指外在的资讯环境)或模棱两可(指内在的心理状态,如对有争议议题时持可能相互矛盾的看法,或应用不同的原则)。架构效应是否发生,要看条件,包括文本接收者的意识形态取向,所面临问题对他(她)的重要程度,他(她)对文本中的框架的适用程度、表达该框架的言说者的可信度等的判断,大的资讯环境内是否有其他框架,等等。②

1. 人口统计因素中性别、年龄、学历、是否有亲朋在三峡工作这些因素均对受众态度无显著影响

对态度与性别、年龄、学历、是否三峡员工、是否有亲朋在三峡工作几个人口统计因素进行相关性分析,从表 4-4 可以看出,性别、年龄、学历三个因素与态度相关性显著性水平均大于 0.05,即三者与态度无相关性。是否有亲朋在三峡工作也对态度偏向无显著影响。

表 4-4　三期工程人口统计因素与态度

Correlations

		态度	a1 性别	a3 年龄	a4 学历	是否三峡员工	是否有亲朋在三峡工作
态度	Pearson Correlation	1	−0.050	−0.058	−0.093	−0.200**	−0.138
	Sig(2-tailed)		0.513	0.447	0.220	0.008	0.069
	N	174	174	173	174	174	174

① 沃纳·赛佛林,小詹姆斯·坦卡德.传播理论:起源、方法与应用[M].北京:华夏出版社,2002.

② 潘忠党.架构分析:一个亟需理论澄清的领域[J].传播与社会学刊,2006(1).

2. 普通社会媒体的媒介接触习惯对受众态度无显著影响；但是专属媒体接触习惯对受众态度有显著影响

通过相关性分析发现，受众每天使用媒介的平均时间与态度不呈现显著相关，而专属媒体接触及熟悉程度与受众态度呈现显著的正相关关系。这是因为专属媒体作为小众媒体，其接触者能真正反映受众与三峡相关报道的接触，也就是说，媒介主要框架采用为三峡相关报道与受众态度的中介变项，受众看愈多与三峡报道相关的新闻愈易采用媒介主要框架，并因此愈易对三峡呈现正面态度。

3. 关注与三峡工程有关的新闻报道的受众态度与不关注的受众态度相比更倾向于正面

考察对新闻的关注度与态度的相关关系，发现不关注与三峡工程有关新闻报道的调查者态度平均值为 3.3616，关注与三峡工程有关新闻报道的调查者态度平均值为 3.7296，通过显著性水平检验，验证二者显著相关，即关注与三峡工程有关的新闻报道的受众态度与不关注的受众态度相比更倾向于正面。受访者愈对与三峡工程有关的新闻报道关注，愈多的接触与三峡工程有关的新闻报道，愈易采用媒介主要框架，因此愈易对三峡呈现正面态度。

4. 三峡员工对三峡三期工程的态度与非三峡员工相比，明显更偏向正面

三峡员工的受众态度平均值为 3.8673，非三峡员工的受众态度平均值为 3.5519，通过显著性水平检验可得出三峡员工态度得分显著高于非三峡员工态度得分。

说明三峡总公司的公共关系宣传活动在内部公众中起到了较好的作用，三峡总公司各部门及新闻宣传中心在公司内部组织了一系列的公共关系活动，以此来营造大家庭氛围，培养员工归属感。主要表现为面向内部员工开展的征文、书画摄影作品展、知识竞赛等文化娱乐型活动，以及公司周年庆典、节日联欢等感情交流型活动。这样有利于企业的文化建设，很好地起到了提高企业员工自豪感与内部凝聚力的作用。

此外，不可忽视的是，媒体的效果除媒体框架外，还存在个人层面的框架进行影响，个体在认知结构存在一种求近心理，这里的“近”是指那些与受众个人日常生活、贴身体验具有某种密切联系。对于那些与自己的贴身感受有着密切联系的媒介信息，受众容易产生亲切感。对于受众所熟悉的内容已储存在他们的头脑中，即大脑中已经有了经过整理、类化的心理组织即认知结构。

那些为受众所熟知的内容，能够为受众认知结构中的知识（或信息）单元迅速同化，产生关切感和认同感。或是因为三峡员工是三峡工程的既得利益者，三峡员工对于三峡工程的态度与非三峡员工相比显著倾向正面。鉴于此，提出以下建议：

①增强与受众的关联度。受众导向需求基于两个因素，其中之一是信息对个人的相关性。[①] 信息的相关性越大，人们的导向需求就越强，则受媒介议程设置的影响就越大。传播学关于传播模式的研究也表明：大众传播中信息的发送不等于送达，送达不等于接受，接受不等于认同。施拉姆（Schramm）提出的基于经验范围的传播模式说明，只有在信源（媒介）与信宿（受众）经验范围内的共同领域，才是实际上传播的部分。因此，舆论引导要想获得与传播者意图一致的传播效果，必须认真研究受众“欲知、应知而未知”的导向需求。

②融合不同的“舆论场”。要善于将官方舆论场和民间舆论场有机结合起来，促使其在新闻舆论中融为一体。也就是说，媒体在确定议题时，要多关注和报道那些人民群众都关心的舆论热点问题，将这方面的议题尽可能地通过媒体的突出报道传播，形成强大的主流舆论。对那些在群众中已经形成并具有一定影响范围的热点舆论，要适时地将其纳入所主张的舆论场中，使其发展为主流舆论。

三、三期工程网络舆论分析

根据中国互联网信息中心发布的最新调查结果，截至2009年6月底，我国网民规模已达3.38亿，互联网普及率上升至25.5%，较2008年底增长13.4%。[②]伴随着网络传播技术的不断成熟与发展以及网民数量的迅速增加，网络媒体正在成为新闻传播领域中一只重要的中坚力量，伴随而生的网络舆论正在成为引导主流舆论的有效途径。

笔者将网络舆论定义为“发生在网络这一特定空间里，网络使用者的意见和态度的综合。网络舆论的主体是网民，客体是在网络空间里被表达和传播的信息以及意见和态度。”[③]

---

① 沃纳·赛佛林，小詹姆斯·坦卡德. 传播理论：起源、方法与应用[M]. 北京：华夏出版社，2002.

② 中国互联网中心. 第二十四次中国互联网调查统计报告，2009.

③ 李贞芳. 网络媒体的舆论功能研究[J]. 国际新闻界，2008(10).

随着互联网的普及与发展，三期工程期间，网络舆论引导成为三峡新闻中心的一项重要工作，2006 年，针对三峡工程接受国家审计、长江干堤崩岸、三峡船闸完建、川渝干旱等媒体关注度较高的问题和事件，加强对社会媒体负面报道以及网络信息的监测，适时编发《网络信息参考》。2007 年，新闻宣传中心全面展开舆情监测，实施规范、即时的舆情监测与分析，大力推行即时监测和月报告分析制度。新闻宣传中心安排专人，每天定期收集网络信息，监测网络媒体报道。全年编写《网络信息参考》19 期，上传各类网络媒体稿件 1720 条。在外部，继续与专业媒体和高校合作，深化舆情监测与分析，加强网络信息实时监控，突出负面报道监测和应对。

网络的匿名性、互动性，使得网络成为观点的自由市场，在这一自由市场上关系变得模糊，观点不断地被提出，并在网络上或是淹没于海量的信息中，或是一石激起千层浪，被网络上的受众不断跟帖，成为网络上的公众议程。在没有网络的传统媒体时代，媒体的作用是社会海量信息的探照灯，它照到哪里，哪里就明亮起来，而在网络媒体上，一部分传播权力由少数人的手中分散到了广大网民手中，多元化的传播者、开放的传播渠道、复合式的传播形态都使得媒体"框限并凸显"部分现实的能力变弱，人人手中都拿着亮度相同的手电筒，他们随着自己的兴趣爱好和价值观，照亮他们想照亮的地方，网络上新闻或帖子的点击率和评论就是光束与光束之间打出的信号，信号的不断整合，聚来更多的光束。在网络媒体新环境下，框架第一层效果"框限凸显"现实是否还存在成为是争论的焦点。

同时网络环境下，信息多元化，受众对事实的认知受到多方观点的影响，网络环境下，媒介报道能否架构受众意义也面临挑战。

甘姆森把框架分为两个层次，一类是指"界限"(boundary)，可引申为对社会事件的规范，人们借以观察客观现实，凡纳入框架的实景，都成为人们认知世界中的部分；另一类则是指人们诠释社会现象的"架构"(building frame)，以此来解释、转述或评论外在世界的活动。对应以上这两个层次，本研究试图回答：

(1) 媒体的报道能否纳入受众框架的实景，成为受众认知世界的一部分？

(2) 媒体的报道能否纳入受众框架的意义建构，影响受众对客观事实的诠释？

本研究采用了内容分析法、抽样调查方法，首先抽样调查了解三峡三期工程期间整体网络舆论状况:网络舆论主要议题是什么,与大众媒体议程有什么关系;网络舆论态度是正面还是负面为主,不同的议题在态度上有何不同表现。然后再结合三峡三期工程期间重大事件"三峡蓄水达 156 米"的网络舆论进行内容分析,探讨网民舆论态度形成的原因。

研究发现:社会媒体框架框限了网络舆论的框架"取景",但是网络舆论态度呈现显著负面,即媒体在架构网民意义生成上不成功,探寻原因得出,网民对媒体报道呈现出了对抗式解读。

需要说明的是,鉴于网民的特殊性及不具代表性,因此不能据此从总体上否定三峡三期工程期间公共关系传播效果。同样也不可忽视网络舆论的影响力,更好地引导网络舆论对于三峡工程后期的公共关系传播同样是非常重要的,故提出以下网络舆论引导建议:①增强信源的可靠性,借助权威性媒体,因为信度高的信源比信度低的信源更能引起态度的变化(加深原有态度或是改变原有态度的方向)。②采用双面信息的说服方式,运用抗拒理论来解释双面信息结构的效果认为,单面说服因为陈述的片面性和绝对性,会引起接受者对特定观点的更大压力,接受者抵制该观点的可能性增大。[①] 没有任何事情是完美无缺的,双面信息可以提高媒体的可信度;同时可以降低反驳,全面传递的说服效果是有抵制反宣传的效果。从上面的分析中就出现了很多直接针对媒体报道的质疑与反驳,客观的包含了一些负面信息,减少片面化和极端化,因此降低了被反驳的可能性。③培养舆论领袖,根据传播学中"两级传播理论",信息往往是先从媒体流向受众的"舆论领袖",然后"舆论领袖"再根据自己对媒体报道的理解向周围的受众传递观点,与媒体报道相比,普通受众更容易相信"舆论领袖"的观点和意见。这样的规律在 BBS 上也同样适用。[②] 三峡新闻宣传中心可以培养这样一个舆论领袖,以非官方的身份就具体问题与网友进行讨论及态度的引导。④积极引入社会主流意见。论坛积极引入具有权威性的社会主流意见,可以起到引导论坛舆论的作用。社会主流意见包括:媒介意见、政府态度以及专家和专业组织的见解。

---

① Russell A Jones, Jack W Brehm. Persuasiveness of one- and Two- sided Communications as a Function of Awareness There are Two sides[J]. Journal of Experimental Social Psychology, 1970:47-56.

② 曾凡斌. 重大突发事件中的 BBS 舆论特点与管理初探——对人民网"强国论坛"的个案观察[J]. 出版发行研究, 2006(4).

(一) 三期工程网络舆论样本信息

1. 媒体选择

目前我国的网络舆论表达途径主要有三种：博客、BBS 和新闻跟帖。其中 BBS 在功能上最类似于观点公开的市场，也能够最大限度地聚合网民的观点，BBS 往往成为网络舆论的最主要发源地（黄云峰，2008①）。因此本研究将对 BBS 中的网络舆论进行分析。

选取人民网“强国论坛”为研究对象。1999 年北约袭击中国驻南联盟大使馆之后，人民日报网络版开设了“抗议北约暴行论坛”，迅速受到网民欢迎。6 月 19 日，该论坛更名为“强国论坛”。据统计，到 2009 年 6 月，该论坛注册人数突破 100 万。“强国论坛”从无到有，从弱到强，“强国论坛”见证了中国的历史性进步，记录了世界的风云变幻，也容纳了“坛友”们无数的睿智与卓识，已形成中国网络论坛中的一道独特的风景线。

由于人民网的特殊地位，也由于论坛的话题多为关系国计民生的重大问题，它是政府部门了解百姓呼声的重要窗口，并在很大程度上代表着中国人的言论自由度。“坛友”心目中，“强国论坛”是中文论坛里面的“国家队”，认为“强国论坛”“中国改革开放的重大成果之一”，认为“生活的气息、永恒的爱国主题，是该论坛的生命力所在”（刘艳红，2005②）。

三峡工程作为关乎国计民生的重大事件，与“强国论坛”这一时政论坛比较契合，在“强国论坛”中受到了较大的关注，故选择“强国论坛”为研究媒体。

2. 总体界定

在论坛上用“三峡”为标题关键词进行搜索，2004—2009 年的全部检索结果，共 72 页，每页 50 条，总计 3572 条。

3. 抽样方法

本研究采用等距抽样的方法。抽样距离为 25，样本覆盖到了不同时间与议题。

在第一页的 1～25 条中随机抽取第 N 条作为第一个样本，随后每隔 25 条抽取一次。这样，帖子的总数为 3572 条，最终得到可用于分析的主题帖样本

① 黄云峰. 论传统大众媒介对网络舆论的引导[D]. 厦门：厦门大学，2008.

② 刘艳红. 人民网_强国论坛_意见传播研究[D]. 石家庄：河北大学，2005.

144个。其中有效样本135条，有效样本率为93.75%。[①]

4. 编码

本研究主要对关于三峡的网络舆论涉及的议题、受众对相关事件的态度进行探讨，以便为网络舆论引导提供建议。具体从主题帖标题、发帖者、发帖时间（年份）、主题帖议题、发帖态度、浏览次数、回帖数。

其中，主题帖议题包含旅游、生态与环境、地质、工程进展、工程质量、国防安全、泥沙、移民、电力系统、文物保护、航运、防洪、综合评价和其他。

关于态度的编码包括正面、中立、负面和无关。无关是指关于那些三峡大坝于国防安全的帖子，此类帖子虽然主题与三峡工程有关，但讨论的是其外部安全问题，不涉及对三峡工程的态度讨论。

（二）三期工程网络舆论议题分布

对不同年份的网络舆论热点进行分析。作交叉列联表分析，其中：行变量为年份、列变量为帖子主要讨论的议题。产生的交叉列联表如表4-5所示。

表4-5　三峡三期工程期间网络舆论议题时间分布

发帖时间	议题														总数
	地质	电力系统	防洪	工程进展	工程质量	国防安全	航运	旅游	泥沙	其他	生态与环境	动物保护	移民	综合评价	
2004年	1	1	0	1	0	28	0	0	1	0	0	0	2	1	35
2005年	0	0	0	3	0	3	1	2	0	0	3	1	0	4	17
2006年	1	6	1	12	3	3	0	5	0	1	9	0	2	9	52
2007年	0	1	0	2	0	1	0	2	0	1	6	0	0	1	14
2008年	1	0	0	2	0	0	0	1	0	0	3	0	0	0	7
2009年	3	0	1	0	0	0	0	2	0	0	0	1	1	2	10
总数	6	8	2	20	3	35	1	12	1	2	21	2	5	17	135

① 何来的无效样本？在编码的过程中发现有部分样本虽包含“三峡”二字，但实际上讨论的议题与本研究的主题三峡工程并无任何关系，如“★★★★★用2 kg氢气作质能转换可取代三峡水电站一年的发电量!!!”、“地方新闻：宜昌个人社保信息今日起可上网查询 三峡新闻网”。

从表 4-5 的输出结果可了解到以下情况。

从时间分布来看，2006 年的帖子数最多 52 条，这与当年发生的几个热点事情有关，“2006 年 6 月，三峡大坝全线达到坝顶高程 185 米；2006 年 10 月，汛后蓄水至高程 156 米。”2004 年的帖子数 35 条，这一年的帖子讨论集中在国防安全议题的讨论，一方面表示对三峡大坝及国防安全的担忧，一方面更是对妄图威胁大坝安全的势力的强烈谴责，2005、2007、2008、2009 年相较而言，相关的主题帖较少，分别为 17 条、14 条、7 条、10 条。

从议题分布来看，关于国防安全议题的讨论最多；其次是生态与环境，其中网友最关注的是三峡大坝引起的川渝气候干旱问题以及水库的水质问题；关于工程进展的讨论主要表现为固定的部分网友对关于工程进展报道持续性的转载。综合评价类的帖子主要在于质问三峡工程到底该不该建，或是某些帖子涉及三峡工程多个方面的议论；关于旅游的帖子则是网友从三峡旅游归来，发帖表示对三峡美景的赞美与留恋；其他应该是的帖子数均在 10 条以下，此处不具体描述。

对媒体报道议题与网络舆论议题对比分析发现，媒体报道设置了网络舆论议题，如图 4-16 和图 4-17 所示，生态与环境及工程进展这两个议题在大众媒体报道得最多，同时也成为网络舆论中最热的议题，电力系统、旅游等议题也同样如此。

由此可见，社会媒体框架框限了网络舆论的框架“取景”，很多是由媒体所肇始的，媒体引领舆论的功能已经得到广泛的认可。有时候，媒体对某一新闻事件关注强度的偏差，往往决定了网络舆论关注度的差异。认识到大众媒体在网络受众框架效应第一层次的重大作用，新闻宣传中心立足于中国三峡总公司战略发展需要，努力维护媒体关系，加强与媒体的联系、合作。重点走访中央主要新闻媒体和宣传主管部门，就三峡工程有关宣传问题进行沟通，取得支持。经常性与地方媒体联谊，建立感情交流的桥梁。加强与中央、地方主要新闻媒体负责人的日常沟通，积极配合、协助媒体做好采访报道，形成了基本工作机制。

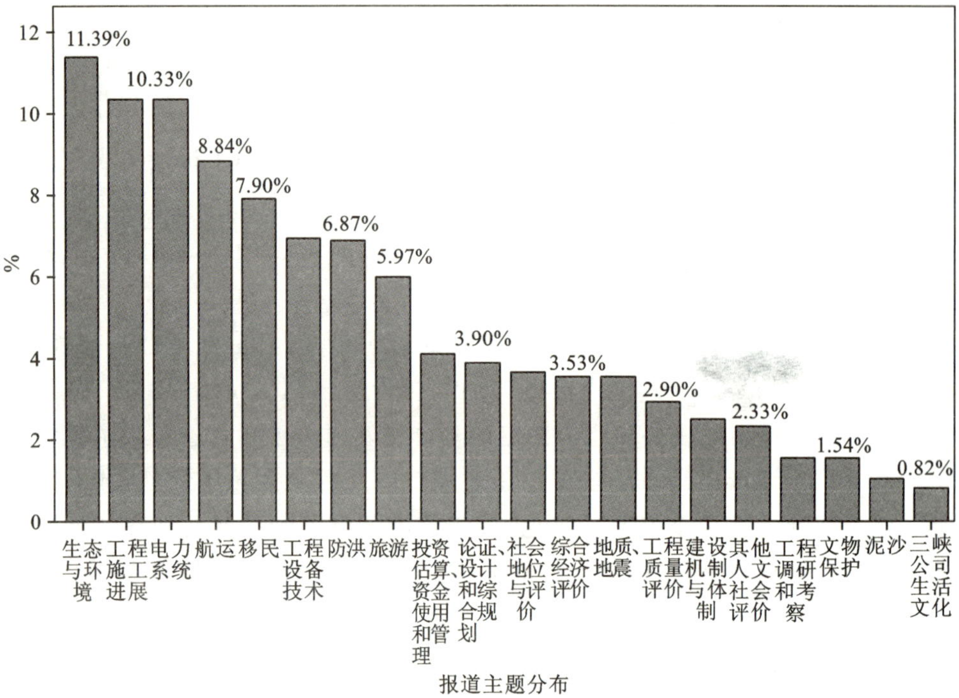

图 4-16　三峡三期工程期间新闻报道议题分布①

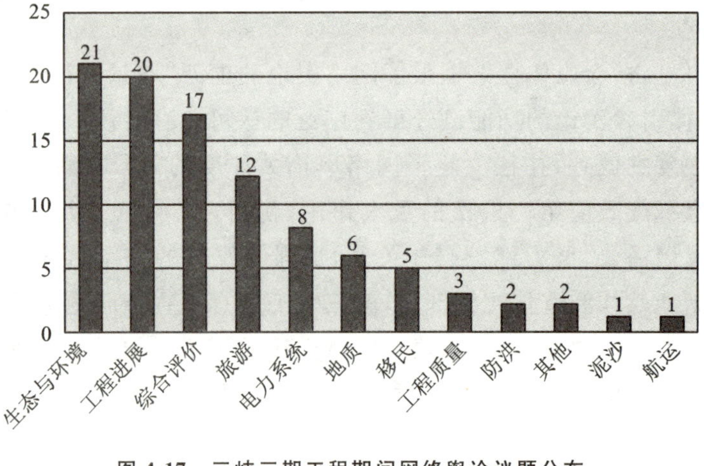

图 4-17　三峡三期工程期间网络舆论议题分布

---

① 华中科技大学《三峡工程新闻宣传信息库及专题研究》课题组为整个研究提供了《三峡工程新闻传播信息数据库》，其中涉及三峡三期工程时期（2004—2009 年）的文献资料共计 9990 篇。

(三)三期工程网络舆论议题分布

对三期工程的网络舆论态度分析发现,网络舆论态度整体呈现负面,分析发现网民对大众媒体进行了对抗性解读。

从图4-18中可以看出,在145个样本中,持负面态度的样本为39,占总样本的28.9%,中立态度的样本数最多,为41,所占比例为30.4%,正面态度的样本数最少,占总样本数的24.8%;态度为无关的样本数为35,占比例为25.9%。总体态度为显著负面($P<0.001$)。网络舆论显著负面的态度与大众媒体正面性的报道不一致,即大众媒体报道框架未能设定受众的解读框架,为什么会出现这种情况?

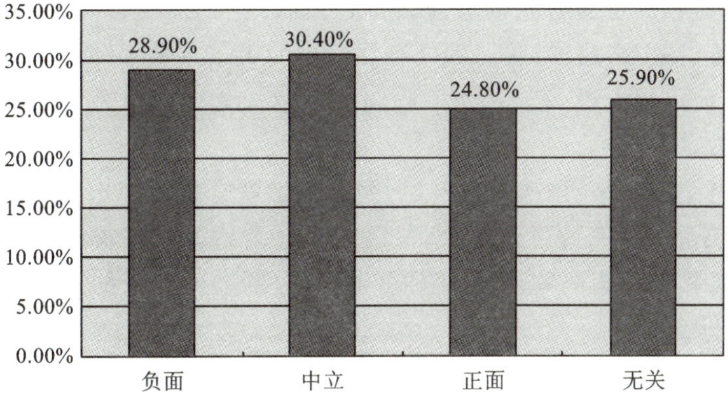

图4-18 三峡三项工程网络舆论态度分布

现在传媒的高度发展使人们生活在三种不同的现实中:客观现实,即我们生活的客观世界;媒介现实,媒介所呈现出来的媒介世界;受众现实,即受众通过媒介对客观现实的认知。其中,从媒介现实到受众现实是传播学研究的重要课题。受众在阅听新闻报道的时候,会依照过去的经验表现出一定的倾向,这就形成媒介框架与受众框架的趋同、协商或对立。

对三峡三期工程期间重大事件"三峡蓄水达156米"网络舆论进行定性分析,发现网络受众对大众媒体的报道进行了对抗性解读。斯图亚特·霍尔(Stuart Hall),作为文化研究学派的代表人物之一,把人解码的方式分为三种:优势解读(preferred reading)、妥协式解读(negotiated reading)、对抗式解读(oppositional reading)。

"对抗式解读",是指受众把编码者的意思抛到脑后,解读出来的意义与编码者相互对立。信息因此被误读、曲解的可能性时常发生,网络则加剧了这种可能。网络上的信息会迅速地变异、曲解,一旦网民非理性跟风后,网络舆论愈加偏离常轨。

2006年10月三峡水库实现156米蓄水目标是三峡三期工程的一个重要枢纽工程。三峡水库蓄水156米,从9月20日启动,至10月27日实现蓄水目标,历时37天。由于蓄水过程较长,不确定因素较多,而且涉及水库移民、地质灾害、生态环境保护、泥沙水质等多个敏感问题,新闻媒体、社会公众均对此十分关注。

在此期间,媒体的分析评论呈一面倒的正面态度,主要是从两个角度进行的,其一是对相关负面言论的驳斥,消除负面言论的消极影响;其二则是主动对蓄水的生态效益进行宣传。即便存在个别的关于三峡水库带来的危害的报道,但随即便出现大量关于对相关问题的反驳或是三峡总公司采取了种种措施进行补救。

而从网络舆论来看,从8月开始,网上论坛就开始集中出现关于川渝高温是否与三峡蓄水有关的讨论,此阶段关于三峡蓄水的网络舆论主要是关于此议题。还有帖子认为三峡蓄水引发地质灾害,网上的舆论的观点主要为三峡蓄水引发干旱。

而在蓄水期间(2006.9.20—2006.10.27),网友关注的问题与蓄水前相比较分散,涉及地质、水质、水生物生存等问题,网友的态度仍然主要为质疑与负面。

特别的是,出现了这样一系列直接针对媒体的某些报道而发出的帖子:

"新华网题目:三峡156米蓄水不造成大量泥沙淤积。按:看过该文,现在却找不到了,怪。记得只有2亿吨泥沙",

"新华网标题:三峡蓄水不会致水质恶化　对地质稳定无坏影响。按:清一色正面消息,大家可以放心了。"

"新华网标题:专家驳'三峡库区存在血吸虫病流行潜在威胁'说。按:'万无一失'的文章继续有来。"

"本坛帖子标题:三峡大坝阻断鱼类回流产卵通道 中华鲟撞坝而死 。按:可以请'专家'驳斥一下!!!"

为什么会出现"对抗式解读"?从以上分析中可看出受众最不满的是媒体

清一色的正面报道，反而使说服“这部分特殊受众”的目的没有达到。为什么会称网民为“特殊受众”呢，按照中国互联网信息中心(CNNIC)的统计和中国社科院关于互联网影响的调查，目前中国网民的构成还是以年轻、高学历、高收入的男性为主。以网民年轻的特点，容易产生过激、非理性的言论。而更重要的是他们高学历的特点，接受者教育水平越高的人，信息处理能力、判断能力越强，容易采用辩证的思维方式。对他们来说，承认三峡工程的某些缺陷显得比较客观，一面之词容易遭到抵触与批判。

1. 网络舆论与总体受众态度有显著差异

在同一事件的态度分析中，网络舆论的情形与总体受众态度中得出的结论相背离，这与网络舆论中受众的特殊性有关，即网络舆论尚不能代表整体受众态度，为什么会称网民为“特殊受众”呢，按照中国互联网信息中心(CNNIC)的统计和中国社科院关于互联网影响的调查，目前中国网民的构成还是以年轻、高学历、高收入的男性为主。以网民年轻的特点，容易产生过激、非理性的言论。因此网络舆论中负面态度居多，但是在受众抽样调查中却是相反的结论。

而且一项调查报告表明，中国的多数网民习惯于阅读别人的帖子，而自己并不发言①，在这一问题上，有研究者还做过相关的实证研究，崔倩、周葆华、刘芊芊的研究(2001) 认为网络上并非参与者一概平等，社会情境在 BBS 的虚拟环境中依然发挥影响，BBS 使用者有沉默者和活跃者之分②。所以说，现在 BBS 上的言论所代表的公众言论的面还是比较狭窄的。在受众深度访谈中多数受访者也表示不妄谈国事，不会在网络上发帖对三峡问题发表看法。

鉴于网民的特殊性及不具代表性，因此不能据此从总体上否定在三峡三期工程期间公共关系传播效果。尽管如此，不可忽视网络舆论的影响力，更好地引导网络舆论对于三峡工程后期的公共关系传播同样是非常的，正如前述架构网民意义生成所提出的几点建议。

2. 网络舆论态度引导建议

媒介在网络受众态度的引导上并不是那么成功。网络公众的解读框架与

---

① 在 2001 年郭良和卜卫主持的中国社会科学院社会发展研究中心《北京、上海、广州、成都、长沙互联网使用状况及影响调查报告》中，网络用户使用聊天室或 BBS 并经常发言的占 17.15%，偶尔发言的占 31.17%，只看不发言的占 13.11%，根本不上或很少上 BBS的占 37.16%。

② 崔倩，周葆华，刘芊芊. 网络上的沉默者和活跃者——以复旦大学计算机系局域网 BBS 使用者为例[C]. 上海：复旦大学，2003.

大众媒介的报道框架存在显著差异。从上面的定量分析中可以体现:网络舆论总体态度偏向得分为负数;而之后的定性分析中发现不少帖子中都体现了对媒体报道的怀疑甚至是抵触情绪,即对抗性解读。这也就可以解释为什么在媒体正面的报道引导下网络舆论反而呈现了负面态度的倾向。

基于以上分析,对三峡新闻中心的网络舆论的引导提出四点建议。

一是增强信源的可靠性;二是采用双面信息的说服方式;三是培养舆论领袖;四是积极引入社会主流意见。

第四节　结论与讨论

三期工程处于三峡工程的最后一个阶段,公共关系传播活动体现出了其总结性的特点。如为做好"三峡工程竣工"宣传准备,新闻宣传中心启动并实施一系列长线工作项目,运用影、视、图片和雕塑、模型、三维动画等多种表现形式和手段,打造系列形象宣传品;对前面的宣传品进行整理建档;推出专刊,对长江电力股份有限公司的成长和发展前途作全景式描述,对长江电力的运作和管理进行总结、探讨;完成《三峡工程志》大纲初稿的编撰工作。

对三期工程媒介报道内容分析发现,在文献来源的媒体中,专属媒体仅占4%,社会媒体在规模上为主要传播媒体。三峡专属媒体覆盖面和影响力毕竟有限,因此大众传播媒介作为职业传播机构在三峡工程公共关系传播中扮演着中介且十分重要的角色。由此可见,公共关系与媒体议程设置具有天然的关系,对于专属媒体来说,设置社会媒体议程,对社会媒体施加影响显得更加重要及有效果。

对三期工程时期受众态度的分析发现,受众态度呈现显著正面,在具体的不同事件的态度上均为正面,但倾向上有所差别,探讨不同态度形成的原因发现,受众的态度受到具体事件报道强度的影响,当报道强度太小,受众对该事认知较少或难以回忆时,态度就更不容易受到报道的影响;受众对具体议题的态度与受众对该议题的关注有关,当受众对某个议题的报道根本不关注的时候,就更不容易对报道采取认同态度;受众的态度不仅受媒体报道的影响,个人的自身认知对态度倾向有重要影响,对于大众传媒来说,存在着一种个体层面的框架会影响到媒介框架的效果。

对三期工程网络舆论分析发现，媒体议程设置了网络舆论议程，但是在态度引导上并不成功，网络舆论态度呈现显著负面，探其原因，发现受众对媒体报道进行了对抗性解读，据此，对网络舆论引导提出如下建议：增强信源的可靠性，采用双面信息的说服方式，培养舆论领袖，积极引入社会主流意见。

在“三峡蓄水 156 米”个案研究中，从公共关系传播的目标“知名度”与“美誉度”两个维度来综合考察此事件的公共关系传播效果。其在知名度上是较为有效的，引起了社会媒体以及受众的广泛关注，但是在美誉度上即受众的态度引导上并不是那么成功，无论是网络舆论分析，还是在与受众的深度访谈中都发现，受众对媒体过于正面的报道呈现出了抵制情绪。三峡新闻宣传中心在公共关系传播中，如上所述，要注意“取材的范围”，不要过分纠缠于关于生态环境的一系列问题，尽量把受众的注意力转移到一些普遍认可的议题上，如防洪、发电等。

第五章
基于受众信息加工机制的媒介说服效果
——三峡工程生态与环境专题公共关系传播效果评估

三峡工程既是一项具有巨大综合效益的水利枢纽工程，又是一项改善生态环境的工程，三峡工程的建设有利于中、下游血吸虫病的防治；减缓洞庭湖淤积速度，延长湖泊寿命；改善中下游枯水期的水质等。三峡工程的生态环境效益是巨大的，但生态与环境问题在三峡工程的论证、设计和建设中一直是焦点话题，加强对生态与环境影响的研究和监测，是三峡工程的一项重要任务，这种监测不仅包括对生态与环境的水文水质污染源、鱼类及水生生物、陆生动植物、局地气候、农业生态环境、河口生态环境、人群健康、库区社会经济环境等方面的监测，也包括对舆论环境的监测。因此组织了对三峡工程生态与环境专题的公共关系传播效果研究，从受众接受媒介信息的加工处理过程考察影响受众态度形成和改变的因素，从而评估三峡新闻宣传中心组织策划生态与环境公共关系活动的传播效果。

本章共包含三个部分，第一部分是针对三峡工程新闻传播信息库所采集的新闻报道进行的内容分析，分析各社会媒体对生态与环境的报道特点，指出了水质和污染是社会媒体最为关注的议题，并且随着时间增长，1999 年以来生态与环境问题受到媒体越来越多的报道重视，三峡新闻宣传中心在利用社会媒体进行公共关系传播的过程中已经认识到信源可信度对受众说服的“环境提示”影响作用，能够主动通过权威主流媒体发布信息，并且应对不实报道，能够及时发布详尽的信息。

第二部分是针对受众的关于生态与环境的态度及认知调查，包含了主要对湖北地区的普通受众的态度调查和生态与环境问题认知的深度访谈，以此来对三峡工程生态与环境专题的公共关系传播效果进行量化评估，调查结果发现，受众对生态与环境的总体评价显著偏向正面，受众态度受到其处理信息的动机、能力和机会影响，三峡专属媒体对内部公众（三峡公司员工）的态度影响起到积极作用，三峡专属媒体的影响力对内部公众更有效。媒介可信度对受众态度的影响不显著，信源可信度与传播效果之间是一个变动关系，信源可信度对信息的短期效果有影响，但信息质量本身是影响长期公共关系效果的关键因素。深度访谈中受众对媒体的正面报道表现出质疑，应加强双面信息沟通，承认对生态环境的负面影响，而且着力论述正在采取的改善和减轻不利影响的措施和努力工作的状态。此外，三峡公共关系传播活动要达到35岁以下的年轻人及中青年时，选择互联网作为第一投放媒介可以获得较高的到达率，网络公共关系活动是年轻人和中青年最佳途径。

第三部分是生态与环境的网络舆论分析，以天涯论坛为例，使三峡工程公共关系传播效果评估更有多样性和客观性，网络环境下，网民对生态与环境的总体态度显著偏向负面，最关注的议题是污染地质灾害、水质、动植物保护和气候，网络舆论意见表述理性缺失严重，网络环境下，受众对信息的认知过程受到中央路径和外围路径的组合影响。由此三峡新闻宣传中心需要重视网络社区、博客、QQ、电子邮件等新型人际传播形式，利用意见领袖影响网络舆论，可定期邀请群内的意见领袖参观，通过他们向其他社会成员传递真实情况，建构理性的公共话语空间，三峡新闻宣传中心应当承担建构理性的公共话语空间的主体责任，在网络论坛中主动现身发布准确、最新、详尽、相关的信息，使网络"意见表述"所形成的多元化观点能够与主流媒体以及官方形成一种流动和渗透，而不是平行的疏离，用新的认知元素来平衡受众的认知失调。

第一节　三峡工程公共关系传播效果评估理论框架

一、精细加工可能性模型理论综述

有效说服包括态度和行为的持久性改变，媒介的说服效果包括改变态度，行为改变和持久改变。媒介常常是充满了有意地施加影响的说服性信息。但媒介具有说服力，这种说服力很大程度上却是非故意的。即媒介信息中那些并非特意为改变态度和行为而设计的内容，实际上产生了说服效果。

说服一般被认为是说服者的有意行为，但有时并非是有意的说服改变了某人的态度和行为，人们常常被原本并非为改变态度或行为而特别设计的媒介信息说服了。

精细加工可能性模型(elaboration likelihood model)被大多数研究者认为是解释公众态度形成、能否被说服的最佳模型之一,由心理学家 Richard E Petty 和 John T Cacioppo 提出的,解释一个人屈从于说服讯息时的认知过程,认为人接受说服有两个途径:一是说服的中央途径(central route to persuasion),中央途径是说服非常理性或以认知为基础的途径,人们仔细阅读信息,并思考出许多反驳论点,说服者要想取胜就得驳倒这些论点,通过核心途径进行的说服很难成功。二是外围路径(peripheral route persuasion),信息中的某些暗示通过细小而不引人注意的方式,引导人们未经认知思考或细察就接受了建议,娱乐背景下,各种信息可以穿越平常牢固的防御系统而施予影响。说服的中枢路径主要是指信息自身方面的因素,而说服的外围路径则是与信息本身无关的因素,外围路径可以是任何形式的。

精细加工可能性模型的基本原则是:不同的说服方法对消费者态度的影响依赖于对传播信息作精细加工的可能性高低。当对信息精细加工的可能性是高时,说服的中枢路径特别有效;而当这种可能性是低时,则外围路径最为有效。

影响中央路径说服效力的激发性变量有:①讯息个人相关性(Brickner, Harkins 和 Ostrom, 1986; Leippe 和 Elkin, 1987; Petty, Cacioppo 和 Haugtvedt,1992),研究人员发现在处理讯息时,高个人相关性比低个人相关性的人更关注信息,随着讯息与受众的个人相关性的增大,强诉求的说服力变得更强,弱诉求的说服力变得更弱。②在讯息中明确地叙述问题而不是下断言,以激起读者更多的思考(Howard,1990;Petty,Cacioppo 和 Heesacker, 1981;Swasy 和 Munch,1985s)。③使用多个来源而不是单一来源的信息进行陈述(Harhins 和 Petty,1981;Moore 和 Reardon,1987)。Petty 和 Priester (1994)研究总结指出了若干借助外围路径来影响说服过程的环境暗示变量,包括:①讯息源的吸引力;②讯息源的可信度;③讯息包含的诉求点数量;④诉求持续的时间;⑤观众意识到的持相同立场人的数量,也称作流行效果[①]。

在信息研究领域中,学者们都将信息质量和信源可靠性作为消费者是否采纳信息的重要因素进行研究。Sussman 和 Siegal(2003)认为,在虚拟社区环

① 詹宁斯·布赖恩特,苏珊·汤普森.传媒效果概论[M].陆剑南,等,译.北京:中国传媒大学出版社,2006:134-135.

境下，精细加工可能性模型有两个关键组成部分：信息质量和信源可靠性。信息质量对接受者的信息采纳发挥中枢影响；而信源可靠性发挥的则是外围影响（见图 5-1）。

图 5-1　信息处理模型

网络环境下信息质量概念通常包括信息的准确性、相关性、及时性、详尽性四个部分（Christy，2008）。信源可靠性指的是信息使用者对信息发出者可靠性的感知，与信息自身没有关系。信源可靠性被定义为信源被信息使用者所感知的胜任性、可信性。当信源可靠性很高的时候，信息发送者的信息对信息接受者的态度和观点的形成具有重要影响。Eagly 和 Chaiken（1993）认为，当信息发送者所具有的正向属性越多，其信息的说服力就越强；由高可靠性信源发出的信息被认为是有用、可靠的，更有助于知识的传播①。

ELM 认为公众处理信息的结果受到他们处理信息的动机（motivation）、能力（ability）和机会（opportunity）的影响。处理信息的动机与卷入程度、个人需求等有关，卷入度是根据内在的需要、价值和兴趣而感知到的与客体的关联性；处理信息的能力指必要的知识和信息加工技能，与公众个人的智力、知识水平等有关；处理信息的机会指接触信息时条件有利于信息加工的程度，如干扰刺激或时间限制等不利于信息加工，适当的重复有利于信息加工。动机、能力和机会结合为 MAO，决定了公众对特定信息精细加工的可能性（EL），当 MAO 值高，EL 值也高②。基于以上观点，本章的理论分析框架如图 5-2 所示：

其中信息论述处理过程中，受众采用的是中央路径处理信息，信息个人相关性、信息来源多元化和信息质量影响信息说服力，越是与个人相关性高，来源多元化，信息质量高，信息的说服力就强，受众越容易改变态度；在环境提示处理过程中，受众采用的外围路径处理信息，信源的可信度、信息包含的诉求

① 包敦安，董大海．基于 ELM 的网络评论信息可信性影响因素研究［J］．现代管理科学，2009（11）：107-109．

② 章浩．说服公众：大众传播的商业功能［M］．北京：新华出版社，2006：30．

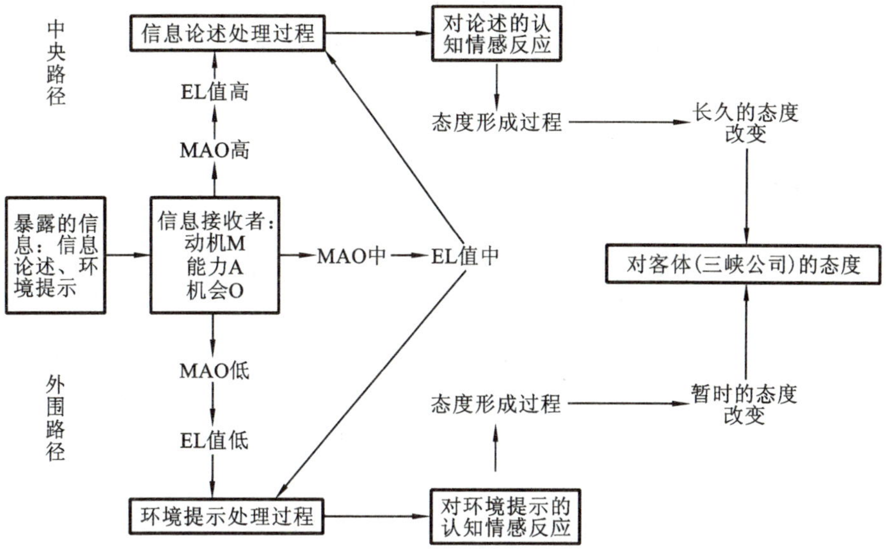

图 5-2　本章研究框架

项目数量、信息传播持续时间和流行效果影响信息说服力。

二、三峡工程公共关系传播效果评估研究目的

生态与环境问题是三峡工程的一项重要任务，也一直是三峡工程论证、设计、建设期间国内外社会与媒体普遍关注的焦点话题，三峡总公司为此组织过多次专属媒体和社会媒体的公共关系传播活动，而这些公共关系活动的效果如何，本文运用精细加工可能性模型理论，分析受众在加工和处理信息的认知过程中，态度改变受到哪些因素的显著影响，从而考察三峡新闻宣传中心在专属媒介、社会媒介、网络媒介中传播的讯息对不同卷入度的受众的说服差异效果，并根据影响因素为三峡新闻宣传中心今后的公共关系传播提出参考性建议。

三峡工程生态与环境专题公共关系传播效果评估包含三个方面的分析，一是对《三峡工程新闻传播信息数据库》新闻报道的内容分析来了解媒体对生态与环境专题的报道特点以及三峡专属媒体利用社会媒体是否共同营造的正面友好的舆论氛围；二是通过普通受众问卷调查和深度访谈分析受众对生态与环境专题各个维度的认知和态度，主要从受众态度层面追踪态度形成和改

变过程中的影响因素；三是进行了专题的网络舆论分析，对 BBS 中网民对专题的讨论进行追踪，分析网络意见形成过程中，媒介说服效果如何呈现，可以采取哪些措施控制媒介的说服效果。

三、研究假设

研究假设 1：受众的整体态度显著偏向正面，三峡新闻宣传中心利用媒介达到了说服态度改变的效果。

研究假设 2：受众态度改变受到卷入度和信源可信度的差异影响显著，卷入度对受众态度有正面影响，卷入度越高，受众态度越正面，信源可信度对受众态度有正面影响，可信度越高，受众态度越正面。

第二节　三峡工程生态与环境专题媒体报道的内容分析

一、内容分析概述

1. 研究目的

本节重点分析三峡工程新闻传播信息库的新闻报道中，关于三峡生态与环境传播的议题分布、时间分布、强度和特点，联系三峡新闻宣传中心的公共关系活动与媒体报道，通过对文章的信息来源分析，确定国内权威媒体是否受到了三峡专属媒体的影响，专属媒体是否利用媒体间的重复和跟风报道现象创造了正面的舆论氛围。

2. 样本说明

本节分析首先提取了“三峡工程新闻传播信息库”数据库涉及生态与环境的文章，共有 2206 条，涉及新华网、新浪网、人民网、湖北新闻网、联合早报、水利经济等国内知名、权威及专业媒体，然后按 5％的抽样比例进行抽样后分析的新闻报道文章的样本量为 105 条。

3. 变量编码说明

(1) 珍稀动植物保护：主要指三峡建设对长江流域珍稀动植物的影响极其

保护措施,主要包括陆生植物和水生动物。如文章涉及中华鲟、白鳍豚的人工繁殖、放流等保护措施,建立植物园,对淹没区植被的调查等认为涉及了珍稀动植物的保护。

(2) 珍贵文物保护:三峡库区一带文物古迹相当丰富,三峡蓄水必将淹没部分文物古迹,对珍贵文物的保护指对淹没区文物古迹的调查,抢救性考古挖掘,搬迁重建,复制另造等措施对文物古迹的保护。文章涉及文物古迹一词及保护措施,考古发现的则认为涉及了珍贵文物保护议题。

(3) 水土保持:指防治水土流失、保护、改良与合理利用水土资源,维护和提高土地生产力,以利于充分发挥水土资源的经济效益和社会效益,从而建立良好生态环境。包括水土保持农业技术措施、水土保持林草措施和水土保持工程措施。文章中涉及水土流失状况,防护林建设,三峡库区边坡林建设,库岸防护等则认为该文章涉及水土保持的议题。

(4) 疾病防治:主要指因三峡建设影响病虫水生环境而带来的疾病及防治工作,包括血吸虫病、肺吸虫病及钉螺的滋生等问题。

(5) 污染:包括库区城市水污染、工业污染、长江流域水污染、旅游垃圾污染及对这些污染的清理,防治工作等。

(6) 泥沙:指库区的来沙量,库区泥沙含量,清淤等内容。

(7) 生态农业:指在经济和环境协调发展原则下,把粮食生产与多种经济作物生产相结合,把种植业与林、牧、副、渔业相结合,把大农业与第二、三产业发展相结合,实现农业的可持续发展。文章的内容或主旨涉及上述概念的则认为是涉及了生态农业的议题。

(8) 三峡景观:主要指三峡工程的建成后对三峡原有景观的影响。文章提及对原有山峰等景观的影响和新景观的开发,新景观的描绘等内容的,认为设计了三峡景观这一议题。

(9) 水质:包括库区干流总体水质和饮用水源地水质,如文章包括水质监测报告,施工和污染对水质的影响,蓄水后水质变化等内容则认为涉及了水质议题。

(10) 气候:包括库区的气温和降水的变化。如文章涉及对三峡库区气候的监测,对库区气候变化与三峡建设之间关系的探讨等内容认为涉及气候议题。

(11) 地质灾害:主要指三峡建设是否会增加库区地质灾害的可能性,如文章涉及地震、泥石流、滑坡等内容的，认为其涉及地质灾害议题。

(12) 正面效应：指三峡工程建设对长江流域生态环境的改善，如文章涉及调节长江枯水季节下泄流量，改善中下游生产、生活用水条件，抑制入海口咸潮入侵的生态效益等，认为文章涉及了正面效应议题。

(13) 施工环境：主要指三峡建设的施工工地的环境保护状况，三峡施工活动中，因机械设备，土石方工程等将产生大量的废气飘尘、炸药浓烟等有害气体及较高强度的噪声，排放大量的生产、生活废水及弃渣。文章涉及施工区水域的水质、空气、噪声等环境的现状的认为涉及了施工环境议题。

(14) 生态移民：三峡工程移民重视环境保护，及移民的经济发展也要与生态环境发展同步。文章中提到移民生态保护的现状、措施、效果及经济林建设等内容，则视为涉及生态移民议题。

(15) 旅游：主要包括三峡旅游情况，生态旅游等问题。

二、媒体报道规模

1. 报道类型分布：以新闻报道和评论为主

分析的样本中，新闻报道占 57.1%，分析评论占 37.1%，专业论著占 5.8%，以新闻报道和评论为主(见图 5-3)。

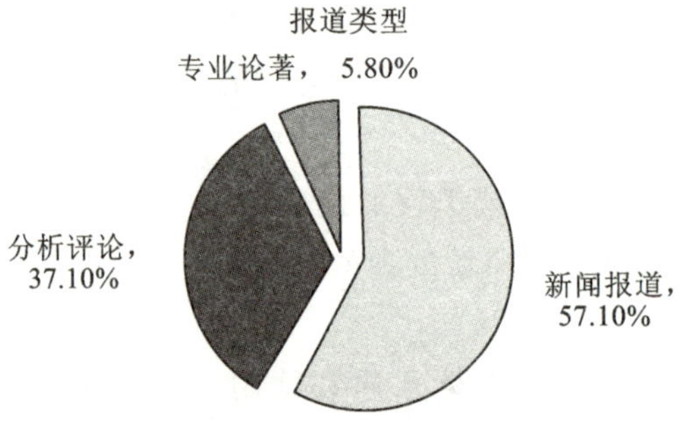

图 5-3　样本报道类型分布

2. 媒体类型分布：网络和期刊为主

媒体类型分布中以网络和期刊为主，分别为 48.6%和 41%，报纸占 9.5%(见图 5-4)。期刊主要是专家的学术论著，权威性影响较高，网络媒体因没有采访权，其文章来源多采用的是传统报纸媒体的报道，因此可以弥补报纸在总体中的比例较少的情况。

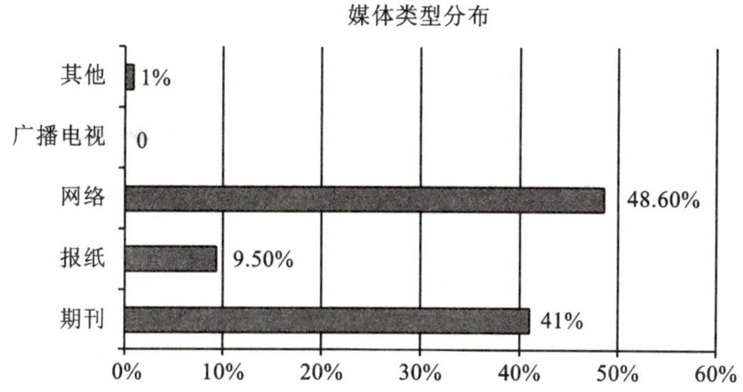

图 5-4 样本的媒体类型

3. 媒介属性比重:专业媒体所占比重最大

专业媒体占 58.1%,中央级媒体占 38.1%,省级媒体占 3.8%(见图 5-5)。专业媒体所占比重最大,权威性高,中央媒体可信度高,影响力大,两类媒体的报道增强了信息的可信度,对其他媒体报道和受众态度有积极影响。

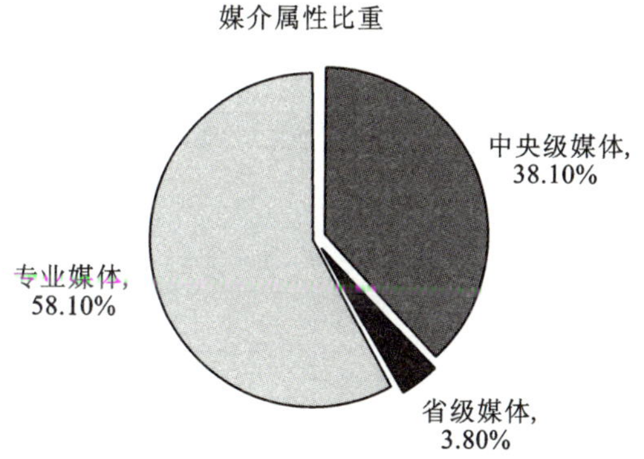

图 5-5 样本媒介属性

三、报道议题分布

1. 关于生态与环境的报道议题的时间分布

生态环境的报道比较集中地出现在 2002 年以后,2002 年——2008 年生态环境的相关报道占样本总数的 73%,这说明移民生态环境问题受关注度逐年升温，环境问题变得越来越受关注。其中报道数量比较突出的年份有 2002、2003、2005、2006、2007、2008，这些年份的报道均在 10% 以上（见图 5-6、表 5-1）。

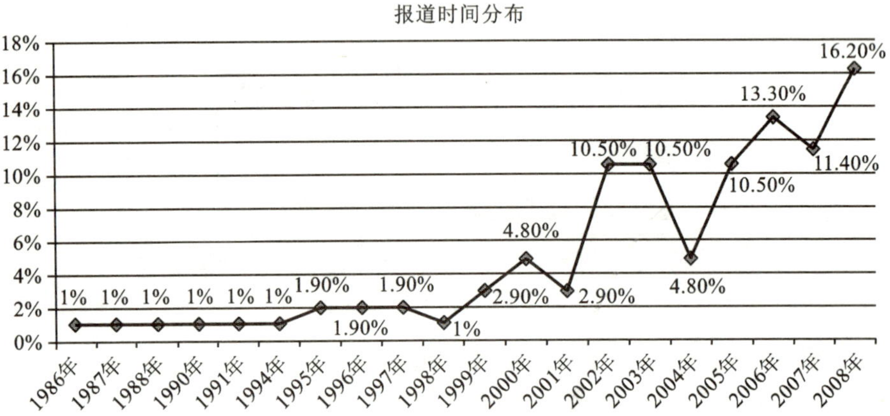

图 5-6　生态与环境报道时间分布情况

表 5-1　2002 年以来每年关注的议题层次

年份	议　　题	比例(%)
2002 年	污染	54.5
	水质、水土保持、地质灾害	27.3
	疾病防治、生态农业	18.2
	泥沙、气候、施工环境、生态移民	9.1
2003 年	水质	54.5
	污染	36.4
	气候、施工环境、旅游、监测网、水土保持、疾病防治	9.1
2004 年	污染、水质	80
	地质灾害、正面效应、旅游	20
2005 年	水质、污染	45.5
	泥沙、地质灾害、动植物、水土保持	18.2
	疾病防治、监测网、文物保护、生态农业、三峡景观	9.1

续表

年份	议　题	比例(%)
2006 年	水质	42.9
	污染	28.6
	气候、动植物、水土保持	21.4
	地质灾害、生态移民、生态农业	14.3
	旅游、文物保护、疾病防治、监测网、泥沙	7.1
2007 年	污染	41.7
	水土保持	33.3
	动植物	25
	泥沙	8.3
2008 年	水质	47.1
	污染	41.2
	气候、地质灾害	23.5
	动植物	17.6
	水土保持、正面效应	11.8
	泥沙	5.9

2004 年媒体报道集中在水质和污染两个议题上，坝前漂浮物、蓄水后水质、水库泥沙等生态环境一时成为热点话题，针对个别媒体的片面、不实报道，三峡总公司新闻宣传中心一方面积极策划撰写稿件向社会媒体和自办媒体投放，另一方面组织主流社会媒体或配合媒体采写稿件进行正面宣传，央视《共同关注》播出专题节目，指出三峡蓄水一年来加速水污染治理，水面漂浮物未影响三峡水质，纠正了个别媒体的不实报道，通过纠正不实报道，及时准确地发布真实的信息，提高信息质量，借助内外媒体的影响力传播主流声音，维护三峡工程的社会声誉。

2005 年动植物议题的报道相比前几年增加了，并且成为媒体报道的主要议题之一，究其原因，在于 2005 年三峡总公司与农业部一起策划组织了中华鲟放流活动，并且以此为契机，组织媒体进行现场报道，召开新闻座谈会，突出宣传三峡工程建设成就和中国三峡总公司多年来在生态环境建设方面所做的努力，媒体对于文物保护、三峡景观、疾病防治等三峡生态与环境其他议题也进行了全面报道，对生态环境建设情况形成了一定的规模宣传效应，加深社会公众对中国三峡总公司的了解。由此看出三峡总公司新闻宣传中心主动设置议程取得了很好的效果。

2006年时三峡实现156米蓄水目标的一年，媒体普遍关注的水质、地质灾害、泥沙等环境问题也是因为蓄水过程而成为敏感话题，对此，三峡总公司组织新闻通气会，编发新闻稿，着力宣传“四个一”的理念主题，“建好一座电站，带动一方经济，改善一片环境，造福一批移民”，大力宣传中国三峡总公司在生态环境保护以及积极履行社会责任方面所做的努力。并且通过与中国新闻摄影学会联合举办“三峡工程：人与自然和谐发展”大型全国摄影展览活动，展示三峡生态环境保护及人与自然和谐发展等方面所取得的成果，与主流权威媒体中央电视台制作了《对话》专题节目《四问三峡》，就生态环境话题解答了社会公众对于三峡工程的诸多疑问。

以这三年的三峡新闻宣传中心的工作为例，可以看出新闻宣传中心在媒体报道中一方面能够主动设置议程，引导媒体的议题报道热点，2005年的中华鲟放流活动，通过媒体报道三峡总公司在保护珍稀水生植物中华鲟的努力工作和成效，向社会媒体和公众树立了保护珍稀动植物工作的正面形象。另一方面新闻宣传中心能够积极应对舆论危机，通过主流媒体权威信息告知事情的真相。从精细加工可能性模型中受众态度形成的影响因素来看，三峡新闻宣传中心充分认识到信源可信度和信息质量两个因素对受众是否采用信息，从而改变态度的作用，在提高信息质量上及时发布信息应对舆论危机，并且策划的公共关系活动都利用权威的中央级媒体或专业媒体。

1989年，丹尼利恩和瑞斯(Danielian & Reese)发现，议程设置的效果不仅存在于媒介和公众之间，也存在于不同媒介之间，他们称这一现象为媒介间议程设置(intermedia agenda setting)。“媒介之间议程设置的影响力一般是从《纽约时报》流向其他媒介”，大众传媒通过议程设置建构了意义或社会现实，被称为精英媒介或主流媒介的大通讯社、有威望的报纸，往往为众多地方的或者较小的媒介设置了议程，因为前者的可信度高于后者[①]。而前文分析中中央级媒体比例占到了38.1%，三峡新闻宣传中心通过主流媒体的策略，能够因其信息的可信度，权威性，影响其他媒体的报道和议程设置建构的意义，报道事

① 沃纳·赛佛林，小詹姆斯·坦卡德.传播理论：起源、方法与应用[M].郭镇之，等，译.北京：华夏出版社，2000：263.

实真相，传播正面形象。通过主流媒体的报道策略，能够快捷、权威地引起各社会媒体的跟风报道，各媒体对同一议题的重复、同质化信息，加深了最终的说服对象——媒介受众的信息传染程度，从而对受众群体心理形成影响。

2. 生态与环境媒体报道的议题分布

在105条样本中，媒体报道议题分布最集中的是水质，占据49%的比例。其次是污染、水土保持、珍稀动植物保护以及地质灾害，分别占据41%、21%、15.2%、15.2%的比例，这说明这些议题是媒体关注的热点，也是三峡工程生态与环境的重要议题。另外，还有一些议题，如：泥沙、气候等，所占的比例均超过10%，媒体的关注度也比较高(见图5-7)。

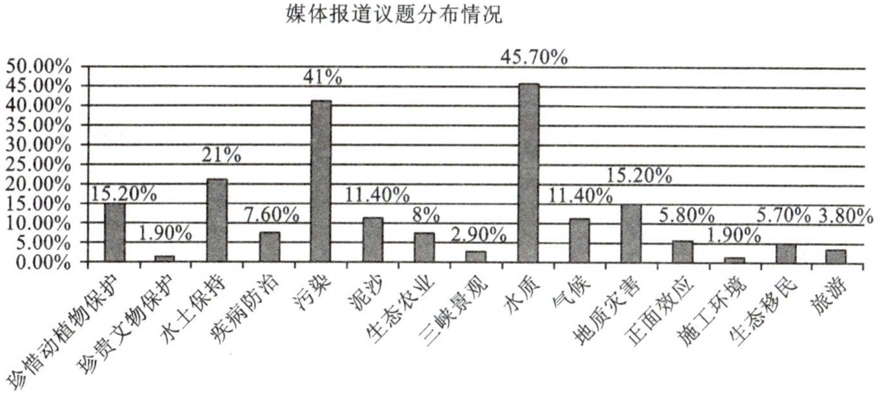

图5-7 媒体报道的议题分布

关于水质问题，水质是媒体最关注的议题，媒体报道的主要关注点是蓄水对水质无影响，如湖北新闻网2003年9月15日报道“二期蓄水后库区干流总体水质和饮用水源地水质均维持在Ⅱ或Ⅲ类，干流水质无明显变化”；水华现象是少数，如新华网2007年11月15日报道“蓄水后，库区水流速度减缓，上下层水体交换减弱，这引发了人们对库区水质变化的担心……目前只在一些支流发现了短时‘水华’现象，库区长江干流水质总体是稳定的，仍以优于三类水质为主”；对水华的治理，如和讯网2008年8月15日报道“长江三峡工程开发总公司，通过生态操纵的办法，在水中放置吃这些藻类的鱼，进行藻类控制”；水域清洁工作，中华网2007年7月23日报道“受大暴雨袭击，库区漂浮物剧增，重庆市、湖北省动用船只150多艘、600多人开展清漂工作”等。同时也有报道或专家指出水质存在的问题，比如新华社2007年5月25日的报道，指出目前三峡库区干流的水质基本保持在二三类，属于良好，但上游的嘉陵江、沱江、乌江一些断面水质较差，多为四类、五类，三峡库区水质正面临上游一级支流富营养化，总氮、总磷超标等污染加重的威胁。

媒体第二关注的议题是污染问题，而关于污染议题媒体报道的主要关注点是污染整治工作的开展情况，新华网2006年5月11日的报道长江海事局就装卸危险品的码头及船舶的防污设施等进行库区污染防治行动，搜狐网2003年5月9日报道“为了确保三峡水环境安全，重庆市在2001年至2005年间将投资98亿多元，建设30个污水处理项目，江津市、丰都县等地的污水处理厂已联动测试”；污染治理取得的成效，2007年3月7日中国新闻网报道指出“三峡工程建设未给库区生态环境造成污染危害，库区的每个市县和重点镇都建立了污水处理厂和垃圾处理站，中央为三峡库区排污处理费用补贴了2亿多元……”等。新闻报道中主要强调三峡总公司在污染方面的投入和治理工作，包括库区城市水污染、工业污染、长江流域水污染、旅游垃圾污染以及库底清理可能造成的二次污染等，对于社会关注的污染话题，媒体的报道反映三峡努力治理的态度。

对三峡其他议题媒体的报道情况是：在有关“珍稀动植物保护”议题的文章中，《兴建长江三峡水利枢纽与水产问题初探》中特别有一章节提到对于长江内珍稀动物的影响，文章先是介绍了长江流域的水产资源；接着分析了三峡工程的建设对长江中下游的生态环境和水产资源的影响；又特别提出三峡枢纽对会泅游型鱼类的影响和保护，其中提到了对珍稀动物“中华鲟”的救护措施；再分析了三峡库区的渔业发展；第五部分专门分析了三峡工程对长江内珍稀动物的影响，其结论是对其主要的珍稀动物不会发生明显的影响，其中特别提到白鱀豚、扬子鳄、大鲵三种大家熟知的珍稀动物，让读者更易了解；最后分析了对东海近海渔场的影响。

“珍贵文物保护”议题的文章中，《三峡库区的文物保护》全文对三峡工程建设中的文物保护进行了全面地说明，首先简介了三峡工程和长江流域的环境和历史；然后介绍了库区文物的分布、历史价值等；接着提出了水库蓄水后对文物的淹没影响，并按照水位的高低将影响进行了分类；然后介绍了对文物的保护措施，主要有相关法律保护、考古调查勘探、文物发掘抢救等，并进行了举例说明；最后结语中重申和强调了对三峡地区珍贵文物保护的重要性和深远意义。

“水土保持”议题的文章中，《长江三峡库区生态环境退化及其恢复与重建》一文中在关于三峡库区生态环境退化的原因中首先将其归结为“水土流失”，水土流失的主要原因有三方面：地质、地貌因素，人地矛盾突出，三峡工程的建设用地。在首先介绍和分析了库区生态环境现状和退化的原因后；提出了对生态环境的恢复和重建中所面临的困难和问题；最后提出解决措施和方法：实施“生物工程”、“天保工程”、“退耕还林还草工程”三结合的措施，健全法制，发展“生态经济”，以达到改善生态环境、防止水土流失的目的。

“疾病防治”议题的文章中，《三峡水利工程对奉节县生态环境改变与肺吸虫病流行关系的调查》首先介绍了三峡工程的建成对奉节地区肺吸虫病的不良影响；然后通过介绍科学实验，介绍了对肺吸虫病流行病学的调查结果；最后，得出危险的结论：奉节地区肺吸虫病有扩散的危险，然后提出防止肺吸虫病扩散的建议，包括定期检查、宣传教育等等。

“泥沙”议题的文章中，《三峡地区水资源评价》一文介绍了三峡地区的地理位置、地势地貌、气候条件、河流水系、人口耕地、水汽降水、河流泥沙、水资源开发等，在水资源开发的有利条件中，又提到其河水含沙量小等。

“生态农业”议题的文章中，《三峡库区农业与水土保持》提到工程的修建，将会淹没大量土地，而且将有大量水土流失，对库区农业的发展造成威胁，作者认为发展库区农业是水土保持和生态环境建设的必然要求，提出了“以治理为手段，以管护为依托，以开发为中心”的生态经济发展轨道；然后分别从种植业和林业两方面提出具体的建议，强调“林粮结合”。

有关“三峡景观”议题的文章中，《三峡工程是一项宏伟的环境工程》强调了三峡工程在对长江流域资源、环境、生态等方面的巨大作用和价值。文章依次介绍了工程和库区的情况、调控的水库调度方案、调控的作用意义等，在调控的作用及意义中，提到了“促进旅游事业的发展”，三峡库区自然景观丰富，同时历史文化遗迹诸多，另外建成的三峡大坝本身也是一大奇观，三峡旅游也进入了世界文化遗产名录，三峡旅游线也闻名国内外，旅游事业的发展促进库区经济的发展。

有关“气候”议题的文章中，《三峡地区自然降水资源变化特征初探》提出三峡工程对地理气候复杂的三峡地区地理气候变化影响具有特殊性。作者选取了五个站点近 40 年的降水资料对其进行了具体分析，得出结论：人类的活动包括三峡工程的建设对地区自然降水、气候的变化的影响，应该引起人类的高度重视。

“地质灾害”议题的文章中,《保护生态环境的重大举措——三峡工程开发性移民的“两个调整”和“两个防治”》标题中的“两个防治”其中就包括对三峡库区的地质灾害(水库蓄水后有可能发生的崩塌和滑坡)的防治。文章先是提到农村移民安置政策和工矿企业迁建政策的调整,接着提到地质灾害防治和水污染防治。三峡水库建成后,库区内分布有许多崩滑体,可能诱发崩塌、滑坡等地质灾害。

有关“正面效应”议题的文章中,《三峡工程是一项宏伟的环境工程》强调了三峡工程在对长江流域资源、环境、生态等方面的巨大作用和价值。文章依次介绍了工程和库区的情况、调控的水库调度方案、调控的作用及效益等,并能促进经济发展。

“施工环境”议题的文章中,《三峡工程施工区环境质量监测及环境特征分析》主要介绍了三峡工程施工区环境质量监测及其管理的基本情况,并针对监测结果初步分析了工程开工以来主要环境因子的变化情况。分析表明,一期工程主要对空气造成了污染,对长江干流和近岸水质无明显影响;二期工程施工中,空气和水质污染的情况明显好转;预测三期工程活动将在清洁良好的生态环境中进行。

“生态移民”议题的文章中,《三峡库区的土地人口承载力》根据库区土地可承载人口的现状,以人口、土地、粮食三者相互制约、相互促进的理论为基础,通过对其土地生产力的估算和对未来10年耕地变化、粮食生产、人口发展的瓶颈,得出三峡库区2010年的土地人口承载量。最后提出了提高库区土地人口承载力的途径和对策:控制人口,外迁移民,减轻人口压力;实行陡坡地退耕,减少水土流失面积,优化土地环境。

“旅游”议题的文章中,《废墟败兴 新三峡游遭遇“视觉污染”》是来自人民网的一篇新闻报道,文章提到在建设三峡工程的过程中,对于老城的爆破留下了不少废墟,给三峡游造成了极大的“视觉污染”。重庆市提出了一些应付措施,如在码头到景区的道路两旁栽树或制作灯箱广告牌,阻挡视觉污染的视线,同时派人清扫景区道路。另外,到三峡工程完工时,许多老城将被淹没。

从媒体报道的议题和报道内容来看,我们发现对同一类信息,例如水质问题“库区水质维持在三类以上,水质良好”这一信息,湖北新闻网、新华网、和讯网、中华网等媒体均做了报道,信息报道来源的多元化比仅有某一媒体做这样的报道，更能引起受众的思考，并相信库区水质良好这一事实，也可以说增加了受众接触正面信息的机会，媒体的重复跟风报道有利于他们能够对信息进行精细加工。

3. 议题数量分析

在媒体报道中，一篇文章中涉及议题数量以一个议题和两个议题的最多，所占比例分别为46%和28%，共占据74%，涉及3个议题的文章占据13%的比例，因此议题数在3个以内的占87%。由此可见在媒体报道中，接近半数的报道倾向于集中讨论一个议题，绝大多数报道的注意力会集中在1～2个议题上。

讨论议题数量实际上是讨论信息包含的诉求项目数量，当低精心加工可能性时，信息中包含的诉求项目数量起到环境暗示的作用，附加的项目诉求能够支持诉求主体的说服效果，也就是说如果一个新闻报道中包含几个议题，附加的议题对主议题的说服效果有支持作用，正面属性越多，就越能支持主议题。一半以上的报道都有两个以上的议题，因此对受众来讲，能够从外围路径来增强他们接受信息的可能性(见图5-8)。

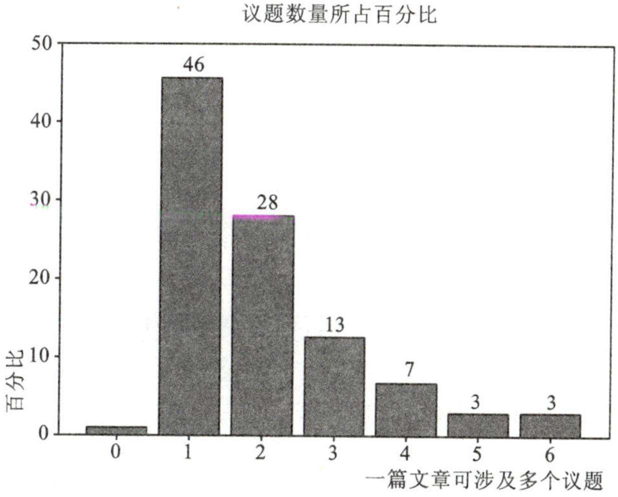

图5-8 单篇文章的议题数量

4. 新闻信息源分析

新闻信息源指的是新闻信息的来源，也就是新闻信息时从哪里发出来的，新闻信息的传播过程，从新闻信息源开始，只有信源发出了信息，才能投入传播，开始它的传播过程。

进行信源编码的依据是看相关的新闻报道中是否引用或提到有关三峡生态与环境的监测报告客观数据，保护的进展，保护工作及措施等相关内容，以及文章的态度是否和三峡公司对外宣传的三峡生态与环境保护正面形象相符，如果有涉及三峡公司公布的客观信息或态度相符，则判定为有信息来自三峡公司，编码为 1，没有则编码为 0。例如对以下文章的编码分别是：

中新网，2003 年 9 月 15 日报道“监测：三峡库区干流水质无变化 支流稍有下降”，提到“来自长江水利委员会的消息说，经过数月密切监测，三峡二期蓄水后库区干流总体水质和饮用水源地水质均维持在Ⅱ或Ⅲ类，干流水质无明显变化。与干流相比，支流水质稍有下降。据介绍，这是因为在蓄水期间及蓄水后初期，支流受干流江水回水流所致。如大宁河部分区域河水水质从Ⅰ类Ⅱ类下降到现在的Ⅲ类水质为主。”文章中的观点引用了长江水利委员会的消息，因此可判定它受到三峡公司的影响。

中国三峡新闻网，2007 年 5 月 16 日报道“三峡库区湖北段清漂启动”，提到“湖北省环保局请示湖北省政府后，对清漂工作早部署，早行动，使今年清漂工作得以在长江干流和支流全面铺开，以确保三峡库区‘江面清、库岸洁’，有效防治水质污染。据了解，重庆、湖北在库区的漂浮物和垃圾打捞工作，投入了近 500 人组成的日常水域环卫清漂专业队伍，投入 120 余艘清漂船，三峡库区重庆段和湖北段 2006 年共打捞了近 10 万吨垃圾和漂浮物。”新闻媒体为中国三峡新闻网，因此判断其信源为三峡公司。

在 105 条新闻报道中去除专家学者的关于环境的专门研究（注：这些研究因与自然科学相关，具有高度的专业性，多属研究型，与三峡公司的宣传无关），其中 89.8％的报道中有客观数据，保护进展等信息属于三峡公司对外公布的信息，有 10.2％的报道没有引用三峡公司对外公布的工作信息（见图 5-9）。因此可以说国内其他媒体的报道大部分受到三峡公司（包括三峡公司宣传部门）的影响。

对信源分析进行单样本 T 检验，对没有信息来自三峡公司的编码为 0，有信息来自三峡公司的编码为 1，在 95％的置信度下，设置测试值为 0.5，得到如下结果：

信源均值为 0.9，显著性水平 $P<0.001$，则判断信源均值 0.9 和 0.5 之间有显著性差异，即对生态与环境的报道的信息来源还是以三峡公司及其宣传

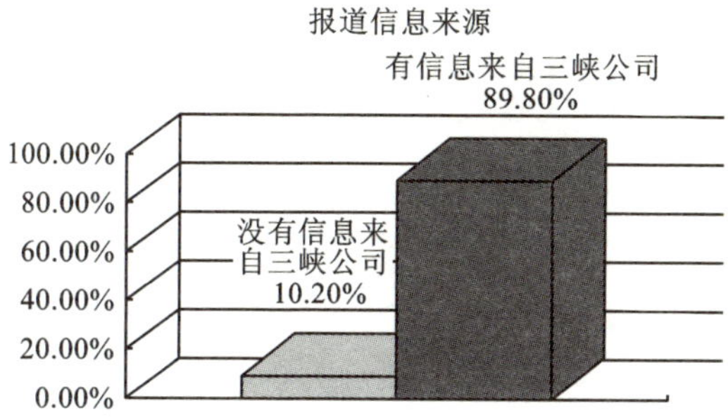

图 5-9 报道信息是否来自三峡公司

部门为主。

四、报道议题分布生态与环境专题内容分析小结与建议

从三峡新闻传播信息数据库中的新闻报道的内容分析中，我们发现对生态与环境的传播内容有以下几个特点：①报道时间上，对生态环境的报道从1999年开始呈现一个总体递增的趋势，从媒体中的报道强度也说明了人们对生态与环境的日益关心，三峡工程建成以后，生态与环境仍然要作为公共关系传播的重要议题。②议题强度，报道最多的议题是水质，其次是污染、水土保持、珍稀动植物保护以及地质灾害，表明这些议题的重要性程度，受众对这些议题的关注度高。③媒体特征，同一信息，媒体间的跟风重复报道明显，三峡专属媒体主动利用权威专业的可信度高的媒体，提高信息质量，及时应对舆论危机。

新闻宣传中心在媒体报道中一方面能够主动设置议程，引导媒体的议题报道热点，通过媒体报道三峡总公司在保护珍稀水生植物中华鲟的努力工作和成效，向社会媒体和公众树立了保护珍稀动植物工作的正面形象。另一方面新闻宣传中心在主动议程设置和应对舆论危机的过程中能够积极通过主流权威的媒体（这些媒体被认为是可信度高的信息来源）发布详尽的准确的信息告知事情的真相。同质化的信息是影响媒介说服力的一个重要因素，专属媒体的议程设置在社会媒体间形成一种重复和跟风报道，使三峡新闻宣传中心能够控制大众媒介的主流传播声音，借助媒介组织本群体的说服力量，进而影响说服对象——媒介受众的态度和行为的持久改变。

第三节　生态与环境专题公共关系传播受众态度分析

一、受众调查综述

1. 受众调查目的

三峡公司针对三峡工程生态与环境在全国性媒体、地方性媒体和三峡专属媒体上，报道了大量与三峡生态与环境有关的文章，涉及生态与环境的方方面面，涵盖了三峡景观、珍稀动植物、库区文物、水土流失、防护林工程、库区污染、地质灾害、水质、泥沙、气候、疾病防治等多个议题。与此同时，三峡公司开展了各式各样的生态环境公共关系传播活动，例如一期工程建设期间《中国三峡工程报》推出"库区文物保护巡礼"系列报道，并与武汉大学合作举办"迈向21世纪的长江流域可持续发展研讨会"；三期工程建设期间举办"全国节约型电力企业建设成就及技术展览"，与三峡总公司与中国新闻摄影学会联合举办"三峡工程：人与自然和谐发展"展览活动，应对旅游和国际生态环境舆论危机等等。那么，大量的关于三峡生态与环境的媒体报道效果如何，对受众的影响是怎样的，从受众的认知和态度改变上是否达到了媒介说服的效果，积极地引导了舆论。

本文通过问卷了解受众对媒体传播的信息的认知及态度，纳入受众信息处理的动机和信源可信度变量考察其对受众态度的影响，帮助调研者对三峡工程生态与环境专题的公共关系传播效果进行量化评估。与此同时结合受众深度访谈内容，使定量分析与定性分析相结合，力求表现受众态度的全貌。

2. 基本研究假设

研究假设1：受众态度受到性别、年龄、学历、收入因素的显著影响。

研究假设2：受众态度受到信源可信度的显著影响，信源可信度越高，受众态度越偏向正面。

研究假设3：受众态度受到是否接触专属媒体和专属媒体熟悉程度的显著影响，三峡专属媒体对三峡员工的态度影响比非三峡员工大。

3. 问卷设计

(1) 问卷内容。

本问卷分为A人口统计信息、B媒介接触习惯、C移民受众态度、D生态与环境受众态度四大部分。本部分的报告为生态与环境专题,分析内容包括A、B、D,受众态度测量部分选择的事件为三峡工程建设过程中涉及的生态与环境专题的各个方面,是三峡专属媒体的宣传重点,社会媒体的宣传热点,并受到社会舆论的普遍关注,具有较大的社会影响和代表性。

采用五阶里克特量表测量态度,其中生态与环境有21个议题,每项陈述的认同程度由低到高依次为:非常不同意、不同意、无法评价、同意、非常同意。

(2) 问卷设计原则。

本问卷的设计秉承了问卷设计的基本原则:①合理性,问卷与三峡生态与环境这一调查主题紧密相关。②一般性,问卷的设计能够代表基本生态与环境的总体,具有普遍意义。③逻辑性,问卷的设计有整体感,这种整体感是指问题与问题之间要具有逻辑性,独立的问题本身也没有出现逻辑上的谬误。④明确性,本问卷在问题设置上清晰准确,确保受访者能给出准确唯一的答案。⑤非诱导性,问题要设置中性位置、不参与提示或主观臆断,将被访问者的独立性与客观性摆在问卷操作的限制条件的位置上。

(3) 选择题目的理由。

人口统计资料是问卷的重要组成部分,本问卷在人口统计资料上的特色在于将三峡公司员工与非员工、与三峡有较为密切联系与完全无联系的人分开。旨在分析公共关系传播效果对内部受众与外部受众不同的影响。

媒介接触习惯问题的设置除了媒介接触基本的问题,特别设置了关于三峡专属媒体接触的相关问题,旨在探讨专属媒体对公共关系传播效果的影响问题。

对生态与环境受众态度的问题设计,是在对三峡生态与环境报道按年份做一个详细列表的基础上,仔细阅读三峡历年年鉴以及《中国三峡工程报》,知晓三峡公司所开展的公共关系传播活动,对三峡生态与环境的相关情况有一个详细的全面的了解后进行设计的。在生态与环境态度的21个问题设置上,经过多轮的讨论与研究确定下来的,每一个议题的选择都有充分的支撑理由,并且议题的描述是在对三峡工程新闻传播信息库的新闻报道内容分析基础上,采用新闻报道对议题的描述,以确定受众在阅读这些报道后的态度反应。

由国务院三峡工程建设委员会牵头组建的三峡工程生态与环境监测系统，监测水文水质、污染源、鱼类及水生生物、陆生动植物、局地气候、农业生态环境、河口生态环境、人群健康、库区社会经济环境等诸多方面。

所选择的议题与以上三峡工程生态与环境监测系统基本一致，表明我们的问卷议题选择是全面并科学的。

4. 问卷发放及回收情况

由于经费有限，未能严格执行随机抽样方法，问卷主要在湖北地区的企业、学校、社区、商场等地发放，此外还包括通过邮件发放的方便样本。

本次调查共回收到163份问卷，其中有效问卷151份，占92.6%，分析的样本为151份(样本中出现关键信息残缺、问卷空白、非多选题选择多个答案的问卷均视为无效样本，将其剔除)。

5. 问卷分析方法

问卷数据由《三峡工程公共关系传播效果评估》专题组人员录入到SPSS中进行统计处理。使用单样本T检验Sig.(at 0.05 level)测量态度分布及水平；使用一元方差检验对各变量进行相关分析，考察受众态度的影响因素。

问卷调查的受众样本特征与第二章相同。

二、生态与环境专题受众态度特征

1. 议题说明

生态与环境专题部分调查了受众关于21个议题的态度，议题的选择和设置是在对三峡生态与环境报道按年份做一个详细列表的基础上，仔细阅读三峡历年年鉴以及《中国三峡工程报》，知晓三峡公司所开展的公共关系传播活动，对三峡生态与环境的相关情况有一个详细的全面的了解后，提取并综合整理的。总体而言，所调查的议题在内容上涵盖了三峡景观、珍稀动植物、库区文物、水土流失、防护林工程、库区污染、地质灾害、水质、泥沙、气候、疾病防治等。

2. 受众态度分析

(1) 总体态度评价。

受众对21个议题按同意程度进行打分，1表示完全不赞同，2表示不赞同，3表示无法评价，4表示赞同，5表示非常赞同，由于受众的赋分是指对议题描述的同意程度，因此计算受众对生态环境总体的态度均值时，需将反向描述的议题(问卷中的3、10、12、14题)的得分按态度倾向调整，最后总体态度均值为3.2703，显著性水平$P<0.001$，受众对生态与环境的总体评价是显著偏向正面，但均值低于4，受众依然认为三峡工程建设对生态与环境有着负面影响，比如增加地质灾害的可能性，增加水污染的威胁方面。

(2) 独立议题态度分析。

对各个独立的议题分别计算受众对议题描述的同意程度，了解受众在不同议题上的具体态度(见表5-2)。

表5-2 生态与环境议题的受众态度一览表

样本统计	
议　　题	赞同程度
1.三峡工程建设对原有人文自然景观的影响有限	3.1533
2.淹没区珍稀动植物分布较少，三峡工程对陆生动植物影响不大	3.0867
3.三峡坝下涨水过程和水温发生变化，使鱼类产卵繁殖期可能滞后	3.4765
4.中华鲟已通过人工繁殖得到保护	3.6149
5.三峡工程使长江中下游枯水季节的流量显著增大，有利于珍稀动物白鳍豚及其他鱼类安全越冬，减免因水浅而发生的意外死亡事故	3.4267
6.通过搬迁重建，复制另造等措施，有效保护了淹没区珍贵文物	3.4667
7.与三峡水库水位抬高值相比，三峡两岸山峰的海拔较高，三峡景色奇峰秀色不减，峭壁雄风犹存	3.5467
8.高耸的大坝、人工瀑布、高峡平湖等新景观具有很高的观赏价值，将增加三峡景区旅游景观的丰富性	3.6779
9.长江中上游水土流失防治工程通过退耕还林、兴建防护林等措施，有利于涵养并净化水源	3.7000
10.三峡工程建设对生态环境有一定的破坏性	3.6000
11.三峡工程建设和移民过程中对库区生产生活垃圾、旅游污染采取了建设污水处理厂和河面清漂等方式，有利于保持水域清洁	3.7067
12.三峡工程增加了地质灾害的可能性	3.6159
13.蓄水后，三峡库区干流水质总体良好，仍以三类水质为主，与蓄水前水平相当，没有异常变化	3.5033
14.三峡库区蓄水后，水流速度减缓，水体稀释自净能力减弱，增大了库区水污染的威胁	3.6026

续表

样本统计	
议　　题	赞同程度
15.通过“蓄清排浑”的水库调用方式，采取一系列排沙和清淤，可以解决三峡工程水库泥沙问题	3.5430
16.2006年重庆等地高温干旱天气是由于西太平洋海温升高、青藏高原降雪减少、北方冷空气较弱等综合因素造成的，与三峡工程蓄水没有直接关系	3.5298
17.水库建设将增加库区周围的风速和湿度，气温夏降冬升，有利于柑橘等喜温经济作物的越冬	3.5503
18.三峡工程建设有利于改善长江中下游的生态环境	3.4467
19.三峡工程通过控制洪水流量，下泄的清水冲刷河床，减少了洞庭湖的分洪水量，减轻洞庭湖泥沙淤积，延长湖泊寿命	3.5894
20.库水在库内停留时间增长，水库澄清作用加强，有利于有机物在库内降解净化，从而改善中下游枯水期的水质	3.5232
21.三峡工程的建设，将改变钉螺“夏水冬陆”的生存环境，从而有利于中下游血吸虫病的防治	3.5828

对态度倾向结果做一个单样本T检验，测试与态度的平均值3相比较，即无法评价/中立的态度有没有显著性差异，检验结果如表5-2，除了第2题的显著性水平(单尾，0.1635)大于0.05，与测试值没有显著性差异外，其他议题的显著性水平都小于0.05，即与平均值3有显著性差异。这表示，除第2题(淹没区珍稀动植物分布较少，三峡工程对陆生动植物影响不大)，受众对其他议题的态度都是显著的倾向于赞同描述。

三峡建设和生态与环境的关系和影响，可以分为以下几类：一是对生态与环境有负面的影响(第10、12、14题)；二是对三峡生态与环境的有限影响(1、2、3、7、13、16)；三是三峡建设对生态与环境的有利影响(5、8、17、18、19、20、21)；四是经过有关部门的重视和努力，生态与环境的不利影响得到了控制(4、6、9、11、15)。

关于负面的影响，受众认为三峡建设对生态环境有破坏性，增加了地质灾害的可能，增加了水污染的威胁。

有限影响，受众认为三峡建设对人文景观、珍稀动植物、鱼类繁殖、三峡水质和气候方面的影响是有限的。

有利影响，三峡工程建设对白鳍豚及其他鱼类安全越冬，增加新景观，经济作物越冬，延长湖泊寿命，改善中下游水质，中下游血吸虫病的防治方面，受众肯定了工程建设在这些方面的有利作用。

经过努力得到控制的影响，中华鲟通过人工繁殖得到保护；通过搬迁重建，复制另造等措施，有效保护了淹没区珍贵文物；长江中上游水土流失防治工程通过退耕还林、兴建防护林等措施，有利于涵养并净化水源；通过"蓄清排浑"的水库调用方式，采取一系列排沙和清淤，可以解决三峡工程水库泥沙问题，受众的态度是偏向赞同的。

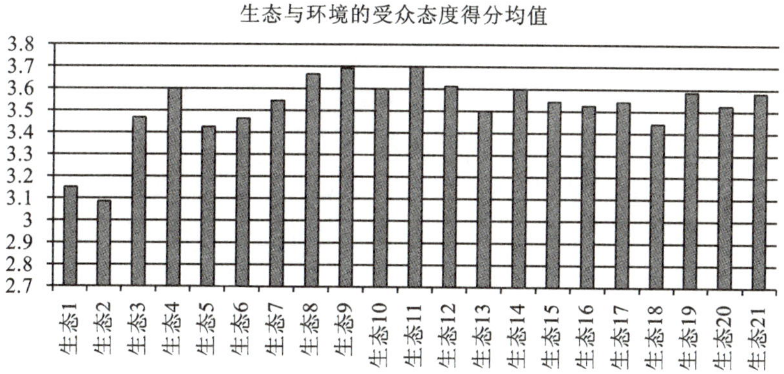

图 5-10 生态与环境议题的受众态度横向比较图

横向比较受众的态度来看（见图 5-10），受众对中华鲟的保护，三峡新景观，水土流失防治工程，污染治理，水质变化，水库泥沙，气候影响，经济作物的越冬，湖泊寿命，改善中下游水质，防治血吸虫病的态度要高于其他议题如文物保护，均值超过 3.5。而受众对"三峡工程建设对原有人文自然景观的影响有限"，即对人文自然景观的总体态度评价时的态度均值，却比对三峡景观不变的评价"与三峡水库水位抬高值相比，三峡两岸山峰的海拔较高，三峡景色奇峰秀色不减，峭壁雄风犹存"的态度均值要低，这说明受众虽然认识到三峡新景观的观赏价值，旧景观也仍然存在，但自然和人文景观还是因三峡建设受到影响，在以后的传播工作中，如无法改变受众在景观受到影响的心理认识，则应更多的让受众接受并习惯于三峡的景观新变化中。

三峡的水质问题是三峡工程新闻传播信息库的新闻报道中最关注的话题，报道强度达到 45.7%，三峡专属媒体也组织对水质监测结果的公布，2006 年 11 月 3 日水利部网站《156 米蓄水结束三峡水库水质保持稳定》指出三峡水库坝前水质良好，基本保持在Ⅱ～Ⅲ类，2003年6月1日新华网《三峡库水开始变清 水质变化不大》报道三峡蓄水对水质影响不大，浑浊的长江水经过大坝的拦蓄，水色已显清亮。受众对水质的态度均值为3.5033，正面的态度也与新闻报道的态度相关。

对比议题14和议题11，议题14是三峡蓄水增加了水污染的威胁，议题11是三峡工程建设和移民过程中对污染的治理，表明一方面受众对三峡污染威胁的认识，一方面也肯定了对污染的治理工作。在对三峡工程新闻传播信息库的新闻报道的内容分析中，污染议题在媒体报道中居于第二位，占41%。2007年11月三峡办与国务院新闻办联合组织“中外媒体记者三峡行”大型采访活动，邀请媒体对包括水污染在内等话题的采访，此类的公共关系活动在媒体积极正面报道水污染状况和治理方面起到了积极作用。如此强度的新闻报道，并且在报道反复强调三峡工程在治理水污染、清理旅游垃圾等方面的工作和成效，如2005年8月23日湖北日报的报道《中国工程院专家组抵三峡库区水污染防治课题展开》，2006年5月11日新华网《三峡库区加紧污染整治确保水域清洁》，这些反复的报道促成人们对污染的正面态度的形成。

动植物保护在三峡新闻报道的强度也较高，占到15.2%，以中华鲟为例，三峡专属媒体对中华鲟保护的公共关系活动组织，2005年由农业部、三峡工程开发总公司主办，中华鲟研究所承办的“2005长江珍稀水生野生动物增殖放流活动”，并以此为契机宣传生态与环境的努力，2005年11月16日新华社《三峡大坝未对中华鲟构成毁灭性影响》报道指出了中华鲟研究所每天都可形成5至10万尾的放流能力，从技术层面中华鲟资源保护是乐观的。受众由此认为中华鲟已通过人工繁殖得到保护。

文物保护是三峡工程中比较敏感的话题，对文物保护的态度均值为3.4667，受众对文物保护的成果是偏向于认可的，然而对文物保护的态度均值要比水质、污染等议题的态度均值要低，其原因一方面在于受众认为三峡蓄水导致的部分文物淹没是不可避免的，一方面则是因为文物保护议题的报道不如水质和污染多，在新闻报道中的比例仅为1.9%，是报道强度最低点的议题。但是对文物保护的态度仍然是偏向于正面的，说明三峡专属媒体在对文物保护的公共关系传播活动，例如1997年《中国三峡工程报》推出“库区文物保护巡礼”系列报道等取得了效果。

受众的积极正面态度受到了媒体报道的影响，与报道强度低的议题相比，受众对报道强度越高的议题的态度均值高，说明重复的信息传播，营造了正面的舆论氛围，对受众的态度形成和改变起到了正面效果。

3. 关于对三峡工程建设中对生态与环境方面的看法——对受众的深度访谈

为了解普通受众对三峡工程建设过程中受众对于生态和环境方面相关细节的看法，了解受众个体对其的态度的表述和解释，通过电话采访、网络聊天、面访的方式对学生、公司员工、研究所专家、媒体工作人员等各类受众进行了深度访谈，从定性角度分析普通受众对生态与环境专题的态度。

表 5.3 为对课题组所开展的深度访谈记录的有效整理后所制的表格，对受访者的基本态度进行了基本展现。

表 5-3 受众深度访谈基本态度

姓名	性别	职业	家乡/住址	群体类别 2	主体态度(关键词)3
陈同学	女	大学生	宜昌/武汉	利益相关者	长期看来弊大于利；认可其防洪、发电、航运等益处；比较关注工程建设对库区生态的影响、环境污染、文物保护、军事国防以及防范；改善、防范措施做得不够；相关宣传不够
	男	大学生	武汉	普通公众	宏伟工程，各种效益；总体利大于弊；破坏环境
韩同学	女	大学生	武汉	普通公众	总体评价利弊参半；环境影响、地质灾害、文物保护、人口迁移、旅游开发等；动植物保护；认为媒体大部分是正面报道，多些客观报道，凸现问题及问题解决
饶同学	男	大学生	宜昌葛洲坝/长沙	利益相关者	大国象征、雄伟奇观，骄傲自豪；使宜昌更适宜人居住，部分动植物得以存活，生活环境更舒适，有利于防洪泄洪；应该关注库区及上游生态建设；对洄游鱼类的繁衍生息的影响；
桂同学	男	大学生	岳阳	普通公众	总体利大于弊；国力象征；蕴藏水源；主要关注截流和生态与环境；文物保护的损失、生态环境破坏；对处理后果的乐观

续表

姓名	性别	职业	家乡/住址	群体类别 2	主体态度(关键词)3
		大学生		普通公众	总体利大于弊,有一定负面影响,利益长远;环境、地质方面不利;改进力度尚须加强
	男	大学生	香港	典型人群(土木工程专业,与专业人士交流过)	民族骄傲、功在千秋;总体利大于弊,标志性建筑;发电、防洪泄洪、航运等功用;电力供应问题、对中下游生态环境影响;军事、民情等影响
王先生	男	司机	武汉	利益相关者(长江三峡勘测研究院工作三十年)	伟大的惠民工程;发电、防洪(98)、旅游、养殖、航运;升温 2;否定迫害当代生态平衡,反而是建立新的生态平衡;不担心战争威胁
	男	售货员	武汉	普通公众	总体赞成、拥护,利大于弊;防洪,保卫大武汉;与南水北调呼应;除了生态与环境对其他方面关注少,认为与自己无关
	男	媒体记者	北京	典型人群	长远看来支持;防洪、发电效益明显
	男	博士研究生	武汉	普通公众	从强国战略来讲支持;文物被淹、生态问题;军事问题;希望做好维护工作
	男	国企工作人员	北京	典型人群(曾是摄影记者,拍摄过三峡的照片)	企业工程,国家出面,企业获利,百姓缺乏实惠;要从宏观和全局看问题
李同学	男	大学生	武汉/江苏盐城	普通公众	利国利民;工程设计、施工管理不足;对生态、自然人文环境都有影响;生态方面利弊皆有,可以理解
贾同学	男	大学生	武汉	普通公众	宏伟工程;宣传多了,利多于弊;地标性;对环境、气候的负面影响;媒体没有客观引导,公共关系宣传不理性
	男	企业人员	浙江宁波	普通公众	宏伟工程,利大于弊,利国利民;认可国家在减小负面影响的投入;自然景观遭破坏

续表

姓名	性别	职业	家乡/住址	群体类别2	主体态度(关键词)3
	男	保安	武汉/宜都	利益相关者	利大于弊的伟大工程;农业发展、防洪;旅游发展;对于生态与环境和文物保护做得好,没有遗留问题;无负面影响
	男	食堂工作人员	武汉	普通公众	防洪、发电、通航;对生态有弊无利;总体比较赞成
张先生	男	军人	宜昌 库区	利益相关者	总体认可;如果国家落实政策,利大于弊,反之弊大于利;对工程建设、生态与环境、金融收益持中立态度;对技术交流、水质保护、旅游开发持赞成;否定文物保护;担心疫病问题、气候影响;认可防洪;
	女	大学生	山东龙口	普通公众	总体利大于弊;国家针对弊端投入不够,生态、文物保护方面负面影响
宋先生	男	企业人员	武汉	典型人群(曾在宜昌工作)	基本赞成态度;不甚了解
	男	农民	宜昌	利益相关者	了不起的工程,利大于弊;对国家来讲是好事,发电、防洪;对个人而言,搬家、地震、风景负面,但经济发展快
张先生	男	企业人员	武汉	普通公众	世界第一;对国家讲好,防洪、发电;当地人可能不能接受
周同学	男	硕士研究生	武汉	普通公众	遗憾景观被淹没;认为生活中没直接受益(电价在涨);认可发电功用;对鱼类生存破坏,破坏生态平衡;媒体主要是赞美少批评;不是很赞成工程建设
周先生	男	打工者	武汉	普通公众	支持,为百姓为子孙后代好;发电、防洪;腐败问题、为人民

续表

姓名	性别	职业	家乡/住址	群体类别2	主体态度(关键词)3
张先生	男	三峡公司工作人员	宜昌	利益相关者	总体利大于弊,发电、防洪;地质灾害滑坡、泥石流,鱼类保护等弊端;库区植被保护做得好;文物保护在做,但多少有损失;促进旅游开发
姚同学	女	大学生	武汉/宜昌	利益相关者	总体利大于弊,弊端不可避免;认可可以通过一些措施将关于文物破坏、生态环境问题等带来的损失降到最低;防洪、航运、旅游开发
王女士	女	企业人员	上海	普通公众	一个伟大的、成功的工程,利大于弊
方同学		大学生	武汉/宜昌	利益相关者	总体持积极态度,利大于弊;宜昌因此而发展迅速;生态环境受影响;文物保护做得好;认为没什么不足
卢同学	男	大学生	武汉/宜昌	利益相关者	促进经济发展,发电、环保;生态、文物保护等担忧;旅游开发;生态环境破坏、水污染、地质灾害、鱼类繁衍等问题;利弊要辩证看待
	女	大学生	武汉/宜昌	利益相关者	总体持正面评价,水利、经济促进;对生态环境影响;电输往沿海,本地未受益;
李先生	男	企业人员	武汉	普通公众	利大于弊;解决能源供电不足现状,防洪、航运等;文物被淹没、环境生态问题
	男	大学教师	武汉	典型人群	主体持积极态度;担心大坝安全性、建成后地质灾害、自然环境遭破坏、泥沙沉积等;媒体报道正面为主,新媒体更多关注问题面
陈先生	男	机关工作人员	武汉	利益相关者(长江水利委员会)	拥护;防洪显著;生态危害不可预知,监测工作尤为重要;文物被淹没;旅游开发好;生态环境问题是重中之重,包括水质和物种两大问题

续表

姓名	性别	职业	家乡/住址	群体类别2	主体态度(关键词)3
	男	大学生	武汉	普通公众	总体利大于弊;破坏生态环境,植被、动物等;利于通航、灌溉
谭同学	男	大学生	宜昌	利益相关者(三峡大学)	总体持积极态度;防洪、发电;不认为保护了珍贵文物;对稀有物种的影响;
	女	机关干部	武汉	普通公众	宏伟、成功,有利有弊;发电、防汛;工程建设打乱原有生物链;排洪、保护大武汉
胡先生	男	高级教师	湖北蕲春	普通公众	总体支持,国家利益高于一切;解决电力供应不足问题;对鱼类繁衍生存、植被生长、自然环境有不利影响;要加大投入控制传染病;相信能最小化控制负面影响;有利于旅游开发、水运、分洪、泄洪;不担心军事威胁

注:1.该表格数据来源于对35份有效深度访谈记录的收集、整理,访谈者均为来自华中科技大学新闻学院的本科生、硕士研究生,都是经过良好专业训练的访谈者;被访谈者为随机访谈对象,主要来自在校学生、知识分子、工作人员以及社会人员等;

2."群体类别"中,笔者将受访群体分为三类:利益相关者包括居住在三峡库区及库区附近、在三峡总公司或三峡工程相关部门工作的人群;典型人群包括与三峡工程建设相关的专业人士、媒体人士、高级知识分子等;普通公众即与三峡工程无关紧要的人群;

3.关于相关群体对三峡工程生态方面的总体态度,笔者是经过对其访谈记录的整理和阅读后,选取的相关关键词句,以及总结的观点和态度。

从访谈记录中得知,受众比较关注的议题主要涉及以下方面:三峡工程建设总体上的利弊比较,工程的防洪、发电、通航功用,对农业、经济发展的促进作用,对地区发展、旅游开发的促进,对生态、环境、气候的破坏,可能导致地质灾害,对动植物的生存繁衍、文物遗迹的负面影响,工程涉及国防军事的威胁等。

从访谈记录统计表中可以看出,大部分受众对于三峡工程的总体态度是支持、赞成、拥护的。尽管几乎每个样本都提到工程建设所带来的弊端,但"利大于弊"几乎是样本共同的主体态度。

大部分受众的媒介接触形式为大众媒介,如电视、报纸、网络,我国的大众媒体坚持正面宣传为主的原则，因此在报道涉及三峡工程的议题时，绝大部分是正面报道，从而促成受众群体普遍的积极态度的形成。但也有一些少量的关于工程建设负面影响的报道，受众也了解三峡工程建设的负面影响和存在的问题，但是这些相对于支持、赞成、拥护的态度来讲是次要的。同时，我们也听到了要报道更多负面影响以及问题解决的声音，而且，新媒体特别是网络的发展，大众媒介信息透明化的呼声愈加高涨。

由此可见，媒体的以正面宣传为主的报道，对受众态度的形成起到了加乘作用。应该更加科学正确地利用好大众媒体。同时，在涉及工程负面影响的信息发布方面的工作有待改进和完善。

另外，从受众深度访谈来看，受众对三峡生态环境的态度因受众类型不同呈现以下特征：

有利益相关的受众，认为三峡工程对生态环境的影响有利有弊，他们承认三峡公司在保护文物、旅游开发、环境污染方面的改善等方面做的努力工作，但他们也认为对景观、文物有破坏性影响，也表示出对地质灾害的担心，他们的态度形成会根据三峡工程对生态环境的利弊影响进行权衡和综合分析。访谈中利益相关者也提到媒体报道中对改善和防范措施的宣传不够，那么对利益相关者的信息传播应加强传播信息中三峡公司努力减少对生态环境危害的工作措施，由此减轻他们对负面影响的态度。

典型人群，他们因为专业性、媒体工作的原因，在信息加工的动机、能力和机会上比其他普通公众要高一些，他们认为利弊问题应辩证看待，而提出媒体报道正面为主，媒体应关注三峡工程的问题面，对媒体报道的信息质量提出质疑。

利益相关者和典型人群这些卷入度高的受众，他们在通过中央路径处理信息时，态度受到激发性变量——信息质量的影响，要求媒体报道的信息有较高的准确性和详尽性，他们倾向对三峡工程带来的生态环境正面和负面效应进行客观综合分析后，改变自己的态度。为了消除和减轻负面效应对这些受众态度的负面影响，三峡公司在传播的信息中可通过着力论述其在改变和改善减轻负面效应的积极工作，以此使受众态度趋向正面导向。

普通受众认为三峡工程总体是利大于弊的，但是对生态环境的影响是负面的，普通受众的卷入度低，对信息的个人需求动机低，又不能像专业人士一样用专业知识进行客观分析和评判，他们通过外围路径来处理信息，那么在这个过程中一些非信息本身的因素影响着他们的态度形成和改变，比如通过权威媒体发布信息，并使他们意识到很多人持有“三峡工程对生态环境的影响有限，三峡公司致力于减轻和改善对生态环境带来的不利影响”的立场，从社会认同心理上，驱使他们与其他人保持一致性态度。

三、生态与环境专题受众态度调查结论与建议

根据以上问卷调查分析的结果，基本验证了研究假设，专属媒体和社会媒体的信息传播对受众态度培养和改变有显著影响，受众的积极正面态度受到了媒体报道的影响，与报道强度低的议题相比，受众对报道强度越高的议题的态度均值高，重复的信息传播营造了正面的舆论氛围，对受众的态度形成和改变起到了正面效果。

受众对媒体信息的理解和采用受到受众处理信息的动机、能力和机会的影响。专属媒体对三峡员工更具有影响力，对专属媒体接触越多，受众卷入度越高，其态度越倾向于正面。深度访谈结果表明，那些居住在三峡库区附近、在三峡公司及相关部门工作的人，以及专业人士、媒体人员和高级知识分子，他们因卷入度高，相关丰富知识和了解全面信息的渠道多，在处理媒体信息的过程中，会对生态环境的利弊影响进行权衡，并对媒体报道的正面报道提出质疑，他们的态度改变受到激发性变量——信息质量的影响，因此对其进行信息传播时应提高信息的准确性和详尽性，提供充分论据、运用双向信息交流，即在大力传播三峡工程对生态环境的有利影响的同时，也承认对生态环境的不利和破坏影响，三峡公司在传播的信息中可通过着力论述其在改变和改善减轻负面效应的积极工作，以此使受众态度趋向正面导向。普通受众的卷入度低，对信息的个人需求动机低，又不能像专业人士一样用专业知识进行客观分析和评判，他们通过外围路径来处理信息，那么在这个过程中一些非信息本身的因素影响着他们的态度形成和改变，比如通过权威媒体发布信息，并使他们意识到很多人持有“三峡工程对生态环境的影响有限，三峡公司致力于减轻和改善对生态环境带来的不利影响”的立场，从社会认同心理上，驱使他们与其他人保持一致性态度。

网络媒体被认为是第一信息来源，三峡公共关系传播活动要达到35岁以下的年轻人及中青年时，选择互联网作为第一投放媒介可以获得较高的到达

率，网络公共关系活动是年轻人和中青年最佳途径。但网络媒体的可信度仅为第三，虽然网络能够提供许多传统媒体不公开或不报道的信息，但由此带来的信息准确性、可靠性等信息质量问题，加之网络用户“认知顺从”心理，处理这些信息的能力低，为受众了解真相和建立正面的态度埋下了隐患。在网络传播的过程中应注意暴露在公众面前的信息质量，提供准确、专业、权威、详尽的信息。

信源可信度与传播效果之间是一个变动的关系，低可信度信源发出的信息，由于可信度的负面影响，其内容本身的说服力不能得以马上发挥，处于一种“休眠”状态，经过一段时间以后可信度的负面影响趋于减弱或消失以后，其说服效果才充分表现出来。信源的可信性对信息的短期效果具有重要影响，但从长期效果来看，最终决定作用的仍是内容本身的说服力。这建议我们在进行公共关系宣传的时候要既要注意利用权威媒体的可信度宣传，更要注意传播的信息内容，例如发布新闻的真实性、全面性、客观性等等，信息质量本身影响长期的公共关系传播效果。

第四节　生态与环境专题网络舆论分析——以天涯论坛为例

一、网络舆论分析概述

1. 研究目的

为使三峡工程公共关系传播效果评估更有多样性和客观性，为三峡总公司新闻宣传中心提供更多舆论信息参考，尤其是指出在互联网信息传播中，网民们对三峡工程生态与环境的关注焦点和态度，为三峡总公司新闻宣传中心的网络舆论公共关系传播提出意见和建议。

此处采用的网络舆论定义是“网络舆论发生在网络这一特定空间里，我们将它定义为网络使用者的意见和态度的综合。网络舆论的主体是网民，客体是在网络空间里被表达和传播的信息以及意见和态度。”①

本节的网络舆论分析只分析论坛/BBS中针对三峡生态与环境问题的讨论,不包括网络新闻、博客等其他网络舆论形式。在论坛/BBS中,网民针对同一感兴趣的话题进行讨论,黏性很强,根据中国互联网信息中心(CNNIC)的最新报告,截止到2009年6月论坛/BBS网民规模达到10275万人,论坛/BBS的网络应用普及率达到30.4%,论坛/BBS成为普通网民言论传播的有效载体和平台。本次分析以三峡生态与环境为主要关键词,从总体上了解网民关注的生态与环境议题,对三峡生态与环境的总体关注度,其次选取有代表性的帖子,观察楼主的主要观点,态度倾向,阅读的人数,回帖的人数,回帖者的态度倾向,分析其舆论形成的过程,给出三峡工程生态与环境网络舆论引导的意见。

2. 研究方法

(1) 论坛选择。

本次研究选取的是国内主流论坛天涯社区,天涯论坛以“全球最具影响力的论坛”闻名于世,并提供博客、相册、个人空间等服务。拥有天涯杂谈、娱乐八卦、情感天地等超人气栏目,以及关天茶舍、煮酒论史等高端人文论坛。

论坛选择理由如下。

①知名度高。在2004年底“中国BBS社区100强”的评选活动中,天涯被评为“中国第一BBS社区”。

②用户多。自1999年3月创办至今,用户数达到2700多万,用户覆盖范围广泛,影响力很大。

③用户的异质性强。从地域分布、年龄构成、文化层次还是收入水平及行业职务分布等各个维度,天涯网民具有普遍代表性,代表了全国范围内,各个层次,各种水平的网民②。对天涯论坛进行抽样调查,可以反映全国网民的基本情况。

④网络公众议程设置中举足轻重的作用。作为颇具影响力的华人社区,在天涯论坛的精心安排下,诸如陈易卖身救母、华为员工死亡等原先被传统媒体忽略的社会事件得以进入公众的视线,并很快引起传统媒体的跟进报道和

① 李贞芳,古涵,杨梦丹. 网络媒体的舆论功能研究[J]. 国际新闻界,2008(10):60-64.

② 卢霞. 网络虚拟社区中网民素质与政治参与水平的研究——以天涯社区为例[D]. 重庆:重庆大学,2007:27.

全社会的热议。①

(2) 分析样本说明。

在天涯论坛中以三峡生态与环境为关键词进行搜索,总共搜索到 12961 篇帖子,经过阅读发现绝大多数要么只是生态与环境,要么是三峡的其他议题,与我们的研究对象三峡的生态与环境无关。由于论坛网络设置问题,在跳转到 50 多页时无法再跳转到下一页,无法搜集到后面的数据,而我们在搜索时按精确度进行排序,所以可以判断越到后面的帖子的相关性越低。在以上情况下,我们共搜集了 500 多条数据,其中与三峡生态与环境相关的只有 27 条。虽然发帖总数量不多,但跟帖人数最多的达到 72 个,阅读量最高有 9551 人。

(3) 编码说明。

研究主要对三峡生态与环境的网络舆论涉及的议题、受众对相关事件的态度进行分析,具体分析内容包括主题帖议题,楼主的主要观点,态度倾向,阅读的人数,回帖的人数,回帖者的态度倾向。

其中主题帖议题包含:污染、地质灾害、水质、动植物、生态移民、生态危机(土壤盐渍化,生物多样性锐减等环境问题)、景观、生态效益、旅游、文物、气候、疾病、泥沙。

关于态度的编码包括正面、中立、负面和不明或不相关。不明或不相关表示发表的内容与议题不相关,无法判断其在相关事件上的态度和立场,比如跟帖者回复"沙发"、"进来看看"等,没有涉及讨论的话题。

3. 网络舆论的议题关注情况

网络舆论中议题关注度最高的是污染,其次是地质灾害、水质等。

天涯论坛每篇三峡生态与环境的帖子涉及生态与环境的多个议题。其中帖子内容与污染有关的最多,占 22.2%;地质灾害和水质议题的提及率次之,分别为 15.7%和 13.3%。动植物保护与气候所占比例均为 11.1%。另外,生态危机的提及率为 6.8%。一些议题:生态移民、景观、生态效益、旅游、文物、疾病、泥沙等均有提到。由此可见,网民关注度较高的生态与环境议题是污染、地质灾害、水质、动植物保护、气候等。此处需要说明的是生态危机指的是网友们提出的土壤盐渍化,生物多样性锐减等环境问题(见图 5-11)。

① 贾娜. 论网络论坛中的公众自我议程设置——以天涯社区为例[J]. 山西师大学报,2008(4):114-116.

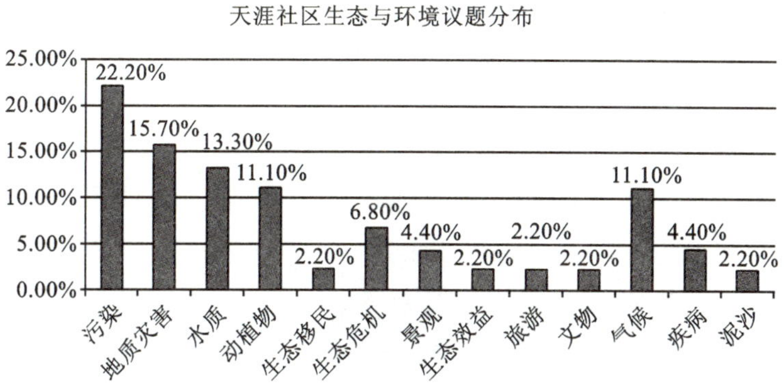

图 5-11 天涯社区生态与环境的议题分布情况

二、网络舆论中网民的态度分析

1. 发帖者的帖文态度呈显著负面

在天涯论坛中，关于生态环境的帖子中，有49%的帖子是负面的，20.4%的帖子是正面的，30.6%的帖子是中立的。负面态度所占比率最高，将近一半，一方面说明了网民认为生态与环境中存在诸多问题；另一方面，也与网络舆论环境自由以及发帖者采取匿名制密切相关（见图5-12）。

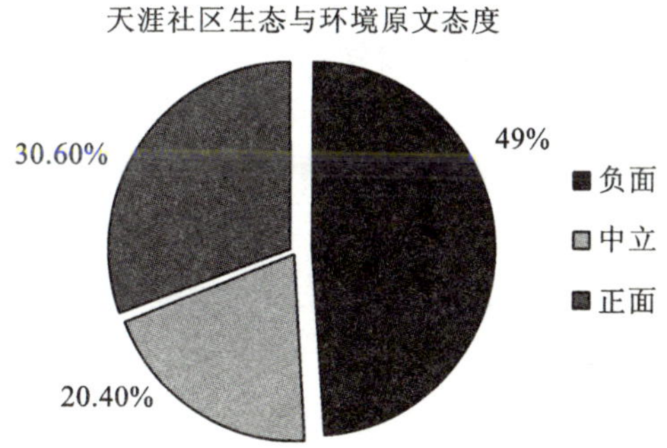

图 5-12 论坛发帖者的态度倾向

对帖文态度进行单样本T检验，看不同态度倾向间有无显著性差异，分析时负面记为－1，中立记为0，正面记为1，在95%置信度下，测试的均值设为0，分析结果显示帖文的态度均值为－0.18，$P<0.001$，帖文的态度显著偏向于负面。

2. 跟帖者的态度显著偏向负面

天涯论坛中的跟帖者中，43.7%的跟帖者持负面态度，中立的占 9.4%，正面的仅有 7.5%。剩下的 39.4%的跟帖者与发帖人的讨论的议题不相关，无法判断其态度和立场(见图 5-13)。

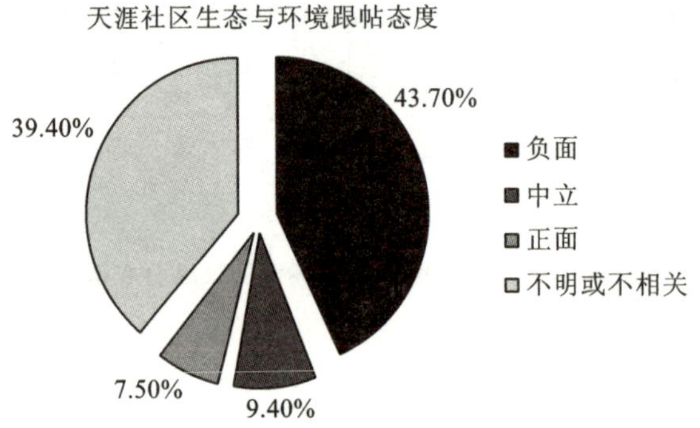

图 5-13　论坛跟帖者的态度倾向

对跟帖态度进行单样本 T 检验，检验不同态度倾向间有无显著性差异，分析时负面记为−1，中立记为 0，正面记为 1，不明和不相关记为 2，并将态度不明和不相关的跟帖数据屏蔽掉，在 95%置信度下，测试的均值设为 0，分析结果显示跟帖者的态度均值为−0.6，$P<0.001$，跟帖者的态度倾向也是显著偏向于负面的。

3. 原文态度与跟帖者态度有显著差异

跟帖者是针对楼主发表的帖子进行回帖，发表意见，因此我们对楼主态度和跟帖者态度两个变量进行配对样本 T 检验，考察两者之间是否存在显著差异。

零假设为楼主态度和跟帖者态度没有显著性差异，即两者的态度倾向是趋于一致的。

首先，我们对楼主态度和跟帖者态度进行编码，负面记为−1，中立记为 0，正面记为 1，不明或不相关记为 2(表示无法判断态度倾向)，在进行分析时，我们去掉了态度不明的数据，因为其并不反映态度倾向问题，得到的楼主态度和跟帖者态度统计值表如表 5-4 所示。

表 5-4 发帖者态度和跟帖者态度的统计值

	态度均值	N
原文态度	−0.33	226
跟帖态度	−0.60	226

在表 5-4 中，$N=226$ 的含义是去掉态度不明的数据后有效态度的分析数据有 226 条，从表中看出原文的态度为−0.33，跟帖者态度为−0.60，均小于 0，并且 $P<0.001$，即态度倾向均显著偏向负面。

发帖者和跟帖者的态度的配对检验显示，两者的相关系数为 0.04，那么楼主态度和跟帖者态度相关性不高，$P<0.001$，拒绝零假设，即楼主态度和跟帖者态度有显著性差异。

由此我们看出，网络舆论的特点表现为网民对生态环境的态度总体显著偏向负面，但跟帖者的态度和发帖者的态度存在差异，跟帖者并不一定赞同楼主的观点，相反跟帖者反对楼主的意见，形成对立。究其原因是网络意见由同质化像异质化发展的过程，网络意见的形成过程是非理性到理性的过程，在网络环境下，每个人都能自由地发布信息，有些信息的质量必然会有问题，刚开始人们由于掌握的信息不够多，因此他们会形成一种“认知顺从”的态度，表现在同意楼主的意见，但是经过一段了解全面信息的时间，例如从别的媒体或信源处了解到更多更加详细的相关信息，那么他们就开始不同意楼主的意见，对楼主提供的信息进行评判，进而与楼主进行反驳，改变最初看到帖子时的态度。

三、网络舆论代表性个案分析——三峡工程与气候

1. 个案选择:三峡工程与气候

典型案例选择的是“三峡工程会不会影响周边的气候环境，别听专家的，让咱们自己论证吧。”楼主:袁元元，发帖时间 2006 年 8 月 21 日，阅读量 3009 次(截止到数据采集时间为止)，跟帖数 72，跟帖数在所有帖子中最高。综合阅读量和跟帖数，可以说网友对该帖的关注度非常高，加之气候问题也是网友最关注的几个议题之一，因此将其定位为三峡生态与环境网络舆论分析中的典型个案。

2. 三峡对气候影响的事件的报道

在原帖中提到了两个有关三峡对气候影响的事件，2004 年 9 月初发生在四川、重庆的特大暴雨造成的洪灾，2006 年四川的干旱和重庆的高温。有人将两个灾害事件与三峡联系起来，认为是三峡工程建设导致了气候的突变。

对此三峡新闻宣传中心在 2004 年开设网友讨论区和网友信箱，创办了《网络信息参考》，在 2005 年加强对网络信息的监测，收集各大媒体有关水电可持续发展、环境保护等方面的报道和有代表性的意见，为决策和宣传工作提供参考，自此三峡新闻宣传中心逐步重视了网络舆论的力量，2006 年在面对川渝干旱问题时，利用新华社等主流媒体和自办媒体，及时传播主流声音，妥善应对新闻危机。

在 Google 上搜索"2004 年 9 月初发生在四川、重庆的特大暴雨造成的洪灾"，有 3860 条结果，搜索"2006 年四川的干旱和重庆的高温"有 56800 条结果，简单的对比了前四页的搜索结果，后者 40 条中有 37 条都是重庆、四川高温干旱事件与三峡工程无关，而前者 40 条中只有 4 条称川渝洪水与三峡蓄水无关，甚至还有一条"王维洛：谁说不是三峡工程惹的祸——谁是重庆开县洪水灾害的祸首"为负面的评价。

对比两次的网络舆论概况，可以看出 2006 年，网络中形成了一个更广更大的有利于三峡工程的网络舆情，这在一方面说明三峡新闻宣传中心在重视网络舆论后，网络信息监测和相关应对策略取得了一定的成果。例如，川渝干旱事件中，人民日报、光明网、新浪网、人民网、中新网等社会权威媒体的舆论导向均倾向于三峡的正面形象。此外，在此前的对"三峡工程新闻传播信息库"新闻报道的内容分析中，2004 年对于生态与环境的报道陡然下降，与 2004 年前和 2004 年后其他年份相比形成了非常大的差异，这也是 2004 年对于川渝洪灾的网络报道较少的原因。

例如，中国青年报"与三峡蓄水无关，旱灾主因大气环流异常"指出川渝干旱的原因一方面，台风阻断了从南方过来的水汽通道，另一方面副热带高压又拦截了从北方进入的冷空气，让四川陷入孤立无援的境地，成了一个"气候孤岛"。

中新网"气象权威：今夏川渝大旱与三峡蓄水无关"，造成罕见伏旱的原因，既与全球变暖背景下极端气候事件发生频率增加有关，也与大气环流异常有关系。

但这只能说明三峡新闻宣传中心在面对不实信息时，能够通过社会权威等可信度高的媒体向公众发布大量准确的详尽信息，但并不能说明网民在态度上就倾向于认为三峡对气候没有影响，因而还需对网民的态度、意见形成进行分析，从而给三峡网络舆论传播提出更有效的建议。

3. 个案中跟帖者的态度

原文针对三峡工程对周边环境不会产生影响提出争议，认为三峡工程建设对三峡周边的气候有影响，由于数码时代从技术的层面部分地削弱了话语霸权（行政霸权、学院霸权与媒体霸权），为自由与民间叙事开辟了道路①，帖文的另一个观点则是直接指出专家的论证和观点不可信，而跟帖者的态度分布如表 5-5 所示。

表 5-5　气候个案跟帖者态度统计值

态度倾向	回帖数	百分比(%)
负面	29	40.3
中立	9	12.5
正面	5	7
不明或不相关	29	40.3

在 72 位跟帖者中，其中 40.3%的人持负面态度，认为三峡工程对周边的环境会产生影响；12.5%的人持中立态度；有 7%的人认为三峡工程与周边的环境没有影响，总体态度均值为－0.6，$P<0.001$，跟帖者的态度显著偏向于负面。剩余的 40.3%的跟帖者所发表的内容与楼主的议题不相关。

（1）其中正面跟帖中具有代表性的帖子有：

①我国西南和南方大部分地区的降水来自于印度洋。太平洋只能影响到的东南沿海的部分地区。

②三峡对局地小气候当然有影响，但这种影响是有限的。至于说今年四川的干旱，重庆的高温也是三峡造成的那就是胡扯了。

③对重庆市区的影响很微弱。到了涪陵以上三峡大坝扩展江面的作用已经很弱了。

（2）负面跟帖者中具有代表性的帖子有：

①东面来的湿气流本应从三峡地区吹入四川盆地，但由于高峡平湖，在此

① 孟锦，王逸涛. 网络"意见表述"模式与公共话语空间建构[J]. 新闻记者，2005(5):40-43.

地区上方凝结了厚重的水气，由于盆地内气压加大的原因，三峡一带的水气凝滞不动，使东来气流吹不进来，而盆地内热气又散不出去，故造成四川地区久旱无雨。

伟人们的想象力总需要以牺牲老百姓作为代价而实现他们的伟业。但这样的伟业只能用一句话来形容，那就是——劳民伤财，得不偿失。

②俺不懂地质、气象学，但俺知道些有关三峡工程的内幕：a. 三峡工程在决策上马时，只有领导们举手（包括总理），专家都弃权了（有资料为证）；b. 三峡水库的 13 台机组全部是进口的，而总理夫人所控制的公司为了国家，承揽了这个艰巨的进口任务，后了解到，每一台机组净赚 1000 万元人民币；c. 西方国家都在大搞拆坝，而我们还在大搞水库。当时有专家提到此点，但是没有决策权。

③最近有期读者上讲，气候变暖 CO_2 不是主要的原因，水蒸气才是重要的因素。照这样看，重庆的大旱跟大坝不是没有联系的了。

④三峡的修建不是像平地的湖泊那样加深加高那样简单的影响气候，因此不能拿平原地区的大型湖泊来对比。平原地区大型湖泊周围的小气候总体来说是更好一些。所以专家说三峡工程应该会增多降雨，我觉得是过分简单化了。

但是三峡不是平原，三峡工程未修建前，长江水有相当大的落差和速度，可以非常快地带走水汽尤其是四川盆地中的水汽。下层水汽的快速运动本来就可以使得上下层空气之间相互运动加快，能量释放将会很频繁，所以即使旱情出现，往日的四川也会出现偶发性的降雨来缓解，温度本身也不会那么高。

现在水汽由于江面扩大和水加深大幅度增加，却又由于江水速度变得非常缓慢而凝滞不动。由于四川盆地的水汽凝滞不动，使得四川盆地的温差变得很难缩小，过多水汽难以在小股冷空气的影响下上升，因为非常热的水汽快速通过与双向交流本来就能够减轻旱情的温度，然而这个交流不存在这就使得，原本要小旱，变成大旱，小股冷空气难以进入盆地即使进入也难以起到作用，这就使得原本偶发性的降雨变得非常困难。因此四川的大旱就非常严重了，当然我的意思不是说，旱情完全是因为三峡引起的，但是三峡蓄水加重了这个趋势是几乎可以确定的。

我大胆预计，从此后，四川要么暴雨，要么大旱，从全球变暖的趋势和冷空气的变弱看，四川大旱将会比较频繁。在对大江大河的情况没有基本搞清的情况下贸然改变中国的水文地图，实在是太大胆了。三峡蓄水如果完成，仅从气候上讲，将非常不利，因为三峡所处位置非常重要，如果是在下游出现大型平原水库或者湖泊，对长江本身影响还没有这么大。三峡的修建使得长江本身变成了一条缓慢的江河，这里中下游都变得缓慢。速度对长江来说很重要，几千米的落差，如此缓慢地速度，下层水汽运动的变缓是一种灾难。

(3) 中立的帖子具有代表性的有：

①公正地说，四川以前也出现过相当地旱情，有时也连续几十天，我想那位网友一定是了解这种情况的，所以说，三峡大坝后才会有旱情是不对的。还是那句话，这么彻底的旱情太意外了，不应该一年就下结论，应该在观察后定论。

但是科学要有一定的预见性，从目前的现象看，重庆的旱情受三峡影响我觉得还是应该承认。

②最好是拿时间检验。这话对。但为什么要让百姓承担这种检验。而不是上工程前更慎重？

③各位老大我是学气象的但是水平很低，但是我可以说重庆今年的高温和三峡到底有没有关系这个要看以后最少 10 年以上的观测资料和没修三峡以前的观测资料的对比，现在谈这个早了。

4. 网络环境中意见的形成

网络新闻传播中，主要有两种类型的内容在进行传播，一种是信息流，一种是意见流，信息是指那些由各种组织或个人发布纯新闻或信息，意见是指由信息所直接激发的主观认识及观点。信息流是传播学中的一个重要概念，它最早由美国传播学者罗杰斯提出，与“影响流”一起成为其“N 级传播模式”的组成部分。根据互联网信息发展中心的统计报告，网民使用论坛的主要目的首先是浏览信息（了解信息），其次是讨论共同兴趣话题（发表意见）。所以在网络舆论传播中首先要重视的是信息的传播（见图 5-14）。

(1) 信息流传播

信息的流动以复制为基本方式，但是在复制过程中，存在着信息衰减、变形的可能性。信息衰减指用片断、局部的方式对信息加以复制。与一般信号的衰减不同的是，信息的衰减可能会造成整体信息的失真。断章取义地使用信息片断甚至会改变信息的原义。

而网络论坛中发帖者和跟帖者的信息常常是只取了媒体报道中的一部

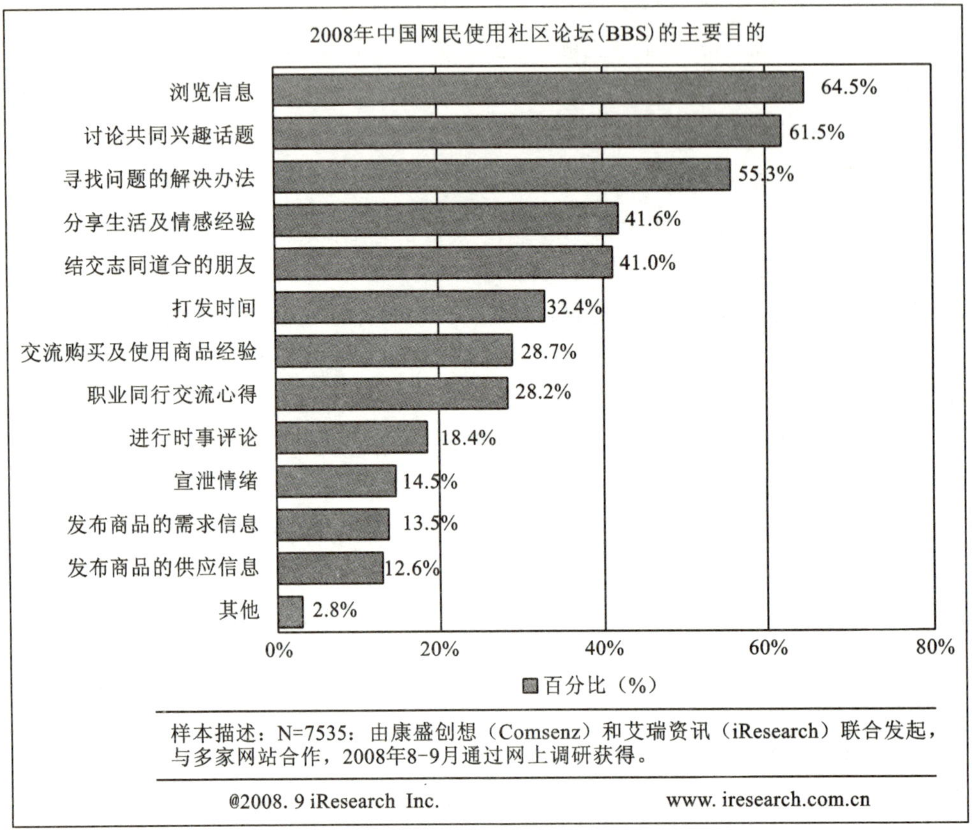

图 5-14　中国网民使用社区论坛的主要目的

分,即便传统媒体或新闻网站对三峡生态与环境的报道是客观、全面的评价,但网友在信息的复制传播中只取其部分信息,很难还原整体信息,尤其是发帖者的此类行为就可能导致跟帖者对生态与环境问题认知失调,从而影响态度倾向。在网络舆论很难把关的情况下,三峡专属媒体应当主动了解网络舆情后,向网友公布充分的信息,让人们来了解事情的真相。

(2) 意见流的传播

网络新闻传播中的意见传播结构分为三个层面[①],这种意见传播结构也可以运用到网络舆论的解析中来(见图 5-15)。

① 彭兰.网络新闻传播结构的构建与分析(下)[J].国际新闻界,2003(3):31-35.

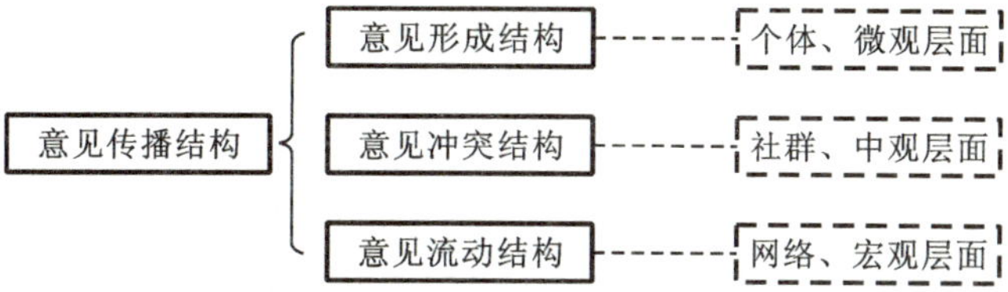

图 5-15 网络环境中意见传播结构

①意见形成结构

意见形成结构是信息个体对信息的意见形成及表达过程，个体意见形成是网络意见流形成的起点。其包括内因和外因两个因素。

内因方面主要包括人们的世界观及价值评判方法、社会阶层、生活的环境、个体经历，具体来说，对某个信息形成态度方面，起主要作用的是受众本身在某一类问题上的既有倾向，跟帖者的态度主要受到自身对生态与环境的既有评价影响，表现在网友多数是自己的已有观点，对气候的讨论中，网友会根据其他水库事例或三峡的其他方面来评价气候问题，例如对三门峡水库是负面评价，三峡气候影响也是负面。

②意见冲突结构

意见冲突指的是在网络中的一些群体聚集的区域，各种意见的相互交锋，以及该区域内主流意见的形成过程，在网络中，意见之间的斗争，有时不完全是意见本身的较量，而是人们心理上的较量，心理学上的“认知失调理论”认为人们在观点、态度、行为等之间具有一种一致或平衡的取向。即两个认知元素之间要达到一致的趋向，当出现认知失调时，人们会感到心理上的不舒服，出现失调后，人们会努力减少失调，其方法是，改变行为认知元素（改变自己的行动），改变环境认知元素（改变环境的看法或改变环境）或增加新的认知元素（用新的认知元素来加以平衡），在网络论坛中，网友要么通过改变自己的观点与其他人的认知一致，要么影响他人的观点使之与自己一致，或者以某种方式使自己与别人不可比（贬损别人形象）。

但意见的冲突并不一定能够形成主流意见，例如 confused _ mao、Puryman、三峰网友之间的争论。冲突起源于网友“三峰”对“三峡工程会不会影响周边的气候环境，别听专家的，让咱们自己论证吧。”的回帖。

道理很简单：

东面来的湿气流本应从三峡地区吹入四川盆地，但由于高峡平湖，在此地区上方凝结了厚重的水气，由于盆地内气压加大的原因，三峡一带的水气凝滞不动，使东来气流吹不进来，而盆地内热气又散不出去，故造成四川地区久旱无雨。

伟人们的想象力总需要以牺牲老百姓作为代价而实现他们的伟业。但这样的伟业只能用一句话来形容，那就是——劳民伤财，得不偿失。

Puryman：无知者无畏啊，我国西南和南方大部分地区的降水来自于印度洋，太平洋只能影响到东南沿海的部分地区。

confused_mao：有知者把你的观点和推断讲一讲？

Puryman：三峡对局地小气候当然有影响，但这种影响是有限的。至于说今年四川的干旱，重庆的高温也是三峡造成的那就是胡扯了。

水库的对局地气候的影响一般是增湿降温增压。

三峰：一副官腔。

小气候的范围是多少？四川盆地又有多大；影响的限度是多少？三峡却是四川唯一的通路。胡扯是对的，因为你只能这样说，为什么？因为雇佣的那些"专家"还没拟好骗人的稿子，所以你只能这样胡扯了。

Puryman：我又不是官，怎么叫官腔，不过是实话实说而已，难道你的意思是：重庆今年本来要热到 50 ℃的，幸好有三峡大坝降温才热到 44.5 ℃？呜呼，总算知道了什么叫睁大俩眼说瞎话，对重庆市区的影响很微弱。到了涪陵以上三峡大坝扩展江面的作用已经很弱了。

三峰：我可没说你是官啊，只是会扯官腔，因为这是从你主子那里学来的。

当意见有差异时，都不愿改变自己的观点，多次转移到攻击对方形象上，在论坛中参与讨论的意见分散，各执一词，这种散漫式冲突结果难以形成主流性意见；另一方面网民们各抒己见，热情高昂，但许多持不同价值信仰的人往往坚持己见，不屑与相反意见者进行沟通，乃至攻击对手，是理性沟通的缺失。

③意见的流动结构

意见的流动是意见从网络中个别区域向其他区域的扩散过程，以及各区域间意见的交叉运动。三峡生态与环境的网络舆论分析中，网民对某一议题的讨论影响范围还未扩大，部分议题总的阅读量大，但跟帖量远远小于阅读量，表面在本论坛内该议题还未形成很大的效应，还未向外扩散。

一般情况下，下列几种意见更容易扩散：a. 与主流意见相对立的观点；b. 极端的观点；c. 系统化的观点；d. 貌似深刻的观点，对其中一位网友

minenchou 的表述"三峡的修建不是像平地的湖泊那样加深加高那样简单的影响气候，因此不能拿平原地区的大型湖泊来对比……"（详见前文），网友再见第五街说"看来比较专业"，网友 dayouhuoTian 认为"这个解释比较让人信服"，其实是貌似深刻的观点的影响扩散。

称其为"貌似"，是因为深刻与否很难判断，貌似深刻的观点以及其阐述方式，容易引起人们的欣赏态度，即使人们不能理解其真正含义。

四、网络舆论结论及建议

通过以上分析，我们得出生态与环境网络舆论的总体结论，网友对生态与环境的总体评价都是显著偏向负面的；对生态与环境最关心的是污染、地质灾害、水质、动植物保护、气候；网民在意见的沟通中存在非理性的倾向。

网络环境下，由于舆论主体是匿名和虚拟的，为人们提供了更加大胆、自由表达意见的安全空间。但同时也因为网络中的行为受到较少的约束，人们往往对自己的言论不负后果，出现偏激和不切实际的评论，情绪化和群体效应也比较明显。天涯社区等论坛及 BBS 是年轻人的天下，其中很多成员的文化参差不齐，舆论倾向往往是从一个不成熟的世界观出发的又被不成熟的情感所控制得出的，言论态度必然是偏激而不完全正确的。网民发表负面评论的原因很大程度上是对相关的信息和知识不了解，或者认为媒体发表的相关报道并不完全真实，信息公开透明不够。网络环境下，受众对信息的认知过程受到中央路径和外围路径的组合影响，尤其是信息详尽度对说服受众有正面影响，高信息详尽度的信息更能说服受众。

网络意见的形成过程中，网络事件发生伊始，人们普遍缺乏对事件的了解，处于搜集信息了解情况阶段，在该阶段网络意见往往呈现出非理性的特点。随着网络事件被迅速炒红，相关信息海量呈现满足了人们的了解需求，人们从了解事件转向认知事件并开始形成自己的独立判断，从而对事件进行反思，是网络意见理性化的过程。基于人们认为自己的认识更准确、更公正，而别人尚处于非理性之中，所以需要引导，需要纠正的客观认识，人们在网络意见形成中普遍表现出一种"为了他人利益"的行为，即给予事件当事人客观公正的评价，对其他网民的非理性意见予以纠正。

再根据网络传播中的信息流到意见流的传播过程，信息在人们了解事件真相和增强网络媒体的信息说服力起到关键作用，因此给三峡公司及相关的宣传机构的启示在，加强信息发布强度，增强信息的透明度，从而达到说服效果，引导网络舆论。

此外通过网络传播的两种类型来看，三峡新闻中心在信息流方面工作取得一定成效，表现在对2006年川渝干旱问题的媒体报道的解释性信息明显多于2004年的川渝洪灾，而针对信息的流动传播过程中的信息复制失真问题，意见的复杂流动，如何进行网络舆论的引导，可采取的策略如下。

1. 大众媒介与人际传播结合

Rice和Atkin总结出成功传媒活动的十个准则之一即是在符合成本-收益原则时应结合多媒体和人际交流，研究显示当传媒活动获得人际传播的支持时，人们的态度和行为很容易改变甚至发生长期的变化，但从覆盖人群数量和所需的成本角度而言，大众传媒①与人际传播的结合是新观念传播和说服人们利用这些创新的最有效的途径，大众传播可以较为有效、有力地提供新信息，而人际传播对改变人的态度与行为有利。发挥大众媒介及时、迅速、广泛的传播长处，传播全面信息，引导主流意见，借助网络社区、博客、QQ、电子邮件等网络平台的新型人际传播形式，传播劝服性信息，改变人们的态度。

2. 通过意见领袖影响网络舆论

意见领袖是网络舆论的好帮手，意见领袖是将观念通过大众传媒先传到比较活跃的人，然后再由他们传给不太活跃的其他社会成员。② 利用意见领袖将真实情况传递给公众，避免不必要的恐慌和误解。在天涯论坛中，关于生态与环境的帖子，有13篇是转载媒体的报道或记者的文章，但网络公共关系中利用这种简单的转载方式不能起到很好的意见领袖的作用，因为公众对媒体已有不信任的心理，而对群体内的意见领袖非常信任。

3. 建构理性的公共话语空间

针对网络情境自身特点决定的网络“意见表述”理性缺失，网民在意见表达时的情绪化和感性化会导致网络舆论的“不可控性”和“无政府主义”，互联网作为社会民主的公共领域，其特征在于理性沟通，在网络这一多元价值的公共领域中，网民虽各抒己见，但问题是许多持不同价值信仰的人坚持己见，而

---

① 詹宁斯·布赖恩特，苏珊·汤普森，传媒效果概论[M]. 陆剑南，等，译. 北京：中国传媒大学出版社，2006：215.

② 王艺潼. 网络舆论引导的影响及方法[J]. 科技创新导报，2009(15)：199.

不与相反意见者进行沟通，甚至攻击对手，使任何理性讨论的空间压缩殆尽，而目前的网络论坛还处于离散状态，尚未形成对话平台。三峡新闻宣传中心应当承担建构理性的公共话语空间的主体责任，在网络论坛中主动现身发布准确、最新、详尽、相关的信息，使网络"意见表述"所形成的多元化观点能够与主流媒体以及官方形成一种流动和渗透，而不是平行的疏离，用新的认知元素来平衡受众的认知失调，这将有利于受众正面态度的形成①。

第五节　三峡工程生态与环境专题传播研究的结论与讨论

通过对生态与环境的新闻报道的内容分析、受众认知调查和网络舆论分析，我们发现信息质量和信源可信度是影响受众态度的两个重要因素，并且由于受众在信息处理过程中的动机、能力和机会不同，受众对信息加工的方式也不同，卷入度高并有专业知识能力的人（三峡员工和专业人士、媒体人员等），他们的 MAO 水平高，他们对信息会进行精细加工，仔细阅读信息，权衡利弊，在此过程中三峡专属媒体对三峡员工的说服更有效。三峡新闻宣传中心在进行公共关系传播的过程已经清楚地认识到信源可信度对受众的"环境提示"的影响，无论是在常态的公共关系传播还是应对舆论危机，都能主动的通过权威主流的社会媒体进行舆论引导，但从受众调查和网络舆论来看，信源可信度对他们的影响不显著，受众对媒体的报道表现出质疑。实际上，信源的可信度与传播效果之间是一种变动的关系，低可信度信源发出的信息，由于可信度的负面影响，其内容本身的说服力不能得以马上发挥，处于一种"休眠"状态，经过一段时间以后可信度的负面影响趋于减弱或消失以后，其说服效果才充分表现出来。信源的可信性对信息的短期效果具有重要影响，但从长期效果来看，最终决定作用的仍是内容本身的说服力，因此信息质量本身是影响长期的公共关系传播效果关键因素。

由此，我们给三峡新闻宣传中心提出如下建议。

一是重视网络社区、博客、QQ、电子邮件等新型人际传播形式，通过意见

① 孟锦，王逸涛. 网络"意见表达"模式与公共话语空间建构[J]. 新闻记者，2005(5)：40-43.

领袖影响网络舆论，挖掘网络群体内的意见领袖，邀请他们参观三峡建设，通过他们将真实情况传递给群内其他社会成员。

二是建构理性的公共话语空间。针对网络情境自身特点决定的网络“意见表述”理性缺失，网民在意见表达时的情绪化和感性化会导致网络舆论的“不可控性”和“无政府主义”，互联网作为社会民主的公共领域，其特征在于理性沟通，在网络这一多元价值的公共领域中，网民虽各抒己见，但问题是许多持不同价值信仰的人坚持己见，而不与相反意见者进行沟通，甚至攻击对手，使任何理性讨论的空间压缩殆尽，而目前的网络论坛还处于离散状态，尚未形成对话平台。三峡新闻宣传中心应当承担建构理性的公共话语空间的主体责任，在网络论坛中主动现身发布准确、最新、详尽、相关的信息，使网络“意见表述”所形成的多元化观点能够与主流媒体以及官方形成一种流动和渗透，而不是平行的疏离，用新的认知元素来平衡受众的认知失调，这将有利于受众正面态度的形成。

三是双面信息交流。在大力传播三峡工程对生态环境的有利影响的同时，也承认对生态环境的不利和破坏影响，三峡公司在传播的信息中可通过着力论述其在改变和改善减轻负面效应的积极工作，使他们意识到很多人持有“三峡工程对生态环境的影响有限，三峡公司致力于减轻和改善对生态环境带来的不利影响”的立场，从社会认同心理上，驱使他们与其他人保持一致性态度。

第六章 基于议程设置的媒介传播效果评估——三峡工程移民专题公共关系传播效果评估

三峡工程全部竣工后，库水淹没区将涉及湖北和重庆的20个区市县，最终动迁移民113万，三峡水库移民工作自1993年正式开始实施，至2009年三峡工程全部建成结束。百万大移民是一个世界级难题，也是三峡工程成败的关键。组织三峡工程移民专题公共关系传播效果评估，是为了考察三峡新闻宣传中心在组织专属媒体和社会媒体对移民专题公共关系传播活动的效果，从普通受众角度评估传播达到的效果，并且结合网络舆论分析，提出新闻宣传中心在网络传播中的策略和建议。

本部分通过对《三峡工程新闻传播信息数据库》新闻报道的内容分析来了解媒体对三峡移民专题的报道特点以及三峡专属媒体对媒体报道的影响，通过普通受众问卷调查和深度访谈分析受众对三峡移民专题各个维度的认知和态度，此外还特别进行了移民专题的网络舆论分析和对移民精神的集中报道进行的个案分析。

本章包含五个部分，第一部分是综述，采用议程设置理论进行三峡工程移民专题的公共关系传播效果评估，主要介绍议程设置理论的相关概念以及研究的操作化指标。

第二部分是针对三峡工程新闻传播信息库所采集的新闻报道进行的内容分析，分析三峡移民传播的议题分布、时间分布、强度和特点，并通过信息来源分析以确定三峡专属媒体对国内权威媒体是否构成了议程设置。

研究发现，社会媒体对移民的报道特点，时间上二期移民由于时间长、任务量大而受到媒体的较高关注度，公共关系传播应对媒体关注度高的议题如移民安置、经济发展等进行议程设置。同时，研究证明媒介间存在着议程设置。从新闻信息源分析来看，有关移民报道的信息大部分是来源于三峡公司及其宣传部门，三峡专属媒体对国内权威媒体构成了议程设置。

第三部分是移民专题的普通受众态度及认知调查，主要是针对湖北地区的普通受众的态度调查和深度访谈。

研究表明，定性和定量调查结果都显示普通受众对移民的总体态度是积极正面的，但定量分析结果对移民各个议题的态度均值都没有超过 4 分。同时，由于不同受众的兴趣爱好、原有知识以及与三峡工程的关联度的不同，导致他们对个别议题在态度上有所不同。研究证实了肖(1977)和温特(Winter，1981)把"受众本人的兴趣、爱好、人际交流等"作为议程设置过程中影响效果的因素的观点。同时表明在对移民的公共关系传播工作上还需继续努力，在受众态度说服问题上应针对受众的不同特点采用区别的传播技巧，针对高学历受众采用两面信息更有效，对低学历的受众采用正面信息传播，同时加大在权威媒体的公共关系传播力度。

第四部分为移民专题的网络舆论分析，以人民网强国论坛为对象，分析其舆论形成的过程，给出三峡工程生态与环境网络舆论引导的意见。

研究发现，网络环境下传统媒体的议程设置功能仍然存在，但网络 BBS 对议程设置的作用也不可忽视，网络 BBS 和传统媒体间存在着议题的互动。BBS 论坛带来了议题的溢散与推动，而报纸媒体则使议题的建构和"扩音"得以实现。但是现实中要使舆论朝着正确的方向发展，就必须结合二者之力，实现虚拟和现实的"合谋"。一要做好报纸媒体的有效传播，二要做好网络舆论的实时监测和控制，传统媒体和网络舆论监督可以进行多方面的互动和互补，充分借助网络舆论对于议题的溢散和推动作用，适当将新闻报道中的正面议题引入网络论坛，扩大议题的传播效果。

第五部分以移民精神的集中报道进行移民报道的个案分析，总结 2006 年"三峡移民精神宣传年"社会媒体和三峡专属媒体对移民精神这一重要议题的报道特点，讨论作为宣传动员之重要环节的三峡专属媒体以何种策略宣传三峡移民精神，以影响人们对由三峡移民精神而激发的民族意识与爱国主义的认知与认同。

第一节　议程设置理论框架

本章的研究目的是对三峡工程移民专题进行公共关系传播效果评估。阿尔·里斯说："广告是风，公共关系是太阳"，公共关系的光芒日益耀眼，我们该拿什么来衡量公共关系传播效果呢？从早期具有代表性的大众传播效果理论来看，主要有以下几种评估方法：魔弹论（magic bullet model）、有限效果论、多级传播说、议程设置理论、使用与满足理论和依从理论。而就大众媒体在传播中的扮演的角色来讲，媒体具有两种功能：显性功能和隐性功能，而其显性功能主要是通过议程设置实现的。因此，本章采用议程设置理论进行三峡工程移民专题的公共关系传播效果评估。

一、议程设置理论的相关概念

议程设置是大众传播媒介影响社会的重要方式，其观点主要来自政治学，李普曼的《舆论学》最早提出该思想，被认为是传播学领域的奠基之作。

议程设置（agenda setting）的基本思想最初来自于美国新闻工作者和社会评论家沃特·李普曼（Walter Lippmann）。1922 年，李普曼在其经典著作《舆论学》中提出了他的观点："新闻媒介影响'我们头脑中的图像'。"这成为议程设置理论的雏形。1963 年，伯纳德·科恩（Bernard Cohen）提出了对"议程设置"最有影响力的表述："在多数时间，报界在告诉它的读者该怎样想时可能并不成功；但它在告诉它的读者该想些什么时，却是惊人地成功。"这更清楚地指出了媒介的议程设置功能。1968 年，美国北卡罗来纳州的两位研究人员马尔科姆·麦肯姆斯（Maxwell Mocombs）和唐纳德·肖（Donald Shaw）对李普曼的思想进行了实证性研究，他们对 1968 年美国总统选举期间传播媒介的选举报道对选民的影响进行了调查分析，并于 1972 年在《舆论季刊》上发表了论文——《大众传播的议程设置功能》，作为他们研究的总结。其主要含义是：大众媒介注意某些问题而忽略另一些问题的做法本身就可以影响公众舆论，而人们一般倾向于了解大众媒介注意的那些问题，并采用大众媒介为这些问题所确定的优先次序来确定自己对这些问题的关注程度。他们的研究标志着一个新的传播效果理论——"议程设置（agenda-setting）理论"的诞生。这个理论分为两个方面：一个方面是议题从媒介议程向公众议程的传播过程；另一个方面是公众在头脑中形成这些议题和对象时新闻媒介所起的作用。

《新闻学大辞典》将议程设置理论解释为："由马尔科姆·麦肯姆斯和唐纳德·肖于 1972 年提出。……核心观点是：大众传播媒介在一定阶段内对某个事件和社会问题的突出报道会引起公众的普遍关心和重视，进而成为社会舆论讨论的中心议题。”美国学者沃纳・塞佛林和小詹姆斯・坦卡德在其《传播理论：起源、方法与应用》一书中，对议程设置理论提出了较为理性的认识，认为“媒介的议程设置功能就是指媒介的这样一种能力：通过反复播出某类新闻报道，强化该话题在公众心目中的重要程度。”而中国学者郭庆光教授在其《传播学教程》一书中认为议程设置的中心思想是：大众传播具有一种为公众设置“议事日程”的功能，传媒的新闻报道和信息传达活动以赋予各种“议题”不同程度的显著性的方式，影响着人们对周围世界的“大事”及其重要性的判断 。

议程设置理论的基本观点如下。

（1）大众媒介往往不能决定人们对某一事件或意见的具体看法，但是可以通过提供信息和安排相关的议题来有效地左右人们关注某些事实和意见，以及他们对议论的先后顺序，新闻媒介提供给公众的是他们的议程。

（2）大众传媒对事物和意见的强调程度与受众的重视程度成正比，该理论强调：受众会因媒介提供议题而改变对事物重要性的认识，对媒介认为重要的事件首先采取行动。

（3）媒介议程与公众议程对问题重要性的认识不是简单的吻合，这与其接触传媒的多少有关，常接触大众传媒的人的个人议程和大众媒介的议程具有更多的一致性。

（4）不仅关注媒介强调哪些议题，而且关注这些议题是如何表达的，对受众的影响因素除了媒介所强调的议题外，还包括其他因素，这些影响包括对态度和行为的两种影响。

二、研究移民专题的公共关系传播效果的四个大方面

针对议程设置理论的特点，本章将三峡工程移民专题的公共关系传播效果分为“三峡工程新闻传播信息库所采集的新闻报道的内容分析”、“受众对三峡工程公共关系传播活动的认知及态度”、“移民专题的网络舆论分析”和“以移民精神的集中报道进行移民报道的个案分析”四个大方面。

首先，对三峡工程新闻传播信息库所采集的新闻报道进行的内容分析，分析三峡移民传播的议题分布、时间分布、强度和特点，并通过信息来源分析以确定三峡专属媒体对国内权威媒体是否构成了议程设置。

其次，通过问卷了解受众对三峡工程公共关系传播活动的认知及态度，帮

助调研者对三峡工程移民专题的公共关系传播效果进行量化评估。同时结合受众深度访谈内容,使定量分析与定性分析相结合,力求表现受众态度的全貌。考察传播效果中"议程设置功能"在认知层面上的效果。

再次,以人民网强国论坛为研究对象,通过对移民专题的网络舆论分析,分析其舆论形成的过程,给出三峡工程移民网络舆论引导的意见,同时探讨在网络传播中媒介的议程设置功能是否会被弱化,甚至不再存在。

最后,以移民精神的集中报道进行移民报道的个案分析,总结2006年"三峡移民精神宣传年"社会媒体和三峡专属媒体对移民精神这一重要议题的报道特点,讨论作为宣传动员之重要环节的三峡专属媒体以何种策略宣传三峡移民精神,以影响人们对由三峡移民精神而激发的民族意识与爱国主义的认知与认同。

第二节　三峡库区移民专题媒体报道的内容分析

一、内容分析概述

1. 研究目的——确定三峡专属媒体对国内权威媒体是否构成议程设置

本节重点分析对三峡移民传播的议题分布、时间分布、强度和特点,并通过信息来源分析以确定三峡专属媒体对国内权威媒体是否构成了议程设置。

2. 概念及操作化——三峡移民专题中议题的新闻信息是否来源于三峡专属媒体

议程设置理论是美国传播学者马尔科姆·麦肯姆斯和唐纳德·肖提出的:"大众传播具有一种为公众设置'议事日程'的功能,传媒的新闻报道和信息传达活动赋予各种'议题'不同程度的显著性,来影响人们对周围世界的'大事'及其重要性的判断。"20世纪80年代后期,传播学界认为媒介间也存在议程设置:"议程不是从某种媒介单方面流向另一种媒介,而是在两种媒介之间相互流动,议程互动的前提是媒介之间的异质性",媒介之间存在等级性(如地方报纸和中央报纸)、差异性(不同介质的媒体如报纸、杂志和电视)[①]。

根据上述观点,媒介间也存在着议程设置。社会学家兼大众传播学家德弗勒谈到议程设置时谈到,议程设置理论认为,新闻媒体提供给公众的不是世界的本来面目,而是新闻媒体的议程——是对世界上发生的事件有选择的报道。提出议程理论的人试图描述和解释:①消息是怎样选择、编辑和提供的——即所谓的“把关”过程;②产生议程;③这一议程对公众的影响(研究人们对新闻媒体报道的问题的重要性的看法)[②]。从这一点来讲,媒介间的议程设置重点在于新闻信息的来源,即信息来源由何种媒介流入其他媒介,进而通过这些新闻信息对公众进行议程设置。因此,这里将“媒介之间的议程设置”定义为“新闻信息来源的媒介对其他设置了同一议题的媒介构成了议程设置”。将“三峡专属媒体对国内权威媒体是否构成议程设置”转化为“三峡移民专题中议题的新闻信息是否来源于三峡专属媒体”。

3. 样本说明——研究样本为102条新闻报道

本节分析首先提取了《三峡工程新闻传播信息库》数据库涉及移民的文章,共有2132条新闻报道,其中涉及新华网、新浪网、人民网、湖北新闻网、联合早报、水利经济等国内知名、权威及专业媒体,具有一定的代表性。然后按5%的抽样比例进行抽样,获得102个条新闻报道作为研究样本。

4. 样本的代表性——具有较强的代表性

通过与总体的媒体类型和报道类型进行比较,我们发现,所抽取的102个样本大体反映了总体集合特征,因此样本具有较强的代表性,分析结果能够代表总体情况(见图6-1、图6-2、图6-3、图6-4)。

从媒体类型来看,网络、广播电视、其他百分比分布差异小于1%,报纸和期刊的百分比差异也小于3.5%;从报道类型来看,百分比分布差异最大的新闻报道也只有3.7%,因此分析样本大体反映了总体的集合特征,具有较强代表性。

5. 变量编码说明

(1) 开发性移民:开发性移民是三峡库区移民的基本方针,要求将过去单纯把水库移民看作赔偿对象的处理方式改变为对水库移民迁建后的生产和生

① 刘英姿,符聪.试论媒介间议程互动——以“躲猫猫”事件为个案分析[J].新闻天地(论文版),2009(8).

② 李彬.传播学引论[M].北京:新华出版社,2003:196.

总体的媒体类型分布

	频数	百分比
报纸	258	12.1
广播电视	25	1.2
期刊	846	39.7
其他	45	2.1
网络	958	44.9
总数	2132	100.0

图 6-1 总体的媒体类型

样本媒体类型

	频数	百分比
期刊	44	43.1
报纸	10	9.8
网络	45	44.1
广播电视	1	1.0
其他	2	2.0
Total	102	100.0

图 6-2 样本的媒体类型

总体报道类型

	频数	百分比
分析评论	667	31.3
新闻报道	1396	65.5
专业论著	69	3.2
Total	2132	100.0

图 6-3 总体的报道类型

样本报道类型

	频数	百分比
新闻报道	63	61.8
分析评论	34	33.3
专业论著	5	4.9
总数	102	100.0

图 6-4 样本的报道类型

活安置做出全面的安排，统一规划、负责到底，使水库移民得到妥善安置。根据各地的具体条件，结合水土保持，环境治理和地方经济发展规划的要求，从制定政策到开发资源、调整工农业布局和产业结构，多方面多渠道开辟移民生产安置的门路。相关的文章中，提及“开发性移民”及与这一方针吻合的内容，如：移民的可持续发展，为移民提供生产安置项目等，文章即涉及这一变量。

（2）对口支援：三峡工程的成败很大程度上取决于移民，建成后强大的电力输出会缓解东部沿海地区特别是长江三角洲动力不足、用电紧张的局面，作为回报，中央责成东部上海、江苏等地接纳部分因三峡工程搬迁而自愿离开本土的三峡移民，并提供优惠条件，另外，上海等调整产业结构，搬迁劳动密集型工业到重庆等地吸纳就业劳动力，享誉全国的“白猫”系列产品，就是对口支援的最具代表性的例子。文章中出现“对口支援”以及与其含义相近的内容和报道等，可认为文章中涉及这一议题。

（3）适应性：适应性所对应的主体是移民。移民的适应性是指日常生活的适应、经济生产的适应、社会心理的适应等方面，凡涉及上述内容，则视文章涉及适应性问题。

（4）移民干部：移民干部在移民工作中起到领导和指挥作用，移民干部的领导能力和作为直接关系到移民工作的开展和移民的利益。文章中涉及移民干部及其工作的正负面消息，即认为涉及移民干部这一议题。

(5) 安置工作:主要是中央和地方政府对移民工作的规划、部署和组织实施。文章中涉及住房建设、补助发放、基础设施建设、政府对移民的重视和关怀等政府及其工作人员参与的移民工作,即认为该文章涉及了安置工作议题。

(6) 就业问题:在文章中提到到移民的就业问题,包括获得就业机会、失业、就业培训等,则认为文章涉及移民议题。

(7) 子女教育:在文章中提到移民子女的教育存在的问题、解决办法、移民学校迁建、移民学杂费等,视文章涉及移民子女教育问题。

(8) 健康:文章中提到移民的身体健康问题,如传染病的出现与防治,血吸虫病的防治,肺结核病的防治等,即认为文章涉及移民健康议题。

(9) 政策法规:针对三峡工程移民出台了一些相关的政策和法律法规,如针对移民提出的扶持和优惠政策,《移民条例》的颁布,相关的法律的实施和存在的问题及其完善等,视文章涉及法律法规议题。

(10) 经济发展:主要跟库区迁后移民的经济发展相关,包括经济发展状况、经济发展指数、居民收入增加状况、移民致富等内容。文章中涉及上述内容,则认为文章中包含了经济发展议题。

(11) 资金问题:资金是移民的基本保障,因而移民资金的使用是一个备受关注的焦点。文章中提到移民资金的划拨、移民资金的使用、移民资金的使用监督、移民资金滥用、贪污移民资金等,则认为涉及该议题。

(12) 风俗文化:风俗文化的含义包括移民在迁入地遇到的地方性风俗文化差异、语言差异以及性格差异等,此外还将宗教教堂的搬迁、精神文化活动的开展归纳到此议题。

(13) 搬迁进展:三峡工程移民的搬迁是分阶段开展的,文章中提到移民搬迁进度、移民搬迁人数、移民的搬迁阶段等,则涉及移民搬迁进展议题。

(14) 生态移民:三峡工程移民重视环境保护,移民的经济发展也要与生态环境发展同步。文章中提到移民生态保护的现状、措施、效果及经济林建设等内容,则视为涉及生态移民议题。

(15) 企业迁建:三峡库区有很多企业在淹没线以下,文章中到企业搬迁和重建等内容,则认为涉及这一议题。

(16) 基础设施:基础设施的完备是移民生活的保障,文章中提到供水、供电、天然气、公路建设等基础设施的建设,则视文章涉及这一议题。

二、媒体报道规模

1. 报道类型分布——以新闻报道和评论为主

如图 6-5 所示，分析的样本中，新闻报道占 61.80%，分析评论占 33.30%，专业论著占 4.90%，以新闻报道和评论为主。

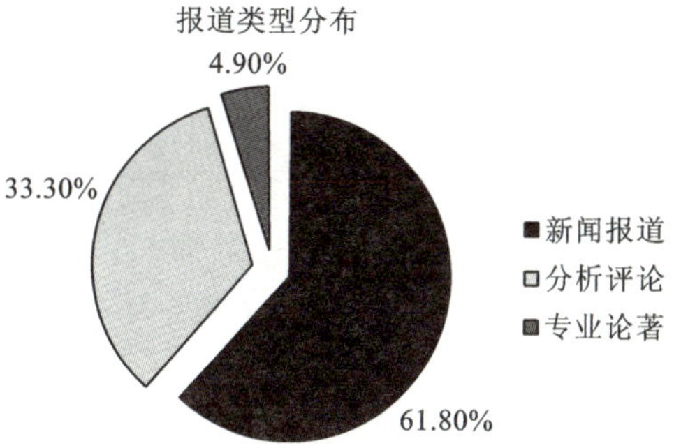

图 6-5　样本的新闻报道类型分布

2. 媒体类型分布——以网络和期刊为主

媒体类型分布中以网络和期刊为主，均超过了 40%，报纸占 9.80%。期刊主要是专家的学术论著，权威性影响较高，网络媒体因没有采访权，其文章来源多采用的是传统报纸媒体的报道，因此可以弥补报纸在总体中的比例较少的情况（见图 6-6）。

3. 媒介属性比重——以中央级媒体最多

如图 6-7 所示，在样本中，三峡工程移民的文章报道的媒体来源中央级媒体最多，其次是专业级媒体，最后是省级媒体。中央级媒体占 46.10%，省级媒体占 34.30%，专业媒体占 19.60%。三峡工程是一项很大的工程，移民问题是三峡问题成败的关键，因此，中央媒体的关注度较高。另外，中央媒体的影响力之广，覆盖范围之广，也对三峡移民的宣传报道起到重大作用。

样本数据中所涉及的媒体具体如下。

中国广播网、新华网、中国网、新浪网、人民网、和讯网、光明网、21CN、中国政府网、凤凰网、Xinhua News Age、Xinhua Genera、国际广播摘要。

今日重庆、湖北新闻网、三峡新闻网、中国宜昌、联合早报、重庆日报、中安在线。

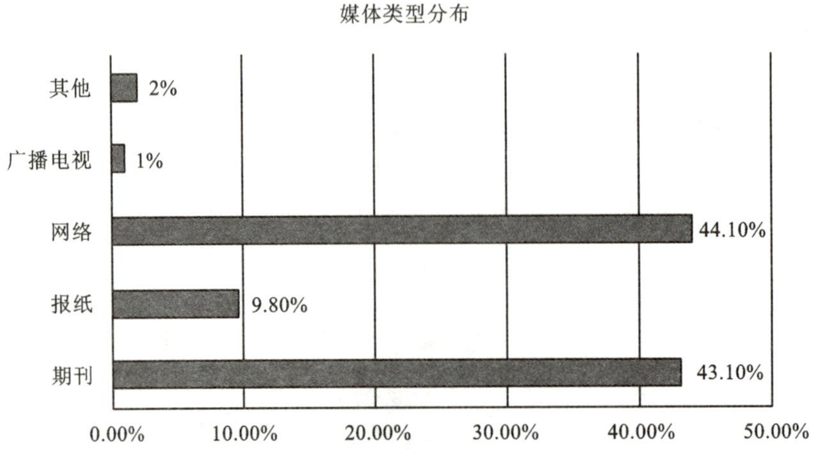

图 6-6　样本的媒体类型分布

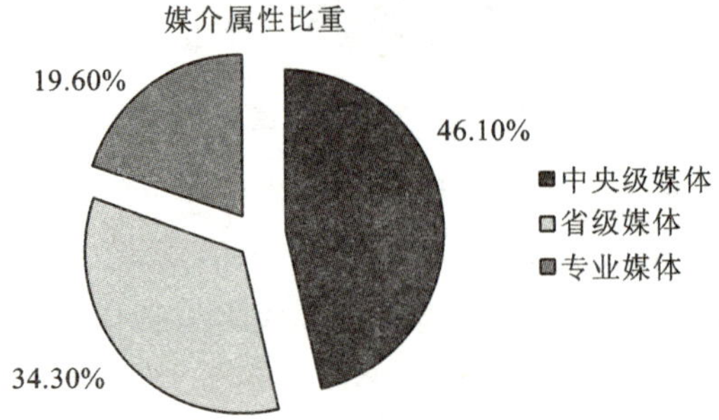

图 6-7　样本的媒介属性比重

中国三峡建设、中国长江三峡工程、重庆大学学报、人民长江、中国人大、现代预防科学、中国园林、中国三峡建设、中国健康心理学、中国健康教育、重庆医学、语言文字应用、中国社会医学杂志、重庆商学院学报、社会心理科学、水电科技情报、水利经济、西北水电、天风、职业技术教育、社会、机械职业教育、南风窗、第四军医大学学报、调研世界、重庆环境科学、河北青年管理干部、沈阳体育学院学报、水库经济论文集、统计教育、中国卫生事业管理杂志、瞭望、计划与市场、华中科技大学学报、统计与决策、农业现代化研究、中国农业资源、中国记者、工商行政管理、渝州大学学报、郧阳师范高等专业学报、中国电力报、中国水利报、Greenwire。

三、报道议题分布

1. 关于移民的报道时间的分布情况——逐年上升

如图 6-8 所示，总体而言，关于移民的报道有随时间逐步上升的趋势，其中报道较多的年份有 1993 年、1997 年、2000 年、2001 年、2002 年、2003 年、2007 年、2008 年。而 2000—2003 年是报道最密集的时间段，占据 36.30%的比例。

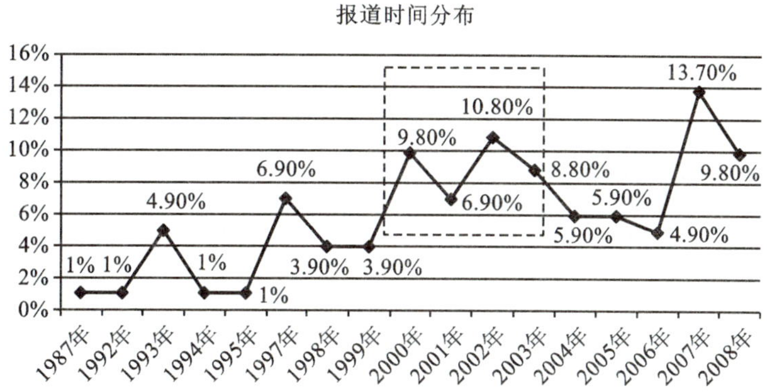

图 6-8 关于移民报道的时间分布情况

三峡水库移民工作 1993 年正式开始实施，移民工作按照三峡水库分期蓄水的安排，分四期进行，第一期时间从 1993 年到 1997 年，以确保按期实现大江截流为目标；第二期为 1998 年到 2003 年，以确保按期蓄水至 135 米，确保首批机组发电、永久船闸通航为目标；第三期为 2004 年到 2006 年，以确保按期蓄水至 156 米为目标；第四期为 2007 年到 2009 年，以确保按期蓄水至 175 米，三峡工程全部建成为目标。第二期按照合理进度安排，应完成总任务的 50%以上。①

如图 6-9 所示，从关于移民报道的时间分布情况来看，二期移民期间（1998 年到 2003 年）报道强度最大，即媒介对于二期移民的报道较为强调突出。那么，依照议程设置论，公众对于二期移民的重视程度也会相应地比较高。而事实上，二期移民的时间长、任务重，能引起的媒体关注度也比较高，而这个阶段

① 陶景良，刘卡. 三峡水库开发性移民结硕果——三峡水库移民一期任务顺利完成[J]. 水力发电，1998(1)：39.

的工作是否做好，直接关系到下一步移民工作的开展。因此，这样的媒体报道时间分布情况是与三峡移民工作分期分难易开展的分布相吻合的。二期报道首先从量上取胜，持续的高强度报道彰显了媒介在移民报道中的议程设置功能。

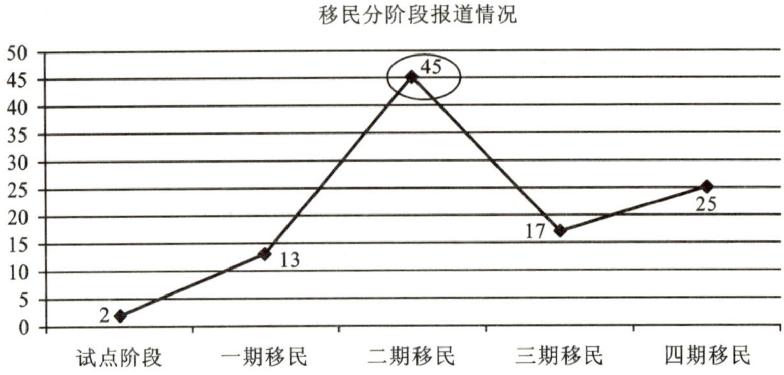

图 6-9　移民报道的阶段性特征

美国著名学者沃尔特·李普曼认为：大众传媒的报道活动具有营造“拟态环境”的功能，它形成人们头脑中“关于外部世界的图像”，并由此影响人们的行动。伯纳德·科恩更明确指出：“在多数时间，报界在告诉它的读者该怎样想时可能并不成功；但它在告诉它的读者该想些什么时，却是惊人地成功[①]。”当传播媒介经过有目的的取舍而后以“事实报道”的方式将信息呈现给受众，这些信息已具有特殊的意味，它将影响受众对周围环境的认知和判断[②]。各家媒体关于二期移民的持续报道以“显著性模式”突出强调二期移民议程，营造了一个“拟态环境”，从而使受众感受到二期移民的重要性。

马尔科姆·麦肯姆斯与唐纳德·肖 1972 年在其《大众传播的议程设置功能》一文中全面地提出了议程设置的理论假说。他们认为，在议程设置理论中，议题指的是媒介所选择的要报道的当前的问题与事件。该理论认为，大众传媒可以通过提供信息和安排相关的议题来有效地左右人们关注某些事实和问题的先后顺序。也就是说，大众传媒提供给公众的是它们的议程。大众传

① [美]沃纳·J·赛佛林，小詹姆斯·W·坦卡德. 传播理论——起源、方法与应用[M]. 郭镇之，译. 北京：华夏出版社，2000.

② 陈岳芬，李立. 平面媒体“雪灾”危机报道之分析——以三家地方晚报为例[J]. 汕头大学学报(人文社会科学版)，2009，25(2).

播对一些问题给予重视，集中报道，并忽视或掩盖对其他问题的报道，安排问题的轻重次序，从而间接达到影响舆论、左右人们的观点和思想的目的。[1]

如图 6-10 所示，从数据分析的结果来看，1998 年到 2003 年第二期移民阶段集中的议题包括：移民的安置工作，经济发展，搬迁进展，移民适应性，移民干部，基础设施，政策法规，对口支援。而报道较少的是健康、就业问题、风俗文化、子女教育。此阶段媒体报道大多关注的是大而宏观的移民问题。对健康议题的报道比例很低，只有 4.40%。媒介通过提供信息和安排这些议题来有效地左右人们关注三峡移民过程中的这些问题，从而达到有效地进行议程设置的目的。

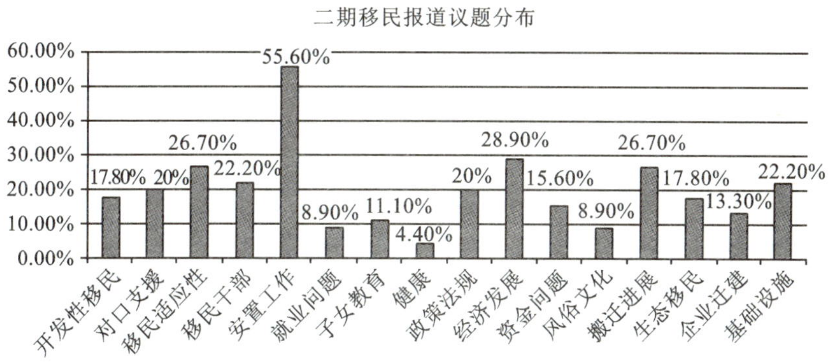

图 6-10 二期移民报道议题分布

2. 媒体报道的议题分布情况——最集中的是安置工作

议程设置的研究表明："在特定的一系列问题或议题中，那些得到媒体更多注意的问题或议题，在一段时间内将日益为人们所熟悉，他们的重要性也将日益为人们所感知，而那些得到较少注意力的问题或议题在这两方面则相应地下降。"[2]媒体对议题的设置和安排可以有效地引导公众的注意力，从而达到控制舆论的目的。

如图 6-11 所示，在 102 条样本中，媒体报道议题分布最集中的是安置工作，占据 49%的比例。其次是经济发展、搬迁进展、政策法规、资金问题，分别占据 35.30%、24.50%、24.50%、23.50%的比例，这说明这些议题是媒体关注

① 张鑫. 论大众传媒议程设置功能的发挥[J]. 长沙理工大学学报(社会科学版)，2005，20(1).

② [美]丹尼斯·麦奎尔，[瑞]斯文·温德尔. 大众传播模式论[M]. 祝建华，译. 上海：上海译文出版社，1987:85-86.

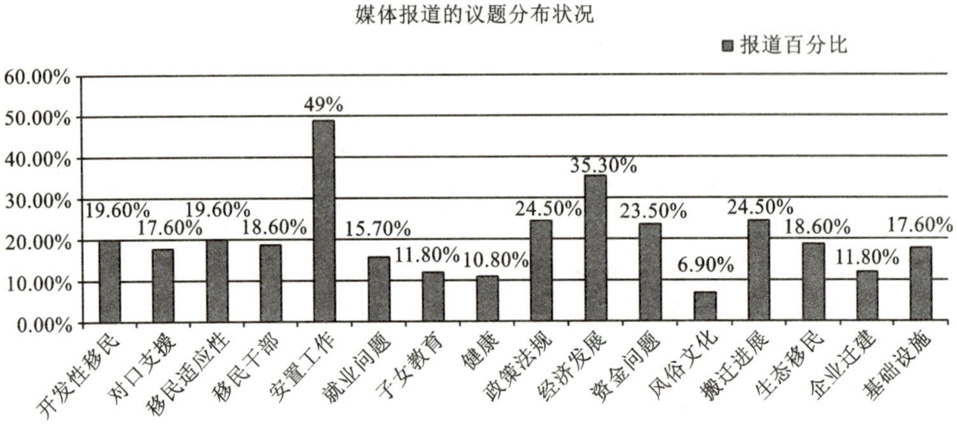

图 6-11　媒体报道的议题分布状况

的热点，也是三峡工程移民的重要议题。另外，还有一些议题，如：开发性移民、移民适应性、生态移民、移民干部、对口支援、基础设施、就业问题等，所占的比例均在 15%～20%之间，媒体的关注度也比较高。

针对开发性移民这一议题，《重庆大学学报》2005 年第 11 卷第 1 期《三峡移民可持续发展的后期扶持研究》一文中指出：三峡移民后期扶持工作是贯彻开发性移民方针和“前期补偿补助，后期生产扶持相结合”的移民安置政策的重要举措，是提高移民安置质量、实现移民安稳致富的有效途径，是促进三峡库区经济社会发展的有力保障。研究后期扶持政策，创新后期扶持运作机制，探索后期扶持工作方法，对于纵深推进三峡库区可持续发展，具有十分重要的现实意义和指导作用。

在对口支援这一议题中，人民网 11 月 27 日的报道《汪啸风：中国政府十分重视安置好三峡移民》指出：中国政府十分重视安置好移民，而且要让他们稳定致富。我们采取的主要措施，一是合理的补偿，而且专门为三峡移民制定了一个移民条例，就是用法律去保障落实；二是还采取了后期扶持的重大措施，现在国务院初步确定的是 20 年的扶持；三是实行生产性安置，特别是对农村的移民，失去土地的移民，都进行了安置到户到人；四是采取职业教育与技能培训的办法，提高移民的就业能力；五是大力开展全国各省市对三峡库区移民的对口支援。截至 2006 年底，对口支援的资金已达到 341 亿元人民币，再有加上调整产业结构，创造发展软硬环境，最终在发展中解决移民问题。

针对移民适应性这一议题，《人民长江》杂志在 2008 年第 39 卷 14 期《关于三峡工程跨省外迁移民的社会适应性》一文中指出：三峡工程远迁移民在迁入沿海安置地后，经过一段时间的继续社会化，他们在日常生活和经济生产的适应上，已不存在十分突出的问题，而其社会心理适应的过程则显得相对漫长复杂：在多种因素作用下，三峡移民中形成的"小群体"现象，不仅成为安置地的一个社会问题，也成为三峡移民融入安置地的一大障碍。未来移民社会适应中值得关注的几点问题包括：多子女家庭的教育负担问题，对移民困难家庭的扶持问题以及优惠期满以后移民的心理落差问题。[①]

关于"移民干部"这一议题，期刊《中国人大》在 2002 年 24 期刊载文章《情系三峡移民》中，记述了青岛市长清区孝里镇广里村的村委书记，在来自重庆的外迁移民夫妇遇到车祸等困难时，给予了热情的帮助和充分的关怀。

在安置工作这一议题中，新华网重庆 2001 年 12 月 24 日报道《三峡库区搬迁安置移民近 40 万 》中指出：库区移民工作采取本地安置与异地安置、集中安置与分散安置、政府安置与自找门路安置相结合的办法。各地遵循开发性移民方针，坚持以农为主、以土为本的原则，确保移民的生活资金和生产资金能够到位，落实了移民的生产土地。外迁移民承包的土地达到了当地平均水平，大部分地方人均超过了 1 亩地。各迁入省市十分重视外迁移民的住房建设，人均建筑面积达到了正房 25 平方米，绝大多数为砖混结构，半数为楼房，移民住房条件达到了当地平均水平或中等偏上水平。安置点的交通、通信、就学、就医等条件也比搬迁前有较大的改善。

针对移民就业问题，中国政府网 2008 年 11 月 4 日报道《三峡库区百万移民正踏上安稳和谐致富的新征途》中指出："为促进移民就业，库区还加强了移民职业培训和就业帮扶。重庆先后实施了消除移民'零就业家庭'计划，使近万名城乡移民实现了就业和转移就业；培育移民劳务经纪人和致富带头人 2100 多人，带动 4.3 万名三峡移民实现就业。万州区就业局长赵建国说，库区近年来很重视健全就业服务网络，去年万州区投资 1300 万元，建立了库区最大的人力资源市场，提供就业岗位 17000 多个；同时，把每位城镇移民的就业情况登记上网，基本实现动态管理。每个社区都专门制定了就业信息宣传栏和用工信息栏，只要有招工信息就张榜公布。目前，万州区就业率达 95%以上的充分就业社区已有 30 个，在一些街道，只要不挑不拣，24 小时内就能保证城

① 吴垠. 关于三峡工程跨省外迁移民的社会适应性[J]. 人民长江，2008，39(14)：4.

镇移民就业。”

在移民子女教育这一议题中,《三峡工程建设》1997年第7期在《论三峡库区教育移民对策》中指出:教育移民是关系库区整体移民成败的关键;是实现库区经济振兴的关键;是影响库区教育发展水平的关键。并提出了若干对策建议:统一认识,把库区教育移民摆在区整体移民的优先位置;科学规划,优化库区教育资源配;拓宽渠道,增加库区教育的投入;重点倾斜,制定新的优惠政策;加大力度,深入开展移民教育对口支援工作。①

针对移民健康问题,《中国健康教育》2008年12月第24卷第12期《三峡移民健康相关问题研究》一文中指出:三峡工程库区自然疫源性疾病和虫媒传染病如钩端螺旋体病、血吸虫病、流行性乙型脑炎、与流动人口有关的流行病如性病、艾滋病等发病率比移民前发病率高,并呈上升趋势。三峡库区重庆段移民健康监测结果发现,2004年各监测点报告甲乙类法定传染病发病率比非三峡库区段高。其发病率高的原因为:①移民人口密集;②三峡库区社会经济发展滞后;③库区卫生条件落后,公共卫生体系薄弱;④移民文化素质低。②

关于政策法规这一议题,光明网2004年7月20日《支援三峡库区将从输血型转向造血型》一文中指出:随着三峡移民工程的重心发生改变,全国对口支援三峡库区工作也将实施战略转移,今后对口支援工作重点将围绕国家扶持库区发展的四大产业进行,在支援上逐步实现从输血型向造血型、从扶贫型向开发型、从政府主导型向市场行为型、从单方受益型向互惠互利型转变。

针对经济发展这一议题,调研世界在《三峡库区农村移民自我发展能力较弱》一文中指出:在三峡库区移民政策的保障下,库区农村移民在迁移安置后的短时期内实现了生产发展、收入增加、生活改善。据重庆市农村社会经济调查队近期对三峡库区300户农村移民的调查2002年农村移民人均纯收入达到了2339元,比全市农民的平均水平高241元。

针对移民资金这一议题,人民日报在2007年2月28日报道《三峡工程搬迁移民120万人》中指出:2006年原移民规划已经基本完成,建成了各类房屋4432万平方米,库区1629家应该搬迁的工矿企业已经有1560家通过破产关闭重组等形式实现顺利搬迁,今年69家也将全部搬完。几十万职工重新得到了安置。同时大量的公路、码头、输变电、通信等专业设施,累计完成了移民投

① 韩定慧.论三峡库区教育移民对策[J].三峡工程建设,1997(7):34-35.

② 黄玲,王南平.三峡移民健康相关问题研究[J].中国健康教育,2008,24(12):947-948.

资544亿元。截至2006年底，全国20个省市，10个大城市，累计引进库区项目2110个，实现实地引入资金318亿元，仅去年一年就引入了69.7亿元，占到了同期国家投入移民资金的60%以上。

有关风俗文化议题的报道中，《经济纵横》2001年2月第134期《三峡移民对新生活环境的适应性分析》中的观点是不同地区有不同的生活习俗，三峡移民原居于相对封闭的山村，民风淳朴，迁入平原后通过研究发现，只有11.6%的人感觉生活习俗差别很大，认为有一些差别的人为34.8%，而有51.5%的人认为没有差别，比前二者之和还多。在总的适应情况上，认为很不适应和不太适应的一共只占18.5%，大部分移民已经习惯迁入地的生活习俗。

针对搬迁进展议题，2008年8月22日中国长江三峡工程网的文章《中国长江三峡工程三峡四期移民工程通过阶段性验收》提出，截至2008年6月底，三峡工程已累计搬迁安置移民124万多人，淹没涉及的12座城市和114座集镇已完成整体搬迁。库区基础设施明显改善，城乡面貌焕然一新，经济社会总体稳定，三峡移民后期扶持政策正在逐步兑现和完善。在四期移民工作中，广大干部和移民群众攻坚克难，圆满完成了各项任务，为按期实现三峡工程175米实验性蓄水目标奠定了坚实基础。

关于生态移民问题，《农业现代化研究》1993年1月第11卷第1期文章《试论三峡库区生态移民》指出移民过程中应始终坚持遵循生态、经济规律，把资源利用与保护、生产建设与生态建设结合起来，把经济效益、生态效益统一起来，合理安排和调整农、林、牧、副、渔各业生产结构。通过科学有效地扩展库区人口环境容量，因地制宜调整农业生产的生态布局，标准规范的创办生态移民试点样板来实现生态移民。

关于企业迁建，2000年7月27日湖北新闻网的报道《三峡库区一百三十五米水位线以下工矿企业搬迁和结构调整进入倒计时》中，一方面提到企业搬迁的进展工作，一方面提出对于保留发展的企业，要逐个制定出搬迁搞活方案；对于破产关闭的企业，要逐个制定出破产关闭预案，并切实做好职工安置和再就业工作。另外，要抓住对口支援机遇，妥善解决已搬迁困难企业的出路问题。

关于基础设施问题，21CN在2002年9月20日的报道《三峡库区截流前报道：探访三峡移民第一城》中这样描述重庆万州新城的基础设施：走进五桥移民新城百安坝新区，迎面是笔直的“上海大道”。在“渝东第一街”上，风格各异的楼房之间绿草如茵，鲜花盛开；城区消灭了“天罗地网”，自来水、通讯、广播电视管线全部埋入地下，排水设施实行了雨污分流。达万铁路成为三峡库区第一条铁路，并将于全国路网接轨，万州机场预计在2002年底投入使用，三峡成库后，万吨级船队可直达，沪蓉高速公路也在施工中，公路、铁路、航空灯现代交通格局正形成。

3. 议题数量分析——单篇文章涉及三个及以内议题的最多

如图6-12所示，在媒体报道中，一篇文章中涉及议题数量以一个议题和两个议题的最多，所占比例均为23%，共占据46%，涉及三个议题的文章占据18%的比例，因此，议题数在三个以内的占64%。

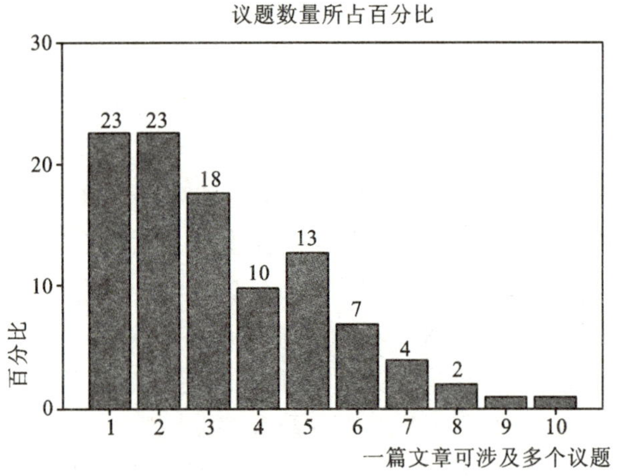

图6-12　单篇文章的报道议题数量情况

一些学者通过研究发现，时间在媒介的议程设置中也是一个重要的因素，媒介议程设置的效果并不是立即出现的，一般都是在新闻报道几周之后。同时，公众对信息的接受量一般是有一定限度的，过多的议程往往会削弱媒介议程设置的效果。麦肯姆斯和肖的一项研究发现，公众的议事日程中不能超过5～7个议题，否则受众就会忽略很多媒介认为重要的议题。

由此可见，在媒体报道中，将报道的注意力集中在一到两个议题上，专注地对这些议题进行讨论，要比一篇文章涉及多个议题的传播效果好得多。

4. 新闻信息源分析——以三峡公司及其宣传部门为主

(1) 信源。

信源，又称信息源，指信息的来源，信息的发出者。信源可以是人、机器、社会中的组织以及自然界的各种物体。世界上所有的客体都可以作为信源而存在,都能产生信息。

(2) 新闻源(消息源)。

新闻信息源指的是新闻信息的来源,也就是新闻信息时从哪里发出来的,新闻信息的传播过程,从新闻信息源开始,只有信源发出了信息,才能投入传播,开始它的传播过程。

徐宝璜在其《新闻学》(1919)一书中写道:“新闻于何处求之乎?求之之处,曰新闻之来源。各公文机关如国务院、警察厅、审判庭、学务局、商会等处,各团体如学生联合会、各界联合会、华法教育会等会,均为新闻之来源。”①

在现实生活中,“新闻来源”是新闻材料的出处和供应材料的媒介。现代社会大众传播媒介的主要新闻来源有:①记者来访;②通讯社电稿;③公众来信;④政府、政党、社会团体和部门的文稿及宣传品等。新闻来源有直接来源和间接来源两种,从其他报刊转载,也是新闻材料的重要来源。②

本研究进行信源编码的依据是看相关的新闻报道中是否引用或提到有关三峡移民的客观数据,三峡工程的进展,相关的法律法规,移民安置工作等相关内容,即“社会团体和部门的文稿”,如果有涉及则判定为新闻中有信息来源于三峡公司,编码为1,没有则编码为0。例如对以下文章的编码分别是:

新华网2005年8月31日的报道《三峡工程已搬迁安置移民105万人》,文中提到“三峡工程移民工作从1985年开始,经过8年试点,1993年随着枢纽工程开工而全面展开。截至2005年7月底止,三峡工程库区累计投入移民动态资金428.62亿元,完成了大量的公路、码头、输变电、通讯等专项设施的复建工作。114个集镇中,绝大部分已完成搬迁。”这是对三峡公司相关数据的引用,因此将其判定为文中有信息来自于三峡公司,编码为1。

新浪网2003年3月17日的报道《国家开始对三峡库区二期移民工作进行全面验收》提到:“目前90多名专家组已分成三路,深入湖北和重庆库区,对二期移民工作进行全面验收。据专家组介绍,这次验收组由国家三峡建设委员会、卫生部、长江水利委员会、国家文物局、国家档案局、交通部、铁道部等部门的专家组成。按照国家验收大纲的要求,他们被分成9个小组,分别对湖北省和重庆市二期移民所涉及的12个区县的二期移民工作进行抽查,内容包括农

---

① 王强华,魏永征.舆论监督与新闻纠纷[M].上海:复旦大学出版社,2000.

② 潘知常,林玮.大众传媒与大众文化[M].上海:上海人民出版社,2002.

村移民安置、集镇迁建、城市县城迁建、工矿企业迁建、专业项目复建、文物保护、环境保护、移民区域地质灾害防治、库底清理、移民档案管理等 10 个方面。"其信息也是三峡公司向外界公布的情况,因此将其判定为有信息来自三峡公司及其宣传部门,编码为 1。

大洋网 2002 年 11 月 12 日的报道《难忘三峡　关注移民　秭归:在甲板上跳舞(图)》内容属于记者采访移民的新生活状况,没有引用三峡公司及其宣传部门的数据和信息,因此我们认为其没有信息来源于三峡公司及其宣传部门,编码为 0。

经过分析,在 102 条新闻报道中,74.50%的新闻报道中有客观数据,移民安置进度,移民政策法规等信息属于三峡公司对外公布的信息,有 25.50%的报道没有引用三峡公司对外公布的信息(见图 6-13)。

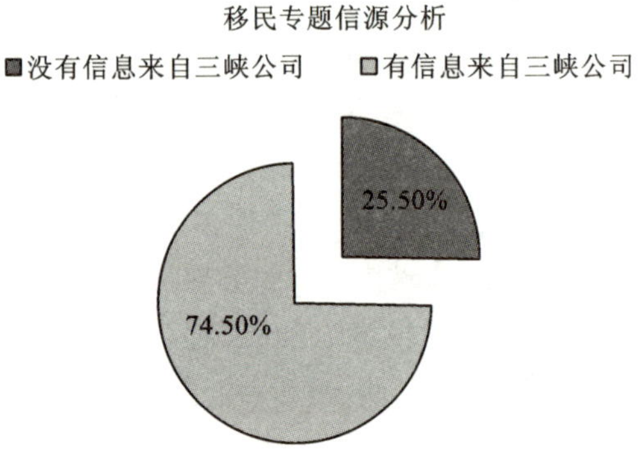

图 6-13　报道信息是否来自三峡公司

对信源分析进行单样本 T 检验,将没有信息来自三峡公司的新闻编码为 0,有信息来自三峡公司的新闻编码为 1,在 95%的置信度下,设置测试值为 0.5,得到如表 6-1 所示的结果。

表 6-1　信源分析:编码后的均值与 0.5 比较(单样本 T 检验)

	检验值=0.5	
	均值	显著性水平(双侧检验)
信源分析	0.75	0.000

信源均值为 0.75,显著性水平小于 0.05,则判断信源均值 0.75 和 0.5 之间有显著性差异,即有关移民的报道的信息来源是以三峡公司及其宣传部门为主的。

徐可在《巧用议程设置提高引导能力》一文中指出，议程设置的效果不仅存在于媒介与公众之间，而且也存在于不同媒介之间。当人们换一个角度考虑“谁设置了议程”时，就会发现权威媒介的议程对较小的媒介影响很大，可以说，权威媒介往往为较小的媒介设置了议程，全国性媒介往往为地方性媒介设置了议程[①]。美国传播学研究的著名团体耶鲁学派研究也曾证实：传播者的知名度与传播者的可信度一样，都同传播效果成正比。即传播来源的知名度越高，能取得的传播效果就越大；而知名度越低，效果就越小。而事实上，从新闻信息源分析来看，有关移民报道的信息大部分是来源于作为三峡移民工程权威机构的三峡公司及其宣传部门。可以了解到的是诸如数据，移民进度、法律法规等客观信息均来自三峡公司及其宣传部门向外公布的信息，因此可以说社会媒体受到了三峡专属媒体的影响，三峡专属媒体对国内权威媒体构成了议程设置。

四、报道议题分布：生态与环境专题内容分析小结与建议

1. 结论

从关于移民报道的时间分布情况来看，二期移民期间(1998—2003 年)报道强度最大，即媒介对于二期移民的报道较为强调突出。而事实上，二期移民的时间长、任务重，能引起的媒体关注度也比较高，而这个阶段的工作是否做好，直接关系到下一步移民工作的开展。二期报道首先从量上取胜，持续的高强度报道彰显了媒介在移民报道中的议程设置功能。

从媒体报道的议题分布情况来看，报道最多的议题是移民安置工作，其次是经济发展、搬迁进展、政策法规和资金问题。媒介对这些议题的设置和安排彰显了媒介的议程设置效果。

从新闻信息源分析来看，有关移民报道的大部分数据，移民进度、法律法规等客观信息均来自三峡公司及其宣传部门向外公布的信息，因此，社会媒体受到了三峡专属媒体的影响，三峡专属媒体对国内权威媒体构成了议程设置。

2. 建议

议程设置论的中心思想是：公众通过媒介知晓事件或问题，依媒介提示的

① 徐可.巧用议程设置提高引导能力[J].新闻导刊,2007(3).

角度思考，按照媒介对各种问题的重视程度来调整自己对这些问题重要性的看法，媒介对某一事物的强调程度同公众对同一事物的重视程度构成正比关系。同时，议程设置的研究表明："在特定的一系列问题或论题中，那些得到媒体更多注意的问题或议题，在一段时间内将日益为人们所熟悉，他们的重要性也将日益为人们所感知，而那些得到较少注意力的问题或议题在这两方面则相应地下降。"①从这个层面来讲，在公共关系传播中应该突出对重要时期重要事件的报道，而对于不太重要的事件或议题则可选择性地进行报道或直接忽略报道。那么，根据三峡移民工程的分期分难易进展，可以在长期的重要性的阶段如二期移民期间加强媒体的报道，而对于短期任务较轻的阶段可以相应地减少媒体的报道。

议程意义的建构是多种社会力量共同作用的结果，议程设置的背后"还存在着复杂的政治、经济和意识形态的力学关系，具体来说就是传播媒介和占统治地位的信息源之间的关系"②。政府是大众媒介的所有者，在公共关系传播中自然拥有绝对的话语权。从媒体报道的议题分布情况来看，报道最多的议题是移民安置工作，其后依次是经济发展、搬迁进展、政策法规和资金问题，一方面表明这些议题在整个三峡移民工作中的重要性程度，另一方面也表明社会媒体对这些议题的关注度比较高，那么在公共关系传播中就应当考虑对这些媒体关注度高的议题进行议程设置。而这一议程设置客观上有助于公众更好地了解和认识三峡移民工程，有助于政府、媒体和公众之间实现更好的沟通。

三峡专属媒体对国内权威媒体构成了议程设置这一结果从实践上验证了"媒介之间也存在着议程设置"的结论。那么，在三峡移民公共关系传播过程中，三峡专属媒体可以通过自身对于议题的选择性报道对国内权威媒体进行议程设置，从而达到对公众的议程设置。

---

① [美]丹尼斯·麦奎尔，[瑞]斯文·温德尔．大众传播模式论[M]．祝建华，译．上海：上海译文出版社，1987：85-86.

② 郭庆光．传播学教程[M]．北京：中国人民大学出版社，1999.

第三节　移民专题公共关系传播受众态度分析

一、受众调查综述

1. 问卷调查目的

三峡公司针对三峡工程移民在全国性媒体、地方性媒体和三峡专属媒体上，报道了大量与三峡移民有关的文章，涉及移民的方方面面，涵盖了开发性移民、对口支援、移民适应性、移民干部、安置工作、移民就业问题、子女教育、移民健康、移民政策法规、移民经济发展、移民资金问题、移民风俗文化保护、搬迁进展、生态移民、基础设施、企业迁建等多个议题。与此同时，三峡公司开展了各式各样的移民公共关系传播活动，例如《中国三峡工程报》组织移民迁建和经济建设的系列报道，举办“三峡工程：人与自然和谐发展”摄影展览活动，展示移民生活，等等。那么，大量的关于三峡移民的报道效果如何，对受众的影响是怎样的，是否在引导舆论上发挥了积极的作用。公共关系传播活动是否达到了预期的目的，对三峡公司的知名度、美誉度等的改变是怎样的，移民以及广大受众对公共关系活动的参与、认知和态度又是怎样的。这将是本章的中心和重点所在。

本章通过问卷了解受众对三峡工程公共关系传播活动的认知及态度，帮助调研者对三峡工程移民专题的公共关系传播效果进行量化评估。与此同时结合受众深度访谈内容，使定量分析与定性分析相结合，力求表现受众态度的全貌。

2. 基本章假设

研究假设 1：三峡专属媒体的报道对内部公众有关三峡移民正面态度的形成起到了积极的作用。

研究假设 2：社会媒体有关三峡移民工程的报道对受众态度的形成和改变起到了正面的影响。

3. 问卷设计

（1）问卷内容。

本问卷分为人口统计信息、媒介接触习惯、移民受众态度、生态与环境受众态度四大部分。受众态度测量部分选择的事件为三峡工程建设过程中涉及的移民专题的各个方面，是三峡专属媒体的宣传重点，也是社会媒体的宣传热点，同时也受到了社会舆论的普遍关注，因此具有较大的社会影响和很强的代表性。

本问卷采用五阶里克特量表测量态度进行测量，其中移民报道共有 23 个议题，每项陈述的认同程度由低到高依次为：非常不同意、不同意、无法评价、同意、非常同意。

（2）问卷设计的原则。

本问卷的设计秉承了问卷设计的基本原则：①合理性，符合一般问卷设计的基本要求，并且与三峡移民这一调查主题紧密相关；②一般性，问卷的设计能够代表基本移民的总体，具有普遍意义；③针对性，针对媒体报道的内容，挑选出报道频率较高的议题，设计相关问题，调查这些报道议题对受众态度的影响，进行问卷的设计；④逻辑性，问卷的设计有整体感，这种整体感是指问题与问题之间要具有逻辑性，独立的问题本身也没有出现逻辑上的谬误；⑤明确性，本问卷在问题设置上清晰准确，确保受访者能给出准确唯一的答案；⑥非诱导性，问题设置在中性位置、不参与提示或主观臆断，将被访问者的独立性和客观性摆在问卷操作的限制条件的位置上。

（3）选择题目的理由。

人口统计资料是问卷的重要组成部分，本问卷在人口统计资料上的特色在于将三峡公司员工与非员工、与三峡有较为密切联系与完全无联系的人分开。旨在分析公共关系传播效果对内部受众与外部受众的不同影响。

媒介接触习惯问题的设置除了有关媒介接触的基本问题，还特别设置了关于三峡专属媒体接触的相关问题，旨在探讨专属媒体对公共关系传播效果的影响。

对移民受众态度的问题设计，是在对三峡移民报道按年份所做出的详细报道列表的基础上，仔细阅读三峡历年年鉴以及《中国三峡工程报》、知晓三峡公司所开展的公共关系传播活动、对三峡移民的相关情况有一个详细的全面的了解后进行设计的。有关移民态度的 23 个问题设置，是经过多轮的讨论与研究最终确定下来的，每一个议题的选择都有充分的支撑理由。

移民安置工作是移民搬迁中的重头戏，令人满意的安置工作才能稳定移民情绪和征得移民的搬迁同意。

移民搬迁方式的恰当与否，关系着移民工程的成效与效率，合适的搬迁方式是移民日后生产生活的基础。

移民资金是移民工程开展和实施的物质保证，资金一直是各项工程中关注的焦点之一。除了专项移民资金的保障之外，要保证移民长期的发展还需要工程效益带来的后期保障。

移民工程自开始之年起经历了四个阶段，分期有序的安排有利于移民工作的强度和难度。

移民工程的赔偿问题关系移民搬迁的进程和顺利程度，在三峡工程之前一直采用的是“一次性赔偿”的赔偿方式；三峡工程的赔偿问题与移民日后的生活生产方式紧密相连，保证做到“负责到底”，这是移民工程的亮点。

移民搬迁的过程中，移民是搬迁的主体和中心，是否遵从移民的意愿关乎移民工程是否顺应民意、是否关注民生和人权等问题。

三峡工程自建设之初起，西方的各大媒体关于三峡工程的负面报道应接不暇，外媒的报道在三峡移民的对外公共关系传播活动上会有较大的影响。

移民信访工作是三峡移民中对移民权利的重视和保护，也使移民工作受到有效的监督。

对口支援是促进三峡库区经济发展的重要的举措之一。

开发性移民既是一项原则，也是科学移民、保护环境与发展经济并重的一项重要措施。

《移民条例》是移民工作开展、移民权利得以保护的法律保障。

政务是否公开是政府移民工作的绩效考核之一，最终关系着移民的切身利益。

移民工作的成果表现在移民经济收入、移民新城的生活设施、历史文化古迹的保护程度、移民就业问题的解决、新生活的适应程度、子女教育问题等各个方面。

4. 问卷发放及回收情况

问卷主要在湖北地区的企业、学校、社区、商场等地发放，此外还包括通过邮件发放的方便样本。

本次调查共回收 163 份问卷，其中有效问卷 151 份，占 92.6%，分析的样本为 151 份(样本中出现关键信息残缺、问卷空白、非多选题选择多个答案的问卷均视为无效样本,将其剔除)。

5. 问卷分析方法

问卷数据由“三峡工程公共关系传播效果评估”专题组人员录入到 SPSS 中进行统计处理。使用单样本 T 检验 Sig.(at 0.05 level)测量态度分布及水平;使用一元方差检验对各变量进行相关分析,考察受众态度的影响因素。

二、移民专题受众态度特征

1. 议题说明——涉及 23 个议题

移民专题部分调查了受众关于 23 个议题的态度,议题的选择和设置是在阅读中国三峡建设年鉴及之前的内容分析的基础上,提取并综合整理的。总体而言,所调查的议题在内容上包含了移民工作、移民资金、移民条例、移民方式、移民权益保护、移民的成果等。

2. 受众态度分析——偏向于持肯定态度

受众对每个议题按 1～5 进行打分,1 表示完全不赞同,2 表示不赞同,3 表示无法评价,4 表示赞同,5 表示非常赞同。计算每个议题的均值了解受众对各个议题的总体态度情况(见表 6-2)。

表 6-2　移民议题的受众态度一览表

	均值
1.政府移民安置工作令人满意	3.3576
2.移民分为农村移民和城镇移民,根据移民的不同特点采取差异化的搬迁方式,使宜农的移民从事农、林、果、鱼、牧等农业生产活动,宜工的移民转入城镇参加工业生产,这种搬迁方式是合理的	3.5298
3.国家为三峡工程移民设立了专项用款,为移民进展提供了充足的资金	3.7682
4.新《移民条例》针对移民资金管理专章专列,做出八项明确规定,这对移民资金安全提供了保障,对资金合理利用起到指导和监督作用	3.6821
5.分期有序的移民安排,有利于减轻移民安置工作的强度和难度	3.8278
6.在对移民过程中的突发事件如迁移情绪不稳、部分移民返迁等的处理上,能够做到“移民为先,预防为主”	3.5298

续表

	均值
7.三峡工程在移民的赔偿问题上，改变单纯将水库移民作为赔偿对象的处理方式，政府更重视对移民的迁后生产生活安排，实现了“统一规划，负责到底”的承诺	3.5563
8.三峡工程在动员移民外迁中，能尊重移民意愿和决定，没有出现恶语相加和武力强制的情况	3.4768
9.西方媒体认为“三峡工程移民搬迁违反民意、侵犯人权”有一定道理	3.1192
10.通过移民资金管理工作通报以及移民信访等措施，有利于公众了解移民相关情况，加强对移民工作的社会监督	3.7616
11.“对口支援”是指地区与地区之间、部门与部门之间、单位与单位之间的专业性支援、协作。三峡移民中的“对口支援”是一项有助于库区企业快速发展的有效措施	3.5762
12.针对三峡移民提出的“开发性移民”原则是指在移民中既要保护好生态环境，又要合理开发资源，进行结构调整，解放和发展生产力，使移民“搬得出、稳得住、逐步能致富”，这为移民提供了致富机会	3.6755
13.将淹没损失与工程效益直接挂钩，在三峡工程发挥效益后，按照一定比例提取发电收入作为库区经济发展基金的政策，为库区经济的发展提供了资金保障	3.7285
14.三峡工程移民试点建设内容广泛，其中的新城址小区建设、新建工厂企业、老企业搬迁改造、农牧业试验项目、经济园林试点、小型工厂试点、城镇基础设施建设试点等项目，为三峡工程移民提供了宝贵的经验	3.7881
15.《长江三峡工程建设移民条例》的颁布，组织移民学习、执行，使得移民工作有章可循，有利于维护移民的合法权利	3.7152
16.移民政务公开中存在半公开、假公开，数字公开多、文字公开少，旧政策公开多、热点公开少的现象，没有真正地做到政务公开	3.5033
17.移民经济收入逐年增长	3.4570
18.三峡移民新城的社会生活基础设施建设是令人满意的	3.6689
19.三峡移民新城最大限度地保留了历史文化痕迹	3.4768
20.外迁移民可以得到当地政府政策上的优惠和扶持，如免收迁入前三年农业税，减免移民学杂费等	3.7947

续表

	均值
21.三峡移民就业问题可以得到较好的解决	3.5298
22.搬迁移民在日常生活、经济生产、社会心理等多方面可以较好融入新的环境中	3.5430
23.搬迁移民子女教育有保障	3.7285

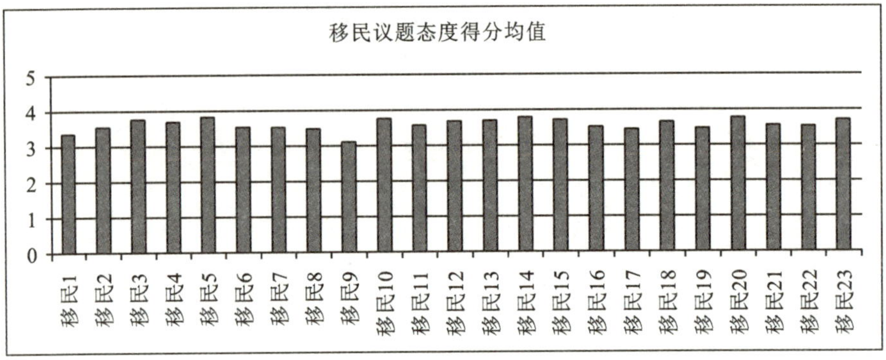

图 6-14 移民议题的受众态度横向比较图

如表 6-2、图 6-14 所示，23 个关于移民的议题态度均值都大于 3，这说明从总体上来讲，受众对于媒体有关三峡移民报道议题的态度是偏向于赞同的。另外，显著性水平除去第 9 题外均小于 0.05，即受访者对这些议题(除第 9 题)的描述都是倾向于赞同问卷的观点。而 23 个议题中，只有第 9 题为反向描述的题目，“西方媒体认为‘三峡工程移民搬迁违反民意、侵犯人权’有一定道理”，对此问题的态度均值为 3.1192，但显著性水平大于 0.05，即他们对此描述偏向中立的态度；16 题为负面描述性题，“移民政务公开中存在半公开、假公开，数字公开多、文字公开少，旧政策公开多、热点公开少的现象，没有真正地做到政务公开” 态度均值为 3.5033，偏向于赞同问卷的观点，这说明在政务公开方面，公众存在负面的态度倾向。其他议题受众的态度是：

“政府移民安置工作令人满意”态度均值为 3.3576，偏向于赞同描述，这说明政府在移民安置问题上所做的工作得到了认可，媒体关于政府移民工作的报道是比较到位的；

“移民分为农村移民和城镇移民，根据移民的不同特点采取差异化的搬迁方式，使宜农的移民从事农、林、果、鱼、牧等农业生产活动，宜工的移民转入城镇参加工业生产，这种搬迁方式是合理的”态度均值为3.5298，偏向于赞同描述，这说明受众认为采取差异化的搬迁策略是行之有效的搬迁策略；

“国家为三峡工程移民设立了专项用款，为移民进展提供了充足的资金”态度均值为3.7682，偏向于赞同描述，这说明受众认为国家对三峡工程移民的资金投入是充足的；

“新《移民条例》针对移民资金管理专章专列，做出了八项明确规定，这对移民资金安全提供了保障，对资金合理利用起到指导和监督作用”态度均值为3.6821，偏向于赞同描述，这一方面说明了新《移民条例》被受众广泛接受，另一方面也肯定了政府为三峡移民工程立法这一措施，使得移民工作的开展有章可循，为三峡工程移民提供制度和法律上的保障；

“分期有序的移民安排，有利于减轻移民安置工作的强度和难度”态度均值为3.8278，偏向于赞同描述；

“在对移民过程中的突发事件如迁移情绪不稳、部分移民返迁等的处理上，能够做到‘移民为先，预防为主’”态度均值为3.5298，偏向于赞同描述，这说明政府相关部门对移民中的突发事件有处理和预防机制，并且得到了公众的认可；

“三峡工程在移民的赔偿问题上，改变单纯将水库移民作为赔偿对象的处理方式，政府更重视对移民的迁后生产生活安排，实现了‘统一规划，负责到底’的承诺”态度均值为3.5563，偏向于赞同描述，说明受众肯定了政府对移民所采取的赔偿方式；

“三峡工程在动员移民外迁中，能尊重移民意愿和决定，没有出现恶语相加和武力强制的情况”态度均值为3.4768，偏向于赞同描述，表明移民动员工作是尊重民意，把移民主体放在第一位的；

“通过移民资金管理工作通报以及移民信访等措施，有利于公众了解移民相关情况，加强对移民工作的社会监督”态度均值为3.7616，偏向于赞同描述，均值达到3.7，说明公众对移民工作中开放的社会监督做法是比较满意的；

“‘对口支援’是指地区与地区之间、部门与部门之间、单位与单位之间的专业性支援、协作。三峡移民中的‘对口支援’是一项有助于库区企业快速发展的有效措施”态度均值为3.5762，偏向于赞同描述，表明公众对对口支援概念和这项措施所发挥的作用是比较理解的；

“针对三峡移民提出的‘开发性移民’原则是指在移民中既要保护好生态环境，又要合理开发资源，进行结构调整，解放和发展生产力，使移民‘搬得出、稳得住、逐步能致富’，这为移民提供了致富机会”态度均值为 3.6755，偏向于赞同描述，一方面表明公众能够理解“开发性移民”的基本内涵，另一方面表明他们赞同这一做法；

“将淹没损失与工程效益直接挂钩，在三峡工程发挥效益后，按照一定比例提取发电收入作为库区经济发展基金的政策，为库区经济的发展提供了资金保障”态度均值为 3.7285，偏向于赞同描述，这说明通过工程效益为库区经济发展提供资金保障的方式得到了公众的认可；

“三峡工程移民试点建设内容广泛，其中的新城址小区建设、新建工厂企业、老企业搬迁改造、农牧业试验项目、经济园林试点、小型工厂试点、城镇基础设施建设试点等项目，为三峡工程移民提供了宝贵的经验”态度均值为 3.7881，偏向于赞同描述；

“《长江三峡工程建设移民条例》的颁布，组织移民学习、执行，使得移民工作有章可循，有利于维护移民的合法权利”态度均值为 3.7152，偏向于赞同描述；

“移民经济收入逐年增长”态度均值为 3.4570，偏向于赞同描述；

“三峡移民新城的社会生活基础设施建设是令人满意的”态度均值为 3.6689，偏向于赞同描述；

“三峡移民新城最大限度地保留了历史文化痕迹”态度均值为 3.4768，偏向于赞同描述；

“外迁移民可以得到当地政府政策上的优惠和扶持，如免收迁入前三年农业税，减免移民学杂费等”态度均值为 3.7947，偏向于赞同描述；

“三峡移民就业问题可以得到较好的解决”态度均值为 3.5298，偏向于赞同描述；

“搬迁移民在日常生活、经济生产、社会心理等多方面可以较好融入新的环境中”态度均值为 3.5430，偏向于赞同描述；

“搬迁移民子女教育有保障”态度均值为 3.7285，偏向于赞同描述。

以上说明公众对移民经济、生活设施、就业、教育等方面所取得的移民成果是比较满意的。

总结得出，除第 9 题和第 16 题外，其他议题均为正面描述性题目，因此公众态度为赞同，表示他们对这些问题的态度是正面的。移民工作（第 1、6、7、

14、16题)方面,除对政务公开方面有负面态度外,总体为正面态度;移民资金(第3、10题)为正面态度;移民条例(第4题)为正面态度;移民方式(第2、5、11、12题)为正面态度;移民权益保护(第8、9、15题)除对国外媒体的报道描述表现出负面态度外,其他为正面态度;移民的成果(第13、17、18、19、20、21、22、23题)为正面态度。

从上述分析我们可以看出,在涉及的23个移民议题中,受众对移民工程的态度偏向于持肯定态度。这说明三峡工程在移民工作的处理上所开展的工作、采取的措施等受到了广泛的认可,同时预示着三峡公司在三峡工程移民上开展的公共关系传播活动收到了正面的效果,在改变受众的认知和态度上起到了积极的作用。需要指出的是,尽管每一个议题的态度为正面,但得分均没有超过4分。需要在寻求更好的传播效果上做出努力。

3. 移民看法——普通受众的深度访谈

为了解普通受众对移民的细节看法,了解受众个体对他们自己的态度、动机和行为的表述和解释,通过电话采访、网络聊天、面访的方式对学生、公司员工、研究所专家、媒体工作人员等普通受众进行了深度访谈,从定性角度分析普通受众对移民专题的态度。

将普通受众根据与三峡工程和移民建设的利益程度分为三类:一般受众,相关利益者和典型人群。相关利益者包括居住在三峡库区及附近的人群、移民群体、三峡总公司及其下属部门工作人员;典型人群包括与研究或参与三峡工程建设的专业人士、媒体工作人员、高级知识分子等;一般受众是除上述两类以外的其他人群。

(1) 总体态度。

对移民总体的评价是正面积极的,在没有提示的情况下,普通受众关注的移民话题有人口迁移、移民安置、移民资金、移民就业、移民权利、对移民的关心等,从媒体中大多了解的移民信息是移民安置工作顺利以及安置后生活水平提高等。

(2) 不同群体类型的态度陈述。

①一般受众。

"三峡工程对一些地方的移民也是很有好处的,也许有些地方本来就很贫穷,通过移民政策,于是生活有很大改善。"(学生,岳阳人)

"三峡工程改变以往的工程移民的模式,不是以补偿式而是开放式,体现

的以人为本的思想和可持续发展。”(学生)

“在三峡大移民时国家妥善安排了三峡库区人民生活等一系列问题值得称赞。”(企事业工作人员)

“关于移民问题,国家解决得很好,没有遗留问题。”(保安,宜都人)

“政府当时政策不是很好嘛,房子都做好了,这些生存发展问题解决好了,我觉得移民的人都很高兴。”(原某乡镇党委主任)

“觉得移民非常不容易,背井离乡,离开自己生活多年的家乡一定非常痛苦,他非常同情移民,认为国家应该给移民多些补助”,对于移民问题的负面影响,她认为“不管怎么做,移民内心所受的伤害都是无法弥补的,国家应发动广大人民群众对移民多多关心和帮助移民。”(学生)

“我有亲戚就住在上面,说大坝水涨起来要移民,在 2002 年的时候就搬到潜江去了,说是政府给的房子。”(农民)

对移民关心的是“一个是这么多人,怎样组织,怎样安置,这是很复杂的问题,还一个就是,一般人都不会愿意离开自己住了这么多年的地方,城市人经常搬家还好,山村里的人很少离开自己住的地方,怎样去控制这种负面情绪也是个问题。”(企事业管理者)

“通过新闻和刊物,所了解的是大批移民被有效安置,同时已开始新的生活,安居乐业。”(企业员工,青岛人)

“移民是三峡工程最大的难点,三峡蓄水完成后,会淹没 100 多座城镇,涉及移民超过 100 万人,为世界之最。三峡工程实行开发性移民模式,移民的同时,也进行大规模的建造基础设施。但是,三峡移民也出现了腐败和资金挪用问题,但政府大力整治贪污腐败现象,收到了较好的成效。”(学生,宜昌人)

一般受众中,学生群体呈现出两种特征,一是受到学校书本知识和老师的影响,能够复述出移民的专业名词,他们对移民的正面态度受到此方面的影响;二是学生通过诸如网络媒体、人际传播等接收到移民的负面信息,对移民中的资金问题、腐败现象有负面倾向。除此以外,一般受众总体关注的移民情况是国家很好地解决了移民问题,移民得到了妥善安置,移民政策改善了人们的生活,但移民的心理问题仍需要得到国家和社会的广泛关注。

②相关利益者的代表意见。

a.现役军人,兴山人,目睹亲人移民。

他眼中的移民搬迁:“这个事情一直很担心”,“因为那个时候有一首歌,就是唱三峡工程会让很多人搬家。而外婆搬家了，我们找不到外婆了”，在谈到移民搬迁对自己亲人的影响时，他说道：“我觉得影响还是存在的”，“而且现在也可能对我们产生直接的影响”。

他说：“不能单纯以好或者坏来评价”，“危机和机遇是并存的嘛”，“这个很大程度是取决于三峡移民工作者的工作吧。因为他们如果落实了国家的政策，那么利大于弊，反之，就是弊大于利”。

b. 三峡公司员工，负责生产机的设计工作。

对于“中央提出的‘开发性移民’方针和一系列的有关政策，在三峡工程移民工作中能够得到顺利贯彻”议题的看法，他不太了解，说到“移民统筹办公室设在成都，具体的可以问问他们。关于移民的工作应该是做得不错的”。他更关注生态与环境方面的问题。

c. 长江水利委员会职工。

移民问题是在三峡工程建设中十分复杂和棘手的问题，其原因也来自自然、经济、社会等多个方面。而中央所提出的开发性移民方针基本得到了贯彻，克服了很多问题，取得了很大的收效。

三峡公司员工和长江水利委员会职工对移民工作表达了正面肯定的态度，经历亲人移民的现役军人对移民没有表现出单一的态度倾向，更多的表达了对相关工作人员在落实国家政策方面的期待，从公共关系传播效果上来说，这表明三峡工程的直接“消费者”——移民们并不完全满意所提供的“产品”或“服务”，这也间接反映出对这一群体的公共关系传播力度和效度不够。

③其他典型人群。

a. 某北京的媒体工作人员。

“最关注的是移民问题，因为这是一个社会性的问题，牵涉民众很多方面的利益，而且是一个长期性的问题，所以我对此关注最多。我认为在移民上，国家给了移民大量补助，并且帮助他们后继就业、安家，确保移民长期受关注，问题能及时解决。移民的感受是我们报道重点。三峡工程是一个关系国计民生的世纪工程，它是前所未有的，它的兴建是为了保障人民利益，给人民带来更多的好处，相信移民和普通民众站在长远利益的角度上看，会对这个工程表示支持和理解。”

b. 党政机关干部。

“没有百万移民就没有三峡工程。三峡工程的成功是建立在百万移民举家迁移的基础上，确实体现了百万移民是三峡工程的基础和关键因素之一。另一方面，三峡工程的建设让百万群众有了新的生活，使他们的生活质量有所提高，三峡工程是一个双赢的工程。移民，让原居民改变了可能是几辈子的生活习惯，破坏了他们原来的生活模式，他们移民了等于是要重新选择一个完全未知的生活模式，所以对他们也是一种逼不得已的挑战。我看了贾樟柯的那部戏，还得奖了。为何这样一部纪录片，而且不是专业演员可以得奖，说明写得来源于真实的故事。”

c. 某中学高级教师。

对移民的第一认识是“国家为三峡移民做了大量的工作，很多人都离开了库区”。三峡工程建设过程中，对移民安置的看法是：“这是国家利益，库区原居民要理解，国家以人为本，对库区原居民进行合理安置是应该的。”但提到资金问题时，他表示对移民资金“要加大各级审计机关对资金使用的审计力度，严防挤占挪用各项专项资金，对挤占挪用各项专项资金行为，要加大查处力度”。

d. 武汉某企事业工作人员，曾在宜昌工作。

“我最关注的是移民安置的工作。因为当时我所在的单位几位同事的亲戚需要移民，听他们经常谈论，比如移民得到政府多少的补偿金以及后来迁移到哪些地方，环境怎么样，迁移之后他们有没有工作，生活是否有保障。我觉得移民的安置工作还是做得比较好的，做到了以人为本。因为迁移工作长时间、大规模地进行，有条不紊，没有发生群体性事件，至少据我了解是没有的。几个同事的亲戚对安置的补偿比较满意，感觉生活比以前更加富足，有的是农村户口转到了城市户口。只是安置后对新环境不适应。”

媒体工作人员和高级知识分子更关注移民过程中的权利和移民的适应性问题，他们对国家在移民就业、安置、补偿问题上的工作是满意的，对移民安置后的生活表示出两种态度，移民的生活更加富足，生活质量提高了，但对新环境存在不适应，与企业利益相比移民没有得到大的实惠。从国家利益和长远利益来看，移民会理解和支持工程。

(3) 态度分析。

肖(1977)和温特(Winter，1981)都把议程设置过程中影响效果的因素分为两部分：媒介和受众。在媒介方面，有媒介的类型、新闻工作人员的价值观、报道时间的长短等；在受众方面，有受众本人的兴趣、爱好、人际交流等因素，而这些因素又都可能造成议程的偏颇。从三个群体类别的态度可以看出，样本总体对三峡工程移民问题的总评价是正面的，但是由于不同受众的兴趣爱好、原有知识以及与三峡工程的关联度的不同，导致他们对个别议题在态度上有所不同。但从总体上来说，人们对国家在移民方面的政策措施、安置工作、基本补偿是满意的，认同通过移民使相关人群的生活水平得到提高，同时对移民资金表示质疑，期待解决资金挪用问题。

人们对移民资金表示的质疑并非表明专属媒体的新闻宣传效果不到位，社会媒体对移民资金问题的关注源于移民资金问题本身，三峡工程中存在的移民资金挪用和腐败问题是需要三峡公司和新闻中心正视和面对的，如何应对这样的资金问题危机公共关系，需要相关单位以开放的态度和形式让社会媒体和记者来了解三峡总公司在处理资金贪腐问题的措施和力度，由负责移民工作的高层部门出面以显示对此问题的重视程度，以开放的姿态表明应对问题的积极处理，在形式上则采取新闻发布会、整治效果评估等公共关系活动。

三、移民专题受众态度调查结论与建议

1. 态度与性别、年龄、学历、收入之间的分析

分别以性别、年龄、学历、收入作为因变量，进行一元方差分析，态度在性别、年龄和收入上没有显著性差异。从显著性水平上看，学历不同，在对移民的部分议题上有显著性差异。从样本的学历构成来看，由高中/中专/技校，大专，本科，研究生构成，学历的多样和跨度相对较大，因此会在态度方面有差异（见表 6-3）。

表 6-3 不同学历对移民的总体态度差异

学历	移民态度均值
高中/中专/技校	3.4096
大专	3.7426
本科	3.5957
硕士及以上	3.3826

2. 态度与信息来源和媒介的可信度

王清生在其 1996 年发表的《浅论态度的形成与转变》一文中指出，宣传说

服者提供的事实和根据越真实可信，越具有针对性，对态度的形成与转变就越有效。对文化水平较高并持有不同看法者，运用正反两方面的材料进行论证效果好。对文化水平较低而又没有不同看法者，采用正面材料论证效果更好①。那么，首先，从对三峡移民的媒体接触习惯来看，网络媒体被作为第一信源。在社会公众最近三个月使用的网络媒介中，使用率第一的是新浪网，第二是搜狐网，其后依次是新华网、荆楚网、凤凰网、三峡新闻网、人民网等。相对来讲，这些媒体均为国内较为权威的网络媒体，根据“宣传说服者的威信越高，其宣传说服的效果越好，越容易促使态度的形成与转变”②，这些权威媒体中关于三峡移民问题的议题设置和议题观点对公众的态度的形成有着很大的影响。本科和硕士以上学历的人均值态度较低，原因可能是他们了解有关三峡移民问题的渠道相对较多，无论是传统媒体的正面报道为主还是网络媒体的正面、负面信息混杂而来，他们都有接触，那么这样就有利于他们从正反两方面来分析三峡移民问题，因此对于三峡移民的评价更偏向于客观。相应地，大专学历的人对移民的平均态度均值要大于其他学历分类，而高中/中专/技校学历的人态度均值较低可能是学历低，较少关注三峡移民问题或了解的渠道有限。

从信息来源和可信度对移民态度均值的影响来看都没有显著性影响（见表6-4、表6-5），受众获取信息来自哪一类媒介对态度可能不会造成影响，而根据霍夫兰和耶鲁研究，信息来源的权威性和知名度对传播效果有正面影响，也就是说具体到媒体，如新华社、新浪网等权威知名的媒体会影响传播的效果，因此在进行公共关系宣传时应尽量选择多在这些权威媒体上发表言论，引导舆论。

表6-4 第一信息来源对移民态度均值的影响

媒　介	显著性水平
电视	0.269
网络	0.74
广播	0.607
报纸杂志	0.495
聊天	0.408

① 王清生.浅论态度的形成与转变[J].浙江师大学报(社会科学版),1996(3).

② 王清生.浅论态度的形成与转变[J].浙江师大学报(社会科学版),1996(3).

表 6-5 第一媒介可信度对移民态度均值的影响

媒　介	显著性水平
电视	0.408
广播	0.074
报纸	0.164
杂志	0.403
网络	0.84
手机	0.92

同时，在进行舆论传播时，要注意一篇报道中只针对一个议题或者两个议题进行集中阐述和引导，针对不同的受众在不同的媒体上采取不同的论证方式进行说服引导。如对文化水平较高并持有不同看法者，运用正反两方面的材料进行论证效果好。对文化水平较低而又没有不同看法者，采用正面材料进行论证。

3. 态度与专属媒体

王清生认为，知识与信息是影响态度形成与转变的重要因素。个体掌握知识的范围、多少和深度以及个体获得信息的广度和准确性，都会影响其态度的形成与转变[①]（见表 6-6、表 6-7）。而议程设置理论的其中一个特点是“媒介议程与公众议程对问题重要性的认识不是简单的吻合，这与其接触传媒的多少有关，常接触大众传媒的人的个人议程和大众媒介的议程具有更多的一致性”。另外，根据麦肯姆斯和肖的研究，媒介的议程设置效果还要看公众与媒介的接触频率、公众对媒介的需要程度、当时人际交流的情况、不同公众的兴趣等因素的影响。而且，人际交流和亲身观察以及很多具体情况也会提升或减弱媒介议程设置的效果。而从表 6-6、表 6-7 中的数据可以看到，是否接触三峡专属媒体，以及对专属媒体的熟悉程度都会影响对三峡移民的态度，接触过三峡专属媒体的人的态度均值要高于没有接触过的，接触得越多其态度均值越高，这一方面证明了三峡专属媒体在公共关系传播上起到了使媒介议程和部分个人议程达到一致性的作用，另一方面由于专属媒体对三峡员工的影响要大于对非三峡员工，三峡专属媒体实际上达到的是直接针对内部公众的公

① 王清生. 浅论态度的形成与转变[J]. 浙江师大学报(社会科学版)，1996(3).

共关系传播的效果，即内部议程设置效果。

表 6-6　专属媒体接触影响态度

专属媒体接触情况	态度均值
没有接触	3.5217
接触过	3.6728

表 6-7 专属媒体的熟悉程度影响态度

专属媒体接触数量	态度均值
5 个	4.4203
4 个	3.5810
3 个	3.6551
2 个	3.6756
1 个	3.6703
0 个	3.5217

马爽在其 2007 年发表的《态度改变——衡量传播效果的重要标准——从社会心理学角度在微观层面上解读传播技巧》一文中提到，由认知到态度再到行为的转变，对受众来说并不是一个简单完成的过程。有时候，能实现态度的转变，传播者就已经可以说达到预定的传播目的了，此时，受众被传者“说服”了。

如图 6-15 所示，在社会心理学的说服过程模式图中，我们可以看到，在交流过程中我们首先注意到的是沟通者，即向我们传递信息的人，即传者，有时也可以看作是信息源。英美都有心理学实验证明信息来源可信度越高，我们的态度就越容易发生改变。可信度具有两种独立的成分：专业性和可靠性。相对来说，对于一条有关美容健康方面的信息，我们更倾向于相信电视讲座上健康专家的说法，而不是相信娱乐杂志中的“明星瘦身秘籍”；我们更乐意到参考消息、央视、新浪网去找自己关心的时政报道而不是向一位爱好时政的朋友打听。援引专家和权威的意见是增强专业性的重要方法，但盲目引用受众并十分不理解的专业词汇有时并不能达到这种效果。[①] 那么，从这个意义上来

① 马爽.态度改变——衡量传播效果的重要标准——从社会心理学角度在微观层面上解读传播技巧[J].科教文汇，2007(1 月上半月刊).

讲，三峡专属媒体在有关三峡移民报道方面的信息是具有一定权威性和影响力的。其他媒体通过引用三峡专属媒体有关三峡移民的报道，不仅是增强其信息专业性和可靠性的途径之一，也是三峡专属媒体通过这些媒体间接进行三峡移民议题设置的过程。

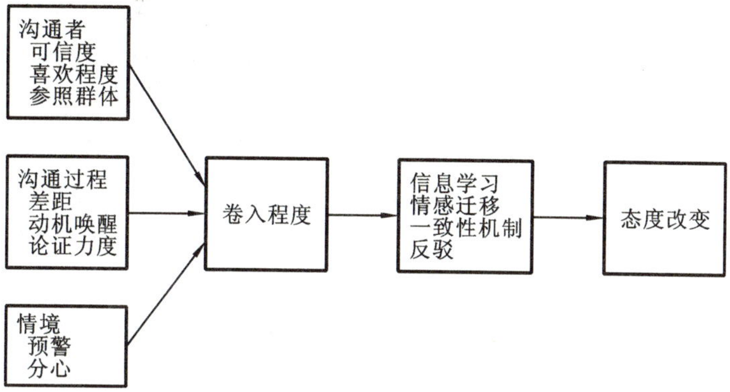

图 6-15　说服过程模式图

四、移民专题受众态度调查结论与建议

根据以上问卷调查分析的结果，基本验证了研究假设，得到了三峡工程建设移民问题公共关系传播效果的结论和建议。

1. 结论

(1) 三峡专属媒体对内部公众的态度影响起到积极作用。对非三峡员工而言，接触专属媒体的能力很小，动机不足，因此，他们接触三峡专属媒体的机会也比较少。那么，专属媒体的影响力显然要小，其态度均值与三峡员工相比要低，因此专属媒体的影响力对内部公众是最有效的。

(2) 社会媒体有关三峡移民工程的报道对受众态度的形成和改变是起到正面的积极作用的，定性和定量分析的结果都显示受众对移民总体的评价是正面的。

(3) 网络媒体被作为第一信源的均值最高，同时，权威媒体的威信较高，宣传说服的效果也比较好，较容易促使态度的形成与转变。另外，从显著性水平上看，学历不同，在对移民的部分议题上有显著性差异。

(4) 从移民看法——普通受众的深度访谈来看，受众对移民总体的评价是正面积极的。但是由于不同受众的兴趣爱好、原有知识以及与三峡工程的关联度的不同，导致他们对个别议题在态度上有所不同。但从总体上来说，人们对国家在移民方面的政策措施、安置工作、基本补偿是满意的，认同通过移民，相关人群的生活水平得到提高，同时对移民资金表示质疑，期待解决资金挪用问题。

2. 建议

（1）虽然三峡专属媒体的影响力对内部公众是最有效的，但同时要注意到三峡总公司网站的名片作用，非三峡公司人员最有可能的是通过网站来了解三峡工程状况，因此三峡总公司网站在对外传播上还可以发挥出更大的作用。

同时，公共关系实务中设置媒介议程应当区别公众类别及其导向需求，同一议题设置对不同类型的公众会有不同效果，不同的人有不同的导向需求，他们会对与自己关联性高、不确定性也高的问题，有高的敏感性，这导致他们进一步接触传媒，接触传媒反过来导致更大的议程设置效果。因此，在进行议程设置和公共关系传播过程中都应当针对不同的受众以及受众的媒介接触习惯采取不同措施。虽然对于外部受众，专属媒体的影响有限，但是，三峡专属媒体是通过对外部媒体的影响来对三峡移民进行议程设置的，因此，可以根据三峡专属媒体对于社会媒体的影响和作用进行社会媒体的宣传报道，同时根据外部受众的文化程度和媒介接触习惯进行媒介的选择，从而控制三峡移民的议程设置并引导。

（2）虽然社会媒体有关三峡移民工程报道的各个议题的评价都是偏向于正面的，但态度均值都没有超过 4 分，因此，公共关系传播方面的工作还需努力进一步加强传播的力度。

（3）由于网络媒体较容易促使态度的形成与转变，因此，在媒介的选择上，可以多选择在权威的网络媒体上进行宣传。同时，针对网络的公开性、匿名性等特点，及时进行舆论的监测和控制引导，在设置议题的同时避免议题偏离。

另外，根据不同文化程度的受众，要进行不同的议题报道方式，争取达到更好的宣传效果。根据不同受众的媒介接触习惯，也要采取不同的媒介进行议题的设置和态度形成的引导。

（4）对移民群体和居住在三峡库区及其附近的群体，其对移民的态度和感受是对三峡移民工程第一评语，并且通过媒体对他们的采访、学生在校园内的人际传播等途径，他们的态度影响将会扩大，那么如果做好了相关利益者的思想、利益等方面的工作，也就间接影响了媒体和公众，并且这样的影响将比自身的媒体宣传更有效，因此应当对相关利益者的所有回应进行监测和分析，了解如何回应相关报道、支持程度如何，从而制定具体的公共关系活动方案。

受众对移民资金问题还存在质疑，资金的利用和发放是一个敏感问题，对待资金贪腐的情况建议建立专项公共关系应急机制，在传播方法上应注意以下两个问题：①选择权威可信度高的媒体发布第一信息，引导社会舆论；②注意传播的信息内容真实、全面、客观，其将影响长期的公共关系传播效果。

第四节 移民专题网络舆论分析——以强国论坛为例

一、网络舆论分析概述

1. 研究目的

评估三峡专属媒体的公共关系传播活动对网络民众的意见的影响，指出在互联网信息传播中，网民们对三峡工程移民的关注焦点和态度，为三峡总公司新闻宣传中心的网络舆论公共关系传播提出意见和建议。从而服务于三峡专属媒体与公众的信息沟通的完善，使公众更好地理解政府在三峡工程建设过程中对库区移民问题所采取的解决措施，并汲取公众的智慧使得这些解决措施更加合理和完善。

据学者王雄的研究，舆论和意识形态之间存在着“连体异构”的辩证关系[①]，因此，作为上层建筑的重要部分，舆论引导在我国一向是宣传的重中之重，这一工作向来由报纸、电视等传统媒体担任。传统媒体的议程设置功能，已经被众多的学者接受，人们也普遍意识到传统媒体在一定程度上对公众议程的影响是潜移默化的，却又是强大的。但是，随着互联网的飞速发展，网络作为新媒体已经成为信息传播的重要载体。由于网络传播相对于传统媒体而言，有着很强的互动性，网络受众可以自由地选择信息和表达观点，既是传播者又是接受者；同时，以头版或头条形式出现的传统媒介的议程设置功能在网

① 王雄.新闻舆论研究[M].北京：新华出版社，2002：109.

络上也不再那么明显；再者，网络上的信息量是传统媒体所不能比拟的。因此，很多学者认为，在网络传播中媒介的议程设置功能将会弱化，甚至不再存在。针对这一问题，我们对三峡移民专题进行网络舆论分析，试图通过具体的数据分析来研究网民们对三峡工程移民的关注焦点和态度，为三峡总公司新闻宣传中心的网络舆论公共关系传播提出意见和建议，同时研究在网络传播环境下，是怎样进行议程设置的，媒体的议程设置功能是否仍然存在，是否表现明显。

根据中国互联网信息中心（CNNIC）的报告，截至2009年6月底，论坛/BBS网民用户规模已经达到10275万人，在网民中的使用率为30.4%，论坛/BBS已成为普通网民言论自由传播的有效载体和平台。论坛/BBS网民针对同一感兴趣的话题进行集中讨论，黏性很强。与聊天室、e-mail等个人化的网络传播方式相比，BBS更具有公共区域（public area）的特征，更容易形成舆论。包括BBS在内的网络传播成为传统大众传播媒介之外的重要的民意表达渠道。

因此，本章中的"网络舆论"仅限于论坛及BBS中针对三峡移民问题的讨论，不包括网络新闻。本节以三峡移民为主要关键词进行分析，首先从总体上了解网民关注的移民话题，分析网民对三峡移民的总体关注度；其次选取部分有代表性的帖子，分析其讨论的移民议题，楼主的主要观点、态度倾向、阅读的人数、回帖的人数和回帖者的态度倾向。

2. 研究方法

(1) 样本选择——人民网强国论坛。

在近几年来研究BBS的个案中，研究者都常把人民网强国论坛作为研究对象，因为强国论坛被称为"最著名的中文论坛"，本文也试图将人民网强国论坛作为观察对象。人民网强国社区1999年建立，是权威中央党报《人民日报》下属单位，是中国网络媒体创办的第一个时政论坛，以主题鲜明、言论活跃而著称。注册用户总计超过110万，最高同时在线人数突破214万。闵大洪(2001)在《党报和党报网站》一文中认为人民网强国论坛让用户对国际国内大事有"表达权利"，强国论坛已经成为新闻集散地、观点集散地、民声集散地，并且"强国论坛突破了舆论一律"，是"中国社会主义民主化进程的一个有说服力的窗口[①]。”

(2) 分析样本说明——47 篇样本。

在强国论坛中以三峡移民为关键词进行搜索，共搜索到 54 篇帖子，其中有 4 篇的内容与移民不相关，分别是：“要彻底解决广东春运的问题，最好的办法就是像三峡移民那样，迁 1 亿人口过去，让他们在那里安家”主要指向是广东春运问题，与三峡移民无关；“高猿常啼，你这‘本官’好久不见了，是不是被三峡移民啦?”；“斑竹，我那个三峡移民的帖子请放行”；“船版版，为什么我那个三峡移民的帖子不发”。

有 3 篇内容相同，狐狸毛儿以同样的标题《网友呼声：建议成立“三峡省”！以便服务三峡工程，统筹库区规划，搞好三峡移民，打好三峡品牌……》，其中一篇没有正文，没有阅读量，也没有回帖者，因此将其剔除；用户“一天一地一广仔”于 2006 年 4 月 13 日以《百万三峡移民换来“能照亮半个中国”的电力》为标题发表了帖子，而润思维针对同一问题以《百万三峡移民换来“能照亮半个中国”的电力，请关注库区人民的发展》为标题在 2006 年 5 月 15 日发表了帖子，但前者的阅读量和回帖者均为 0，我们将其剔除；两位不同的用户以《审计署：三峡移民资金被违规使用 2.72 亿》标题发表同一内容，将其跟帖者的观点归纳到一起，视为一篇帖子。

最后在强国论坛上获得 47 篇样本。

二、网络舆论中网民态度分析

1. 讨论议题以资金为主，楼主态度显著偏向负面，较少跟帖者关心

如图 6-16 所示，总体而言，强国论坛上关注移民资金问题的最多，对资金的使用、监管等均有不同方面的讨论。

在论坛的帖子中，资金问题被提及率最高，为 31.30%，主要涉及资金滥用、资金贪污等；移民干部的提及率为 6.30%，观点以干部不作为、贪污腐败为主。移民精神的提及率为 14.60%，其他议题如：基础设施、移民安置、移民生活、移民教育、后期扶持的提及率均为 4%左右。其他中多为指向性不明确的帖子(见图 6-16)。

---

① 闵大洪. 党报和党报网站[N]. 中华新闻报，2001-07-10(4).

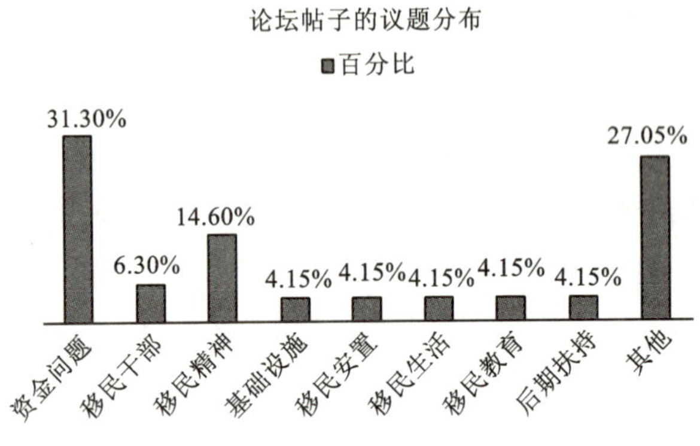

图 6-16　强国论坛移民议题分布

在强国论坛中，关于移民的帖子中，有42.60%的帖子是负面的，19.10%的帖子是正面的，14.90%的帖子是中立的，剩下的23.40%的帖子无法判断其态度。去除态度不明的样本，在SPSS软件中，对楼主态度进行单样本T检验，测试值为0(中立)，结果显示态度均值为－0.3333，显著性水平为0.013，小于0.05，表明强国论坛中楼主对移民问题态度显著偏向于负面(见图6-17)。

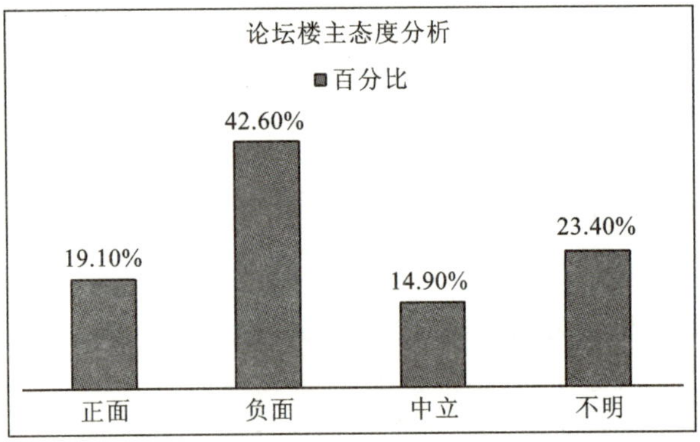

图 6-17　论坛发帖者的态度倾向

如图6-18所示，论坛中跟帖者的态度，负面的占25.50%，正面的6.40%，中立的2.10%。其中"无"表示某一帖子没有跟帖者，占据66%的比例。这说明网民对有关移民的话题并不是很有兴趣，对相关移民话题的关注度不高。去除没有跟帖的样本，在SPSS软件中，对发表帖子的跟帖者态度进行单样本T检验，测试值为0(中立)，结果显示态度均值为－0.5333，显著性水平为0.0135，小于0.05，表明强国论坛中跟帖者对移民问题态度显著偏向于负面。

从跟帖者和发帖者对移民问题态度均倾向于负面来看，可以从以下两点进行分析：

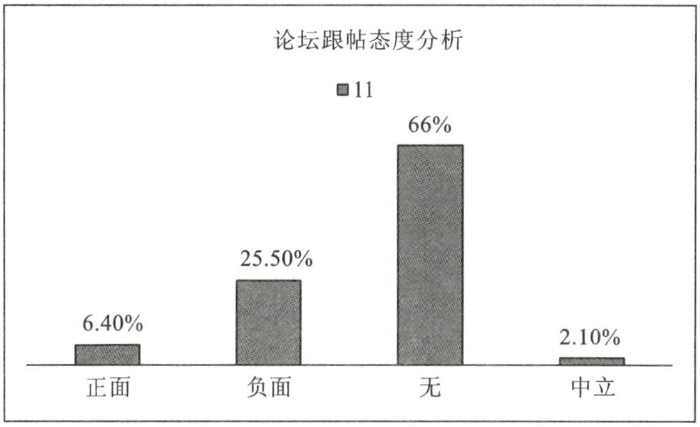

图 6-18 论坛跟帖者的态度倾向

首先，人们对于负面信息的敏感性往往高于正面信息。从负面新闻信息的报道产生影响的深度和广度上看，它优于一般正面报道。负面新闻的阅读率、视听率普遍高于一般的新闻。在新闻信息的传播中，负面新闻信息不但能够造成即时的轰动效应，成为街头巷尾一时的谈资，而且能够造成持续影响，在新闻事实产生并结束了很久以后，仍然停留在公众的脑海中。从传播空间上说，负面新闻信息一般能够引起全国上下的普遍关注，引发人们对自己身边现实生活的思考。而互联网的发展，对负面新闻信息传播的贡献颇大。网络使草根话语得到大量流通。面对负面信息，人们往往及时传播，畅所欲言[①]。从上面的数据分析可见，强国论坛上关注移民资金问题的最多，主要涉及的负面信息是资金滥用、资金贪污等。而对于这些问题，人们一向是比较关注和敏感的。

其次，对于负面信息的危机公共关系传播效果不够。在三峡移民报道中，有关资金如何使用的详细报道较少，因此，民众对于资金等问题存在疑问是难免的。如前面第一部分的结论中所提到的，人们对移民资金表示的质疑并非表明专属媒体的新闻宣传效果不到位，社会媒体对移民资金问题的关注源于移民资金问题本身，三峡工程中存在的移民资金挪用和腐败问题是需要三峡

① 高杨．论负面新闻信息传播的问题及改善[J]．新闻世界，2009(6)．

公司和新闻中心正视和面对的，如何应对这样的资金问题危机公共关系，需要相关单位以开放的态度和形式让社会媒体和记者来了解三峡总公司在处理资金贪腐问题的措施和力度，由负责移民工作的高层部门出面以显示对此问题的重视程度，以开放的姿态积极应对危机事件。

2. 楼主态度与跟帖者态度没有显著差异

跟帖者是针对楼主发表的帖子进行回帖、发表意见，因此我们对楼主态度和跟帖者态度两个变量进行配对样本 T 检验，考察两者之间是否存在显著差异。

假设为楼主态度和跟帖者态度没有显著性差异，即两者的态度倾向是趋于一致的。

首先我们对楼主态度和跟帖者态度进行编码，负面记为－1，中立记为 0，正面记为 1，不明记为 2（不明表示无法判断态度倾向），在进行分析时我们去掉了态度不明的数据，因为其并不反映态度倾向问题，得到的楼主态度和跟帖者态度统计值表如表 6-8 所示：

表 6-8　楼主态度与跟帖者态度的统计值

	均值	样本量
楼主态度	－0.4667	15
跟帖态度	－0.5333	15

如表 6-8 所示，$N=15$，即我们最后进行分析的有 15 个样本，从表 6-8 中看出楼主的态度为－0.4667，跟帖者态度为－0.5333，均小于 0，即态度倾向偏向负面。

表 6-9 所示为楼主态度和跟帖者态度的相关性，相关系数为 0.607，即大于 0 且大于 0.5，显著性水平小于 0.05，那么楼主态度和跟帖者态度是显著相关的。

表 6-9　楼主态度与跟帖者态度的相关性

	样本量	相关性	显著性水平
楼主态度与跟帖态度	15	0.607	0.016

表 6-10 所示为楼主态度和跟帖者态度的配对样本 T 检验结果，在 95%的置信度下，显著性水平大于 0.05，那么接受零假设，即楼主态度和跟帖者态度没有显著性差异，态度倾向是趋于一致都是趋向于负面的。

表 6-10　楼主态度与跟帖者态度的显著性差异

	均值之差	显著性水平(双侧检验)
楼主态度-跟帖态度	0.06667	0.719

由以上单项样本 T 检验的结果可知,楼主态度和跟帖者态度是显著相关且均倾向于负面的。这说明研究样本中的网民对于帖子中所描述的问题态度是一致且趋向于负面的。

三、网络舆论代表性个案分析

从前面的数据分析可以看到,强国论坛上关注移民资金问题的最多,其中集中在对于资金的使用、监管等方面。而对于搬迁的巨额耗资最终是否能够达到投资与收益的正比关系,以及资金如何使用和是否合理使用的问题,也引发了很多讨论。因此,选择代表这些问题的个案进行分析。

1. 搬迁耗资之大惹争议

原标题《据称重庆酝酿耗资千亿再搬迁约 20 万三峡移民 ——人均搬迁费 50 万?》楼主:刨根,发帖时间 2009 年 7 月 16 日,阅读量 78 次(截止到数据采集时间为止),跟帖数 12。原文针对移民搬迁耗资提出争议,跟帖者对此类问题都是负面的态度。

跟帖的主要内容有:

这袋子口是越撑越大的了。

早先三峡总投资才千多亿。现在超支几倍啦?三峡工程是个无底洞,有钱往里填就是了。

为什么搬迁,搬迁到哪里去,谁批准的,有没有可行性评估,有没有可能出现什么问题,20 万人中有多少人支持,搬迁之后如何安置,三峡的蠹虫太厉害了,人民的血汗都被抽走了。

三峡水库对周边是否也有压力差?论证了吗?

跟帖者对移民资金的主要观点是认为三峡工程是一项耗资巨大的工程,可能认为三峡工程最后的收益与三峡工程投资不成正比。此外,跟帖者还对移民搬迁的安置、可行性评估提出了质疑,对三峡水库对周边的压力差的影响也提出疑问。

关于搬迁耗资的问题在报纸媒体中仅查到新华社电讯在 1993 年 4 月的

《国家投资5亿元用于三峡开发性移民》一文中进行了相关报道。这就使得部分人对于搬迁耗资巨大是否能够取得相应收益的问题产生了很大的质疑。而关于民众的这些疑问,相关部门并没有及时地采取相应的措施去解决这些问题,澄清他们的疑虑,最终导致争议的发生。

2. 移民中的基础设施重复建设,浪费资金

原标题《从一座三峡移民城市,搬了三次,还要再搬一次。看三峡移民中的重复浪费建设,是不是可以进行一下问责呢》,楼主:TeeTh3371,发帖时间2009年7月15日,阅读量27次,跟帖数1。

原文针对移民多次搬迁,造成移民过程中基础设施的重复建设,造成了浪费,表示批评的态度。跟帖者提到"巴东21座桥,垮了一座,死了20来人;17座有质量问题,还有一座的护栏体弱的记者一推便倒!移民资金超大肥肉!",指出三峡移民过程中基础设施的建设有漏洞,质量安全问题有威胁。

关于移民中基础设施的重复建设问题,仅《长江日报》1999年5月的《珍惜移民资金　严控迁建规模　不得乱铺摊子》一文中有相关报道。可见,虽然报道不多,但是已经引发了议题的产生。

3. 移民纪念塔事件

移民纪念塔一是重庆奉节为纪念三峡移民新县城设计的,奉节对内称为"华字塔",对外称为"移民纪念塔",2003年完成主体工程,之后由于种种原因陷入停顿,2008年由于成为烂尾工程被炸毁拆掉。二是重庆万州的有万州形象工程之称的三峡明珠观光塔,变烂尾楼于2009年1月5日被拆除。

在强国论坛中有三篇帖子均提到了这两座移民纪念塔的问题,楼主"万山青青"在2009年1月8日发的帖子《两座三峡移民标志性建筑的倒下,不仅使人感叹"不折腾"才是对三峡移民最好的纪念,——打着各种冠冕堂皇旗号大肆"折腾"者,如今正在干着什么?》提出移民工程纪念方式的疑问;"我行我素中国人"在2008年11月24日发帖《"三峡移民纪念塔成烂尾楼被炸毁"》和"老灰猫"在2008年11月24日发帖《投资2000多万的"三峡移民纪念塔"被建成"烂尾楼",最终炸掉了事》,提到的是重庆奉节的三峡移民纪念塔被炸掉事件。

对同一类型事件,三篇帖子提出了对三峡移民工程纪念的方式问题,均是耗资千万的纪念型工程项目,在建设中遭遇停顿,最终被拆除炸毁,网友更深层的关注是这样的资金运用是否得当。

4. 资金违规使用

如图6-19所示,关于移民资金的帖子有16篇,占总体的34%,其中发帖者的态度倾向如下：负面为主，有 9 篇，中立的有 4 篇，正面的仅 1 篇，态度不明的 2 篇，对移民资金问题超过一半的是负面态度倾向。

如图 6-20 所示，16 篇帖子共有 20 个跟帖讨论，跟帖者态度倾向如下：几乎全部关注三峡移民资金问题的跟帖者的态度都是负面的。

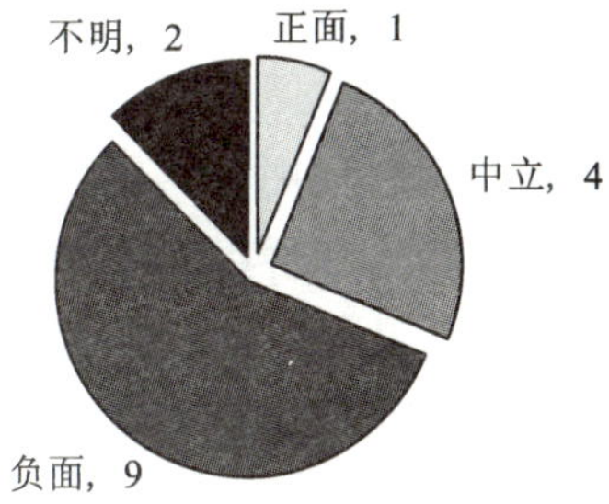

图 6-19 移民资金议题的发帖者态度倾向

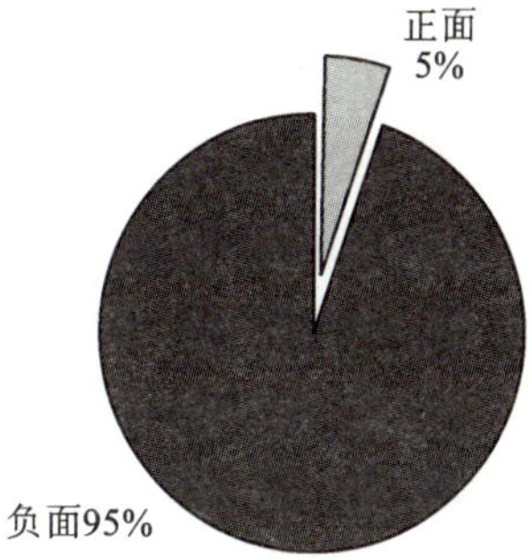

图 6-20 移民资金议题的跟帖者态度倾向

有关资金违规使用的问题，媒体报道相对比较多，主要从资金违规使用所造成的结果和相关部门所采取的回应措施两个方面进行报道。有关资金违规使用的报道有 2000 年 4 月《中华工商时报》的《三峡建委处理移民资金挤占问题》、2000 年 4 月《重庆日报》的《对出纳挪用移民款赌博负有失职责任万州区移民局有关领导被处分》、2000 年 10 月《重庆日报》的《郭树言细说三峡库区移民资金问题 违规违纪使用表现有六》、2000 年 12 月《经济日报》的《违规三峡移民资金 95％被追回 库区 136 人受制裁》等共 6 篇报道，关于相关部门针对资金违规使用所造成的结果的报道主要有 2000 年 4 月《重庆日报》的《市移民局制定 10 条监管措施确保移民资金安全有效运行》，2000 年 4 月《重庆日报》的《移民公路建设亟待加大投入》、《重庆日报》的《三峡工程移民资金管理暨审计整改工作会议强调加大审计整改力度管好用好移民资金》等共 7 篇。从数量上来看，有关资金违规使用的问题在媒体报道的总数中占很大一部分，可以说，资金违规事件的曝光和处理方面的报道都比较多。而事实上，相应的，有关移民资金违规使用的帖子也比较多。

暨南大学传播学硕士陈映 2005 年在其硕士毕业论文《BBS 与主流报纸的议题互动》一文中认为，BBS 和报纸议题之间存在着互动。互动是两个不同主体双向影响的一个过程，而媒介间的议题互动则是两种媒介之间在议题上双向交流与影响的过程。因此，从这一概念出发，BBS 和报纸媒体之间的议题互动最起码应该有两个矢向度：一是议题从 BBS 流向报纸媒体；二是议题从报纸媒体流向 BBS 论坛。在这两个矢向度的基础上，BBS 和报纸媒体发展出了四种互动模式。[①] 本章中所涉及的主要有两种模式：

第一，网友在 BBS 论坛转帖主流报纸媒体的新闻报道，这是从报纸到 BBS 矢向度的一种互动方式。这也是 BBS 和报纸媒体基本且常见的一种互动模式，指的是网友直接把报纸媒体的相关新闻报道转载到 BBS 论坛上供大家阅读和讨论的一种方式。与之相应的，则是网友在 BBS 上的原创帖子。网友把报纸的新闻报道转贴到 BBS，实际上担当了信息传播过程中的“意见领袖”的角色，这不仅可以丰富 BBS 的议题资源，而且也扩大了报纸媒体的传播范围，加快了议题的传播速度，推动了报纸媒介议程向公众议程的转化。这实际上是报纸媒体通过一些活跃在 BBS 上的“意见领袖”对 BBS 进行间接议程设置的一种方式。比如，楼主“芙蓉隐士”在 2007 年 1 月 26 日《审计署：三峡移民资金被违规使用 2.72 亿》一帖中，就是将新华网的一篇同名新闻原封不动地粘贴上去的。可见，论坛上的一部分议题是来源于主流媒体的新闻报道的，这种情况下，主流媒体的报道是网络舆论议题的来源。

第二，网友在 BBS 上以报纸媒体的新闻为由头展开进一步的讨论，这同样是一种从报纸出发的互动模式。即使网友没有把报纸媒体的新闻全部搬上 BBS，报纸媒体的相关报道同样可以引起 BBS 上网友的热烈讨论。网友可以就报纸媒体的某一新闻报道的内容，撰文阐明自己的观点与理解，或表示赞同，或表示质疑，等等。BBS 上的讨论能够迅速汇集各种意见，加速了最初报纸媒体的报道成为全社会关注的热点的过程，并且和报纸媒体的新闻报道一起影响了公众对议题的认知作用。有时候，BBS 上所讨论的内容甚至远远超出了报纸媒体原来设定的内容范围，这在一些敏感性或反对性议题中表现得尤其明显，从而导致了 BBS 和主流报纸在议题内容上的错位现象，虽然主流报纸媒体成功地开启了 BBS 的讨论议题，但 BBS 上的讨论焦点却已背离了主流报纸的主线。从人民网强国论坛上有关三峡移民问题的帖子来看，大部分议题的内容是以报纸媒体的新闻为由头展开进一步的讨论，而这些议题在 BBS 上汇集了各种不同的意见，引起了网友的热议，甚至远远超出了报纸媒体原来设定的内容范围。而在有关资金违规使用的问题上，人们的讨论最多，反对也

① 陈映. BBS 与主流报纸的议题互动[D]. 广州：暨南大学，2005.

最为激烈，从而最终导致了 BBS 和主流报纸在这一议题内容上的错位现象，虽然主流报纸媒体成功地开启了关于资金问题的 BBS 讨论，但 BBS 上的讨论方向却已背离了主流报纸的指导方向。这进一步验证了伯纳德·科恩的那句话“在多数时间，报界在告诉它的读者该怎样想时可能并不成功；但它在告诉它的读者该想些什么时，却是惊人地成功”。

5. 其他网络舆论主要观点

网民对三峡移民的贡献及移民精神表示赞同，如帖子《三峡移民值得颂扬》，帖子《百万三峡移民换来“能照亮半个中国”的电力，请关注库区人民的发展》指出三峡移民的贡献，同时也提出对库区移民发展的重视和关注问题。

关于政府干部，网络论坛中也提出了一些相关讨论，《贪污三峡移民款1207 万元，黄发祥被处死》、《广东惠阳三峡移民办主任涉嫌玩忽职守受贿被捕》指出政府干部在三峡移民中贪污受贿的现象，而帖子《谁知道三峡移民时候移了多少，是不是对经济起了很大作用，公安局长都开路虎，宝马啥的》虽不算是指出干部贪污的负面问题，但可以看出网友对政府干部的工作问题存在怀疑和不信任的心理。

网络论坛中也不乏正面的帖子，如《一个三峡移民家庭的生活变迁》用转自新华社的一篇文章描述了移民生活的改善，一些原在库区生活较差的人们因移民带来的产业发展在当地找到了工作，生活稳定，家庭生活条件得到改善。

暨南大学传播学硕士陈映 2005 年在其硕士毕业论文《BBS 与主流报纸的议题互动》一文中还认为，BBS 和报纸在议题互动中各起到不同的作用：BBS 论坛对议题起到溢散与推动作用，而报纸媒体则起到对议题的建构和“扩音”作用，要实现议题的正确引导就必须做到虚拟和现实的“合谋”[①]。因此，尽管有关三峡移民的议题多数来源于媒介，但人民网强国论坛对这些议题起到溢散与推动作用，同时在论坛中通过网民的讨论也开启了一些全新的议题。由此可见，在网络媒体下，报纸和 BBS 论坛必须做到二者的“合谋”才能实现议题的正确引导。

① 陈映. BBS 与主流报纸的议题互动[D]. 广州：暨南大学，2005.

四、BBS 和报纸在议题互动中各起到的作用

1. BBS 论坛:议题的溢散与推动

上面的媒介事件告诉我们,报纸等传统媒体一统新闻传播世界的时代已经结束了,在这些新闻报道之中,在 BBS 和报纸媒体的议题互动过程之中,BBS 论坛这种毫不起眼的另类传播媒介所起到的推动作用显然是不应低估的。

首先,BBS 的介入大大扩展了议题范围。BBS 论坛的兴起为人们提供了一个发表言论、表达意见、释放情绪的便利通道,使民意更容易进入传播渠道,为传统媒体的议题设置注入了很多新鲜的血液,而它与传统媒体之间的议题互动也因此具有了推动民主进程的更深层次的意义。从人民网强国论坛上有关三峡工程引文问题的帖子内容来看,网络舆论的议题不仅包括资金问题、基础建设、移民安置、移民生活、移民教育和后期扶持等,还涉及了移民精神等问题,这在传统媒体中是不多见的,这在一定程度上为传统媒体的议题设置注入了新鲜的血液。

其次,BBS 的介入还加速了传统媒体议题的流播,扩大了议题的影响力。从以上分析的个案中可以看出,关于三峡移民过程中的资金问题已经从传统媒体的报道转移到 BBS 中来,不仅加速了这一议题的传播,而且在一定程度上扩大了该议题的影响力并且朝着逆反报纸媒体的舆论方向扩散。由此可见,目前 BBS 已经表现出一种传统媒体无法赶超的作用,其代表的舆论甚至能够修正与重构主流报纸媒体的报道,从而在一定程度改变了报纸媒体介入公众意见的一些行为规律。报纸媒体对民意的过滤和限制以及 BBS 论坛对民意的开放和放纵,使得 BBS 上的民意不仅更鲜活、更直接,而且往往比报纸媒体要来得更猛烈、更尖锐。很多事件如果能够在 BBS 论坛上找到发表的空间,并能吸引众多网友的关注、点击与评论的话,它就能像滚雪球般地很快将事件越炒越大。因此,网络舆论的力量不仅不可忽视,尤其对于三峡移民过程中出现的资金违规使用问题,而且还要善于引导,及时澄清事实,以免事件朝着相反的方向发展。

2. 报纸媒体:议题的建构和"扩音"

陈映在其《BBS 与主流报纸的议题互动》一文中还指出,虽然 BBS 对报纸

媒体具有议题引导和推动的作用，但就目前的情况来看，更多的时候报纸媒体仍在这一场媒介间议题的博弈运动过程中起着主导的作用。报纸的这种“媒介意见领袖”的角色首先体现在它对 BBS 论坛讨论话题和讨论内容的设定与建构作用。报纸是 BBS 论坛讨论内容的最主要的信息来源，BBS 的很多帖子都是对报纸新闻的直接转载，或者是围绕着报纸的某一新闻而展开的讨论。即使议题由 BBS 首先开启，报纸的跟进报道和言论也更加容易对 BBS 原议题产生重新解释、重新设定的影响。其次，报纸媒体在它与 BBS 的媒介议题互动之中的主导地位还体现在它可以赋予议题权威性，可以将议题的影响作用“放大”。报纸媒体对 BBS 言论进行了选择、过滤以及评论则可以有效地调控 BBS 议题的发展方向，并且有助于 BBS 用户把对议题的感性认识提高到更加理性的高度，实际上也就对 BBS 的议论起到了“放大”、“扩音”的效果。

在现实中，BBS 上的言论最终在社会中产生的作用和影响，往往离不开报纸等传统媒体的适时介入。也就是说，BBS 很多时候都要借助了报纸等传统媒体的力量，并与报纸等媒体的报道形成合力才能把网络中虚拟的舆论呼声转化为现实的舆论压力，或者说才能形成更强大的舆论力量①。

在上面所分析的个案中，无论是关于搬迁耗资之大的争议、移民中基础设施的重复建设问题、浪费资金问题、还是移民纪念塔事件和资金违规使用问题，这些的议题传播的源头都是传统的报纸媒体，正是报纸媒体对于这些议题的报道，才将有关这些议题的信息传播开来，从而引起舆论的兴趣，在 BBS 上进一步扩散。

3. 舆论的实现：虚拟和现实的“合谋”

新华社总编辑南振中先生在谈及网络舆论对主流媒体舆论的挑战时，曾经提及一种可能产生的危险：出现两个分裂的舆论场，即一边是所谓的网络舆论场，包括 BBS 言论等等，一边是报纸等传统媒体的舆论场，两个舆论场互不重合，自说自话。而要消除两个舆论场分裂的危险，实现两个舆论场的统一或重合，就必须提倡网络媒体和主流媒体进行有效的互动和合作。

青年网络研究者工吉鹏则认为，网友的留言被放大成一种观点后，网络媒体（这里指 BBS）与平面媒体（这里指主流报纸媒体）再经过交叉作用的互动之后，一种具有更强参与性的民意就显现出来了，从而产生了“1＋1＞2”的联动

① 陈映. BBS 与主流报纸的议题互动[D]. 广州：暨南大学，2005.

效应。

因此，在三峡移民的公共关系传播中，要充分发挥好报纸媒体与BBS之间的议题互动与合作关系，不仅要重视报纸媒体对于议题的设置和引导，还要时刻关注网络BBS的舆论方向，既要顺应报纸媒体传播的舆论导向，不能使议题偏离，又要保证议题的多样化和民主化。

五、网络舆论结论及建议

1. 结论

(1) 通过以上分析，我们得出移民网络舆论的总体分析结论：网友对移民的总体评价都是偏向负面的，跟帖者的态度与发帖者的态度趋于一致；对移民最关心的是资金问题，我们认为大多数人都是非移民群体，对移民问题讨论的焦点自然不会是移民过程的适应性、疾病防治等细节议题。综合前面的内容分析，媒体报道和网络舆论对移民资金的关注度都很高。而就人们对于新闻议题的关注情况来看，有关贪污和资金不合理利用等问题一向都为人们所关注。

(2) 在报纸等传统媒体一统新闻传播世界结束的时代，网络BBS论坛和传统媒体间存在着议题互动，BBS论坛带来了议题的溢散与推动，而报纸媒体则使议题的建构和“扩音”得以实现，要使舆论朝着正确的方向发展，就必须结合二者之力，实现虚拟和现实的“合谋”。

2. 建议

由于网络BBS论坛和传统媒体间存在着议题互动，因此，在三峡移民的公共关系传播中，要充分发挥好报纸媒体与BBS之间的议题互动与合作关系，不仅要重视报纸媒体对于议题的设置和引导，还要时刻关注网络BBS的舆论方向，防微杜渐。既要顺应报纸媒体传播的舆论导向，不能使议题偏离，又要保证议题的多样化和民主化。

因此，首先要做好报纸媒体的有效传播，通过报纸媒体及时准确地将三峡移民的相关信息权威性地进行发布，保证民众对于有关移民问题的疑问能够及时准确地得到解决。

其次，要做好网络舆论的实时监测和控制，及时了解网络舆论动态，对于偏激议题要善于引导和控制。在重视传统媒体的舆论监督的同时，应当看到网络舆论的特殊性，传统媒体和网络舆论监督可以进行多方面的互动和互补，互动的目的也是为了互补，从而达到强化舆论监督效果的目的。要充分借助网络舆论对于议题的溢散和推动作用，适当将新闻报道中的正面议题引入网络论坛，扩大议题的传播效果，从而实现 BBS 和报纸媒体虚拟与现实的“合谋”。

根据传统媒体和网络的不同技术、组织和受众特点，两者的互动不仅具备条件，而且双方优势可以得到很好的互补。以下传统媒体与网络舆论监督互动建议，能够为三峡专属媒体如何处理网络舆论监督的关系提供借鉴性意见：

(1) 依托网络的点多面广、及时揭露的线索功能，传统媒体及时跟进，使监督相互呼应。传统媒体的采编人员要经常“光顾”各类社区、论坛、帖吧等网民能自由出入的网络空间，发现对于问题事件的曝光信息后，以之为线索，通过适当方式进行跟进采访与报道。这方面，传统媒体的采编人员已有较强的意识，似乎已经尝到了甜头。

(2) 依托传统媒体的权威性，深入挖掘事件真相和问题实质，网络及时扩散权威的监督进展信息。网络的力量是有限的，网络必须借助传统媒体的力量才能实施完整而有效的舆论监督，比如，一般网民没有合法的记者身份，可以“捕”些“风”“捉”些“影”，却难以进行深入、正当的调查采访；另外，传统的权威媒体对问题事件的调查有了阶段性的进展之后，初始爆料人等相关网民应在原爆料网络空间适时转贴相关信息，以扩大影响，鼓舞受众信心。这不仅能够充分发挥 BBS 论坛对议题的溢散与推动作用，也实现了报纸媒体对议题的建构和“扩音”作用，从而使二者充分互动、双向影响，实现舆论的虚拟和现实的“合谋”。

(3) 两者传递一致信息，强化舆论监督及其传播效果。在舆论监督的各个阶段，相关网民和传统媒体的记者要通过适当的方式和渠道保持适时的信息沟通，以保证网络和传统媒体在问题事件的监督过程中，信息及时一致，只有这样，监督才能取得应有的成效，传播效果才能得到最大限度的强化。

第五节 移民报道个案分析——移民精神的集中报道

一、个案分析概述

在三峡工程百万大移民的实践中，库区广大移民群众和各级干部，以及对口支援三峡移民工作的兄弟省市，以博大的胸怀和无私的奉献共同创造了伟大的三峡移民精神。三峡移民精神的基本内涵是顾全大局的爱国精神、舍己为公的奉献精神、万众一心的协作精神、艰苦创业的拼搏精神和开拓开放的创新精神，体现了以爱国主义为核心的民族精神和改革创新为核心的时代精神，是中华民族在全面建设小康社会征程上的一笔宝贵的精神财富[①]。对移民干部、移民典型所反映出的三峡移民精神的宣传报道为移民工作顺利开展创造了良好的舆论环境。随着三峡移民工程三期最后一批移民的外迁，对三峡移民精神的宣传也拉开帷幕，2006 年达到宣传高潮，堪称“三峡移民精神宣传年”。

本部分以 2006 年三峡移民精神在全国范围内的集中宣传为契机，通过三峡专属媒体 2006 年对三峡移民精神报道的分析，讨论作为宣传动员之重要环节的三峡专属媒体以何种策略宣传三峡移民精神，以影响人们对由三峡移民精神而激发的民族意识与爱国主义的认知与认同。

二、政府建构“礼赞三峡移民精神”的公众议题

2005 年，由中宣部，国务院三峡办，重庆市委、市政府联合主办的三峡移民精神集中宣传在重庆拉开大幕，2006 年 4 月初到 5 月中旬，在北京集中推出了“三峡移民精神报告会”、方言话剧《移民金大花》、《百万移民 · 感动中国——三峡移民精神颂》展览，并先后到上海、山东、广东、江苏、浙江、江西、安徽、湖北等十几个省市开展了巡讲、巡演、巡展活动，在全国产生了较大的社会反响。

① 刘万利. 对三峡移民精神宣传的思考[N]. 学习时报，2007-07-09.

这期间以"三峡移民精神唱响全国"专题报道作为重要议题频繁出现在主流媒体上,标题为《舍家为国映三峡——三峡移民精神礼赞》、《三峡移民精神是中华民族宝贵的精神财富》、《筑起三峡的精神丰碑——记伟大的三峡移民精神》、《〈三峡移民精神颂〉展览在北京等地展出》、《三峡移民精神报告会昨日在人民大会堂隆重举行》、《三峡移民精神如何震撼我们》、《〈移民金大花〉让京城百姓认识了三峡移民精神》等的报道集中出现在 4 月份,数量超过 50 篇。

从传播学来看,宣传作为传播的一种形式和活动,是由组织机构通过传播媒介把经过深思熟虑的讯息传送给特定的对象,旨在接受宣传者的意图,进而改变其行为,以达到宣传者的预定目标①。作为三峡移民工程媒体报道的一部分,中宣部等机构以其高频度和高强度的媒体再现,通过建构"礼赞三峡移民精神"的议题,凸显三峡移民精神的意义,旨在引导全社会关注和重视,一方面激发全国公众对透过移民精神所体现的爱国主义的认同,另一方面促进移民群体成员彼此学习,并在实践中予以应用。

三、三峡专属媒体对移民精神的报道框架设定

1. "移民精神"是三峡专属媒体的重要议题

2006 年 4 月 29 日,"三峡移民精神"报告团和《移民金大花》剧组来到三峡坝区为三峡建设者做报告和演出,《中国三峡工程报》及《金沙江报道》对此进行了全程报道,《移民精神感动三峡建设者》、《面对如此宏伟的工程,再苦再累也值了!——记三峡移民精神报告会》、《"金大花"亮相三峡》的新闻报道以及《来了就是一家人——江西省靖安县老区建设移民办副主任　周小勇》、《再也不做"倔老头"——江苏省东台市三仓镇新五村农民　覃敬明》等报告文稿都集中反映了该活动进展。

与社会媒体在 4 月份对移民精神的短期集中宣传不同,三峡专属媒体做了全面、长期、经常性的报道,移民精神的宣传工作在 2006 年持续进行,报道较均匀地分布在各个月份(4 月—6 月较多);且由于"近水楼台",三峡专属媒体"移民精神"的报道更倾向于"用事实说话",其事实更丰富,移民故事多而生动,而不局限于移民精神报告会中的移民故事,相反,社会媒体对"移民精神"

---

① 林念生. 论宣传:以中央人民广播电台对台湾广播为例[J]. 中国传媒报告,2006(15).

本身含义和现实意义的社论较多。

在中国长江三峡集团公司网站上以“移民”为关键词检索新闻报道，2006年，《中国三峡工程报》、《中国三峡建设年鉴》及三峡公司网站中移民题材新闻报道共298篇，其中涉及描写移民干部排除困难做好移民工作（12篇，22%）、移民典型人物或群体的搬迁历程（9篇，16%）、移民自力更生努力致富（11篇，20%）、移民新生活中开拓进取的精神面貌（10篇，18%）等间接反映移民精神的内容以及直接宣扬“移民精神”的文章（13篇，24%，包括对移民精神宣传活动的报道）被列为三峡专属媒体对移民精神的报道，共计55篇，占2006年移民题材新闻的18.45%，可见2006年“移民精神”也是三峡专属媒体的重要议题。

从55篇新闻的报道内容来看，三峡专属媒体设定的报道框架为对“移民精神”进行价值判断（含义诠释、意义诠释）和事实判断（移民事实再现），进而影响受众对事实的价值性判断，最终实现受众对移民精神宣传的认同。

2. 三峡专属媒体对“移民精神”的价值判断

三峡专属媒体对移民精神的宣传在叙事上采用闭合策略将意义“锁定”，使受众被鼓励按照某种特定途径或遵循某种特定的意识形态框架去理解三峡库区移民工程中凸现出来的移民精神的真实叙事。

“伟大的事业孕育伟大的精神，伟大的精神推动伟大的事业。三峡移民精神是伟大时代和伟大事业的产物，是全党全国人民的一笔宝贵精神财富”[①]，“在三峡移民工程中，移民‘舍小家、为国家’的爱国情怀，基层移民干部冒严寒斗酷暑跋山涉水的奉献精神等为内容谱写出的三峡移民精神，早已传遍大江南北”[②]，“正是凭借如黄葛般执着坚韧的精神，被称为‘世界级难题’的三峡百万大移民才得以迎刃而解”[③]。三峡专属媒体上述报道中如“伟大的事业孕育伟大的精神”、“三峡移民精神是……的产物”、“移民……的爱国情怀、移民干部……的奉献精神早已……”、“正是……的精神……才……”这样的表述，即将三峡移民精神锁定于“伟大”、“爱国精神”、“时代精神”、“奉献精神”的诠释框架内，从而排除其他可能的理解，使宣传报道取得最大限度的效果。

默顿将宣传理解为“影响集体在有争议的问题上的意见、信念或行为的任

① 三峡移民精神的时代价值[N]. 金沙江报道，2006-06-23.

② 三期移民不容易[N]. 三峡工程报，2006-08-04.

③ 像黄葛一样，在哪都能扎根开花[N]. 三峡工程报，2006-12-08.

何和所有符号体系”[①]。据此，对于一种不被人所熟知的或不确定的新观念，需要通过宣传来影响人们对这些观念形成较为统一的认识，并且通过易于识读和理解的符号系统(新闻报道、影视剧作)表现出来，才能将这种符号所象征的文化在社会中传布，并使被广为接受。从上文引用的报道可见，三峡专属媒体以宣传与认同为目的对三峡移民精神进行了符号诠释，即价值判断，权威性地强调“为国家无怨无悔”的爱国主义，并提炼为具有感召力的“语录”和凝聚民心的“民族神话”，三峡移民精神如此被上升到具有强大的感召力和凝聚力的中华民族的核心层面，这种诠释框架使受众的认知与宣传意图保持一致，也容易唤起国人的民族情感和对国家利益的认同感。这种价值判断体系，作为传播中培养和强化国家利益、爱国主义和集体主义意识是我国一以贯之的认同宣传策略和惯用模式。

此外，由于三峡专属媒体的主要受众是三峡工程建设者，在宣扬“移民精神”的爱国主义价值时，还特别将三峡移民精神与三峡建设者精神相结合：“三峡工程建设和三峡百万移民都是世界级难题，在攻克这些世界级难题的过程中，三峡移民所展现出来的‘顾全大局的爱国精神、舍己为公的奉献精神、万众一心的协作精神、艰苦创业的拼搏精神’与三峡工程建设者‘为我中华，志建三峡’的精神相得益彰，熠熠生辉。有了这两种精神的结合，三峡工程建设将更加顺利，更加圆满。”[②]这便针对三峡建设者这个特殊群体为移民精神赋予了新的价值——激励三峡建设者为三峡工程建设奉献自己的力量，促进三峡工程圆满完成。这使移民精神与三峡建设者联系更紧密、移民的爱国奉献精神在三峡建设者心中产生了共鸣，从而达到唤起其对国家利益认同感的同时也认同组织、集体利益的目的。

3. 三峡专属媒体对“移民精神”的事实判断

前文所引用的媒体报道的三峡移民精神是抽象性的，如何将提炼出来的精神使之具体化为可感知的人物与事件，避免空洞虚幻的镜像，是宣传效果必须注重的。由此，三峡专属媒体在对“移民精神”价值判断的基础上进行了事实判断，即一方面通过描写报告会和话剧的现场听众的心理反应，另一方面通过对体现三峡移民精神的典型人物和事件的选择和凸现，起到一种样板或模式的作用，帮助受众移情于己、整合并理解移民精神的内涵。这种事实性宣传

① 默顿. 社会理论和社会结构[M]. 南京：译林出版社，2006：762，786-787.

② “三峡移民精神”报告会在三峡工地举行 移民精神感动三峡建设者[N]. 三峡工程报，2006-04-29.

策略有别于那种试图通过响亮的口号和直接的号召来煽动人们的宣传，而是以事实让受众“口服心服”。

首先，在对移民精神报告会和话剧《移民金大花》的报道上，三峡专属媒体注意使用现场听众的心理反应与表述来显现宣传的认同效果，例如，2006 年 4 月 29 日《三峡工程报》的《三峡移民精神报告会在三峡工地举行・移民精神感动三峡建设者》一文写道，“在报告会现场，很多工程建设者感动得流下了泪水。他们说，三峡移民精神是中华民族精神的壮丽诗篇，不仅感动了中国，也将激励着我们为建成一流的三峡工程而奋勇拼搏”；《〈移民金大花〉亮相三峡》一文写道，“随着剧情的展开，观众也随着人物命运的起伏，或悲或喜。当所有的矛盾得以化解，双河镇的移民在锣鼓声中惜别故土，带着对新生活的向往，一步一回头地踏上外迁之路，全场观众爆发出热烈的掌声。这掌声，抒发了三峡建设者与三峡移民为了国家和人民的利益，顾全大局，无私奉献的共同心声，也传达出与三峡工程相生相伴的伟大民族精神”。用“感动”、“流下泪水”、“或喜或悲”、“爆发掌声”这样极富感染力的词汇描写现场听众反应的事实，读者的情绪就容易被唤起而“感同身受”，并与“民族精神”、“爱国奉献”等相互强化，产生了即时的宣传效果。

其次，在对移民精神的长期性宣传中，三峡专属媒体 2006 年的报道《榜样就是力量——重庆市奉节县朱衣区副区长冉绍之》、《移民就业的贴心人——记夷陵区三斗坪镇妇联主席牛焕菊》、《为移民呕心沥血的干部孙绍诚》、《干“小事”的移民干部——记重庆市云阳县普安乡驻村移民干部宋家永》、《覃旺祥：乐为移民代言》、《自力更生成时尚——万州周家坝街道近千移民自愿退低保》、《移民李洪华靠勤劳经营致富》、《移民致富的“带头大哥”李文龙》、《移民张德刚投资 400 万建敬老院》等新闻事实皆反映了移民干部努力做好移民工作、移民典型自力更生甘于奉献的移民精神。选用这种事实性“典型”有着重要的宣传价值：一是对受众有注意价值，这些普通的移民、移民干部的故事容易因“接近性”而引起人们的关注；二是有传播价值，这些事实经媒体刊播后，便容易成为受众口传和谈论的话题；三是具有信任价值，因为故事或事实的主人公是真实的人，人们便不会对移民的真实身份和英雄的真实性产生怀疑；四是有示范价值，由于典型人物的事迹感人，不仅能打动公众的情感，往往还能产生示范效应。因此以这些典型的真人而构成的英雄群体作为事实性宣传更可信有效，榜样作用可以收到良好的认同效果，且这种认同效果是双重的：对于本身是移民身份的受众而言，对三峡移民精神的报道，讲述活生生的人物和真实事件，可以唤起他们对自己曾经熟悉的人物和亲身经历的记忆、对他们作为移民这一特殊群体共有的历史文化意义的认同感；对于没有亲身经历移民媒体受众而言，通过三峡移民这些普通人的真人真事和舍家报国的高尚情操，可以“移情”并认同为民族的整体利益和长远利益舍小家顾大家这样一种行为。

综上所述，2006 年三期移民结束之际，政府在全国范围内建构了“礼赞三峡移民精神”的公众议题，该议题也成为三峡专属媒体全年的关键议题，尤其是《中国三峡工程报》对此作了长期的、经常性报道，并通过对移民干部、移民典型代表、移民致富、移民精神面貌、“移民精神”五大主题的反映，以及对“移民精神”的价值判断和事实判断设定了其报道框架，以影响受众对移民事实的价值性判断，最终实现受众对由三峡移民精神而激发的民族意识与爱国主义的认同。

特别地，针对三峡建设者这个特定群体，三峡专属媒体还将移民精神与三峡建设者精神相结合，激发了其志建三峡的决心和对于组织利益的认同，增强了内部凝聚力。

第六节　结论与讨论

通过对社会媒体报道内容分析、受众调查、网络舆论分析，社会媒体对 1998 年到 2003 年的二期移民报道达到高峰，对移民问题媒体最关注的议题是移民安置工作、经济发展、搬迁进展、政策法规和资金问题，社会媒体在客观数据信息上的主要信息来源为三峡专属媒体。在三峡移民传播中，三峡专属媒体对国内权威媒体构成了议程设置。

问卷调查结果显示，受众对移民的总体评价是显著正面的，深度访谈表明受众对移民资金问题还存在质疑，专属媒体对内部公众的态度影响起到了积极作用，三峡专属媒体在通过社会媒体影响受众态度时，在媒介的选择上应注意考虑外部受众的文化程度和媒介接触习惯，高学历的人群采用正反两面信息说服更有效，低学历的人群采用正面信息传播的技巧，从而争取达到更好的传播效果。另外，应对相关利益者的所有回应进行监测和分析，了解如何回应相关报道、支持程度如何，从而制定具体的公共关系活动。同时，对于受众存在质疑的议题，建立专项公共关系应急机制，在传播方法上选择权威可信度高的媒体发布第一信息，引导社会舆论；注意传播的信息内容真实、全面、客观，其将影响长期的公共关系传播效果。

网络舆论分析结果显示网民对移民的总体评价都是偏向负面的，网络中移民最关心的议题是资金问题，网络 BBS 论坛和传统媒体间存在着议题互动，BBS 论坛带来了议题的溢散与推动，而报纸媒体则使议题的建构和“扩音”得以实现，要使舆论朝着正确的方向发展，就必须结合二者之力，实现虚拟和现实的“合谋”。因此三峡专属媒体在网络舆论监督中应注意依托网络的点多面广、及时揭露的线索功能，传统媒体及时跟进，使监督相互呼应；反过来依托传统媒体的权威性，深入挖掘事件真相和问题实质，网络及时扩散权威的监督进展信息。而在报网互动的过程应该引起重视的是两者在信息传递过程中的一致性，只有信息及时一致才能达到最大的传播效果。

2006 年政府在全国范围内建构了“礼赞三峡移民精神”的公众议题，三峡专属媒体对此作了长期的、经常性报道，对从“移民精神”的价值判断和事实判断设定了其报道框架，以影响受众对移民事实的价值性判断，最终实现受众对由三峡移民精神而激发的民族意识与爱国主义的认同，并将移民精神与三峡建设者精神相结合，激发了三峡建设者志建三峡的决心和对于组织利益的认同，增强了内部凝聚力。

第七章
海外主要英文媒体与中国媒体之互动研究

第一节　三峡工程公共关系宣传的效果评估

一、本章研究框架

本章主要通过海外主要英文媒体与中国媒体之间的互动研究来对三峡工程公共关系宣传效果进行评估。总共由四部分组成。

第一部分:前言。主要介绍研究目的、研究问题以及研究背景,并在此基础上提出研究假设,以便为后文的研究提供基础。

第二部分:研究方法及过程。此部分采用内容分析方法,选取了纽约时报、CNN和路透社三家具有代表性的海外主要英文媒体有关长江三峡的报道进行分析,从信源、议题、倾向性、修辞四个方面进行变量测量,根据测量结果深入分析,发现:海外主要英文媒体有关三峡报道的信源主要来自中央媒体和专属媒体;在移民、生态环境、工程建设、工程作用、文化保护、政府措施六大议题中,海外主要英文媒体对移民和生态环境最为关注;倾向性以负面报道为主;报道的修辞主要为争议质疑类和中立客观类。

第三部分:讨论研究结论并指出本文在研究过程中的不足之处。通过对变量进行测量和分析,总结海外媒体报道的特点并对其进行理论分析。本研究认为在有关三峡工程的报道中,海外英文媒体和中国媒体的报道还是有一定的差异,这主要是海外媒体有其自身的特点使然,而进一步又与西方新闻界以负面报道为主的传统、西方新闻专业主义以及新闻价值理论等有关。

研究发现:①三峡专属媒体的报道可以设定海外主要英文媒体关于三峡工程的报道的议程;②海外主要英文媒体的报道框架与三峡专属媒体的报道

框架无显著差异;③三峡专属媒体的报道对海外主要英文媒体的报道具有显著的影响力;④海外媒体将中国三峡工程“妖魔化”的报道态势缺乏相关的数据支持。不过遗憾的是,由于本项目的资源约束,本文未能从受众的角度评价海外主要英文媒体对长江三峡的报道效果,这是本研究的不足之处。

第四部分:根据三峡海外公共关系宣传的现状和海外主要英文媒体的特点,从两个方面对加强海外公共关系宣传提出建议。首先是从公共关系宣传策略方面指出:进一步加强三峡专属媒体对三峡工程的宣传,重视中央媒体的宣传;舆论领袖在传播中发挥着重要作用,在对三峡的宣传中要加强与外国政要、专家学者等有影响人物的联系、沟通,通过他们加强传播效果;进一步加强和海外媒体交流,通过联合办刊、办报等方式加深合作深度和拓宽合作广度。其次,在报道技巧方面:一是采用平衡报道这种高超的表达技巧,在新闻报道中同时提供正反两方面信息;二是注重客观报道,通过提供事实、数据这种客观化的手法来表达主观倾向,从而对海外舆论进行疏导。

二、国内媒体的报道对海外媒体的影响

1. 良好的海外舆论营造不可忽视

三峡工程是中国在长江中上游段建设的大型水利工程项目,它是世界上规模最大的水电站,也是中国有史以来建设的最大型的工程项目,而由它所引发的移民、环境等诸多问题,使它从开始筹建的那一刻起,便始终与巨大的争议相伴。因此,三峡工程一直以来受到海内外媒体的广泛关注。作为一项民族工程,新华社、人民日报等中央级媒体,以及各地方媒体与三峡专属媒体的报道共同努力为三峡工程构建良好运作环境和舆论环境。

但同时,良好的海外舆论的营造也是不可忽视的,它不仅关系到三峡工程的顺利施工,也会成为海外国家认识中国的一个窗口,影响到中国的国家形象的传播。随着全球化和地区化的浪潮席卷而来,中国日益走向世界舞台的中心,并在其中扮演着越来越重要的角色。不难想象的是,中国在国际舞台上的活跃与广泛参与,自然会引起其他国家媒体越来越多的关注。

那么,三峡工程的海外舆论是何局面,中国国内媒体的报道是否有效影响了海外媒体的相关报道?

本研究为《三峡工程公共关系传播效果评估》研究报告中“海外主要英文

媒体与中国媒体之互动研究”部分，主要通过定量研究的内容分析法，选取了纽约时报、CNN、路透社三家举足轻重的海外媒体，以它们对三峡工程的报道为分析样本，并结合海外媒体新闻报道的特征对得到的数据进行理论层次的分析，旨在全面了解海外媒体对三峡工程的报道状态，力求展示出三峡工程海外舆论的现状。不论是社会的发展还是学术的终极目标，归根到底还是将聚焦点放在“人”上。因此，在本研究中，主要英文媒体关于三峡工程移民报道将是我们关注的焦点之一。最后，我们也从传播学和新闻学的理论出发，充分考虑到国内新闻报道与西方新闻报道理念的差异，提出了关于强化海外主要英文媒体三峡报道效果的对策建议。

2. 研究问题

本章主要研究三方面的问题。

首先是西方媒体“妖魔化”中国的问题。1995 年 5 月号的《中国记者》杂志刊登了一篇文章题为《妖魔化中国的背后》，文中首次明确提出了“妖魔化”的命题，批评美国媒体对中国的报道不仅有失公允，而且是一种恶意的贬低。在经历了 2008 年海外媒体对中国拉萨“3·14”暴力事件和奥运会火炬传递等事件的报道之后，西方媒体“妖魔化”中国的声音开始高涨。但是，这种观点大都出于爱国主义的热情，甚至国内很多学者在研究时，自觉不自觉地成为“妖魔化的囚徒”。[①]即他们在研究之前心中就有一种假定：海外媒体正在“妖魔化”中国。于是刻意去搜寻和罗列大量的现象来支撑其观点。因此本研究极力避免先入为主的“妖魔化”概念，试图秉着客观务实的态度来回答：关于海外媒体对中国的“妖魔化”观点目前是否有实证研究的支持。

其次是海外主要英文媒体与中国媒体的互动关系问题。1972 年，麦库姆斯（Mccombs）和肖（Shaw）在民意季刊上发表了《大众传媒的议程设置功能》一文，证实了此前科恩（Cohen）等人提出的议程设置（agenda setting）猜想的成立。议程设置理论的主要含义是：大众媒介加大对某些问题的报道量，或突出报道某些问题，能影响受众对这些问题重要性的认知。在随后的三十年中，作为大众传播学经验主义研究的一个重要命题，这一理论得到了很大的发展。随着研究的深入，麦肯姆斯等学者开始思考：究竟是谁影响了媒介议程的设置？这一关注重心的转移，就把这一理论放到了社会大环境中，而这已超出了

① 美国中国问题研究专家奥维尔·谢尔把中国人常有的“受害者心理”称为“历史的囚徒”（prisoner of its past），转引自王蔚，屈涛. “妖魔化”与《纽约时报》对华报道[J]. 前沿，2007(2)：214.

经验主义研究的方法范围。于是，议程设置研究的学者们开始寻求新的外延拓展点——框架理论(frame theory)。框架理论又称架构理论，它是宏观和微观的综合体。作为一个宏观构造，架构理论指的是记者和其他传播者用来以某种方法传递信息时的一种呈现模式；作为一个微观构造，架构理论描述了人们在形成印象的时候如何运用信息和表达使有关问题具有明显的特征。① 简单地说，框架构建就是人们通过选择思考结构（框架）对主观解释并构建社会现实的过程。框架效果即是考察媒介对某一议题的架构/构造(framing)对受众认知的影响。那么，在海外媒体与中国媒体之间，我们能否依托数据支持，验证议程设置效果和框架效果呢？

另外，潘忠党先生在《新闻架构研究的兴起与误区》一文中指出，所谓的新闻框架就是强调不同的基本价值理念，这才是新闻框架的本质。②中西不同的文化和意识形态孕育了不同的价值理念，如果中外媒体之间存在议程设置的效果和框架效果，那是否受到意识形态的影响呢？这也是本研究要解答的问题之一。

最后是从受众的角度评价海外主要英文媒体对长江三峡的报道效果，这涉及传播效果的测量问题。受众不再是一个个随声应到的靶子，媒介的报道效果取决于受众的接收。同时，从心理学角度而言，态度是指个人对某一对象（包括人、事和物）所持有的比较稳定的评价与行为倾向。态度是一个复杂的结构，影响态度形成的因素是多方面的。虽然说当今媒介已然成为人们认识外部世界的重要窗口，但毕竟不是唯一的窗口。因此，想要全面描述长江三峡的国际舆论环境，不仅要测量海外主要英文媒体的报道状态，还应测量海外受众有没有或者在多大程度上受其报道的影响，勾勒出海外受众对长江三峡工程的态度。虽然本研究由于各种主客观原因，最终没有对该问题予以深入的研究，但不可否认它确实是值得研究的。本研究的研究人员只能寄希望于其他研究学者，能在今后对这一块问题有更独到的见解。

3. 三峡工程新闻宣传中心营造了良好舆论环境

中国长江三峡工程是一个举世瞩目的大工程。三峡工程是目前世界上最大的水电站，也是中国最大的工程，是治理和开发长江的关键性骨干工程。三峡水库正常蓄水位 175 米，总库容 393 亿立方米，水库全长 600 余公里，平均宽

---

① 邓惟佳. 试论架构理论在新闻传播学的运用[J]. 国际新闻界，2008(3)：14-15.

② 潘忠党. 新闻架构研究的兴起与误区[J]. 北京：清华大学出版社，2006：174.

度1.1公里,水库面积1084平方公里。它是综合治理长江中下游防洪问题的一项关键性措施,并兼有发电、航运、灌溉、供水和发展库区经济等巨大的综合经济效益,对加快我国现代化进程,提高综合国力具有重要意义。

三峡工程采用"一级开发、一次建成、分期蓄水、连续移民"的建设方案,分三个阶段完成全部施工任务,全部工期为17年。第一阶段(1993—1997年)为施工准备及一期工程,以实现大江截流为标志。第二阶段(1998—2003年)为二期工程,以实现水库初期蓄水、第一批机组发电和永久船闸通航为标志。第三阶段(2004—2009年)为三期工程,以实现全部机组发电和枢纽工程全部完建为标志。

中国长江三峡工程开发总公司1994年10月成立了新闻宣传中心,专门负责三峡工程的相关新闻和信息的传播。为宣传三峡工程和水电开发,主办了国内外公开发行的《中国三峡工程报》、《中国三峡建设》杂志、《中国三峡建设年鉴》两报一刊和CTGPC网站,开展报纸、杂志、网络三位一体的对外宣传工作,广泛联系社会媒体,及时报道三峡工程建设的进展情况、典型经验、先进人物,向国内外提供大量权威信息,对引导舆论、消除误解、澄清事实、团结包括港澳同胞在内的全国人民发挥了很大作用。

在海外宣传方面,三峡公司通过参加研讨会、科技展、邀请外国记者前来采访、接待外宾来访、举行国际会议等多种方式,加深国外对三峡工程各方面情况的了解。特别是在移民、生态以及工程质量等问题上,通过提供真实权威信息,抵制歪曲报道,在取得国际友人理解和支持三峡工程方面起到了很大作用,为三峡工程建设营造了良好的国际舆论环境。

4. 研究假设

(1) 海外主要英文媒体对三峡的报道主要引用三峡专属媒体发布的事实和数据;

(2) 海外媒体的报道框架与国内权威媒体,专属媒体的报道框架一致。

第二节 研究方法:对代表性海外媒体的内容分析

一、选取《纽约时报》、CNN、路透社为代表性海外媒体

本次研究选取了《纽约时报》、CNN、路透社为代表性海外媒体。

1.《纽约时报》

《纽约时报》以政界、企业界和知识界读者为主，是国会议员、高级官员、工商业巨头和许多国家首脑必读的报纸，被喻为“案头报”。李金铨(2004)①认为，在美国的精英媒介中，《纽约时报》具有极高的声望，号称是“政治精英的内部刊物”。我国国务院、美国国会和各国大使馆都依赖它来建立普遍性的参考框架。社会运动团体也不敢掉以轻心。拟选《纽约时报》来研究，因为它执舆论之牛耳。

所以，我们在选择美国主流媒体时，首先选择了《纽约时报》作为分析对象之一。

2. CNN

CNN是人们观看和了解世界动态的主要窗口，影响和决定国际事件中媒体议程的舆论领袖。阿尔及利亚社会学家兼记者蒙尼·贝拉赫称，CNN“帝国”有两块基石，“一块是重要新闻，一块是国际报道”。②《铸造CNN》一书的译者陈虹认为，CNN的影响超出了媒体的范围——对国家政治和政府决策产生了不可忽视的推动作用，有“电视外交大臣”之称。因此，CNN也成为我们的分析对象之一。

3. 路透社

英国路透社的新闻“快捷、及时”，重视时效性，发布独家新闻。路透社的客观报道在业界出了名，它的新闻产品由于客观真实，而受到客户的欢迎和青睐。据统计，中国目前媒体从外界获得的大部分信息是从路透社买来的，大部分原因就在于其公正的中间立场。③

因此，路透社在海外的三峡工程报道也具有代表性。

二、样本选取

本研究的抽样由两名广告学研究生和一名广播电视新闻学本科生共同完成，编码员信度为0.9。我们以“Three gorges”为关键词，分别在《纽约时报》、CNN和路透社的官方网站上进行搜索，然后剔除掉无效样本。最终得到有效

---

① 李金铨.超越西方霸权:传媒与“文化中国”的现代性[M].香港:牛津大学(中国)出版社,2004:118.

② 张穗华.媒介的变迁[M].北京:中国对外翻译出版公司,2002:91.

③ 付松聚.浅析路透社的“两条腿”走路[J].新闻爱好者,2007(5).

样本数为120。下面我们以《纽约时报》官网上的有效样本的取得为例，具体说明我们的样本由来。

在《纽约时报》的官方网站上用“Three gorges”为关键词进行搜索，一共有534个搜索结果，这534篇相关文章分布在27个类别中(见图7-1、图7-2)。

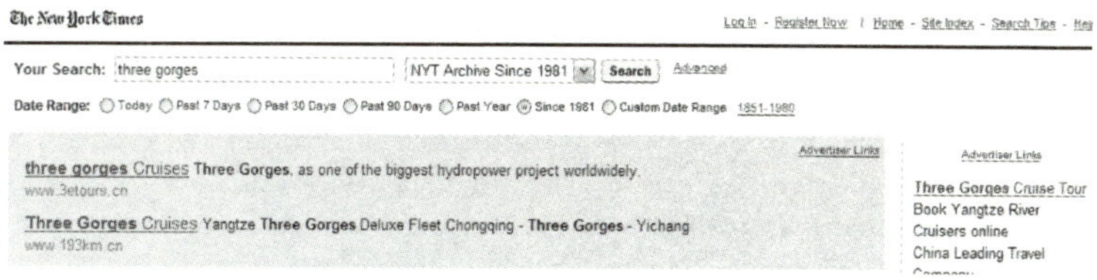

图 7-1 搜索结果

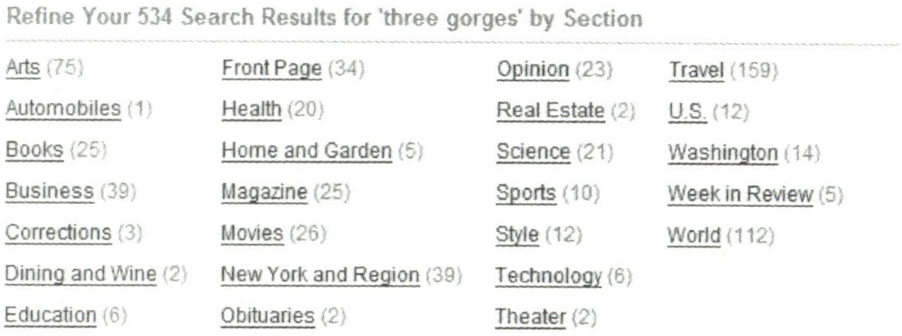

图 7-2 相关文章分布类别

我们对这534篇文章按类别一一进行了有效性的鉴定，剔除了无效样本后，共有92篇有效的样本。

无效样本如何界定？我们将没有完整包含“Three Gorges”的文章首先剔除，有的文章虽然包含了“Three Gorges”一词，但内容与三峡并无关系。比如说，WashingTon类别中 *The World; Trade's Bottom Line: Business Over Politics* 一文主要是说中美双方尽管在政治问题上有分歧，但这并不妨碍中美经济上的合作，如新客机、三峡工程等(见图7-3、图7-4)。诸如这种情况，我们都视为无效样本。

但只要一篇文章中有涉及三峡工程相关情况的，我们就将它纳入研究样本。

例如，在New York And Region这个类别中的一篇文章 *Slain Editor Heads List Of Polk Award Winners*，并不以三峡工程为报道主题，但它在文章中有一段提及了三峡，截图如图7-4所示。

What surprised the visitors, however, was how quickly Mr. Li dropped those issues and jumped right into business: Power projects that need foreign capital, China's plans for buying and building new passenger aircraft, the giant Three Gorges Dam

图 7-3　无效样本

Shai Oster of The Wall Street Journal won the environmental award for disclosing the consequences of China's $22 billion Three Gorges Dam on the Yangtze River, which is devastating villages and causing landslides and other unforeseen events. China, as a result, acknowledged a need to relocate four million people, besides more than a million who had already been displaced.

图 7-4　有效样本

我们仍将其视为有效样本。

最终，我们得到含有有效性样本的类别有 11 类，其中的 News Summary 是摘要类的报道，因其体裁的特殊性，我们单独把摘要文章归为一类。最终我们得到 92 个有效样本。

以上就是《纽约时报》上样本的取得过程，该方法同样适用于在 CNN 和路透社的样本取得。我们通过《纽约时报》的 92 个样本的获得发现，按类别进行样本的甄别虽然看似是有效率的好方法，但是由于这一分类并不健全，一篇报道即便是属于某个类别，也会重复出现在其他类别的文章中，这为我们的删选带来不便。而且由于样本数量有限，我们无法同预想的一样从这一分类中得到不同类别不同报道倾向性等有价值的信息。因此，在后来的样本甄别中，我们即对搜索到的文章按搜索结果的排序逐一识别，而未按照类别进行样本甄别。

最后，这 120 个有效样本的构成情况如表 7-1、图 7-5 和图 7-6 所示。

表 7-1　样本构成比例

媒体名称

		频次	百分比	有效百分比	累积百分比
有效	路透社	21	17.5	17.5	17.5
	CNN	7	5.8	5.8	23.3
	纽约时报	92	76.7	76.7	100.0
	总计	120	100.0	100.0	

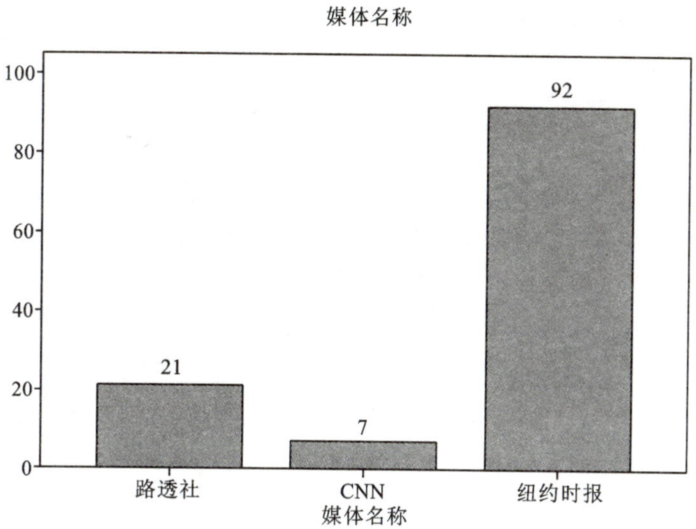

图 7-5 样本构成比例柱状图

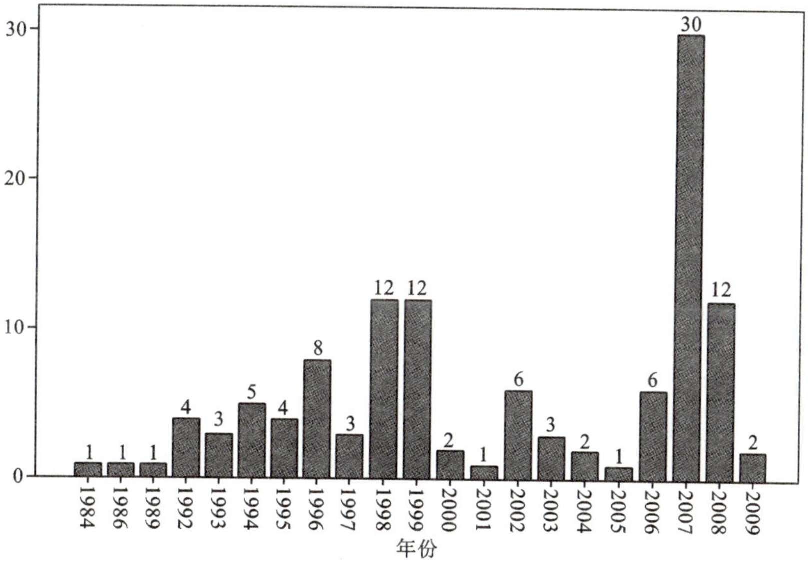

图 7-6 120 个样本的年份分布情况

三、海外媒体的报道议题分析

本次研究由一位广播电视新闻专业的本科生和两位广告专业的研究生共同编码。编码员信度为0.9。

我们在编码过程中，设置了信源、议题、议题数量、倾向性和修辞这五个变量。以下我们将逐一对这些变量的编码规则和数据结果做出说明。

1. 信源——主要来自中央媒体和专属媒体

信源就是信息的来源，具体到本研究，是指《纽约时报》、CNN和路透社关于三峡工程报道中信息的引用来源。我们设置的信源包括中央媒体、地方媒体、专属媒体、自采、不明、学术报告、国外媒体七个。新华社、《人民日报》等全国性的政府官方媒体归为国内中央媒体。地方媒体包括党报、都市报、电台、电视台、地方新闻发言人等。此外，涉及三峡工程各个相关项目的负责人的发言、三峡工程新闻发布会上的信息、三峡网站消息等的信源均视为专属媒体。自采信息指《纽约时报》记者采编的新闻报道。来源于学术报告的信息即为专家学者的研究文献的资料。而报道中没有具体表明信息来源的，我们就将其归到“不明”一类中。

一个信息来源被分析的文章采用了，即赋值为1，未采用则赋值为0。

例如，《纽约时报》在2006年5月19日刊登 *Building at end for Three Gorges Dam* 一文，文中提到：Workers on Friday began adding The last of The concrete to Top off The dam across The Yangtze River, which is 185 meters, or 607 feet, high and 2.3 kilometers, or 1.4 miles, long, The official Xinhua press agency said.

然后，我们在新华社的官方网站上以“三峡”为关键字进行搜索，找到了《三峡大坝全线建成》的报道。

新华社的这篇报道是报道5月20日三峡大坝已全线建成的，《纽约时报》的引用是5月19日新华社报道三峡工程开始浇筑最后一仓混凝土。我们很容易发现其中的联系，但新华社官网上的报道时间为5月20日，比《纽约时报》晚了一天。我们随后又在中华新闻网上找到了新华社一篇5月19日的报道《新华社记者目睹三峡大坝竣工》。这样我们就可以肯定《纽约时报》的这篇报道确实是引用了新华社的报道的。这两篇报道的截图如图7-7、图7-8所示。

三峡大坝全线建成

入库时间： 2006.05.20 14:27

三峡大坝全线建成 5月20日，在三峡大坝最后一仓混凝土浇筑现场，建设者用简朴仪式庆祝三峡大坝建成。当日14时，三峡右岸大坝浇筑到海拔185米高程，三峡大坝全线建成。新华社记者摄 ... 网页快照

图 7-7 报道截图

china.com 中华网新闻　最新消息：・全国多座城市

国内 | 国际 | 社会 | 财经 | 文史 | 专题 | 社会图库 | 文史图库 | 评论 |

新华社记者目睹三峡大坝竣工(组图)(1)

2006-05-20 10:10:27

【评论】【中华网BBS】【进入聊天室】【大 中 小】

5月19日，第一车混凝土运到三峡大坝最后一仓混凝土浇筑现场。当日凌晨四时，三峡大坝最后一仓混凝土开始浇筑。新华社记者摄>>更多图片

图 7-8 报道截图

依据这样的编码规则，我们得到的信源的情况见表 7-2。

表 7-2 样本中信源分布情况

描述统计

	数量	最小值	最大值	均值	标准差
中央媒体	120	0	1	0.40	0.492
地方媒体	120	0	1	0.13	0.332
专属媒体	120	0	1	0.31	0.464
自采	120	0	1	0.25	0.435
来源不明	120	0	1	0.27	0.444
国外媒体	120	0	1	0.07	0.250
学术报告	120	0	1	0.02	0.129
总计	120				

数据表明:来自于中央媒体的信息并未显著多于专属媒体,来自专属媒体的信息显著多于来自地方媒体的信息。可见,海外主要英文媒体引用国内媒体的信息时,主要依据是中央媒体和专属媒体,对地方媒体信息的采用显著少于前二者。

如表 7-2 所示,来自全部样本中,信源不明的占总样本量的 27%,自采的占 25%,采用了中央媒体的篇数占总样本量的 40%,采用了专属媒体的篇数占 31%。在三峡工程报道中,海外媒体引用外来数据和资料,主要以中央媒体和专属媒体为主。

2. 议题——海外媒体对六大议题关注度由高到低依次为:移民、生态环境、工程建设、工程作用、文化保护、政府措施

议题分为生态环境、移民、文化保护、工程建设、工程作用和政府措施,生态环境议题包括了三峡工程的建设对周边地区生态环境的利弊影响,移民议题包括了三峡移民工程进展、移民的生存与生活现状等,文化保护议题包括三峡工程的建设对周边文物遗迹的影响等,工程建设议题包括三峡工程建设的历史背景、资金、设计、实施、进展等,工程作用议题包括了三峡工程防洪、航运、吸纳资金等作用,政府措施议题包括政府在三峡工程建设中所主持的各项工作。

在编码时,一个议题涉及了相关内容即赋值为 1,未涉及的赋值为 0。例如,Arts 类别中的一篇影评 *MOVIE REVIEW* | *"UP THE YANGTZE": A Visit To Old China, Before It Drowns*,文中提到了三峡工程的建设进展和移民情况,因此编码时我们在生态环境、移民、文化保护、工程建设、工程作用和政府措施这六个议题依次赋值为:0,1,0,1,0,0。

最终,我们得到的议题分布情况见表 7-3:

表 7-3 样本的议题分布情况

描述统计

	数量	最小值	最大值	均值	标准差
生态环境	120	0	1	0.51	0.502
移民	120	0	1	0.49	0.502
文化保护	120	0	1	0.14	0.350
工程建设	120	0	1	0.44	0.499
工程作用	120	0	1	0.22	0.414

续表

	数量	最小值	最大值	均值	标准差
政府措施	120	0	1	0.07	0.250
总计	120				

(1) 生态环境议题。

由图 7-9 可见,120 篇文章中 61 篇涉及了生态环境议题,约占总样本容量的 50%。生态环境议题中关注较多的是三峡工程的建设对库区水质影响、地质影响和动物生存环境的影响。

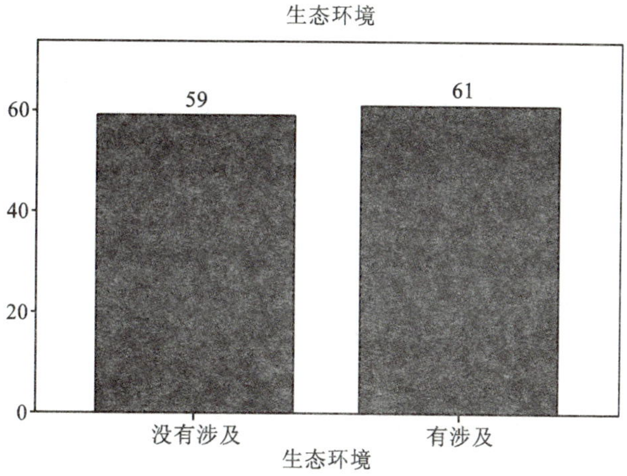

图 7-9 样本中生态环境议题的频次统计

例如,《China Notes Pollution at Three Gorges Dam》是《纽约时报》2008 年 2 月 28 日刊登的一则消息,讲中国国家环保总局声称,三峡大坝上游和下游的水质几乎没有改进,流进库区的水质都很糟糕,并提到三峡大坝的修建减缓了长江上的水流速度,导致降低了长江及其支流的自净能力。该报道截图见图 7-10:

首先,对世界大型水利工程的生态和环境影响评价,目前已经受到世界各国的重视。例如,埃及阿斯旺高坝也曾经是备受争论的主要水电工程之一,1988 年,阿斯旺高坝建成 21 年后,G. F. White 对高坝的环境影响进行了全面的回顾,他指出,有人把它称赞为埃及经济的主要依靠,也有人将其诽谤为生

China Notes Pollution at Three Gorges Dam

By KEITH BRADSHER
Published: February 20, 2006

HONG KONG — China's State Environmental Protection Administration said on Tuesday that water quality is barely improving in the main body of water behind the Three Gorges Dam and in the upper reaches of the Yangtze River, although the water does meet Chinese national standards for drinking, fisheries and swimming.

Water quality is actually worsening in several branches of the Yangtze River that drain into the main reservoir, the agency said in a water management plan, echoing previous government documents.

The dam has slowed the flow of the Yangtze and this reduces the ability of the river and its tributaries to flush out polluted areas.

图 7-10 《纽约时报》刊登消息截图

态灾难。[①]三峡工程建设中，环境批评者也经常谈及阿斯旺高坝。三峡工程对库区生态环境的影响非常复杂，水污染防治、生态保护、泥沙淤积等一系列问题成为影响和制约长江流域实现可持续发展的一个重要因素，从进行可行性论证到现在基本完工，20 多年来三峡工程对生态环境的影响一直是大家关注的焦点问题之一。

三峡大坝的兴建加快了三峡库区移民、经济及社会的协调发展，但由于三峡库区人多地少，人地关系紧张，水土流失严重，森林覆盖率低，地质灾害频发，污染严重，百万移民的搬迁安置增加了库区生态环境的压力。三峡库区是我国生态环境的敏感区、脆弱区和易污染易破坏区，人类的如此大规模活动对库区生态环境产生了巨大影响。[②] 清华大学水利水电工程系教授、中国科学院院士张楚汉在出席第十一届中国科协年会第八分会“三峡工程社会生态环境效应”研讨会接受《科学时报》记者采访时认为，水利工程会引发 8 个方面的环境问题，主要包括建坝后河流水量减少对环境生态的影响、水库泥沙冲淤变化对上下游环境与生态产生的影响、水库周边浸没引起的环境生态问题、库区地质灾害与水库触发地震、水库水质条件对环境的影响、水库运行中河流生态系统变化对生物群落的影响、对人文景观和文物古迹及自然景观的影响、水利工程施工建设与退役拆除对环境的影响等。

---

① 黄真理. 国内外大型水电工程生态环境监测与保护[J]. 长江流域资源与环境，2004，13(2)：102.

② 梁福庆，郑根保，张平. 三峡库区移民开发、经开发的资源环境可持续性发展[J]. 水利经济，2004(2)：54-58.

同时，生态环境问题是跨国界的全球性问题，受到全世界的关注。目前，全球生态环境问题日益突出，人们越发意识到了生态保护、环境保护的重要性，人与自然和谐相处的理念逐渐普及。“地球日”发起人盖洛德·纳尔逊曾精辟地说：“来自自然的威胁（生态危机）是比战争更为危险的挑战，从德国和日本我们知道一个国家可以从战争的创伤中恢复起来，但没有一个国家能从被毁坏的自然环境中迅速崛起”。美国工业社会经历了200多年的发展史，20世纪下半叶又经过了绿色运动的洗礼，国民已经有了很强的环保意识，对环保问题尤为关注。

因此，三峡工程作为历史上前所未有的开发自然、利用自然为人类造福的伟大壮举，它的生态环境问题自然就成为新闻传媒的直击热点。

(2) 移民议题。

由图7-11可见，120篇文章中59篇涉及了移民议题，约占总样本容量的50%。移民问题的焦点在于：三峡移民工程如此庞大，能否顺利完成？目前移民的生活状况如何？移民权利如何保障？

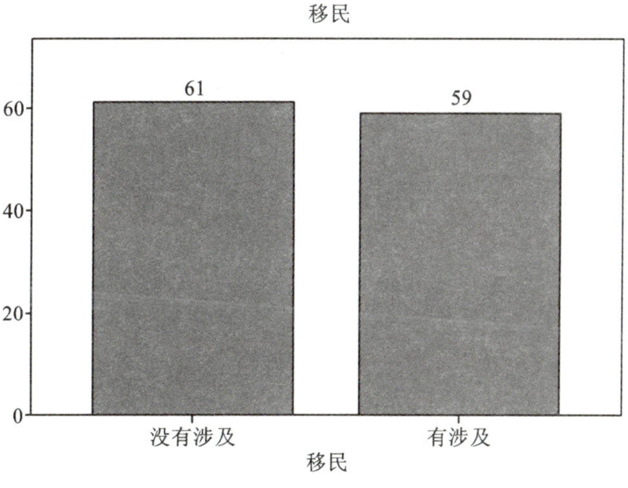

图7-11 样本中移民议题的频次统计

例如，《Dam Project to Displace Millions More in China》是《纽约时报》2007年12月12日刊登的一则消息，主要讲三峡工程建设中，中国政府又要在原有移民基础上增加三万到四万移民（见图7-12）：

三峡移民工程关系到三峡人民的人权问题。而在国际人权领域，不和谐

Dam Project to Displace Millions More in Ch

By HOWARD W. FRENCH
Published: October 12, 2007

SHANGHAI, Oct. 11 — The Chinese government has announced that it will relocate an additional three million to four million people from the banks of the Yangtze River because of the construction of the Three Gorges Dam.

According to a report by the official Xinhua news agency on Wednesday, the relocations will take place over a period of 10 to 15 years.

They are required because of mounting concerns about pollution in a new lake created by the dam, and because of the proliferation of unforeseen landslides as the riverbank's walls collapse in many places.

图 7-12 《纽约时报》刊登消息截图

的局面由来已久。发展中国家和西方发达国家在人权上有分歧：发展中国家认为，人权既包括个体人权，也包括集体人权。人权服从于主权，主权保障人权。而西方发达国家强调人权只是个体人权，"人权至高无上"，"人权无国界"。为维护人权，可以进行"人道主义干预"。西方发达国家经常批评发展中国家的人权状况，指责发展中国家的人权政策。① 正因为中西方对于人权概念的不一致，才加剧了人权问题上的诸多摩擦。

为建设和谐社会，中国目前正努力加强人权保障。在三峡移民工程中，中国政府的开发性移民政策受到普遍关注。三峡工程移民人数和淹没实物量空前巨大。按正常蓄水位 175 米方案，受淹影响的将有 19 个县(市)，13 个县城，140 个集镇，4500 个村民小组。根据调查，1985 年底主要淹没实物指标是：淹没区人口 72.55 万人(其中城市 28.52 人，集镇 10.78 万人)。由于三峡工程采取的是"一级开发，一次建成，分期蓄水，连续移民"的方案，因此，在长达 20 年的移民迁建期内，考虑人口的自然增长，最终安置移民的总数将达到 113.18 万人(推算至 2008 年)。百万移民，三峡地区的环境容量是否安置得下如此众多的人口，移民政策的实施效果如何，库区移民的人权是否得到了保障？这一系列的问题都备受关注。

西方学者对"新闻价值"的探讨结论不一，但有六种是比较公认一致的，其中之一便是人情味，西方新闻界非常重视运用人情味增强新闻报道对读者的

① 罗艳华.建设和谐世界与国际人权发展[J].思想理论教育导刊，2007(11).

吸引力，但对它的解释却众说纷纭。美国学者麦道格尔认为，“人们对自己本身以及对其他任何人都可能遇到的、涉及男男女女的各种事件的兴趣，就叫人情味。”① 西方把悬念、人物、动物都运用于新闻价值标准，就是为了增加报道感染力，增进报道可读性。人情味以人为本位，体现出一种人文关怀。人文关怀是以人的价值为中心，展开对自然、对社会可持续发展的关注，特别是对人的生存状况、对人的尊严的关注和对人类自由的追求。在《西方人文主义传统》一书中，阿伦·布洛克指出，人文主义的范畴与内涵随时代、地域而不断发展，但始终坚持两个核心不变。其一，人文主义以人和人的经验为关注对象；其二，尊重人的尊严，因为每个人都是有尊严、有价值、拥有权利的，无论弱者、强者。海外媒体对于三峡移民的生存现状、未来命运等的关注，对于移民心声的尊重，积极关注弱势群体，表现出其浓厚的人情味，因此也得西方媒体之心。

（3）文化保护议题。

由图 7-13 可见，120 篇文章中 17 篇涉及了文化保护议题，约占总样本容量的 14%，在几个议题中所占比例相对较少。在文化保护的议题中，海外媒体将更多的注意力放在了三峡工程建设过程中对文物古迹的破坏以及如何抢救的问题上。例如，*Yichang Journal*；*Digging Up the Ancient Past*，*Before The Deluge* 是 1994 年 9 月 10 日刊登在《纽约时报》的一篇文章，主要讲考古学家在库区被淹没之前抓紧时间抢救长江沿岸的文物古迹（见图 7-14）。

新中国成立以来，我国修建了许多大中型水利工程，这些工程带来了巨大的经济效益和社会效益。但我们也应当看到，在改变广大区域自然面貌的同时，工程的建设也改变了所在地的人们所赖以生存的客观环境。就历史文物来说，这种改变若处理不当，将造成该区域历史文物的破坏和传统文物的中断。因此，这些工程大都涉及文物保护问题，在人口稠密地区尤其如此。

长江三峡地区人文荟萃、文物古迹众多，是我国远古文化的发祥地之一，是世界上罕见的一条文化走廊，留存至今的文物古迹是中华民族宝贵的历史财富。三峡工程的建设不可避免地要对三峡地区的文物古迹造成一定的影响。这一点是为世人所公认的，中国政府一直以来也不否认三峡工程的建设对中国历史文物的一定程度的破坏性，而且这种破坏性在三峡工程的建设过程中就已经明显暴露出来了，同时，我国政府部门也开展了各方面的工作，力

① 唐定.“新闻价值”理论的形成和发展[J].阅读与写作，2003(3)：34.

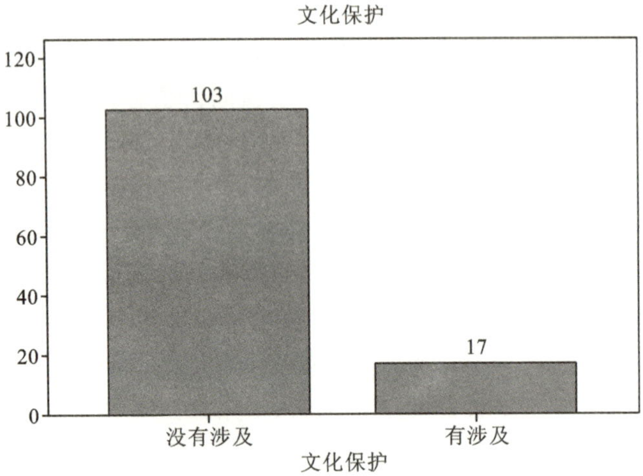

图 7-13　样本中文化保护议题的频次统计

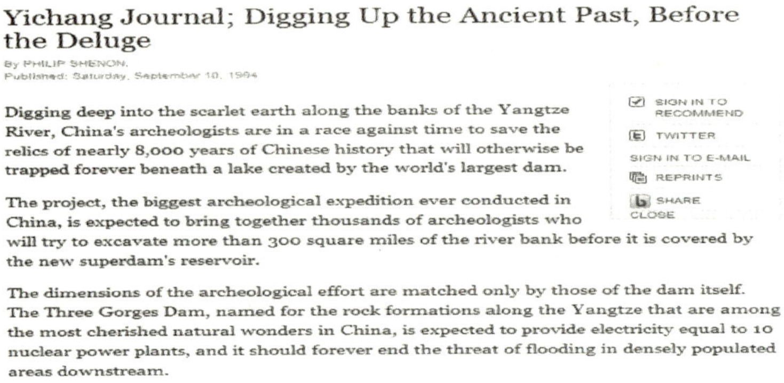

Yichang Journal; Digging Up the Ancient Past, Before the Deluge

By PHILIP SHENON.
Published: Saturday, September 10, 1994

SIGN IN TO RECOMMEND
TWITTER
SIGN IN TO E-MAIL
REPRINTS
SHARE
CLOSE

Digging deep into the scarlet earth along the banks of the Yangtze River, China's archeologists are in a race against time to save the relics of nearly 8,000 years of Chinese history that will otherwise be trapped forever beneath a lake created by the world's largest dam.

The project, the biggest archeological expedition ever conducted in China, is expected to bring together thousands of archeologists who will try to excavate more than 300 square miles of the river bank before it is covered by the new superdam's reservoir.

The dimensions of the archeological effort are matched only by those of the dam itself. The Three Gorges Dam, named for the rock formations along the Yangtze that are among the most cherished natural wonders in China, is expected to provide electricity equal to 10 nuclear power plants, and it should forever end the threat of flooding in densely populated areas downstream.

图 7-14　《纽约时报》刊登文章截图

求最大程度保护库区文物。因此，总体而言，文化保护议题的争议性较少。

此外，新闻价值的地域性指的是新闻事件在某一地方是否有传播价值，它是构成新闻价值的重要因素。[①]换言之，某事件在甲地发生几乎没有什么新闻价值；同样是这个事件，发生于乙地，却有着较高的新闻价值。而国与国之间，新闻价值的地域性就更明显了。三峡地区历史文物的损坏，毕竟是古老的中华文化遗产的流失。海外人们对于中华文化的缺失当然不像国内人们那样有

① 任世华. 地域性是新闻价值的一个因素[J]. 新闻知识，1991(12)：30.

切身的感受。因而，在海外，保护三峡文化议题的传播价值较低。

(4) 工程建设议题。

由图 7-15 可见，120 篇文章中 53 篇涉及了工程建设议题，约占总样本容量的 44%。三峡工程创下世界之最，工程进展情况备受关注。例如，《纽约时报》2002 年 11 月 7 日刊登《World Briefing | Asia：China：Yangtze Closed For Huge Dam Project》这则短消息主要报道了长江截流成功(见图7-16)。

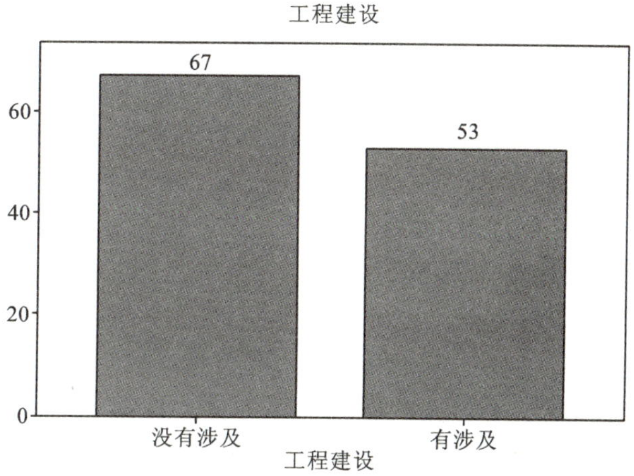

图 7-15 样本中工程建设议题的频次统计

World Briefing | Asia: China: Yangtze Closed For Huge Dam Project

By Erik Eckholm (NYT)
Published: Thursday, November 7, 2002

With patriotic fanfare, engineers fully closed off the Yangtze River, a crucial step toward completion of the Three Gorges dam and hydroelectric project. All the Yangtze's waters now pass through discharge channels. Electric production is to start next year as the reservoir is partly filled. The $25 billion project will displace more than a million people. Erik Eckholm (NYT)

SIGN IN TO RECOMMEND
TWITTER
SIGN IN TO E-MAIL
REPRINTS
SHARE
CLOSE

图 7-16 《纽约时报》刊登短消息截图

美国学着弗莱德·希伯特在《现代大众传播媒介》将新闻价值归纳为时间性、接近性、显著性、重要性和人情味等五个要素。

时间性是某事实成为新闻的必要条件之一，指新闻事件的新近发生和及时传播。希伯特认为“人们常说没有比昨天的新闻更古老的东西了。报纸的新闻只有一天的寿命。过了一天，新闻就要加上新的消息加以改写。”[①]也就是说，新闻事件的发生与传播的时差越小，新闻价值越大；时差越大，新闻价值越小。工程建设议题主要涉及的内容是三峡工程建设过程中的重大进展，一般属于动态新闻，具有很强的时间性。

显著性即新闻使事实能引起受传者关注的那种性质。一般来说，新闻参与者越著名，新闻价值就越大。三峡工程被列为全球超级工程之一，有世界“十大之最”：世界防洪效益最为显著的水利工程；世界最大的电站；世界建筑规模最大的水利工程；世界工程量最大的水利工程；世界施工难度最大的水利工程；施工期流量最大的水利工程；世界泄洪能力最大的泄洪闸；世界级数最多、总水头最高的内河船闸；世界规模最大、难度最高的升船机；世界水库移民最多、工作最为艰巨的移民建设工程。正因为三峡工程是一项举世瞩目的工程，从开工到结束，这个过程中的每一个重大的进展都受到西方媒体的关注。

(5) 工程作用议题。

120 篇文章中有 26 篇涉及三峡工程作用，约占总样本的 22%(见图 7-17)。三峡工程的作用决定了该工程建设的意义和价值。因此，不论是褒是贬，三峡工程所能发挥的作用也是媒体关注的一个方面。例如，《纽约时报》1993 年 6 月 22 日刊登的《China Breaks Ground for World's Largest Dam》一文中，就提到三峡大坝具有提供能源和防洪的作用(见图 7-18)。

首先，陆定一提出，“新闻的定义，就是新近发生事实的报道。”尽管对于新闻的定义众说纷纭，但可以明确的是新闻所报道的是业已发生的事，是事实。三峡工程是否真的可以实现防洪、发电、航运等综合效益，这一点质疑不断，目前而论是为之尚早的。毕竟，三峡工程的作用在较长一段时间内才能充分显现出来。

其次，接近性也是西方公认的新闻价值之一。接近性是指“在报纸发行的区域内发生的事件”最具有新闻价值。西方新闻界认为，人们一般容易对发生在身边的事情感兴趣并受到感染。[②] 和中国新闻界相比，西方记者在选择新闻时更注重“接近性”，根据中国人民大学舆论研究所对中国记者职业意识的调查(1997 年)和美国学者戴维·H. 威沃尔与 G. 克里夫兰·沃尔特对美国记者职业功能角色的调查比较，发现在新闻价值诸要素中，中美两国新闻工作者对

---

① 刘建明. 当代新闻学原理[M]. 北京：清华大学出版社，2003：177.

② 唐定.“新闻价值”理论的形成和发展[J]. 阅读与写作，2003(3)：34.

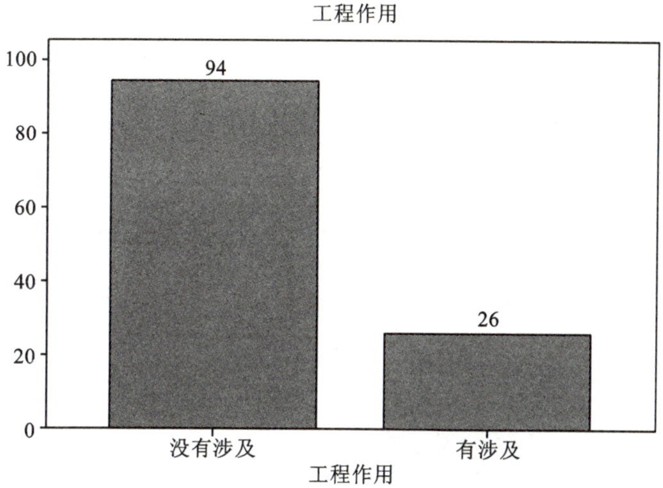

图 7-17　样本中工程作用议题的频次统计

China Breaks Ground for World's Largest Dam

By NICHOLAS D. KRISTOF
Published: Tuesday, June 22, 1993

THE bulldozers are scooping out the yellow earth along the Yangtze River in preparation for the world's largest hydroelectric project, a dam that will create a lake 350 miles long, fuel China's industrial revolution and save millions of people from the constant threat of flooding.

图 7-18　《纽约时报》刊登文章截图

“何者为最重要的新闻价值”这个问题的判断相去甚远。中国新闻记者判断新闻价值最主要的标准是：与人民生活的相关性。美国新闻记者新闻价值标准的首选是“接近性”。①

一般认为，接近性包括文化的接近性、民族的接近性、地域的接近性等等。三峡工程是中国的水利项目，尽管它在全世界影响巨大，创下了十个世界之最，但就三峡工程的作用而言，无论是利大于弊还是弊大于利，受影响的主要还是中国人。因此，海外的民众对于三峡工程的作用的关心程度并不高，海外

① 宁文茹. 中美记者职业意识的比较研究[J]. 新闻学论集，1998(18)：39-66.

媒体对这方面的报道就相对少了。

（6）政府措施议题。

涉及政府措施的议题只有8篇，共占样本总数的7%，是几个议题中报道最少的（见图7-19）。海外媒体报道所涉及的主要是政府如何应对三峡工程建设过程中出现的问题。例如，《纽约时报》2007年11月22日刊登的《China to Address Issues Around Dam》一文，主要内容是中国政府宣布新的计划来对抗三峡大坝附近的环境问题和地质问题（见图7-20）。

政府措施方面的议题比较少，与美国公众的特性分不开。

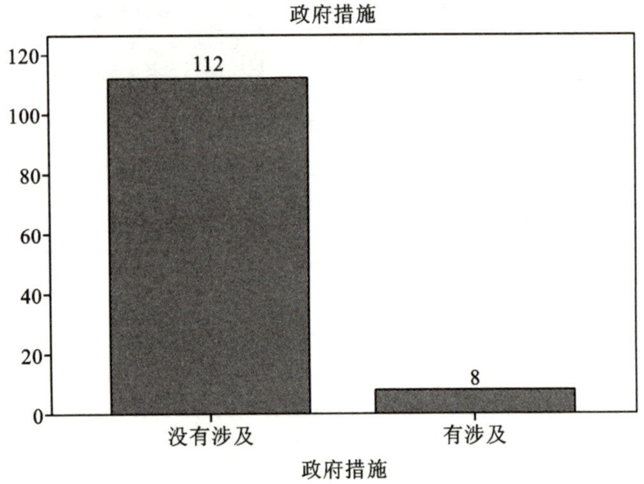

图7-19　样本中政府措施议题的频次统计

China to Address Issues Around Dam

By JIM YARDLEY
Published: November 22, 2007

BEIJING, Nov. 21 — China has announced new plans to confront environmental and geological problems around the Three Gorges Dam, even as a landslide in the region on Tuesday killed one construction worker, injured a second and trapped two others beneath a mound of fallen earth.

图7-20　《纽约时报》刊登文章截图

一方面美国公众普遍存在孤立主义情绪，较少关注国际事务。美国媒体和受众对国际新闻的关注程度不及其他国家的媒体和受众。1996 年《华盛顿邮报》对读者阅报情况作的一项调查表明，63%的读者对当地的地区新闻感兴趣，46%的读者对美国国内新闻感兴趣，只有 18%的读者对国际新闻感兴趣。①美国前国务卿帮办威廉·华池先生也认为，美国公众对于国际事务的关注度远低于欧洲和亚洲公众，他们所了解到的国际事务往往比较零碎，或与重大突发事件相关联，或者在美国境外的事件直接涉及美国利益或者吻合美国公众的兴趣胃口时才会被摆上桌面。

另外一方面，美国受众对国际新闻的不感兴趣是导致美国媒体轻视国际新闻的内在动因。在大众传播效果研究中，"使用与满足"研究认为，受众的媒介接触是基于自己的需求对媒介内容进行"能动性"选择的活动，受众的媒介接触活动，客观上对媒介报道内容有着一定的影响。②也就是说，媒介和受众之间的作用是相互的，媒介在发挥"议程设置"作用的同时，受众也会对媒介的报道取向产生影响。从媒体的角度来看，美国新闻工作者的新闻选择标准，来自于定期的、准确的、源源不断的受众调查数据，由这些客观的数据来定位媒介向受众提供什么新闻和以什么方式提供新闻。正是为了迎合美国公众的孤立主义情绪，美国的媒体在新闻报道内容的选择上也表现出"重国内新闻，轻国际新闻"的特点。而美国的媒体编辑在选择国际新闻时，第一个要问的问题便是"这与美国有什么关系?"③只有与美国相关的国际新闻才能被媒体广泛关注，如伊拉克战争，反之，则容易被媒体忽略。有关政府措施的议题一般都是涉及政府应对三峡工程中出现问题的举措，很少和美国人以及美国国家利益相关，所以该议题较少受到重视。

3. 倾向性——以负面报道为主

"所谓的新闻的倾向性，指的是新闻传播者在采集和传递新闻的过程中，通过各种手段用新闻来体现自己的好恶褒贬或政治观点和态度。"④因此，报道

① Sacharow A. Thinking globally: Responding to readers' priorities, newspapers are refining their approach to international news[M]. Mediaweek, 1996, 6(20): 34. 转引自：高金萍."硬化"与"软化"——中美新闻文化表现形态的差异性比较[J]. 国际新闻界，2002(4): 37.

② 郭庆光. 传播学教程[M]. 北京：中国人民大学出版社，1999: 184.

③ 俞燕敏，郡利群. 无冕之王与金钱——美国媒体与美国社会[M]. 北京：中国社会科学出版社，2000: 202.

④ 黄旦. 新闻传播学[M]. 杭州：杭州大学出版社，1997: 255.

的倾向性是客观存在的。

我们将报道倾向性分为倾向性 1，倾向性 2，倾向性 3，倾向性 4，倾向性 5，倾向性 6，分别对应生态环境、移民、文化保护、工程建设、工程作用、政府措施这六大议题，并且每个议题的报道倾向性均分为不涉及该议题、正面、负面和中立，依次赋值为 0、1、2、3。这样设计的目的是了解海外媒体对不同议题的报道倾向性。

编码过程中，我们如何界定正面、负面和中立报道呢？“正面报道、负面报道和中性报道”这组概念，主要是针对报道对象的特征（即客观存在的新闻事实的特征）来区分新闻的类型。因此，所谓正面报道，是指对正面新闻事实的报道；所谓负面报道，是指对负面新闻事实的报道；所谓中性报道，是指对中性新闻事实的报道。显然，有什么性质的新闻事实，就有什么性质形态的新闻报道。[①]也就是说，我们在判定正面报道、负面报道和中性报道时是以新闻事实的性质为依据的。

例如，在 Arts 类别中的 MOVIE REVIEW | ‘*UP THE YANGTZE*’；*A Visit To Old China*，*Before It Drowns* 一文，介绍了三峡工程的建设进展和三峡移民情况，它只是介绍了情况，因此，我们判定其为中立的。于是，倾向性 1、倾向性 2、倾向性 3、倾向性 4、倾向性 5、倾向性 6 的赋值依次为 0、3、0、3、0、0。

报道倾向性的数据统计结果如下所示：

(1) 生态环境议题的倾向性（见表 7-4 和图 7-21）。

表 7-4　样本中三峡生态环境议题倾向性的整体情况

		频次	百分比(%)	有效百分比(%)	累积百分比(%)
有效	没有涉及该议题	59	49.2	49.2	49.2
	负面	50	41.6	41.6	90.8
	中立	9	7.5	7.5	98.3
	正面	2	1.7	1.7	100.0
	总计	120	100.00	100.0	

① 杨保军. 正效新闻·负效新闻·零效新闻——为解决老问题而提出的一组新概念[J]. 今传媒，2006(8)：12.

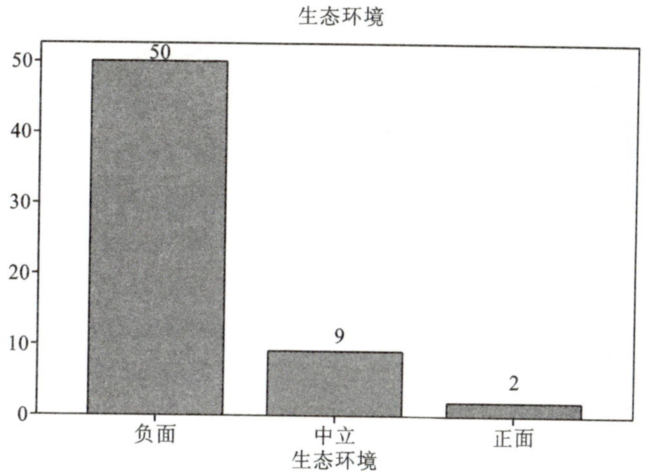

图 7-21 涉及三峡工程生态环境议题的样本的报道倾向性分布

（2）移民议题的倾向性（见表 7-5 和图 7-22）。

表 7-5 样本中三峡移民议题倾向性的整体情况

		频次	百分比（%）	有效百分比（%）	累积百分比（%）
有效	没有涉及该议题	62	51.7	51.7	51.7
	负面	50	41.6	41.6	93.3
	中立	8	6.7	6.7	100.0
	总计	120	100.0	100.0	

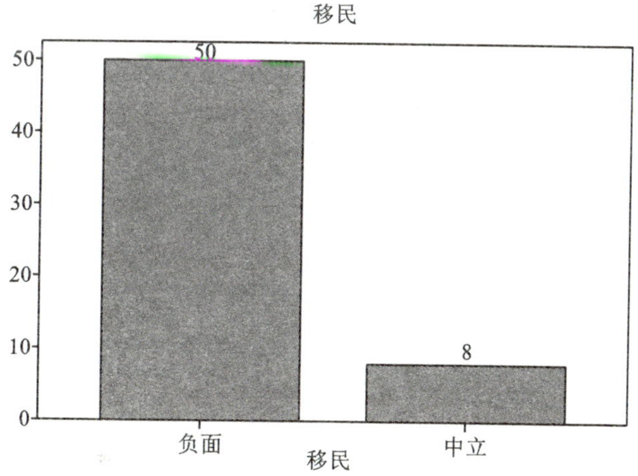

图 7-22 涉及三峡工程移民议题的样本的报道倾向性分布

(3) 文化保护议题的倾向性(见表 7-6 和图 7-23)。

表 7-6　样本中三峡工程文化保护议题倾向性的整体情况

		频次	百分比(%)	有效百分比(%)	累积百分比(%)
有效	没有涉及该议题	101	84.2	84.2	84.2
	负面	13	10.8	10.8	95.0
	中立	6	5.0	5.0	100.0
	总计	120	100.0	100.0	

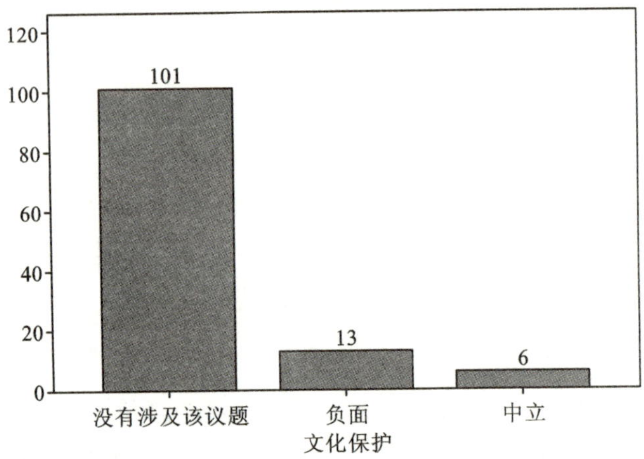

图 7-23　涉及三峡工程文化保护议题的样本的报道倾向性分布

(4) 工程建设议题的倾向性(见表 7-7 和图 7-24)。

表 7-7　样本中三峡工程建设议题倾向性的整体情况

		频次	百分比(%)	有效百分比(%)	累积百分比(%)
有效	没有涉及该议题	71	59.2	59.2	59.2
	负面	16	13.3	13.3	72.5
	中立	32	26.7	26.7	99.2
	正面	1	0.8	0.8	100.0
	总计	120	100.0	100.0	

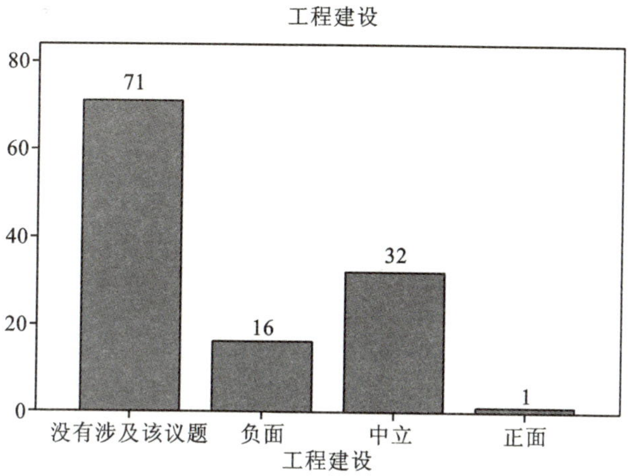

图 7-24 涉及三峡工程建设议题的样本的报道倾向性分布

（5）工程作用议题的倾向性（见表 7-8 和图 7-25）。

表 7-8 样本中三峡工程作用议题倾向性的整体情况

		频次	百分比(%)	有效百分比(%)	累积百分比(%)
有效	没有涉及该议题	91	75.8	75.8	75.8
	负面	4	3.4	3.4	79.2
	中立	16	13.3	13.3	92.5
	正面	9	7.5	7.5	100.0
	总计	120	100.0	100.0	

（6）政府措施议题的倾向性（见表 7-9 和图 7-26）。

表 7-9 样本中三峡工程政府措施议题倾向性的整体情况

		频次	百分比(%)	有效百分比(%)	累积百分比(%)
有效	没有涉及该议题	112	93.3	93.3	93.3
	负面	2	1.7	1.7	95.0
	中立	6	5.0	5.0	100.0
	总计	120	100.0	100.0	

从图 7-21、图 7-22、图 7-23、图 7-24、图 7-25、图 7-26 共 6 个图中，我们发

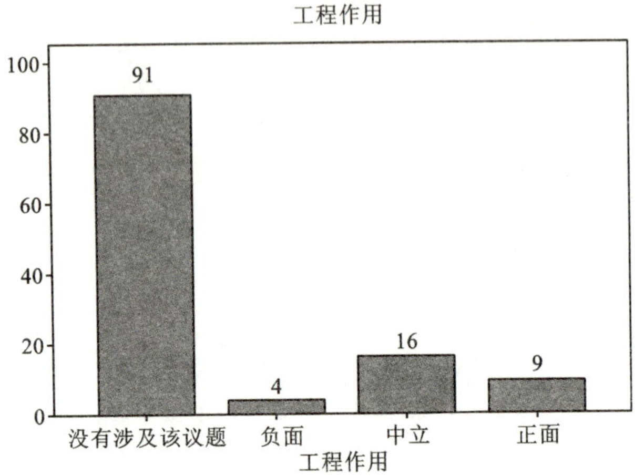

图 7-25　涉及三峡工程作用议题的样本的报道倾向性分布

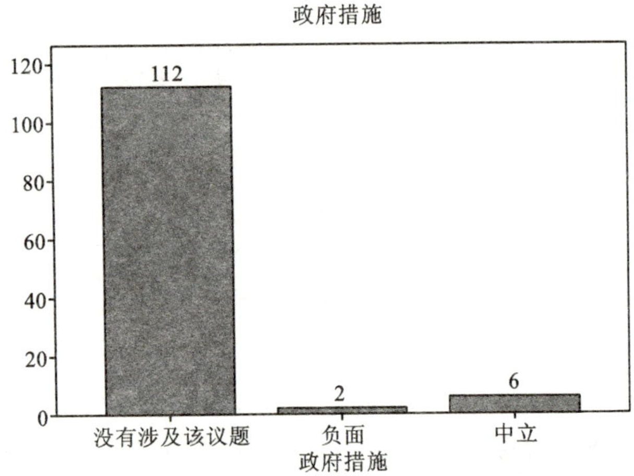

图 7-26　涉及三峡工程政府措施议题的样本的报道倾向性分布

现，海外媒体的报道倾向性以负面报道为主，其次分别为客观中立报道和正面报道。

首先，新闻记者无论如何努力地追求客观也会受到本国价值观念的左右。美国学者甘斯在《决定什么是新闻》一书中认为，贯穿于美国的新闻判断中，被称为永恒价值观的东西有：民族优越感、利他主义的民族意识、可信赖的资本主义、个人主义、现代主义、社会秩序以及国家的领导等。这些永恒的价值观被不知不觉地融入了重大的新闻判断中。[①]陈力丹在《新闻理论硕士课程大纲》中也提到，即使记者想纯粹地报道各种事实，“他超越个人的局限是可能的，但超越传统和文化的束缚很难。”[②]因此，由于中西价值观念和文化等的差异性，尽管国内媒体以正面报道为主旋律，海外记者未必也以正面的视角来看待三峡工程。

其次，西方媒体素来有负面报道为主的倾向。早在19世纪末20世纪初，美国社会就开始兴起以“扒粪”(muckraking)为主的负面报道。美国媒体一致信奉“坏消息才是好消息”、“狗咬人不算新闻，人咬狗才是新闻”的报道策略。由于负面报道往往比正面报道更能够吸引受众的兴趣和注意力，引起受众的共鸣，所以，媒体为了追求高额的利润，刺激广告量的增加，必须制造能够吸引受众眼球的具有强烈刺激性和轰动效果的报道内容，以此来增加阅读率和收视率。而且，美国媒体对其本国内新闻的报道也是惯以“乌鸦”的形象出现，报忧不报喜。[③] 因此，三峡工程的相关报道中，负面报道占大多数也是情理之中。

4. 报道的修辞——主要为争议质疑类和中立客观类

“像任何语篇一样，新闻也是通过语言来表述世界的。由于语言是一种符号系统，不可避免地会把所表述的内容置于某种信念或价值观念框架之内。”[④]

我们将报道的修辞分为争议质疑、褒奖肯定和客观中立，分别赋值为1、2、3。报道中含有controversial、critic、questional等这类词汇，对三峡工程利弊进行分析时，我们在编码时就将其视为争议质疑的修辞。而若报道中使用great、good、wonderful等这类词汇来描述三峡工程时，它就是褒奖肯定类的修辞。当报道只是客观讲述新闻事实，使用huge、massive、largest、giant等中性的词汇时，它就是中立客观的修辞。例如，《纽约时报》中作为样本之一的报道*Chinese Dam Projects Criticized for Their Human Costs*，文中主要报道三峡生态、移民等问题的突出，使人们开始质疑这样巨大的投资是否正确，而且，文中多次使用controversy等字眼，因此，我们在编码时将它的修辞归为争议质疑类。表7-11所示为样本中对三峡工程的修辞的整体情况。

---

① H Gans. Deciding What's News[M]. N. Y. Vintage Book,1980. 转引自李希光，刘康. 妖魔化与媒体轰炸[M]. 江苏：江苏人民出版社，1999:146.

② 陈力丹. 新闻理论硕士课程大纲[M]. 北京：中国社科院研究生院，1998:15.

③ 张天培. 美国媒体对华负面报道的根源[J]. 青年记者，2008(6):89.

④ 辛斌. 批评语言学理论与应用[M]. 第1版. 上海：上海外语教育出版社，2005:84.

表 7-11　样本中对三峡工程的修辞的整体情况

		频次	百分比(%)	有效百分比(%)	累积百分比(%)
有效	争议质疑类	64	53.3	53.3	53.3
	褒奖肯定类	3	2.5	2.5	55.8
	中立客观类	53	44.2	44.2	100.0
	总计	120	100.0	100.0	

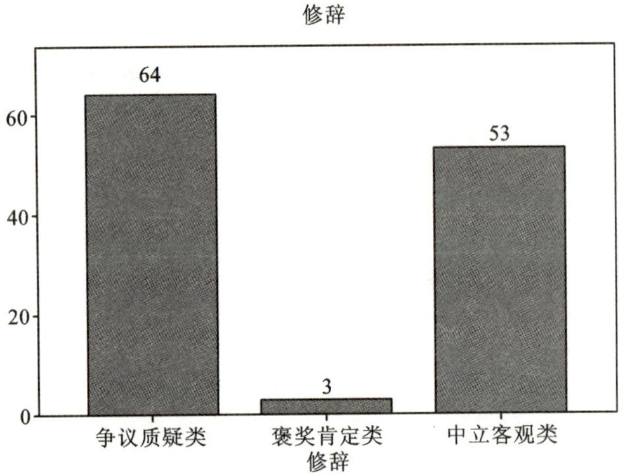

图 7-27　样本中对三峡工程的修辞情况

从图 7-27 看出，争议质疑类修辞有 64 篇，占总样本容量的 53.3%，中立客观类修辞占 44.2%，而褒奖肯定类修辞占 2.5%。三种修辞中，争议质疑类比例最大，褒奖肯定类几乎没有。

西方媒介机构在社会生活中也扮演着极为重要的角色，是设置社会舆论议程者和声音最响亮的喉舌。在西方，新闻媒体一向被认为具有挑战权威的传统，新闻记者敢于质疑甚至反对政府所制定的种种政策。原因是多方面的：从政治文化的传统上说，西方的政治文化是一种参与性政治文化，自上而下的个人主义和为群体服务的公共精神表现为强烈的民主意识和公民意识，西方社会对当政者可能滥用权力保持警觉态度，把媒体看作是与政府抗衡的另一个权力中心。从思维方式上看，记者一向被认为有反传统、反权威、挑战权势阶层的倾向，即有些政府官员指责的“自由派偏见”。从工作性质和特点上看，媒体与政府容易产生对立：新闻媒体以曝光作为使命，而政府则有意操纵信息流动。①

在西方，报业或媒介成为社会的“第四等级”(the fourth estate)，也被比喻为政府的“第四权力”(the fourth branch of government)。大众媒介与政治权力和社会生活有关的一个重要功能，是它被称作“看门狗”(watchdog)角色的守望监视(watch)作用。这一切，都是有几百年思想和制度渊源的。②

所以，在西方，媒体经常扮演同政府、权威对立的角色。媒体认为正是政府决策中冲突的方面才具有新闻价值，从而用批判而非解释的视角对政府行动进行新闻报道，以此保持自身独立和吸引受众。对此，李普曼曾经作过形象的描述：新闻是“四处搜索、永不停息的探照灯，它将一幕幕的黑幕曝光”。③ 例如，在“水门事件”中，《华盛顿邮报》通过揭露政府的丑闻，最终把总统拉下了台。

可见，在海外媒体有关三峡工程的报道中多质疑声音、少褒奖之词，是由其一贯的社会角色决定的，我们并不能以此作为海外媒体“妖魔化”三峡工程的证据。

第三节　海外媒体传播效果分析

一、海外媒体报道的特点

从数据中我们发现：海外英文媒体对三峡工程的报道主要引用三峡专属媒体发布的事实和数据；从议题上看，海外媒体对三峡移民、生态环境和工程建设的关注度更高一些；海外媒体关于三峡工程的报道以负面报道为主，以争议质疑类的修辞为主。

1. 负面报道为主的传统

虽然海外媒体主要以争议质疑类的修辞，进行了大量的负面报道，但这还

① 成珊.“不自由，毋宁死”——从英国“凯利事件”透视西方媒体与政府的关系[J].新闻爱好者，2004(1)：40-41.

② 郭镇之.舆论监督与西方新闻工作者的专业主义[J].国际新闻界，1995(5)：33.

③ 吴惠连，翟峥.美国新闻业纵论[J].美国研究，2002(3)：9.

不足以说明海外媒体妖魔化中国。

在西方新闻界有三句话，从这三句话中可以看出西方的新闻报道理念。第一句："狗咬人不是新闻，人咬狗才是新闻。"这是19世纪《纽约太阳报》的编辑约翰·伯卡特的一句名言。第二句话最初源自于英国国王詹姆斯一世(1616年)："Good news is no news，bad news is good news"，即好消息不是新闻，坏消息才是新闻。第三句话是普利策讲的："报纸的生命就在于'暴露'。"这三句话所表现出的西方新闻理念可以归结为一句话：负面报道才是好新闻。①

我国媒体以正面报道为主，而西方媒体以报道负面新闻为己任；我国走"喜鹊路线"，西方走"乌鸦路线"。我国的新闻理念与西方的新闻理念有很大的不同，所以，海外媒体对三峡工程的相关报道以负面新闻居多，只是其新闻理念的体现，并不存在故意妖魔化的说法。因此，国内媒体也不必对海外媒体对三峡工程的负面报道而过于忧心。

2. 新闻价值理论

何为新闻价值？刘建明认为，"从严格意义上看，新闻价值是指新闻与受众、社会之间的需求关系，表现为对受众和社会需求的满足。"②借鉴各理论家对于新闻价值的理解，我们可以这样定义新闻价值：新闻价值是某些事实所固有的、在满足受众新闻需要方面所具有的显在或潜在的作用的特性。

西方新闻价值理论的其中一条是冲突性。冲突性是指"反映人们或机构之间相互交锋的事件"的报道。西方新闻界认为，"和平等于平淡，而竞争就有了新闻价值。"③三峡工程的建设过程始终是伴随着各方意见冲突的，支持者和反对者针锋相对。三峡生态环境问题、移民问题等等都充满了争议性，关注度也相对较高。相反，冲突性相对较低的文化保护议题则似乎受到了"冷落"。新闻价值之间不是绝对分离的，更多是相互渗透的关系。这里的新闻价值的"冲突性"，我们也可以理解为西方媒体历来追求新鲜刺激的新闻价值理念。

尽管西方新闻价值观念在不断变化，但这种变化仍不能成为新闻传播的主流。传统新闻价值标准仍是新闻价值观念的基础和前提。在西方的报刊和电视上，每天为传媒津津乐道的仍然是总统的性丑闻、暴力事件、灾难、明星隐

① 张爱杰.并行不悖的中国正面报道和西方负面报道[J].青年记者，2009(2)：50.

② 刘建明.当代新闻学原理[M].北京：清华大学出版社，2003：195-203.

③ 唐定."新闻价值"理论的形成和发展[J].阅读与写作，2003(3)：34.

私和怪异琐闻。严肃的报道仍需要用富有人情味的报道来做招辟。西方新闻价值观念并未产生根本的变化。

3. 新闻专业主义

对于什么是新闻专业主义，我国学者陆晔和美国威士康星大学教授潘忠党受职业社会学的启发列举了五项基本原则作为新闻专业主义的基本内容：①传媒具有社会公器的职能，新闻工作必须服务于公众利益，而不仅限于服务政治或经济利益集团；②新闻从业者是社会的观察者、事实的报道者，而不是某一利益集团的宣传员；③他们是信息流通的“把关人”，采纳的基准是以中产阶级为主体的主流社会的价值观念，而不是政治、经济利益冲突的参与者或鼓动者；④他们以实证科学的理性标准评判事实的真伪，服从于事实这一最高权威，而不是臣服于任何政治权力或经济势力；⑤他们受制于建立在上述原则之上的专业规范，接受专业社区的自律，而不接受在此之外的任何权力或权威的控制。[①]

新闻的专业主义是美国政党报纸解体之后在新闻同行中发展起来的“公共服务”的信念，它是改良时代行政理性主义和专业中立主义总趋势的一个部分。新闻专业主义的目标是服务于全体人民，而不是某一利益团体。它最突出的特点，是对新闻客观性的信念，相信可以从非党派的、非团体的立场准确报道新闻事实。

理性主义奠定了西方新闻理念基石。客观性、平衡性一直被奉为西方新闻专业主义的理想和追求。《维系民主西方政治与新闻客观性》将客观性称为“不死之神”。

因此，从本研究中海外媒体的报道修辞上看，之所以争议质疑类和客观中立类的修辞占绝大比例，表现出了客观性、平衡性，正是遵循了新闻专业主义。

二、海外媒体“妖魔化”中国三峡工程的报道态势未被数据支持

通过以上分析，我们可以得出以下结论：

① 陆晔，潘忠党. 成名的想象：中国社会转型过程中新闻从业者的专业主义话语建构[J]. 新闻学研究，2002(71)：20.

(1) 三峡工程专属媒体的报道可以设定海外主要英文媒体关于三峡工程的报道的议程;

(2) 海外主要英文媒体的报道框架与三峡工程专属媒体的报道框架无显著差异;

(3) 三峡工程专属媒体的报道对海外主要英文媒体的报道具有显著的影响力;

(4) 海外媒体将中国三峡工程"妖魔化"的报道态势缺乏相关的数据支持。

本研究抽取的样本中,从海外英文媒体对三峡工程的报道的信源来看,除去信源不明的占总样本量的42%和自采的占27%,采用三峡工程专属媒体的报道篇数占了20%。由此可见,三峡工程专属媒体是海外主要英文媒体获得三峡工程信息的重要突破口。

再从议题上看,海外主要英文媒体也同样侧重于三峡工程的移民、生态和工程建设问题,相关报道篇幅较多,并且将注意力聚焦在三峡移民工程的可行性、对生态环境的保护和三峡工程能否顺利实施这三大问题上,这与国内媒体的报道重点相一致。因此,我们可以从中验证中西媒体之间的议程设置效果和框架效果,可以说,三峡专属媒体的报道对海外主要英文媒体的报道具有显著的影响力。

虽然海外主要英文媒体关于三峡工程的报道多是负面和中立的报道,正面报道寥寥无几,但这不足以说明海外媒体将中国三峡工程"妖魔化"。中西方价值理念、文化传统等的不同,反映在新闻事业上就是新闻理念、新闻历史传统、媒体自身定位等方面的差异。因此,海外媒体没有为三峡工程"唱赞歌"是正常的,这与西方媒体的负面报道传统、西方新闻价值理念等有密切联系。

三、未能成功测量到海外受众的态度

从受众的角度评价海外英文媒体对长江三峡工程的报道效果,这涉及传播效果的测量问题。受众不再是一个个随声应到的靶子,媒介的报道效果取决于受众的接收。同时,从心理学角度而言,态度是指个人对某一对象(包括人、事和物)所持有的比较稳定的评价与行为倾向。态度是一个复杂的结构,影响态度形成的因素是多方面的。虽然说当今媒介已然成为人们认识外部世界的重要窗口,但毕竟不是唯一的窗口。因此,想要全面描述长江三峡工程的国际舆论环境，不仅要测量海外英文媒体的报道状态，还应测量出海外受众有没有或者多大程度上受其报道的影响，勾勒出海外受众对三峡工程的态度。我们在研究过程中采取了多种方式到达海外的受众，包括作者留学美国俄亥俄州立大学时的朋友，以及毕业于我校的如今正留学美国波士顿大学和迈阿密大学的留学生，但海外受众对三峡工程的关注度比较低，要么从未听说过，或者并无明显的态度，所以未能成功测量到海外受众的态度。但是这可能是受限于我们能到达的海外受众群体的特殊性，如大学校园里的留学生来源多样，年龄层次等原因，因此完全无到达或无态度应该不是一个有代表性的结论，限于本项目的资源约束，这一方面可望在进一步的研究中明确。

第四节　强化海外主要英文媒体对三峡工程报道效果的建议

根据上面的研究结果，我们主要从公共关系宣传策略和新闻报道技巧两个方面，提出强化海外主要英文媒体的三峡工程的报道效果的建议。

一、公共关系宣传策略方面

1. 进一步加强专属媒体对三峡工程的宣传，重视中央媒体宣传

从海外媒体的数据信源来看，三峡专属媒体的影响力可与中央媒体媲美，三峡工程专属媒体的报道可以设定海外主要英文媒体关于三峡工程的报道的议程，可见专属媒体的宣传为传播三峡工程做出了显著的贡献。今后，我们有必要继续加强三峡专属媒体对三峡工程的宣传，进一步完善报纸、杂志、网络三位一体的对外宣传工作，全方位、多角度的报道三峡工程，为三峡工程创造更加良好的国际舆论环境。

中央媒体，如新华社、中央电视台等媒体，在本研究中也是海外媒体的最主要信源之一。据统计，到 2005 年 10 月，新华社海外用户达到 5800 多家，其中，北美地区 641 家，欧洲独联体地区 1563 家。其中有不少是当地的主流媒体，如美国的《今日美国报》、《科学》杂志、英国的 BBC、《每日电讯报》等。[①]可见，报道宣传的载体本身的权威性和影响力决定对三峡工程进行海外宣传时不可忽视。三峡集团公司应当加强和中央媒体的关系，充分利用中央媒体的优势，对三峡工程进行更大范围、更深层面的宣传。

2. 注重通过意见领袖对三峡工程进行宣传

意见领袖(opinion leaders)，又称为舆论领袖，是拉扎斯菲尔德等最早在《人民的选择》中提出的概念，是拉氏两级传播中的重要角色。在传播学中，活跃在人际传播网络中，经常为他人提供信息、观点或者建议并对他人施加影响的人物，称为“意见领袖”。[②] 意见领袖具有影响他人态度的能力，他们介入大众传播，加快了传播速度并扩大了影响，他们一般颇具人格魅力，具有较强综合能力和较高的社会地位或被认同感，在社交场合比较活跃，与受其影响者同处一个团体并有共同爱好，通晓特定问题并乐于接受和传播相关信息。

根据这一理论，对外宣传方面，在重视媒介的作用的同时，还要充分重视舆论领袖的作用。表现在公共关系策划中，可以通过开展海外学者参加的学术研讨会、邀请海外著名人物访问三峡等方式，积极培养意见领袖群体，让他们更加全面地了解三峡工程，通过这些在自身专业学科、海外公众中间比较有影响力的人物对三峡工程进行宣传，将会取得比一般媒介更好和更普遍的传播效果。

3. 进一步加强和海外媒体交流，加深合作深度和拓宽合作广度

首先，传播学认为，对信息传播的参与程度会影响传播效果。传播对象与传播者地位是可以互换的，让传播对象扮演传播者的角色，参与传播活动，他们卷入的程度越深，对自己所传播观点的感受也就越深，对这一观点的信奉也就越坚定。[③]

因此，我们在进行对外宣传时，不但要同海外媒体进行浅层次的交流，如接受海外媒体、记者来访，还应当进行更深层次的合作，让海外媒体更加深入地参与到三峡工程的宣传中来，如联合办刊，以期加深海外媒体对三峡工程的了解，使其更加理解和支持三峡工程，在此基础上对三峡工程进行更多积极、正面的宣传，从而影响海外舆论。

---

① 数据引自新华社营销总平台 2005 年用户采用和反馈意见统计。

② 郭庆光. 传播学教程[M]. 北京：中国人民大学出版社，1999：209.

③ 申凡，戚海龙. 当代传播学[M]. 武汉：华中科技大学出版社，2000：182.

其次，传播者的身份和动机也会对传播效果产生影响。正如施拉姆指出："要是传者在听众心目中是他所讲的题目的专家或者不是想借演讲来替自己宣传或者图利，便会比非专家又不客观的传者更能引发传播的效果。"[①]也就是说，在对三峡工程进行公共关系宣传中，如果采取同海外媒体进行深度合作的方式，通过海外媒体之口为三峡工程进行宣传，例如，联合办报、刊等，会比三峡专属媒体直接进行对外宣传取得更好的传播效果。因为在海外受众看来，本国媒体和三峡没有直接的利益关系，就会避免受众因为对信源动机的怀疑导致对传播信息的不信任。

在这方面，三峡公司已经做出了一定努力，但还只是局限于少数地区和比较浅的层面。例如，1995 年曾在《欧洲时报》上与《长江日报》合办一期专版，与香港《文汇报》联合，办《三峡之光》专版等。对此，应该在更大范围内、采取更加深入的合作方式，对三峡工程进行更全面的报道和宣传，将会比三峡公司自己进行宣传以及通过中央媒体进行宣传取得更好的效果。

二、新闻报道技巧方面

1. 多采用平衡报道

平衡是西方新闻报道遵循的基本原则之一，孙旭培先生认为："平衡就是突出报道一种主要因素时，还要顾及其他因素，特别是相反因素。在突出报道一种主要意见时，还要点出其他意见，特别是相反的意见。"[②]西方新闻界认为记者和媒体采用平衡报道，公平地报道各种争议性的观点，报道不同的新闻源提供的不同信息，才能保证新闻报道的客观性。

实际上，平衡报道作为一种多视角的报道模式，是一种高超的表达技巧。孙旭培先生所认为："平衡手法不是讲多种因素、多种意见均衡地、中庸地报道……平衡手法所追求的目标，是更准确地反映事物及其内外联系，是表现令受众更加信服的倾向性，是寓倾向性于全面、客观、公正之中。"在实际的宣传操作中，通过提供可靠且全面的信息，充分反映冲突双方的意见，使舆论表达更为全面，使报道显得更为客观、更为中立化，往往是以对多种声音的传播来突出一种声音的力量，使得一般受众在不知不觉中接受记者和媒体所传达的

---

① 威尔伯·施拉姆.传媒、信息与人——传播学概论[M].香港：海天书楼，1987：226.

② 孙旭培.新闻学新论[M].北京：当代中国出版社，1994：237.

立场和观点。

因此，在宣传三峡工程时，我们应尽量提供正反双方的信息，通过传播多种声音，避免因表达技巧单一而导致倾向性和立场过于直白，从而造成“过犹不及”的传播效果。特别是在对待一些有争议性的问题上，如“移民问题”、“生态环境问题”，面对西方质疑的声音时，一方面要承认我们确实客观存在的问题，另一方面澄清不实报道，重点突出我们目前采取的措施和已经取得的进展。通过平衡报道对三峡工程做出不同的解释和评价，多角度地向海外媒体展示三峡工程建设过程中的各种复杂因素，为其提供了多向化的思考路径，以便看清三峡工程的全貌，在此基础上形成对三峡工程全面、准确、客观的报道。

2. 注重客观报道——在报道用事实、数据说话

19 世纪以来，欧美报业一直奉行客观报道的原则。所谓客观报道，是指运用客观叙述的方式表达意见的一种新闻写作方法，这种方法因为具有较强的可信度和说服力，因而在整个西方新闻报道实践中成为一种主流形态。[①] 例如，《纽约时报》实行事实与意见分离的原则，新闻编辑部门与社论撰述部门分立，其新闻方针就是：客观地报道新闻。

实现客观报道，最主要的是在报道中用事实和数据说话，避免直接发表意见。传播学认为，对受众进行说服可以采用两种方法——“寓观点于材料中”和“明示结论”，一般来说，前者仅仅提供引导性的判断材料，不作明确结论，会给读者一种“结论得于自己”的感觉，使其在不知不觉中受作者观点影响，但容易使文章的观点隐晦、模糊，增加理解困难；后者可使文章观点鲜明，读者易于理解文章的意图和立场，同时也容易使文章显得比较生硬而引起反感。大量的传播学研究表明，对于文化水平比较高、有充分理解能力的受众进行说服，“寓观点于材料中”比“明示结论”效果更佳。[②]

美国心理专家理查德·克罗斯曼(Richarld Crossman)曾经说，“上乘的宣传看起来要好像从未进行过一样”。最好的宣传应该能“让被宣传的对象沿着你所希望的方向行进，而他们却认为是自己在选择方向。”[③]因此，在三峡工程对外宣传中，应该多提供数据、事实，淡化新闻报道的主观色彩，给海外媒体以客观、公正、独立的印象，从而避免一般意义上宣传带来的枯燥、说教和令人反

---

① 罗翔宇. 美国媒体的“客观报道”[J]. 青年记者，2005(4)：70-71.

② 郭庆光. 传播学教程[M]. 北京：中国人民大学出版社，1999：205-206.

③ 王绍光. 中央情报局与文化冷战[J]. 读书，2002(5)：97.

感的负面印象。也就是说，在专属媒体和中央媒体上对三峡工程进行宣传时，要注重采用客观化的手法来表达主观倾向，通过事实的逻辑力量对海外舆论产生潜移默化的影响。

第五节 结论与讨论

本研究通过纽约时报、CNN 和路透社三家海外主要英文媒体对三峡工程相关报道的抽样分析，对三峡工程的海外舆论的整体情况有了一定的认识：海外主要英文媒体依赖中央媒体和三峡专属媒体的信息输送；海外主要英文媒体同中国媒体一样，对三峡工程的生态环境议题、移民议题和工程建设议题颇为关注；不同的是，海外媒体由于同中国媒体新闻理念等的差异，负面报道占主导位置，争议质疑的声音更高。

通过本研究，我们提出的两个研究假设得以验证：

(1) 海外主要英文媒体对三峡工程的报道主要引用三峡专属媒体发布的事实和数据；

(2) 海外媒体的报道框架与国内权威媒体，专属媒体的报道框架一致。

而且，我们依托数据支撑，进一步发展了关于海外主要英文媒体与中国媒体的互动关系的认识，得到了如下结论：

(1) 三峡专属媒体的报道可以设定海外主要英文媒体关于三峡工程的报道的议程；

(2) 海外主要英文媒体的报道框架与三峡专属媒体的报道框架无显著差异；

(3) 三峡专属媒体的报道对海外主要英文媒体的报道具有显著的影响力；

(4) 海外媒体将中国三峡工程“妖魔化”的报道态势缺乏相关的数据支持。

在研究过程中，我们主要运用了西方新闻价值理念、新闻专业主义和西方负面报道的传统等新闻理论对样本数据进行了深入分析，同时结合了二级传播等传播学的理论和其他报道技巧对强化海外主要英文媒体对三峡工程的报道效果提出了几点建议。

美中不足的是，三峡专属媒体的报道对海外受众的影响力，以及海外主要英文媒体对其受众的影响力如何，由于没有问卷调查的支持，我们不得而知，希望今后会有研究者涉足这一领域，弥补空白。

附：迈阿密大学留学生陈鹭梦关于海外受众对三峡工程态度的调查

迈阿密大学是成立于1925年的一所私立大学，位于佛罗里达州，学校生源按比例大小依次主要是美籍南美洲学生、美国本土学生、留学生。学生的祖辈多为南美洲移民，犹以古巴移民为多。迈阿密是一座新兴的城市，有“古巴人建立起迈阿密”的说法，古巴移民数量很多。法学院、医学院和音乐学院比较著名，毕业生从事医生、律师、演奏家的行业居多。网络是学生获得信息最主要的渠道。

关于三峡工程的调查，班上的15名同学都没有听说过相关的消息。后来又采访了一位古巴移民老人，他很自信非常了解中国，后来交谈中，他了解中国的只是政治方面，因为古巴也和中国一样都是社会主义社会，对于三峡工程他没有听说过。后文采访了一位在中国做生意的本地美国人，他做的项目和重庆有密切联系，他有很多中国朋友在重庆，他称他们为“兄弟”，他认为三峡工程是一个伟大的工程，但是说到具体的并不是很了解，深度访谈中，交谈更多的是他对中国的喜爱，尤其是喜欢重庆。最后一位采访者是偶尔遇到的，在图书馆和旁边一个留学生谈起来我最近做的三峡工程调查，她侃侃而谈，她是来自印度尼西亚的留学生，专业是宗教学。同样是亚洲学生的她告诉我她有很多来自中国的朋友，关于怎么知道三峡工程的，她说平时她喜欢看国际新闻，在网络上看到有关三峡工程的报道，特别关注。她认为三峡工程有利有弊，对于整个中国来说，三峡工程的贡献是巨大的，但牺牲的是老百姓，尤其是住在三峡附近的人们，他们的拆迁虽然得到政府的赔偿，然而对于老人，一辈子住在那里，拆迁对于他们伤害应该会很大。而且住在三峡附近的居民，由于靠水吃水，拆迁以后需要寻找新的赖以生存的东西，然而生活上的便利和习惯的更改，不是一下子就可以适应的。所以对于老百姓还是弊大于利的。她说为了大局老百姓有的时候是要牺牲，但要看政府和国家怎样协调。